贵州红十字运动研究

(1916—2013)

罗治雄　戴斌武　著

合肥工业大学出版社

2010年9月3日，十届全国人大常委会副委员长、时任中国红十字会会长华建敏（正中）莅临贵州省红十字会备灾救护救助服务基地奠基仪式，时任省委书记、省人大常委会主任栗战书（右三），时任省委副书记、省长赵克志（左三），时任中国红十字会党组书记、常务副会长王伟（右二），时任省委常委、省委秘书长张群山（左二），时任省人大常委会副主任肖永安（右一），时任副省长、省红十字会会长刘晓凯（左一）等领导同志陪同出席。

2010年9月2日，十届全国人大常委会副委员长、时任中国红十字会会长华建敏同志亲临贵州省黔南州长顺县考察调研，并看望慰问少数民族贫困地区学生。

2013 年 1 月 6 日，十届全国人大常委会副委员长、中国关心下一代工作委员会主任顾秀莲（正中）出席在贵州省黔东南州雷山县举办的“中国红十字会 2013 年‘红十字博爱送万家’慰问活动”，并考察贵阳图云关中国红十字会救护总队队部旧址。

2007 年 9 月 27 日，九届全国人大常委会副委员长、时任中国红十字会会长彭珮云（前排中）莅临贵州省红十字会检查指导工作，时任中国红十字会党组书记、常务副会长江亦曼（右二）和时任副省长、省红十字会会长刘鸿庥（左二）陪同调研。

2010 年 4 月 14 日，时任中国红十字会党组书记、常务副会长王伟（右一）深入贵州省安顺市关岭县考察旱灾灾情。

2012 年 10 月 13 日，时任中国红十字会党组书记、常务副会长赵白鸽（右一）深入贵州省黔南州调研红十字会工作。

2008 年 6 月 3 日，时任省委常委、省委宣传部部长谌怡琴（中）专程考察调研省红十字会工作，并看望慰问会机关干部职工。

2006 年 8 月 15 日，时任省人大常委会副主任、省红十字会名誉副会长司徒桂美（右一）率检查组对各地贯彻《红十字会法》和《红十字会条例》情况进行执法检查，并现场为当地受灾群众发放人道救援物资。

2010年 8 月 6 日，中国银行向贵州省红十字会捐赠 150 万元救灾善款，时任副省长、省红十字会会长刘晓凯（右）代表省红十字会向爱心企业颁发荣誉证书和荣誉牌匾。

2005 年 10 月 12 日，时任省政协副主席李嘉琥同志率部分政协委员视察贵阳市第六中学红十字会工作。

《红十字文化丛书》编辑委员会

总　　序

150 年前，高举人道主义旗帜，旨在促进人类持久和平的红十字运动在欧洲兴起并迅速走向世界。一百多年来，红十字会为世界和平与发展做出的巨大贡献有目共睹，因而日益受到世界各国、各地区的欢迎，已发展成为与联合国、奥委会并称的世界三大国际组织之一。究其原因，乃其所奉行的七项基本原则——也是红十字文化的内核——涵盖了世界上各种不同文化的共同点，能为文化和制度不同的国家所接受，故而具有强大的生命力。

100 年前，红十字运动东渐登陆中国。在其中国化的发展过程中，红十字会不断吸取中国传统文化的精髓，茁壮成长，逐步形成了“人道、博爱、奉献”的文化内涵，并成为中华文化的瑰宝之一。

百余年来，红十字运动在波澜壮阔的实践中积累了丰富的经验，也留下了许多教训。经验与教训需要上升为理论；也只有理论才能更好地指导红十字事业持续、健康发展。学界、业界对此都进行了持续的关注。

2005 年 12 月 7 日，苏州大学社会学院与苏州市红十字会携手合作，成立全国首家红十字运动研究中心，旨在通过学界和业界的联合，推动和加强红十字运动的理论研究，探究红十字运动中国化的过程与特色，凝练红十字文化价值，探求红十字运动在构建国家软实力和促进中华民族伟大复兴中的地位与作用。同年 12 月 9 日，中国红十字会总会也提出，“确定一批研究课题，组织专家学者开展对国际红十字运动及中国红十字运动的深入研究”①。由此，学界、业界共同开展了对红十字运动

① 中国红十字会总会：《关于加强和改进宣传工作的意见》，红总字［2005］19 号。

的学术研究与理论探讨。

多年来，红十字运动研究中心除通过专业网站（http：//www.hszyj.net）发布和交流学界、业界动态外，已出版研究成果数十部；帮助一些地方红十字会建立与高校的合作，搭建平台，共同开展研究；举办了首届红十字运动与慈善文化国际学术研讨会；培养了一批专门研究红十字运动的生力军；积累了大量的学术资料。中心主要研究人员还借助在各地讲学的机会，传播重视红十字运动研究的理念。正是在红十字运动研究中心的引领之下，红十字运动研究在中华大地上呈现出生机勃勃的发展态势，并取得了丰硕的成果，“新红学”① 呼之欲出。仅以2011 年为例，各地以纪念辛亥革命100 周年为契机，纷纷整理、编辑出版了地方红会百年史；有的红会还与高校合作组建相关研究中心，等等②，通过这些方式，有力地推动了红十字运动研究向更深更广的方向发展。

当今世界正处于大发展大变革大调整时期，多极化、经济全球化深入发展，科学技术日新月异，各种思想文化交流交融交锋更加频繁，文化在综合国力竞争中的地位和作用更加凸显。2011 年10 月18 日，党的十七届六中全会通过的《中共中央关于深化文化体制改革推动社会主义文化大发展大繁荣若干重大问题的决定》，提出要推动社会主义文化大发展大繁荣。11 月7 日，教育部发布了《高等学校哲学社会科学繁荣计划（2011—2020 年）》，大力提升高等学校人才培养、科学研究、社会服务、文化传承创新的能力和水平。12 月7 日，全国人大常委会副委员长、中国红十字会会长华建敏在中国红十字会九届三次理事会上提出，“要深化理论研究，充分挖掘红十字文化内涵，推进红十字文化中国化，广泛传播人道理念，在全社会推动形成良好的道德风尚。”③ 红十字“文

① 在2009 年4 月于苏州大学召开的“红十字运动与慈善文化”国际学术研讨会上，红十字运动研究中心主任、江苏红十字运动研究基地负责人、苏州大学教授池子华指出，经过一百多年波澜壮阔的实践发展和学术界呕心沥血的开拓性研究，在人文社科领域构建一门“新红学”——红十字学，条件已经具备，时机已经成熟。见池子华：《创建“红十字学”刍议》，《中国红十字报》2009 年4 月17 日。

② 池子华、郝如一：《2011 年红十字理论研究之回顾》，《中国红十字报》2012 年1 月3 日。

③ 《中国红十字会九届三次理事会召开》，《中国红十字报》2011 年12 月9 日。

化工程”已然成为红十字会总体建设目标之一[①]。进一步加强与拓展红十字运动理论研究，尤其是对红十字文化中国化的研究，已成为历史与现实的呼唤。

有鉴于此，红十字运动研究中心继续发挥高等学校与业界合作的优势，汇聚研究队伍，科学选题，出版一套《红十字文化丛书》，弘扬有利于国家富强、民族振兴、人民幸福、社会和谐的思想和精神，凸显红十字文化在中国文化园地中的地位，使红十字文化在神州大地上更加枝繁叶茂，促进中国红十字事业可持续发展，推动红十字文化的国际交流。

《红十字文化丛书》的出版，得到了江苏省红十字会、苏州大学社会学院、上海市嘉定区红十字会等单位的鼎力支持，也得到红十字国际委员会东亚代表处及中国红十字会总会、中国红十字基金会的关心和指导，在此谨致衷心感谢。

池子华

2012 年 6 月于苏州大学

① 池子华：《“文化工程”应成为红十字会总体建设目标之一》，《中国红十字报》2009 年 12 月 11 日。

目　录

上　篇（1916—1949）

下　篇（1984—2013）

上　　篇

（1916—1949）

第一章　民国前期贵州红十字运动

红十字会是国际性组织。自1863年瑞士成立红十字国际委员会后，欧洲多数国家先后成立红十字会。红十字会的宗旨之一就是在世界上普遍推动国际红十字会运动。

第一节　国际红十字运动的起源与发展

民间人士在战地从事救死扶伤的工作，其起源由于资料的缺乏，已不可详考。16世纪以后，民间人士从事战地救护的工作在西方时有发生。典型的战地救护工作出现于1854—1856年的克里米亚战争，当时英国战地医院管理不善，条件极差，士兵死亡率高达50%。南丁格尔主动申请志愿前往担任战地护士工作，她率领38名护士抵达前线，在4所战地医院服务。前线药品匮乏，水源不足，卫生极差。她竭力排除各种困难，为伤病员解决必需的用品和食品，认真护理，使战地医院面貌大为改观。仅半年左右，伤病员死亡率下降2.2%。南丁格尔开民间人士从事战地救护工作的先河①。

正式成立民间机构从事战地救护活动，始于一位瑞士银行家亨利·杜南。杜南，1828年5月8日出生于日内瓦，30多岁时即成为非常富有的银行家，是一位热心公益事业的慈善家、社会活动家和商人，经常来往于欧洲各国。1859年6月24日，奥地利军队和法国军队在意大利北部小镇索尔弗利诺激战10多个小时，战场上遍布了4万名死伤者。当晚，因公务途经此地的亨利·杜南无比震惊地发现战场上的伤兵竟得不到任何救治。他呼吁当地居民协助他照料伤者，并坚持交战双方的士兵都应受到照顾。杜南返回瑞士后，把这次经历写成《索尔弗利诺回忆

---

① 参见中国红十字会总会编：《中国红十字会的九十年》，中国友谊出版社1994年版，第341页。

录》，并于1862年11月出版，书中除描写索尔弗利诺战场之外，还提出“在平时即成立救助团体，号召具有救护能力的义工，于战时从事救死扶伤的工作”，“准许医护人员进入战地救治伤员”的主张[①]。这本书很快传遍了欧洲大地。在书中，他极力呼吁各国人民成立民间救援组织，杜南的倡议得到了上层社会的支持。当时的日内瓦公益协会主席莫瓦尼埃读过此书后，即与杜南商量，并决定成立一个由5个人组成的委员会，研究如何将杜南的构想让欧洲各国知道。1863年2月9日，杜南与其他4位瑞士人正式创设了“伤兵救护国际委员会”，主席由曾任瑞士联邦军队总司令的杜福尔将军担任，委员有阿皮亚医生、莫诺瓦医生、莫瓦尼律师和银行家杜南（兼秘书）。这就是后来“红十字国际委员会”的前身。“伤兵救护国际委员会”的成立，标志着红十字会的诞生[②]。

委员会成立后，决定邀请欧洲各国政府、学会和慈善团体代表于1863年10月在日内瓦召开一次“旨在为军队医务机构不能有效服务时向伤兵提供帮助的国际会议”。此次会议有16个国家官方和4个慈善机构的非官方代表共36人参加。通过了10项决定[③]：

第一条　各国均设立这样一个委员会，其责任是在战时需要的情况下尽其所能协助军队医务机构的工作。该委员会可依据其认为有效和适当的方式自行组织。

第二条　作为中心指挥机构，该委员会可成立不受数目限制的下属部门协助其工作。

第三条　该委员会应与本国政府取得联系，以便在需要时其服务能被接受。

第四条　为确保在战时能够提供切实服务，该委员会及其下属部门

① 参见亨利·杜南：《索尔弗利诺回忆录》（杨小宏译），山东友谊出版社1998年版，第65页。

② 关于红十字诞生日问题，国际上尚未有统一认识。分歧有三：一种观点认为是1863年2月9日（红十字国际委员会前身伤兵救护国际委员会诞生日）；一种观点认为是1864年8月22日（《日内瓦公约》签订日）；还有一种观点认为它不是一个单一的日期，而是一个历时22个月阶段，即从1862年11月杜南《索尔弗利诺回忆录》中提出两条建议时起，直至1864年8月第一个《日内瓦公约》的签订，才标志着红十字运动的成熟。因为红十字的孕育和诞生经历了一系列的重要事件，这些事件互相关联，好似一个胚胎阶段，很难将其中一个事件的发生确定为红十字的诞生日。不过大多数人倾向于第一种观点。（参见池子华：《红十字与近代中国》，第3页；尤德新编著：《闪光的红十字》，第4页）

③ 参见中国红十字会编译：《国际红十字与红新月运动基本文件汇编》，群众出版社1997年版，第1—3页。

在和平时期即应采取相应步骤，特别是准备好各类救济物品，并尽力对志愿医务人员进行培训。

第五条　在战争时期，各交战国的委员会应尽其所能向本国的军队提供救济，特别是组织志愿工作人员以备随时服务，并在军事当局的同意下，获得救护伤兵所需要的场地。各交战国的委员会也可向中立的委员会寻求援助。

第六条　委员会可应军事当局的要求或在获得其同意时派遣志愿服务人员去战场服务。志愿医务人员应接受军事当局指挥。

第七条　委员会应向隶属于军队的志愿医务人员提供一切所需物品。

第八条　不论在何国家，他们都应佩戴相同的识别标志，即有红十字的白袖标。

第九条　不同国家的委员会及其下属部门可召开并参加国际会议，以便交流经验、成果，并就改进工作的措施达成协议。

第十条　各委员会之间的交流通信暂通过日内瓦委员会进行。

这10项决定构成了红十字运动的创立宪章，并确定了伤兵救护国际委员会的职能和工作方式。除了达成10点决议之外，会议还提出3个建议：（1）各国政府应赞助成立救济委员会，并尽可能为其执行任务提供便利；（2）战时交战各国应宣布救护车和军队医院中立化。这种中立应得到全面绝对的承认，并包括官方医务人员、志愿医务人员，向伤兵提供救济的居民以及伤兵自身；（3）统一的识别标志应为所有军队医务部门所承认，或至少为同一军队部门的所有人所承认。所有国家的救护车和医院均应使用统一的旗帜①。会议同时建议将日内瓦的5人委员会改组为红十字国际委员会②，作为与各国红十字会组织的联系机构，另

---

① 参见中国红十字会编译：《国际红十字与红新月运动基本文件汇编》，第1—3页。

② 红十字国际委员会是最早成立的红十字组织，是国际红十字运动的奠基者。它是瑞士公民组成的民间团体，委员都是上层社会的知名人士。根据日内瓦公约的有关规定，红十字国际委员会得以中立团体对战争受难者进行保护和救济，受理有关违反人道主义公约的指控，致力于发展和传播人道主义法约，与各国红十字会、红新月会、武装部队、医疗部门合作培训医务人员。国际红十字章程赋予红十字国际委员会特殊责任，以维护国际红十字的基本原则。历次《日内瓦公约》和附加议定书，都是由红十字国际委员会起草的，它在改进、发展、完善和传播《日内瓦公约》方面起到了重要作用。世界上新成立的红十字会或经过改组的红十字会，须经国际委员会正式承认，方能加入国际红十字组织。国际委员会也是国际红十字的成员之一，它虽是瑞士民间团体，但是它的活动都带有国际性质，因此《日内瓦公约》缔约国政府都尊重它在国际上的独特地位。参见《关于国际红十字的基本知识》，见顾英奇主编：《中国红十字会的九十年》附录二，中国友谊出版公司1994年版，第330—331页。

并建议以白底红十字为红十字会的标志（瑞士国旗为红底白十字）[1]。

为说服各国政府不再把伤兵以及救护伤兵的人员视为敌对者，从而使其得到保护，使这一中立性概念纳入一部国际公约中，并为各国军队规定一种保护性标志。国际委员会在1863年10月的日内瓦会议之后，即致函欧洲各国，作下列请求：（1）支持在其国内建立救助委员会；（2）接受在战时将野战医院、军事医院和军人医护人员中立化的原则；（3）接受一个特殊的标志，譬如白底红十字（此标志由杜福尔将军建议）。为了促进红十字会组织的推广工作，国际委员会督请瑞士联邦会议于1864年8月邀请各国代表在日内瓦开会。结果，有来自16个国家的26个代表或观察员参加了这次会议，其中有15个国家已依照上年日内瓦会议的决定，在其国内建立了救助委员会。会议的结果是，有12个国家的代表签署了《日内瓦公约》，全名为《1864年8月22日改善战地陆军伤者境遇之日内瓦公约》（我国最初译为《万国红十字会公约》《日来弗红十字会原约》）。签署这一条约的12个国家按英文字母的顺序排列是：1. 巴顿（地处今德国西南部的小国），2. 比利时，3. 丹麦，4. 法国，5. 海西（地处今德国中西部的小国），6. 意大利，7. 荷兰，8. 葡萄牙，9. 普鲁士（地处今德国北部的小国），10. 西班牙，11. 瑞士，12. 乌登堡（地处今德国西南部的小国）。公约签署以后的几年里被几乎所有的国家所认可。这个公约正式形成了1863年的会议提议并且阐明了这样一个准则——在整个计划中非常关键——即伤病员不分国籍必须接受，并受到照顾[2]。以后陆续签署《日内瓦公约》的国家有英国、希腊、麦连堡·施威灵（地处今德国北部的小国）、挪威、俄国、瑞典、土耳其等国。美国当时盛行孤立主义，为避免任何条约将美国政府牵连在内，未签署《日内瓦公约》。美国的签署在将近20年以后，中国的签署则在40年以后[3]。

《日内瓦公约》的主要内容有4点：（1）所有救助伤患士兵的设备、医院和人员，交战双方不得占有和毁坏；（2）参加救助伤患的义工，应受到保护；（3）交战双方的伤患士兵必须一体受到照顾；（4）从事救助工作的医院、救护车、伤患运送设备以及服务人员，必须使用红十字标记。其后，签署公约的奥、比、英、法、意等国政府提议将《日内瓦公约》的规定，适用于海战，各国代表并于1868年10月在日内瓦集会，

① 参见张玉法主编：《中华民国红十字会百年会史》，第3页。

② 参见亨利·杜南：《索尔弗利诺回忆录》（杨小宏译），第68页。

③ 参见张玉法主编：《中华民国红十字会百年会史》，第4页。

在《日内瓦公约》中加入补充条款[1]。

随着时代的迁移，作战手段日益残酷，因战争而受难的人员也日益增多。所以在1906—1949年，《日内瓦公约》也相应地作了多次修改、扩大和补充。1906年7月6日，在日内瓦修订《日内瓦公约》的外交代表会议通过了《改善战地陆军伤者境遇之日内瓦公约》，把公约的适用范围扩大到病员。1929年7月27日，在日内瓦第二次发展和修订《日内瓦公约》的同时，制定了《关于战俘待遇之日内瓦公约》，进一步扩大了《日内瓦公约》的保护对象。1949年8月12日，外交会议代表第三次完成《日内瓦公约》的修订任务，签订了4项新的公约，即现行的《关于改善战地武装部队伤者病者之日内瓦公约》《关于改善海上武装部队伤者病者及遇船难者境遇之日内瓦》《关于战俘待遇之日内瓦公约》《关于战时保护平民之日内瓦公约》。公约和重要条款规定，公约不仅适用于国际性武装冲突，也适用于非国际性武装冲突；保证受保护人的个人荣誉和尊严受到尊重；不论国籍、民族、性别、宗教和政治信仰、肤色、财产等，无区别地给予人道待遇，不得歧视；而保护对象又由伤员、病员、战俘扩大到遇船难人员以至敌占区和居住于敌国的平民。公约还规定，被保护人不得宣布放弃接受公约保护的权利；对违犯公约的人进行刑事制裁；允准红十字国际委员会向战争受难者提供人道服务，国际委员会的代表被允准探访战俘营、平民拘留营，在没有见证人的情况下，单独与被拘留人员进行谈话等等[2]。

红十字会是世界上最大的国际性民间救援组织，其主要宗旨之一正是在世界上普遍推动国际红十字运动。1965年10月，在维也纳召开的第20届国际红十字大会上讨论通过了红十字7项基本原则，作为国际红十字运动的最高指导原则。而国际红十字运动根据国际红十字会议通过的原则，是“由于意欲为减轻战场伤患提供无差别待遇之协助而萌生，应依其国际及本国之功能，致力于预防及减轻出现在任何地方之人类苦痛，其目的在于保护生命与健康；确保对人类的尊重，并促进世人相互之了解、友谊、合作与持久的和平”。该项运动主张[3]：

一、人道性，成立红十字会的本意是要不加区别地救护战地的伤

① 参见张玉法主编：《中华民国红十字会百年会史》，第4页。

② 参见《关于国际红十字的基本知识》，见顾英奇主编：《中国红十字会的九十年》附录二，第328页。

③ 《红十字会的七项基本原则》，见顾英奇主编：《中国红十字会的九十年》附录二，第330—331页。

员，在国内和国际两方面，红十字会努力防止和减轻处于一切困境之中的人们的痛苦，红十字会的宗旨是保护生命和健康，鼓励对人的尊重，并为增进人与人之间的互相了解、友谊、合作和持久和平而工作；

二、公正性，红十字会不因国籍、种族、宗教、社会阶级或政治派别而有所歧视，只是一心一意努力救助个人痛苦并优先救济那些最需要救济的人；

三、中立性，为了继续得到各方的信任，红十字会不参与敌对行动，任何时候亦不卷入带有政治、种族、宗教和哲学性质的争论；

四、独立性，红十字会是独立的，虽然各国红十字会是公共当局的人道主义工作助手，并受该国法律的制约，但应保持独立，以便经常能按红十字原则行事；

五、志愿服务，红十字会是个志愿救助和不谋私利的团体；

六、统一性，一个国家里只能有一个红十字会，必须向所有人开放并在整个领土上进行人道主义活动；

七、普遍性，红十字会是世界性机构，在这个组织里所有的红十字会都有同等的权利和义务互相援助。

随着形势的发展，1974 年到 1977 年之间，瑞士联邦政府四次召开外交会议，最后于 1977 年 6 月 8 日通过了 1949 年 4 项《日内瓦公约》的两个附加议定书，由此《日内瓦公约》的适用范围进一步扩大到“对殖民统治和外国占领以及对种族主义政权作战的武装冲突”；从宽规定了游击队员取得战俘地位的条件；对作战方法则做了较为明确的严格限制。至此，《日内瓦公约》的条款已日臻完善地构成一部国际人道主义法体系[①]。

在红十字运动推展的过程中，签署《日内瓦公约》的国家不断增加。据统计，到 1930 年全世界有 57 个国家组有红十字会，总会员达 2000 万人，1957 年世界各国红十字会代表在印度新德里举行会议时，有 71 国的代表参加[②]。到 1992 年，全世界被承认的国家红十字会与相关团体共有 153 个[③]，并且全世界大多数国家已经批准或加入 1949 年的

① 《关于国际红十字的基本知识》，见顾英奇主编：《中国红十字会的九十年》附录二，第 328 页。

② 参见张玉法主编：《中华民国红十字会百年会史》，第 5—6 页。

③ 参见张建俅：《中国红十字会初期发展之研究》，第 6 页。

4 项《日内瓦公约》及 1977 年有关《日内瓦公约》的两项附加议定书①。

第二节　中国红十字会的成立及演变

中国红十字会的诞生，具有深厚的文化历史基础。一是西方红十字的“人道”理念传入中国后和中国传统的“仁爱”思想契合，为中国红十字会的诞生提供了社会基础；二是日俄战争引发的救护活动催生了中国红十字会。

一、中国红十字会的启蒙

就中国的人道主义思想而言，早在欧洲文艺复兴之前 2000 年就已出现，诸如中国古代的思想家墨子在《兼爱》中提出的“天下之人皆相爱。强不执弱，众不劫寡，富不侮贫，贵不敖贱，诈不欺愚”；孔子和孟子倡导的“仁者爱人”“舍生取义”“己所不欲，勿施于人”“老吾老以及人之老，幼吾幼以及人之幼”等仁爱思想；以及唐代韩愈在《原道》中提出的“博爱之谓仁”；还有范仲淹的名句“先天下之忧而忧，后天下之乐而乐”等等观念都是中华民族传统文化具有一定人道主义思想的体现②。但是由于历史的进程不同，中国在国际红十字会成立后的 30 年内，无论是官方还是民间，在绝大多数人眼里，“红十字”还是一个非常陌生的字眼。虽然从 19 世纪 60 年代开始，中国已经开始学习西方，但当时学习西方的范围还停留在物质文化层面，对于像红十字会这种救死扶伤、弘扬人道的属于精神文化层面的东西，中国人还未意识到其重要性和需求，故仍表现出一种漠视的态度③。

随着中外思想碰撞、交融的日益深入，国人的视野逐渐开阔。到 19 世纪 80 年代以后，红十字会所倡导的人道主义理念，也逐渐受到朝野人士的关注。据 1888 年上海《申报》记载，我国的红十字运动，始于 19 世纪 80 年代，最早出现在我国的台湾省，后来又扩展到上海、东北等地。1894 年 7 月甲午战争爆发后，由于战争救护需要，红十字活动在中国有所发展。当时，日本“赤字社中医生及看护妇之驰赴战地者多至

① 《关于国际红十字的基本知识》，见顾英奇主编：《中国红十字会的九十年》附录二，第 330—331 页。

② 参见曲折主编：《中国红十字事业》，广东经济出版社 1999 年版，第 27 页。

③ 周秋光：《晚清时期的中国红十字会述论》，《近代史研究》2000 年第 3 期。

十万人，不特日兵临阵受伤蒙其医疗，即华兵之中弹而扑者，亦不分畛域，一体留医”[①]。由于清政府长期排拒外来新事物，参战的许多中国士兵不知红十字会为何物，不明白“两国用兵，红十字会行乎期间，例不得伤害”[②] 的国际惯例，但见外国人，便误为敌方，以致“华兵有伤害红十字会人者，西人咸讪笑之”[③]，影响了中国的国际形象。不过，各国红十字会人员的工作表现，已经受到少数官员的注意，如战争结束后，直隶总督王文韶鉴于“西国红十字会医生奋不顾身，出入于枪林弹雨间，代医受伤之众，亲奏刀圭，不遗余力”，奏报朝廷，为德、法等国医生请奖[④]。正是中日战争的这一经历，才使得中国人开始重视红十字会。战后，国内各大报如《申报》《大公报》《中外日报》这些在当时颇具影响力的报纸纷纷刊登介绍和论述红十字会的文章，其中《申报》的报道最有代表性。

1872 年 4 月 30 日，英商美查（Ernest Major）在上海创办了《申报》，“凡国家之政治，风俗之变迁，中外交涉之要务，商贾贸易之利弊，与乎一切可惊、可愕、可喜之事，足以新人听闻者，靡不毕载，务求其真实无妄，使观者明白易晓，不为浮夸之辞，不述荒唐之事”[⑤]，深受各界欢迎。该报于 1949 年 5 月上海解放时停刊，是旧中国出版时间最久的报纸[⑥]。1898 年 5 月—1899 年 4 月，《申报》先后刊登了《创兴红十字会说》《红十字会历史节译》《红十字会说》《中国亟宜创兴红十字会说》等一系列文章，对国际红十字运动的业绩，红十字会的性质、宗旨、任务以及中国“亟宜创兴红十字会”的理由都进行了论说。

《红十字会历史节译》一文称赞国际红十字会“凡军士之受伤者，苟抛弃所持军器，则敌国红十字会一律疗治，盖以人之爱生恶死具有同情也”[⑦]。《创兴红十字会说》介绍了红十字会的起源，“红十字会者何？泰西各国陷阵救护受伤兵士之善举也，其议创自英人，而瑞典人实承之”，指出中国若不设立红十字会，不仅与其大国地位、声名文物极不相称，而且还有沦为“野蛮”之国的危险，“今则合欧亚美诸州，除野

① 《中国亟宜创兴红十字会说》，《申报》1899 年 4 月 10 日。
② 《论保鸟会》，《中外日报》1899 年 8 月 20 日。
③ 《论保鸟会》，《中外日报》1899 年 8 月 20 日。
④ 《京师近事》，《申报》1897 年 2 月 8 日。
⑤ 《申报》创刊号，1872 年 4 月 30 日。
⑥ 池子华：《红十字与近代中国》，第 8 页。
⑦ 《红十字会历史节译》，《申报》1898 年 5 月 30 日。

蛮外，凡有教化之邦，无不踵兴斯会，所未兴者，惟我中国及朝鲜耳。朝鲜孱弱，几不克自存，原在不论不议之列”。所谓“王者之师最重仁义，而坐令兵卒于效命疆场之际，断脰折胫，惨怛呼号，而无人焉为之尽力扶持，拯其困苦，不特中心有所不忍，且不将贻四邻之笑，而鄙之为野蛮”。不仅如此，该文还就战地救护的设施和步骤作了详细的介绍。

其救人也分为四站：第一站，医士与战士同行，见有受伤者，或用布被，或用安车舁至第二站交代；其第二站须设在离战场七百码或九百码之远，务使敌军弹丸不能飞至，既有受伤者送到，医士急为之止血止痛，饮以美酒，饱其精神，并整理其折断之骨，然后送交第三站；第三站须离战场一千码，医士之职在查明伤之轻重，或截去肢体，或扎缚血管，或整其碎骨，然后开列一单交第四站；其第四站名曰战场医局，须离战场约十华里至十二华里，受伤者由车送到，即安置养病处，依期施治至告痊而止。[①]

《红十字会说》阐明了红十字会的宗旨和任务，“专在救伤疗疾，减军民之痛苦，埋尸卫生，免生存者之疫疠。何地开战，即行驰赴救护之劳役，盖与战事相终始”[②]。《中国亟宜创兴红十字会说》一文则介绍了红十字会的主要职能，“人但知两国交争，例由红十字会中人奔赴沙场，医疗被创军士，开设临时医院，施以药饵，供其衣履糗粮”，但红十字会的作用绝不局限于硝烟弥漫的战场，“平日遇有疹疗天花，或则洪涛漭漭之中，轮船失事，会中人亦皆得施其神术，以拯生灵，正不第枪林弹雨之间得以行慧心仁术”[③]。《申报》从国际竞争的角度宣传红十字运动，既有西方红十字会历史等方面的介绍，又有在中国建立红十字会的可能性和具体途径的探讨，使普通民众在耳濡目染中逐渐认识到在中国创立红十字会的重要性和必要性。

在报刊大量宣传红十字会知识的同时，一些志士仁人出而倡导。

就红十字会知识向中国的传播而言，朱浒先生认为国人中最早对红十字会做出较为系统表述的是孙中山[④]。当时正开始从事革命的孙中山，于伦敦蒙难事件后，在英国翻译了英国医生柯士宾的《红十字会救伤第一法》，并由伦敦红十字会出版发行，这是孙中山唯一的一部翻译作品。

① 《创兴红十字会说》，《申报》1898年5月9日。

② 《红十字会说》，《申报》1898年11月16日。

③ 《中国亟宜创兴红十字会说》，《申报》1899年4月10日。

④ 参见朱浒：《地方性流动及其超越——晚清义赈与近代中国的新陈代谢》，中国人民大学出版社2006年版，第460页。

此书在1904年以前便流传到了国内，因为《申报》于此年曾称其“颇有用，正不必以人废言也”①。他在该书译序②中写道：

恻隐之心人人有之，而济人之术则非人人知之。不知其术而切于救人，则误者恐变恻隐而为残忍矣。夫人当患者生死俄顷之际，施救之方，损益否当，间不容发，则其理不可不审求也。此泰西各国通都大邑，所以有赤十字社之设，延聘名师，专为讲授一切救伤拯危之法，使人人通晓，遇事知所措施；救济之功，成效殊溥，近年以来，推广益盛。

尽管孙中山没有在这个译序中提出在中国创设红十字会的建议，但该书是第一部以中文形式出版的关于红十字会急救的相关书籍，对于引进推广红十字会观念和急救技术，具有开创性地位和贡献。

被学界公认的在中国首倡创建红十字会组织的人是旅日侨商孙淦。孙淦，上海人，曾任留日学生监督，后任职于日本邮船会社，曾与维新派人士有若干交往③。1898年初，他上书中国驻日公使裕庚，请其转咨总理衙门奏设中国红十字会，呈请的理由是“以赞军政，而联与国”④。孙淦在上书前已加入了日本赤字社，在中日甲午战争期间，他发现日本赤字社在战地救护方面作用颇大，遂将日本赤字社章程译成汉文，鼓励中国官商合力兴办类似组织，他发现红十字会具有中立的性质，“万国公法之中，以此会为近数十年至善之大政。凡有军事，必认此会为中立，其有加害，万国得而讨之，其爱人也如彼，其见重于人也如此，此万国之所同”⑤。因此红十字会组织在战争时期可以辅助军医，甲午战争时，中国“未有此举，不能联络，坐日人得沾此利”，“而我军医，不敷调遣，将帅彷徨，束手无策”⑥。更重要的是，此举将有助于鼓舞军中士气，如“军中防病有术，疗伤有法，则士卒有恃无恐，勇气百倍。苟反

① 《中国宜入红十字会说》，《申报》，1904年3月5日。

② 《〈红十字会救伤第一法〉译序》，《孙中山全集》第1卷，中华书局1981年版，第108页。

③ 上海图书馆编：《汪康年师友书札》，上海古籍出版社1986年版，第四册，第4126页。

④ 《大阪商人孙淦呈请裕钦使转咨总署奏设红十字会禀》，见中国红十字会总会编：《中国红十字会历史资料选编，1904—1949》，南京大学出版社1993年版，第4页。

⑤ 《大阪商人孙淦呈请裕钦使转咨总署奏设红十字会禀》，《中国红十字会历史资料选编，1904—1949》，第4页。

⑥ 《大阪商人孙淦呈请裕钦使转咨总署奏设红十字会禀》，《中国红十字会历史资料选编，1904—1949》，第4页。

其道，军心一妥，则立蹶焉，此固兵家所大忌也”。最重要的是，此举可以改善中国的国际形象，否则“以亚洲文明之国，而万国共行之善举，坐令西人之人，以野蛮相待，蔑我滋甚，其于国体，所关匪轻”。最后，孙淦还提出设立红十字会有利于防疫和医学的研究，“国有病疫，大凶大札，会众疗治，保全必多”，而且“我国医学，讲求未精，此会若成，研究益易”①。裕庚接到禀文后，当即批示：“查红十字会，西人谓之 Red Cross Society，拯灾济众，最称善举，本大臣亦曾目睹。该商所禀各节，具见心存利济。惟善举之设，事出众擎。允准之权，应听政府。仰候据情咨请总理衙门核夺，可否迟速，应俟覆到之日，再行饬遵。”② 由此可见，孙淦是完全按照近代国际关系的逻辑来定位红十字会的，而他如此急切地呼吁成立中国红十字会，其目的当然是担心清朝被排斥在条约体系的互动格局之外，但他的建议并没有引起当局的重视。

除孙淦外，驻俄公使杨儒也是被以往研究者多所提及的一个重要人士。1899 年 5 月，各国政府代表在荷兰举行会议，清政府派杨儒为代表参加会议。这次会议将日内瓦红十字会原约（即《陆战条约》）推之于水战，仍以救病扶伤为宗旨。杨儒和各国代表均在和约上签字画押，以示支持。在会后向清廷奏报此次与会情况时，杨儒顺带提出了设立红十字会的建议：“红十字救生善会，各国俱重视。此举谓为教化中应有之仁义。现既从众画押，自宜及时筹办，以示善与人同。拟请仿照日本捷便章程，由国家督率举行并赏颁恩款以为先导，再行广事劝募，聚少成多，出资者不甚为难，创始者方可持久，将来建造医院，购置船只，筹备药材，教练侍役，试办于通商口岸，俾西法易于讲求。如果经理得宜，不数年间即可坐收成效。”③

光绪三十年（1904）二月初十，清出使美、秘、古、墨大臣梁诚，就“拟请联约各国，仿设红十字会”一事，上书奏请清廷。在这份奏稿中，他详细阐明了国内外的形势，提出了成立红十字会的具体意见④：

① 《大阪商人孙淦呈请裕钦使转咨总署奏设红十字会禀》，《中国红十字会历史资料选编，1904—1949》，第 4 页。

② 《大阪商人孙淦呈请裕钦使转咨总署奏设红十字会禀》，《中国红十字会历史资料选编，1904—1949》，第 5 页。

③ 《使俄杨儒奏遵赴荷兰画押请补日来弗原议并筹办救生善会折》，《清季外交史料》第 141 卷，（台北）文海出版社 1964 年版，第 20 页。

④ 《驻美使臣梁诚陈请成立中国红十字会奏稿》（光绪三十年二月初十），《历史档案》1984 年第 2 期。

近因各国行政救疾扶伤，不分畛域，其法良意美，尤推红十字会为最。该会命意略如内地善团，以拯灾恤难为义务，而于国政宗教不相干涉，与会之人出入行间，各国皆公认为局外。同治三年，始于瑞士国之真奈瓦地方创设公会，议定条约十款，签押者十二国。嗣后推行日广，各国次第入会。历年兵事，无役不从，甚至后妃命妇之尊，亦能不避艰危。亲调医药。论者谓于兵凶战危之中，行仁至义尽之道，文明进化，已信有征。而将士恃此，志气益扬，忠勇百倍，尤为兵家制胜之长策，环球各国日孳孳然讨论而利用之。中国尚未联约入会，似非圣朝恩周庶类，整饬戎行本意。惟会体宏大，经费浩繁，基础未坚，势难集事。臣查各省善团成效昭著，董其事者，富而好善，若令兼办，可毋庸设会所。

关于如何筹措经费，梁诚也提出了具体方案①，并制定了以捐资多少，佩以不同的勋章，以示褒奖：

至于筹集经费，自以劝募为正义，倘蒙天恩，酌拨内帑为臣民倡，明定奖格，按捐资之多寡，别勋章之高下。捐款巨者，准佩带该会金银铜宝星，次者，准用该会徽章，再次者，亦得列名会籍，用红十字为衣饰。以京师善团为总会，复于行省商埠酌设分会。平时施医赠药，兼办军医学堂，战时防病疗伤，责令随营照料。遇有他国兵事，亦一视同仁，派人前往。经理愈多，收效愈广，军医可资补助，将士恃以无虞。

奏文对万国红十字会的了解已相当全面，还结合国内情况，提出了建会的中肯意见。梁氏还认为“红十字会为练兵不可少之举”，并且将《日内瓦公约》、各国入会年份以及美国红十字会章程译成汉文，照录清折，作为奏稿的复件，提供给清政府做参考②。事隔两天，御使夏敦复奏请清廷成立红十字会，要求清政府饬下外务部王大臣，“商明俄日两国公使，查照泰西红十字会公例，请其各电致统兵大员，传谕所部将弁，凡遇中国红十字善会所到之处，一律保护，不加侵犯，俾无险阻之虞，得尽拯援之力”，并请饬下南、北洋大臣“躬为提倡，力予维

① 《驻美使臣梁诚陈请成立中国红十字会奏稿》（光绪三十年二月初十），《历史档案》1984 年第 2 期。

② 《驻美使臣梁诚陈请成立中国红十字会奏稿》（光绪三十年二月初十），《历史档案》1984 年第 2 期。

持”①。

据此，经过朝野多年的舆论宣传与酝酿，中国创立红十字会的社会条件已经基本成熟。

二、上海万国红十字会的成立

1904年，日、俄两国为争夺在我国的权益，在我东北境内发动了日俄战争。2月6日，日本舰队袭击沙俄占领下的我国旅顺口，10日，两国正式宣战。俄日在开战以前，日本派船前往旅顺、海参崴等处，救出其侨民及别国洋人，嗣后转运至安全地带。迨开战后，清朝直隶总督和山东巡抚也准备派船前往旅顺等处营救中国居民，但俄人称各口已经封闭，不准别国船只驶进，然而直隶总督和山东巡抚唯恐阻隔中国政府坚守中立的立场，不敢力争。时清上海记名海关道沈敦和（仲礼），前四川川东道任锡汾、直隶候补道施则敬等官绅激于义愤，遂在3月3日发起成立东三省红十字普济善会，“专以救济被难人民为事”②。3月5日，《申报》载文称：“普济善会，特中国红十字会之先声耳。”③ 然而，由于当时中国尚未加入国际红十字会委员会，刚成立的东三省红十字普济善会及官方的难民救济行为都遭到交战国的阻挠。上海官绅等各阶层人士担心东北“官幕商民欲逃无路，欲行无门，即不死于刀兵，亦将成为饿殍”，“亟思设法救援”④，于是即派沈敦和与英国在华传教士李提摩太商量东北难民救援事宜。当时各国在东三省的传教士恰好在牛庄避难，沈敦和想借助教士们的力量在东北开展救援活动。李提摩太在听取沈敦和的建议后表示赞同，并即“电询牛庄教士可否助救难民”，得到传教士们的肯定回答⑤。因此，沈敦和等人遂决定舍东三省红十字普济善会而另谋创设万国红十字会，试图“以国际公法迫使日俄两国同意中方的要求”，允许中方以红十字会的名义进入战地实施救护⑥。

1904年3月10日，中、英、法、德、美等五国人士在上海公共租界工部局举行会议，主席为工部局值年总董培恩，他提请李提摩太阐述成立万国红十字支会的缘由，并强调“今日之会，拟先在中国设立红十

① 《御使夏敦复奏请成立中国红十字会片》（光绪三十年二月十二日），《历史档案》1984年第2期。

② 《东三省红十字普济善会章程并启》，《申报》1904年3月3日。

③ 《中国宜入红十字会说》，《申报》1904年3月5日。

④ 《普济群生》，《申报》1904年3月11日。

⑤ 《施君肇基笔译上海创设万国红十字支会会议大旨》，《申报》1904年3月14日。

⑥ 参见闵杰：《近代中国社会文化变迁录》（二），浙江人民出版社1998年版，第372页。

字会分局，设局之意，首在筹款，惟所筹之款，并非交付俄人、日人支用，且将来拯救难民，不分中外”。沈敦和在报告中描述了东北难民境遇的惨状，指出“旅居青泥洼之中国工商约二千人，因无轮船可附，不及言旋，并闻彼等粮食尽绝，颇受苦难；又闻牛庄先有告示，大旨谓租界周围一百里作为公地。由是观之，百里之外无从保护，彼处居民翘首望救。鸭绿江左近，有陆上战务，附近居民望救尤切；又由辽阳左近海域传来消息，知俄人颇苛待华人，勒令民间所有牛羊骡车马匹悉数供应，且有于道途沟壑闻目见妇女儿童尸骸无数者，种种情形，闻系俄兵经过所致。上海拯救难民之诸华董，闻战地左近惨酷之状，预拟极力设法拯救”。最后安特生发言，指出“所议创设红十字会，系局外之会，现应现议开办各节，宜预举各董及派定办事之董事数人，且拟如何布告大众，共襄此举”。根据安特生与李提摩太的提议，会中提出预举董事及办事董事名单，举左手通过后散会[①]。这次集会宣告上海万国红十字支会的成立。它的成立标志着中国红十字会的诞生。

上海万国红十字会成立后的第二天，施则敬便邀请诸华董在上海盆汤弄丝业会馆开会，商讨会务及救护事宜。会议决定先由华董筹垫白银5万两作为启动经费，由传教士在牛庄设立医院，收容、治疗难民[②]。3月17日，中西办事各董在英按察使署举行初次会议，西董威金生、安特生、华董沈敦和、施则敬等7人出席。会议推举李提摩太、沈敦和为司理文牍的中西方书记，并议定司理财务、代理银行、刊发捐册、接收捐款、申谢捐助、拨款救济、设牛庄分会和京津代理等事项。3月29日，由吕海寰领衔，盛宣怀、沈敦和、任锡汾、施则敬、吴重熹等人联署的“拨助捐款”通电发向全国各省将军、督抚、海关，确认上海万国红十字会为政府承认之合法团体，请各地给予协助[③]。各省督抚大员纷纷来电来函响应。4月2日《申报》登出劝捐启事，声明：“经费浩繁，议明中西分筹，并由海寰等先行筹凑，以上海丝业会馆为华董办事处，公同酌刊捐册，备函分寄各省官绅商富，务恳鼎力提倡，俾被难华人同登衽席，中立主义益明，国势民心两有裨益，不胜祷盼。”[④] 4月10日，《申报》又向社会各界发出《劝捐万国红十字会经费，申报馆协赈所谨启》，大声疾呼“俄日兴兵，生灵涂炭，旷日持久，尚无已时。两国受

① 《施君肇基笔译上海创设万国红十字支会会议大旨》，《申报》1904年3月14日。

② 《普济群生》，《申报》1904年3月11日。

③ 《电筹救护》，《申报》1904年4月2日。

④ 《电筹救护》，《申报》1904年4月2日。

伤之兵，例由泰西红十字会救治。独我东三省黎庶，连天烽火，骨折心凉，去住两难，生死莫卜，昊天不吊”，希望“寰中义士，海内仁人，合解囊金，拯民水火，散财助赈”①。在新闻媒体的广泛宣传下，各界人士纷纷慷慨解囊，据相关学者统计，在短短的一个多月中，广东捐助2万元，盛京将军增祺助银万两，两江总督拨库银平银8000两，清江漕运总督3000两，湖北、湖南、江西、山东各万两，河南、陕西各5000两，天津2万两②。社会各界的广泛参与和踊跃捐输，为上海万国红十字会的救援工作提供了后援支持和物质保障。

上海万国红十字会成立不久，在组织上以各省善堂为基础，初具规模，并积极开展了符合红十字会宗旨的活动，在国际上造成广泛的影响，在国内也得到清政府的支持。清政府一方面派驻英公使张德彝赴瑞典补办加入红十字“原议”手续，以期取得国际红十字会的承认；一方面从经济上予以援助，5月24日，慈禧太后颁发懿旨：“此会医治战地受伤军士，并拯被难人民，实称善举。现经中国官绅筹款前往开办，深惬朝廷轸恤之怀，著颁发内帑银十万两，以资经费，传谕该员绅等，尽心经理，切实筹办。”③

在社会各界与官绅阶层的推动下，中西董事在7月12日公布了《上海万国红十字会暂行简明章程》，该章程称，“此会系中、英、法、德、美五中立国联合倡办，由中国政府知照两交战国政府，转告战国军队将帅士卒，皆知此会，其名曰‘上海万国红十字会’”，该会“由上海公举中西总董主办，总董就近秉承中国钦差吕（海寰）、盛（宣怀）、吴（重熹）三大臣，随时随事，电牍咨商中国外务部、商部、南北洋大臣、各省大府，钦遵中国皇太后、皇上旨意，与中国出使日、俄大臣，日俄驻京大臣商酌维持，有劝捐办事之全权”，并且指出该会的任务是“最重救护”④。由此可见，清政府已经从幕后走向台前，公开支持上海万国红十字会的救护活动。

上海万国红十字会成立后，即着手日俄之战的救护。1904—1905年，该会设分会于东北各地，从事救护灾民，资遣回籍，并于战后施放急赈。此次救护工作，得到教会和医院以及中国官方积极的支持，所以

① 《劝捐万国红十字会经费，申报馆协赈所谨启》，《申报》1904年4月10日。

② 参见池子华：《红十字与近代中国》，第37页。

③ 朱寿朋编：《光绪朝东华录》（五），中华书局1958年版，总第5184页。

④ 《上海万国红十字会暂行简明章程》，《中国红十字会历史资料选编，1904—1949》，第27页。

成绩比较突出。据1907年1月统计，总共救济（包括收容、遣送、治疗、赈济）46.7万余人，全部募捐收入银641900两，支出银597400两，余下银44500两，招商局及电报局捐送运费、电报费计银5000两，又洋60余万元尚未计算在内①。对于此项事业，当时上海万国红十字会的中方同人们也有一个自我评价："溯自中外通商以来，万国一心，踊跃奔赴，能与我华合办大善事者，在上海当推此为第一伟举。"②

三、中国红十字会的演变

在日俄战争期间，清朝官员屡有创设红十字会的要求，清政府也打算筹建一常设的红十字会，由于种种原因而遭搁浅，直到万国红十字会退出历史舞台后，成立红十字会的呼声再度涌起。1907年7月3日，王熙普在《申报》上发表《创设红十字会之理由》，悲叹"生命之贱，莫中国人，若死道之多，亦莫如中国人，若糊涂而死不得其所而死，莫中国人，若死数之最多，死法之最惨，亦莫如数年以来之中国人"，"以四万万民族之力不能自设医院"，反而外国传教士所办医院遍于中国，此"不但吾人可羞可耻，使一国国民群盛其崇拜外人之心，而为外人权利灌入之导线也。且生命权为外人所操，欲其生则生之，欲其死则死之，吾国人亦大危也哉。甲午庚子之一役，吾国无红十字军，万国耻之，始托英人代办，不能自救其生命，已耻不可言，不能自救，反使救济权为外人所操，嘤嘤乞救于外人，耻莫甚焉"。他把中国是否设立红十字会提升到国家耻辱与危亡的高度："是则不立红十字会以拯救于平时，不成红十字军以救济于战时，不但为国民之耻，即亦国家之耻也；不但为国民之危，即亦国家之危也。是红十字会者，诚吾国今日之要图，吾同胞当尽之义务而不可一日缓者"，并且认为成立红十字会有救济灾难、防疫卫生、禁毒戒烟等好处，更重要的是"使我神明种族日见其强"。最后，他认为"救一个人，即培养一分元气，爱国诸公欲救吾国，必先救吾国之人民始，热心诸公欲保权利必自保吾民之生命始"③。

王熙普建议把红十字会设于上海，主要理由是：一是上海交通便利，消息传播较快，如办理有成效，即可以推广至内地；二是热心公益的人较多，募捐较易。王氏希望有热心人士发起创办，他甚至表示只要

① 胡兰生：《中华民国红十字会历史与工作概述》，《红十字月刊》第18期（1947年6月），第3页。

② 《普济群生》，《申报》1904年3月11日。

③ 王熙普：《创立红十字会之理由》，《申报》1907年7月3日。

有人发起，他将效“蚊背负山”的方式，独出万金，作为开办红十字会经费。王熙普甚至将办理红十字会的“入手方略及办事秩序”都拟订草案：暂设红十字会所，组织会员，求请行政官之允许及其保护提倡，禁绝害人毒物，设立戒烟会、红十字会医院、红十字军医学堂、收生学堂及看护妇学堂、寄生院、娼妓检查所、卫生演说会及劝诫洋烟会等①。

民间人士的呼声，激起部分官员的同感。1907 年 7 月 21 日吕海寰、盛宣怀向清政府请旨试办中国红十字会，在奏折中指出，中国红十字会“事属首创，自无成案办法可援……臣等仰体德意，督率创行”，“一面参考日本初创赤字社情由，与西董定明，先就中国自筹之款酌拨以为基础，戒兼仿瑞士总会真奈尔地方之意，在上海购地，采取各国医院、学堂、医船、医车之式样，筹措经费，次第仿办。另选聪颖华童，一面在沪附设医学堂；一面出洋学习会医，考求会医与军医之如何区别，本国看护人之如何储备招致，务其悉臻详备，以结万国红十字会之局，巩中国红十字会之初基”②。这份奏折说明清廷官员希望接收上海万国红十字会，筹办中国红十字会，使红十字会蜕变为清政府自办的救护组织。

1909 年（清宣统元年），吕海寰领衔、盛宣怀、吴仲熹联衔向清政府再度上奏，详叙世界各国红十字会实施日内瓦陆战、海战公约情况，上海万国红十字会救护东北日俄战灾业绩，并拟定了 6 条《中国红十字会试办章程》，内容③如下：

（一）上海为通商大埠，中外交通便利。前经中西总董创办万国红十字会，现仍于上海徐家汇路设立中国红十字会总会医院、学堂，附设事务所。应中国总董仿照日本赤字社，酌拟规则，核议施行，并妥定资入会章程，以垂永久。

（二）从前万国红十字会，由中西董会议合壁图记，钤用信守。现创设中国红十字会，拟请旨饬铸造中国红十字会关防一颗，须由会长执掌印用，以昭凭信。

（三）本会按照原则，制用白地红十字旗，在会员衣袖各缀白地红十字，以为标志外，又参酌日本等国会章，制备双龙嵌十字勋章，第一等金质，第二等银质，第三等铜质；均配用相称色带，拟定字样，并发

① 王熙普：《创立红十字会之理由》（续），《申报》1907 年 7 月 4 日、5 日。

② 《本会开创时之奏折》，《中国红十字会二十周年纪念册》第 2—3 页。

③ 盛宣怀、吕海寰、吴仲熹会奏：《酌拟中国红十字会试办章程请旨立案折》（宣统元年十二月），《愚斋存稿》，卷一五，第 1—7 页。

给勋章凭照章程，呈请会长标明，请旨敕部核定，饬会制备通行。以上会旗、会衣、勋章，非在会人员，不得滥用，违者究治。

（四）上海徐家汇路总会设立医院，定章施医，又设学堂，定额招考华童，教习医学。

（五）本会谨守瑞士原约十条、荷兰推广约十四条，医伤救难宗旨，参酌《万国红十字会暂行简程》《日本赤十字社章程》，因时因地，以制其宜，医车由总会陆续防制备用，医船与战地医院，临时商酌，设法实行，藉节靡费。

（六）以上系现在组织大纲。各项文件，中国自相往来，均用华文；有关交涉，配用英文，仍以华文为准，组织完备后，应否改良，或原约、推广约有所增删，及一切未尽事宜，随后由总董商请会长妥酌办理。

在这份奏折中，3 人一再强调此时创设中国红十字会的必要："惟念中国与友邦合成会，得此基础，颇费艰难，似宜设法保全，俾无失坠。""中国既设此会，又值海军新立，陆军已有成效之时，允宜及早规划完备。"①

1910 年 2 月 27 日，清政府将吕海寰、盛宣怀、吴仲熹等会奏试办中国红十字会请旨立案的奏折交军咨处进行详核议办。5 月 20 日，军咨处在呈清廷的奏折中对吕、盛、吴所提出的红十字会章程表示不同意见，借口"红十字会前曾订立公约，经入会各国陆续创设，原为医伤救难起见，其章制办法，类皆大同小异"，并且在光绪三十二年（1906），"瑞（士）政府志在改良，复行邀请各国会议修改，将原约十条，厘定三十三款，较诸原约尤为详善，而限制愈严"，而吕、盛、吴的奏折"仅就瑞士原约十条及推广约十四条，酌拟章程，实多未洽"，"应饬期按照新约办理，以期悉臻妥协"，否定了吕、盛等所提议的试办章程。其中关于总会所在地，军咨处认为"各国慈善会均以都城为总汇之区，以便愈遇事与政府会商，而召集亦易"，"上海虽系通商之埠，与京师相隔较远，虽倡设在先，自未便作为总会"，故主张将总会设在北京，在各省省会及沿海商埠各设分会一所，"以期互相联络，逐渐推广"②。至

① 盛宣怀、吕海寰、吴仲熹会奏：《酌拟中国红十字会试办章程请旨立案折》（宣统元年十二月），《愚斋存稿》，卷一五，第 1—7 页。

② 《军咨处奏详核红十字会原奏敬陈管见折》，《中国红十字会历史资料选编，1904—1949》，第 30—31 页。

于红十字会宗旨，军咨处认为红十字会的主要职责是，“在平时救灾恤邻，以辅行政之不及，战时扶伤拯弱，以补军臣之缺憾”。其余有关红十字会设施均应以配合军方需要并隶属军方指挥管理为主，如医学人才可由陆军部所设的军医学堂代为训练，红十字会在成立时，应先行筹款，组织成立制药厂，制造各种西药及治疗器械，“以备将来陆海军购用”。此外如有红十字标记，用于医院各项车辆之旗帜及执事人员之衣袖暨所备各种医药材料上，“必须由战地总司令官戳记，方可印用”，无论平时战时，一律由红十字会咨商陆海军部发给①。关于《酌拟中国红十字会试办章程请旨立案折》中要求“可否简派大臣为会长，以昭郑重”一事②，清政府降旨同意，同时委派商约大臣盛宣怀担任红十字会会长③。

盛宣怀在担任中国红十字会会长之前，不赞成“中国红十字会”的名称，曾致函吕海寰，表达了对这一名称的异议，“红十字会稿，书奏寄上，官防‘中国’字样请酌，因近来对各国皆书‘大清’。此事欲劝捐，恐难办”，言下之意是名称改为大清红十字会为好④。在其担任会长后，即于3月13日咨行礼部，以中国红十字会遵旨筹设，应行奏请添铸“大清红十字会”关防，以示郑重。4月30日，外务部咨复，告知“大清帝国红十字会关防已缮具奏，俟铸妥时再行知照派员请领”。5月15日，盛宣怀札委山东补用直隶知州袁监赉文专程赴京候领。16日，礼部将新添铸的该关防粘贴印花发交袁监领取送往上海。6月5日，“大清帝国红十字会”关防正式启用⑤。此为清政府正式认可红十字会组织的社会地位，中国红十字会从名称上蜕变为大清红十字会。

盛宣怀的易名之举，正符合清政府加强政府管理中国红十字会的意图，这在5月20日的《军咨处奏详核红十字会原奏敬陈管见折》中可见一斑：“查东西各国红十字会，均以亲贵为总裁，英、俄、德三国更由国后主持其事，诚以兹事体大，若非有亲贵总其成，则无以示提倡而资策励。今我国红十字会，时当创始，自应由该会长认真经理，俟办有

---

① 《军咨处奏详核红十字会原奏敬陈管见折》，《中国红十字会历史资料选编，1904—1949》，第31页。

② 盛宣怀：《愚斋存稿》第一五卷，《奏疏》。

③ 《大清宣统政纪》第30卷，第9页，沈云龙主编：《近代中国史料丛刊三编》，(台北)文海出版社印行，第533页。

④ 《寄书吕尚书海寰》(宣统元年十二月十六日)，《愚斋存稿》，卷一〇〇，第24页。

⑤ 参见周秋光：《晚清时期的中国红十字会述论》，《近代史研究》2000年第3期。

成效，应否采择各国成法，请简派亲贵，充当总裁，以昭隆重之处，届时再行请旨办理。”① 对此提议，清廷表示赞同。由此可见，盛宣怀奉旨出任红十字会会长，变“中国红十字会”为“大清红十字会”，有迎合清政府的意图②。

上海绅商对“大清红十字会”怀抵制情绪，希望维持该会民办的色彩。反应最为强烈的当为中国红十字会的具体承办人沈敦和，他在1911年10月30日致吕海寰的一则电文中抱怨道：“查沪红十字会系民捐民办，甲辰四月、十二月两次奉旨嘉许，实称善举。上年夏钦派盛宫保为会长，并拟改名大清红十字会，当经敦和力陈厉害，按大清红会应归陆军部筹办，如遇战事，仅止随本国军队后救伤，与和等所办瑞士缔盟万国承认之中立红十字会宗旨不同，且沪会系募中外捐款而成，殊难归并，业蒙盛公允商政府在案。”③ 而当时各种传言也一度此起彼伏，如《申报》报道：“中国红十字会已由军咨处奏准成立，闻政府对于此事亦颇多注重，将来有以振贝子充任总裁之说，并闻振贝子福晋因各国红十字会多由贵族妇人襄赞而成，拟即运动摄政王福晋及洵、涛、朗各贝勒福晋充作会员，以为提倡。”④ 由于清政府对于红十字会立案等工作止于纸上任命与空谈，加之上海绅商阶层的抵制，清政府虽然把红十字会的名称改了，但实际上所谓大清红十字会形同虚设⑤。

大清红十字会开办不久，武昌起义爆发，为适应战时救护需要，沈敦和等人于10月24日下午，在上海大马路工部局议事厅召开“中国红十字会进行大会”，聚集中外人士700余人，成立中国红十字会万国董事会，征集中外绅商为会员，募集捐款，于次日派出救护队前往武汉等地，负责实施战地救护事宜⑥。中国红十字会万国董事会的成立，实际上是对大清帝国红十字会进行彻底的改造，最主要的是运作机制的改

① 《军咨处奏详核红十字会原奏敬陈管见折》，《中国红十字会历史资料选编，1904—1949》，第32—33页。

② 参见池子华：《红十字会与近代中国》，第80—81页；周秋光：《晚清时期的中国红十字会述论》，《近代史研究》2000年第3期。

③ 《吕海寰往来电函录稿》，《近代中国史料丛刊》第3编第58辑，（台北）文海出版有限公司1978年版，第605—606页。

④ 《京师近事》，《申报》1910年6月28日，第6版。

⑤ 根据张建俅先生的研究：虽然礼部曾经铸颁大清帝国红十字会关防，但该会并未完成立案程序，后来出任会长的吕海寰认为当时“乃迁延搁置，迄未一议”，各项会务如分会、会员的推广等也无从推动，所谓大清红十字会形同虚设。参见张建俅：《中国红十字会初期发展之研究》，第37页。

⑥ 《红十字会进行会志盛》，《申报》1911年10月25日。

变，重新采用董事会制，由半官办改为完全绅办，由中国人独办改为中西合办，但又与原上海万国红十字会不同。原上海万国红十字会是国际性的，即5国合办，而现在的万国董事会前面则冠以“中国红十字会”，表明该会只属于中国一国，只不过中国实力不足，借用了外人的人力、财力、物力及其他多方面的帮助而已。正如沈敦和所陈述的创设这一组织的理由：“盖武汉事起仓卒，响应甚速，不数日间，战祸已蔓延各省，彼时仅恃本会临时救护人员，断断不敷调遣。欲求部署神速，机构完备，而经费又有节省者，惟有借重各国教会西医，及各该处原有之教会医院，以为本会临时救护机关。庶几朝发一电，夕已成立，可收事半功倍之效。然欲联合教会，又非借西董不为功，此本会万国董事会所由设也。”① 这种做法既是变通，也是创新，可以说为中国红十字会的创办在体制上提供了新的思路②。

此外，北京方面也着手组织红十字会。在武昌起义后，盛宣怀因“铁路风潮”遭到资政院的弹劾。清政府于10月26日颁发谕旨，以“盛宣怀不能仰承德意，办理诸多不善。盛宣怀受国厚恩，竟敢违法行私，贻误大局，实属辜恩溺职”，革除了其邮传部大臣和红十字会会长职③。盛氏在卸任前夕，推荐吕海寰出任慈善救济会会长，在北京设立会所，请派沈敦和、福开森前往湖北办理救济事宜。盛氏意见不但获得清廷同意，隆裕皇太后更赏发慈善救济会内帑3万两“以资拯济”④。11月9日，吕海寰上奏清廷，请求推广慈善救济会，按照红十字会章程办理，清廷即准吕海寰“推广慈善救济会”⑤。这说明清廷起初似不打算采用红十字会的名义，而是希望借慈善救济会以进行湖北战地救护工作⑥。但随着事态的发展，清廷不得不放弃用红十字会章程办理慈善救济会的构想，于11月13日颁发谕旨，命“前外务部尚书吕海寰充中国红十字会会长，仍兼办慈善救济会事宜”⑦。放弃了使用1年多的“大清红十字会”，正名为“中国红十字会”，取得了对红十字会名义上的领导权。

民国成立后，中国红十字会于1912年9月29日在上海租界工部局

---

① 《日本赤字社社长来电》，《中国红十字会历史资料选编，1904—1949》，第58页。

② 参见周秋光：《晚清时期的中国红十字会述论》，《近代史研究》2000年第3期。

③ 《大清宣统政纪》第62卷，第19页。

④ 参见张建俅：《中国红十字会初期发展之研究》，第40页。

⑤ 《大清宣统政纪》第63卷，第38—39页。

⑥ 《大清宣统政纪》第62卷，第29页。

⑦ 《大清宣统政纪》第63卷，第38—39页。

议事厅召开第一次全国代表大会。大会推举出34名常议员，组成新一届领导集体，并通过了《中国红十字会章程》，完成了董事会制向常议会制会内运作体制的转变；通过了《京沪合并章程》，化解京会、沪会之间的矛盾[①]。10月30日，为了集合国内各种红十字团体，乃于上海大马路黄浦滩汇中旅馆召开中国红十字会统一大会[②]。出席会议代表100余人，除各分会代表外，外交部、内务部、陆军部、海军部、奉天、江苏都督、上海交涉使、京、沪代表出席会议。会议决定，总会设于北京，总办事处设于上海。正会长驻总会，专任对外及政府交涉，总办事处以副会长为首，会同理事长，办理日常筹募款项、联络分会、征集会员及其他会务。重要事项，先交常议会通过施行。各省分会则随时与总办事处函电接洽[③]。中国红十字会统一大会的召开，解决了中国红十字会在当时情况下领导多头、管理混乱的问题。至此，中国红十字会完成蜕变，从此步入稳步发展的轨道。

第三节 贵州红十字组织的出现

贵州地处云贵高原东部，既不沿海，亦不沿边，信息闭塞，经济社会发展较全国而言相对滞后，接触红十字比上海、江苏、安徽、福建等地区较为晚些。随着红十字运动在全国其他地区的兴起，作为偏处西南一隅的贵州，在历史时空的变迁中，逐渐融入红十字运动的大潮，成为贵州慈善事业领域不可或缺的重要力量。其起源与贵州独特的历史文化有着非常密切的关系。

一、贵州红十字运动起源的时代背景

（一）多灾多难的近代贵州

近代贵州是一个多灾多难的时代，既有天灾又有人祸。近代贵州的自然灾害主要有水灾、旱灾、雹灾、虫灾、疫灾、地震；社会灾害主要有战争、匪患和民变[④]。

1. 自然灾害

水灾。近代贵州发生水灾的频率非常高，如1878年夏，遵义、普

① 《红十字会之公电》，《申报》1912年10月18日。

② 《红十字会统一大会记事》，《申报》1912年10月31日。

③ 参见中国红十字会总会编：《中国红十字会九十年》，第26页。

④ 参见贺永田：《近代贵州灾害述论》，《长江论坛》2011年第6期。

安、古州、黎平等处洪水泛滥，沿河居民房屋及民田屯田多被淹浸；桐梓县秋间“霉雨数月，稻谷糜烂”，各处“大水、淹城月余”①。1899年入秋后，“黔省阴雨连月，禾稼大伤，加以久雨不能刈获，半多霉烂……被灾之重，以大定府属毕节、威宁为最，其次如贵阳、贵筑、普安、水城、平远、黔西、清镇等处，均止五、六分或二、三分不等”，以至冬季“米价昂贵”②。1914年6月初，贵阳市暴雨狂风，河流泛涨，水淹城内各街，湮灭房屋人口牲畜，损失甚巨③。1917年6月间，黔省地区“淫雨兼旬，山水陡涨，所有江口、松桃、铜仁、平锦、绥阳、都化、遵义、印江、仁怀、锦屏等县，均被水灾，房屋倒塌，田亩淹没，并淹毙人口多名”④。1918年，黔省淫雨成灾，威宁县灾情尤重，饥民万户，十室九空⑤。

旱灾。1863年，普安厅大旱，“饥民死者相枕藉”⑥。1864年夏，仁怀厅大旱，“民食益难。斗米值二十千钱有奇，凡野菜、树皮、蕨根、白泥均食尽”；荔波亦“大旱”⑦。1867年，平越、湄潭、贵阳等地大旱，其中贵阳，“斗米值二千钱，饥殍相枕藉，民多流亡”。1895年，贵阳、遵义等府大旱，“自春至闰五月下旬，及六月初始迭次得雨。迨七月旬，干旱如故，田禾多半无收”⑧。1924年，普安、贵定等26地发生了旱灾，粮食歉收，米价腾贵，饿殍遍野⑨。

雹灾。贵州严重的雹灾有：1846年，瓮安、绥阳降大冰雹，击毙牲畜无数，麦苗无存；1848年，清平雨雹如杯大，“房屋皆坏、林木为摧，行人遭之立毙”；1859年6月13日，遵义县南“雨雹大者如砖，民房尽毁……损坏禾苗所在皆是，秋田谷无获”；1877年，永宁大雨雹，“晚禾无收”；1906年4月5日，兴仁“雨雹如大盏……房舍倾毁，烟苗禾稼，损坏无遗”；1919年9月26日，镇宁县“陡降冰雹，被灾约四十余寨，禾稻皆空，入秋以来，哀声遍野”；1925年4月1日，紫江县“冰

① 李文海：《近代中国灾荒纪年》，湖南教育出版社1990年版，第402页。

② 李文海：《近代中国灾荒纪年》，湖南教育出版社1990年版，第657页。

③ 李文海：《近代中国灾荒纪年》，湖南教育出版社1990年版，第829页。

④ 《东方杂志》第14卷第10号，第209页。

⑤ 李文海：《近代中国灾荒纪年》，湖南教育出版社1990年版，第873页。

⑥ 《光绪普安直隶厅志》卷一，第3页。

⑦ 李文海：《近代中国灾荒纪年》，湖南教育出版社1990年版，第247—248页。

⑧ 朱批档：《光绪二十二年十二月二十一日黄槐森折》

⑨ 贵州省图书馆编：《贵州历代自然灾害年表》，贵州科技出版社1982年版，第246—250页。

雹为灾，所有豆麦菜子等类，均被损坏无存，居民房屋多被打烂”[1]。

虫灾。虫灾在近代贵州一般为一隅偏灾，一年中仅在一二府（县）出现，但亦有同时或相继在数十县中发生的大面积虫灾。1924 年，台江、石阡、普安、江口、贞丰、册亨、镇宁、仁怀均发生严重的蝗灾，江口、贞丰等地收成不及平常之十分之五[2]。

疫灾。严重的疫灾有：1853 年，黎平“大疫，府城乡病麻瘟，死者甚众”。1861 年，普安厅“疫疠盛行，死骸遍野”。1864 年，遵义“疫大作，有全家病卧者，有相继抱病者，有一家全行病故者，有一家存二、三人者，四乡尤甚。至秋，疫瘴又作，凡下田获谷者染瘴扑地，十死五、六”。1865 年入夏后，贵州通省疾疫流行，贵阳、安顺、大定等府属尤甚，各属城乡士民患疫之家十居七八，患者须臾毙命，甚至栽插之处，秋成极为丰稔，均因死亡之急症，或谷熟而无人收割，或已收割而无人挑运，粒米狼藉，弃之田野，惨不可言。1890 年，兴仁大疫，六月间“城中每日约死人二百余，有未半月而全家均死者，通计城中约死一千余人”。1924—1925 年，桐梓“瘟疫流行，饥病满途，死亡扰藉”，在北门外开万人坑掩埋尸体[3]。

地震。1875 年 6 月，贵州南部发生了 6.5 级地震，震中在今贵州罗甸、广西乐业之间。此次地震，贵阳、独山、镇宁、清平、荔波、桐梓、织金、贞丰、永宁、黎平、水城、都三、清镇等地方志和地方文献中均有记载；并有“民房亦为之折”“地陷数丈”“压死苗民”等描述，为贵州近代史上震级最高、破坏性最大的地震[4]。

2. 社会灾害

战争。民国时期，贵州“烽火连天”。民国前期，贵州成为西南军阀争夺的焦点，滇军两次入黔，本地军阀亦争夺不休。在国民政府入主贵州前，军阀战争从来没有停止过[5]。

匪患。贵州的匪患在清末就已经非常严重。1911 年 6 月贵州巡抚沈瑜庆在一份奏折上称：上半年各属土匪、会匪、游勇“聚众抢劫，抗拒官

① 贵州省图书馆编：《贵州历代自然灾害年表》，贵州科技出版社 1982 年版，第 159—205 页。

② 贵州省图书馆编：《贵州历代自然灾害年表》，贵州科技出版社 1982 年版，第 278—279 页。

③ 贵州省图书馆编：《贵州历代自然灾害年表》，贵州科技出版社 1982 年版，第 370—394 页。

④ 覃子建：《贵州地震历史资料汇编》，贵州科技出版社 1991 年版，第 34—99 页。

⑤ 周春元等编：《贵州近代史》，贵州人民出版社 1987 年版。

兵”案，共有73起，获犯唐沄洲等209名，“明确录供”，“就地正法”。至于土匪与官兵对阵中伤亡的数字更大了，由此可见当时匪势之烈[①]。

民国初期，地方混乱，秘密社会组织十分活跃，“遍开公口，匪党横行，掳掠奸淫，全省糜烂，……盖匪势益张，民生且蹙，商不得归市，农将失时，学堂尽变山堂，军府都成盗薮，方且日夕密谋，大举劫掠，洗富室以饱囊橐，焚贫户以牵救护”[②]。此时的贵州，几成匪国。

民变。近代贵州，统治者残暴不仁，小规模的抗税、抗租、抗暴等反抗斗争从来没有停止过，有的更演变为大规模的武装斗争，如咸同年间的各族农民大起义和黔东事变。

灾害一旦发生，生产条件往往遭到破坏，生产秩序难以恢复。水旱等自然灾害不但给生产资料如土地、畜力、农具以及劳动力带来损失，而且可能引发大规模的人口流徙，使劳动力与生产资料相分离。频繁而又严重的自然灾害给近代贵州社会生产带来的破坏自不待言。土匪的劫掠和残杀行为不但加剧了人民的贫困，使“农民无力对农业再生产进行投资，商人的经商活动因缺少资金而无以为继”[③]，而且致使“民间鸡犬时惊，卧不安席。农夫不得耕于野，商旅不得出于途”，甚至举家老小，流走异乡。如1914年，因匪抢劫，柳霁县“富绅大商，咸受损失停业”，“迁居邓水、镇远、洪江、王寨各处者，不一而足”[④]。1918年，因声闻有匪抢城，邓水县人民“惊惶之状，惨不忍言，扶老携幼，纷纷逃避”[⑤]。

战争不但耗费和破坏大量的社会财富，而且与社会生产争夺劳动力。大量壮年应征入伍，长久在外行军打仗，不事生产。战争中无数士兵战死，百姓被屠杀，再也无法建设自己的家园。烽火燃烧之处，社会秩序极为混乱，人民无法正常从事生产活动，甚至为避免殃及，离开家园，流落异乡。民国时期频繁的战争无疑严重扰乱了社会秩序，不利于再生产的正常进行[⑥]。

民变规模不一，人数少则几个几十个，多则成千上万。一般而言，小规模的民变对社会秩序的冲击有限，而大规模的民变则可能引发社会

---

① 蔡少卿：《民国时期的土匪》，中国人民大学出版社1993年版，第204页。

② 蔡少卿：《民国时期的土匪》，中国人民大学出版社1993年版，第204页。

③ 姚兰图：《民国前期贵州土匪问题研究》（1912—1926），贵州师范大学2009年硕士论文，第24页。

④ 《贵州公报》，1912年7月27日。

⑤ 《贵州公报》，1912年7月27日。

⑥ 参见贺永田：《近代贵州灾害述论》，《长江论坛》2011年第6期。

的震动，甚至演变成大规模的战争，严重危害社会秩序①。

凡此上述灾害，都亟待一个强有力的社会救援组织予以救济。红十字会作为国际性组织，因恤兵而设，救死扶伤是其天职。不过，“救护于战时而不救护于平日，惠尤未遍，愿未尽尝，因矢博济之怀，扩救护之量”②，故“救灾救济之外，兼及社会服务”③。红十字会秉承战时恤兵，平时救灾的原则，以人道主义为己任，可以形成有力的灾害社会保障，一定程度上缓解了众多灾民、难民的痛苦，有利于社会安定。总之，社会危机给人民带来灾难的同时，也给贵州红十字运动的兴起提供了社会基础。

（二）“吐故纳新”的贵州文化

贵州文化既不像中原文化那样具有典型的汉文化特征，也不像青藏文化那样有着浓郁的藏文化特色，既没有塞北文化的粗犷与奔放，又没有江南文化的灵秀与婉约。与邻近地区的文化相比，也有点“似是而非”：近川者似川，近楚者似楚，近粤者似粤，近滇者似滇，但又非川、非楚、非粤、非滇，有些不可名状。尺有所短，寸有所长，用任何一种地域文化的尺子来衡量它，都不尽合适，这恰好就是它成为一个文化单元的重要依据。把它纳入汉文化的体系吧，又有大量少数民族文化存在；说它是少数民族文化吧，事实上汉文化又成了主流。拿汉文化来说，也不是纯粹的中原文化，仿佛是经过多次过滤才传入的，使人有“五方杂处”之感。拿少数民族文化来说，也并非同属一个体系，苗瑶的、氐羌的、百越的、濮僚的都有，而且演化极其纷繁。

特点总是在相互比较中才能显现出来。犹如红、黄、蓝、绿的单一色调是一种特色，由多种颜色组合而成的“花”也不能不说是一种特色。也许，“杂”就是贵州文化的最大特点。这种“杂”，不单是指它的来源极其广泛，更重要的是，各种文化固有的特质依然保存。彼此间的渗透、交融是有的，但“同化”中有“异化”，“异化”中有“同化”，尽管共性逐渐增多，而个性仍很鲜明。或许可以这样说，贵州文化是中国“多元文化”的一个缩影、一种特殊类型，它与一般意义上所说的“多元”不同，并未完全交融为一体，而是“多元共生”。因此，贵州文化实际上是一个复杂的文化系统，它包括若干民族文化的子系统和区域

① 参见贺永田：《近代贵州灾害述论》，《长江论坛》2011 年第 6 期。

② 《红十字会说》，《申报》1898 年 11 月 16 日。

③ 《民国政府蒋主席为中国红十字会筹集事业基金题词》，《中国红十字会历史资料选编，1904—1949》，第 99 页。

文化的子系统，乃至分子系统。

贵州文化的形成，一方面导源于各种民族文化与地域文化，另一方面又深受特定的地理环境的制约和影响。也就是说，人与地密切结合，产生了一种有别于其他地区的文化风貌——山野与古朴。严格说来，贵州是个重要的移民区，汉族是由外地迁入的，少数民族也大都是在漫长历史过程中陆续从四面八方迁来的。这里是古代南方四大族系交汇的结合部，同时又是汉族移入量超过少数民族的地方。众多的移民，带着各自不同的文化习俗进入贵州，经过长时期的接触、碰撞、交流、吸收，构成了一部和谐、有序而又独特的交响乐。然而，当他们踏入贵州高原以后，所面临的生存空间，都是峰峦叠嶂的大山。山是贵州最鲜明的地理特征，是各民族赖以生存发展的特定环境，也是他们进行文化活动的共同舞台，这就使多元的贵州文化打上了“山地文化”的印记。如果说，由多元组成的民族文化是贵州文化的灵魂的话，那么，山地文化则成为它特有的风骨。

在历史长河中，贵州文化的走向，一方面深受全国形势演变的控制；另一方面又因其“不内不边”的特殊身份，其发展往往不能完全与全国同步。把贵州文化的演进，放在中国与世界的大背景下来作考察，在历史的屏幕上，即刻显示出一条起伏不定的波形曲线，并可清晰地看到几个重要的临界点。在人类起源及漫长的“史前”时期，贵州文化因其灿烂而令人瞩目，可是在一段辉煌过去之后，骤然跌落下来，与商周及春秋战国的繁荣境况根本无法相比。从秦汉开始，贵州文化与中原文化接轨，可是，这一过程延迟了1000多年，直到明清才“渐比中州”。戊戌变法时期，贵州崭露了头角，贵州文化逐步与全国、与世界接轨，然而，无论是哪一个阶段，它的发展都极不充分，都与中原地区存在一个较大的差距，显得“先天不足”。所以，就总体水平来讲，它在全国处于滞后状态，要达到世界先进水平还有很长一段距离。使人感到震惊的是，在贵州这个偏远、落后的山乡，思想文化却不时闪现耀眼的光芒，不但跟上了时代的步伐，而且有时还一度超前。在程朱理学笼罩全国的年代，思想界死气沉沉，是王阳明的心学打破了这种沉寂，激起了轩然大波，而这种新的思想，不是产生于繁华的京城，也不是发端于阳明的故乡，而是生发于僻静的贵州龙场。特别是到了近代，思想更加活跃。在太平天国运动时期，贵州发生了长达20余年的咸同各族人民大起义，爆发了十几次“反洋教”斗争。在戊戌变法、辛亥革命、护国护法战争中，贵州都处于领先地位。所以，贵州这种“吐故纳新”的文化性格，为红十字思想的传播提供了思想基础[①]。

（三）近代慈善公益事业的发展

“积善行德”思想在中国传统文化中早已根深蒂固，近代中国民间慈善事业早有发展，相关慈善团体也已成型。19 世纪末，在戊戌维新运动的影响下，中国民间慈善事业发生了一些新的变化，并开始出现具有近代意义的社会公益事业。

这一时期公益事业的变化，首先体现在对慈善思想的认知的变化上。由于维新运动在思想领域“多维度、多层面的刺激和回应”[②]，这一时期有关人士对慈善活动内容及作用的认识，开始由传统的慈善观向近代社会公益思想发展。

“救急不如救贫”便是其中一大转变。以往慈善之举，大都是遭遇荒后临时募捐赈济，有的慈善界人士认为这种做法存在弊端。当时著名慈善家、绅商经元善认为，“善后之法，所宜亟讲矣”。而他所谓的善后之法，一是兴农开荒，二是课工教艺。但经元善认为兴农开荒所需费用过多，难以实施。因此，“不得不于行善中求生财惜费之法”[③]，故而他更看重具有近代公益慈善事业性质的课工教艺。

“善举之惠，应从一身及至一家，从一时及至永久”，也是当时较为流行的一种思想。有关人士认为，养老、育婴、恤婆非不善也，然惠仅一身，不能及一家也；施粥、施衣、施药非不善也，然惠仅一时，不能及永久。而且，各行省善堂，有名无实者甚多。因此，他们主张“善举以博施济众为极功”[④]。为了收到更广泛的实际效果，他们要求改变原有慈善活动的内容及格局。

同时，当时的慈善届日趋重视“开风气、正人心”的社会公益事业，他们希望通过采取创办“劝善看报会”等新的公益善举，进一步“扩充善念”，使众人“识时势亦明义理，除僻陋并革浇漓”，最终达到“振刷精神，急起直追”以及“发愤自强，誓雪国耻”[⑤]的目的。全国颇具影响的《申报》，这一时期也曾连续刊登有关改良慈善活动和发展公益事业的评论文章，并提出了不少新见解。例如《效法泰西以行善举议》一文，认为上海已有之善堂，在施衣、施粥、施医、施药、恤嫠、

① 史继忠：《贵州文化解读》，贵州教育出版社 2000 年版，第 1—5 页。

② 参见朱英：《戊戌时期民间慈善公益事业的发展》，《江汉论坛》1999 年第 11 期。

③ 参见朱英：《戊戌时期民间慈善公益事业的发展》，《江汉论坛》1999 年第 11 期。

④ 参见朱英：《戊戌时期民间慈善公益事业的发展》，《江汉论坛》1999 年第 11 期。

⑤ 虞和平编：《经元善集》，华中师范大学出版社 1988 年版，第 268 页。

育婴等方面的善举虽无一不备，但“顾犹不免有遗议者”，甚至还遭到某些非议。其原因一方面是由于善堂“立法尚未尽精详”，“司其事者未克实事求是”；另一方面则是因所行善举之缺陷所致。泰西诸国善举之特点，在于养与教二者并重，“中国各善堂养则有之，教尚未备”。因此，“各善堂而欲息浮言，非仿行泰西良法不可”[①]。关于如何解决流民的安置与糊口问题，该报的评论文章也曾呼吁，“此事亦宜师西法而变通之”，设立工程局等公益性机构收容流民，编成工程队，从事地方工程的建设。“与其费口粮而养囚徒，何如使之工作而抵经费，不亦一举而两得哉。”[②]

19 世纪末民间慈善公益事业的发展，还体现于某些传统的善会、善堂发生了一定的改变，尤其是许多新式社会公益组织的接连产生，广泛开展一系列公益性活动。更直接反映了传统慈善事业向近代社会公益事业扩展的趋向。

这一时期新型民间社会公益事业的发展，则显得较为迅速，其具体表现是以下所述各种新式民间公益机构和社团的诞生，以及有关各方面公益活动的大力开展。

首先，是阅报社、阅报会、阅书会等民间公共会社机构的创立，既为民间社会提供了过去所没有的阅览各类新书报和议论时政的场所，也较为显著地扩大了民间社会的活动空间与影响。例如 1898 年夏秋之间，金陵“东牌楼某报房创设阅报会，购办沪上各报，无不应有尽有，以备有志维新者得就近取阅”[③]。类似的阅报会、阅书会在戊戌维新运动时期并不仅仅见于通商大埠，在一些县城也曾先后创立。

其次，是新式民间组织戒烟会在全国的一些地区纷纷设立。涉及戊戌维新运动的论著，有些也曾提到戒烟会，但大都视之为戊戌时期一般的“学会”组织。实际上，学会是学术团体，主要以研究和推广某种学问为宗旨，而戒烟会却并非属于这类组织。准确地说，戒烟会应属社会公益性团体[④]。

再次，是不缠足会等类似的组织在全国许多地区相继诞生。不缠足会实际上是倡导改良风俗的新式组织，也属公益性质的民间团体。主要

---

① 《效法泰西以行善举议》，《申报》1897 年 5 月 31 日。

② 《安置流民议》，《申报》1897 年 4 月 22 日。

③ 《设会阅报》，《申报》1898 年 9 月 26 日。

④ 参见朱英：《戊戌时期民间慈善公益事业的发展》，《江汉论坛》1999 年第 11 期。

宗旨是改变中国近千年的缠足陋俗，使女子解除裹足之苦[①]。

复次，是兴办新学堂义举的出现。如经元善联合各界人士，在上海发起筹办中国首家女学堂——“中国女学堂”，并于1898年5月正式创立。

另外，值得一提的是，在戊戌维新运动时期，还有人拟仿西方成立红十字会。据《申报》记载，孙实甫（名淦）“以济人行善为心，近见中国军制皆效法泰西而军中缺少良医……爰拟创设红十字会，随营施治，俾军人咸得免疾病而少死亡”[②]。他还翻译了日本赤十字会章程，希望带回中国效法模仿。由此可知，近代中国红十字会的正式成立虽然是在1904年，但早在戊戌维新运动时期已曾有仁人善士将此举提上议事日程。

近代慈善思想对贵州地区也产生了不小的影响，出现了零星的慈善个人和社会组织，开展人道救助。

民国初年，贵州没有完善的慈善救济组织，救济事业杂乱无章，没有形成系统。1925年3月，贵州发生大饥荒，贵州省清乡司令兼省长彭汉章，会同外国传教士及地方绅耆成立了中国华洋义赈救灾总会贵州分会，执掌全省的赈务。这是贵州社会组织慈善事业的萌芽时期[③]。

慈善个人主要是以华之鸿为代表。华之鸿（1871—1934），字延仪，号延厘，出生于盐业世家。在继承祖上盐业经营的基础上，先后开办有酒厂、文通书局、造纸厂等，并于1907年被推举为贵州省商会会长，人称“华百万”。虽可谓巨富之家，但却一直热衷于社会慈善、赈灾救济等公益事业。因他热衷社会慈善事业，且为维护地方稳定做出了巨大贡献，所以在其死后，当时贵州社会各界代表共142人联名呈请贵州省政府予以褒扬。后经省主席王家烈指示，准入祀乡贤祠并上报国民政府。于1935年7月，获国民政府题颁华之鸿“殚心公益”匾额一方及褒扬证书一纸[④]。因此在近代贵州的社会慈善救济方面，他一直都是黔商的典型代表。

总之，19世纪末20世纪初，慈善公益事业的发展变化在近代中国慈善公益事业发展史上具有不容忽视的地位和影响。这些新设立的不同于传统慈善机构的公益性团体受到民众的广泛赞赏与欢迎，其行善思想

① 参见朱英：《戊戌时期民间慈善公益事业的发展》，《江汉论坛》1999年第11期。

② 参见《创兴善会》，《申报》1898年3月26日；《创兴红十字会说》，《申报》1898年5月9日。

③ 参见李思睿、李良品：《论清代民族地区民间慈善事业》，《贵州民族研究》2014年第10期。

④ 《民国时期知名金融人物》，见贵阳市南明区政协文史资料委员会编：《南明文史资料选辑》1996年，第14页。

深入人心。因此，当红十字会向中国乃至贵州伸出橄榄枝时，得到了中国慈善家们的大力支持，为后来红十字会在中国的“登陆”及其在贵州的传播奠定了坚实的基础。

二、护国运动与贵州红十字组织的出现

（一）总会对护国运动的救护

1915年5月9日，袁世凯以日本支持其“称帝”为交换条件，接受“二十一条”，并于12月13日在居仁堂“圆梦”，31日下令改明年为“洪宪”元年，决定在元旦举行“登极”大典。袁世凯出卖国家主权、复辟帝制的行为，激起国人的普遍反对，孙中山、梁启超、蔡锷等人纷纷发表通电，号召民众行动起来，用武力捍卫共和，讨袁护国。“护国战争”因此爆发，中国红十字会于是开始了新的救援行动。

“护国战争”首先在云南打响。1915年12月19日，原云南都督蔡锷间关万里辗转潜返昆明，联络云南督军唐继尧于25日通电反袁，宣布云南独立，成立讨袁“护国军”。1916年元旦，云南军政府宣告成立，举唐继尧为都督，组织三路讨袁军：蔡锷任第一军总司令，出兵四川；李烈钧任第二军总司令，进军两广；唐继尧兼第三军总司令，坐镇云南。1月10日，讨袁军誓师出征，“护国战争”爆发。

滇省事起，袁世凯派虎威将军曹锟为总司令，统兵南下。一场残酷的军事碰撞势将不免。中国红十字会预料到“滇边各省必有战事”，致电成都、梧州各分会“召集医队，并分组涪州、泸州、重庆、叙州、荣县、雅州、自流井、南宁等处临时救护机关及固定医院”，做好战地救护的充分准备。在总会的积极协调和领导下，各分会均积极准备，临时固定机关和固定医院不日可望成立，云南、贵州两省亦正在酌择要地，分别组织临时救护机关和固定医院①。

战地遥远，上海中国红十字会总会总办事处鞭长莫及。组织救护医队遣往西南边陲，极不现实，充分发挥分会的作用，无疑是必要的②。上海红十字会总会分别致电询问滇边分会筹备救护事宜后，总办事处于2月11日致电北京总会转咨陆军部，明确表示：“此次滇事猝起，谣诼繁兴，且闻中央三路遣师，诚恐干戈蔓延。本医队追随鞭镫，实力未

① 《红十字会对于滇军之筹备》，《申报》1916年1月23日。

② 参见池子华：《中国红十字会“护国战争”救护述论》，《合肥学院学报》（社会科学版）2007年第3期。

逮，且稍有不慎，尤易滋生流弊。兹本会为杜渐防微起见，拟通电各处一律就地备设救护机关及固定医院，万一当地起有战事，均由该军队就近送往医治，本会各救护队概不出发，以昭慎重。”①

在总会的倡导和推动下，分会及临时救护机关在西南遍地而起，到3月初，经总会总办事处核准设立的分会临时救护机关及其负责人②如下所示。

四川省：成都分会理事长李士桢，宁远临时机关主任江医博士，雅州临时机关主任达维迪医博士，嘉定临时分会医务主任金辅仁医博士，叙州临时机关主任唐医博士，泸州临时机关主任樊立德医博士，自流井临时机关主任古祖贻医博士，荣县临时机关主任康德贻医博士，重庆临时分会理事长魏诩丞、医务主任阿思密、沈德才、斐纶医博士，涪州临时机关主任高文明医博士，忠州临时机关主任别其原医博士。

湖南省：长沙分会理事长颜福庆医博士，常德临时分会理事长熊希龄、医务主任罗威恩医博士，辰州临时机关主任黄治中医博士，洪江临时机关主任费思德医博士，麻阳临时机关主任柯慕林医博士。

贵州省：铜仁临时机关主任柯慕林医博士（兼），安顺临时机关主任费医博士。

云南省：昭通临时机关主任林医博士。

广西省：梧州分会理事长周之济、医务长夏丽生，百色临时机关主任琼司。

以上各处均系沈仲礼及红十字分会与当地志士、西方传教士共同组织成立，各救护人员均“抱热血兮满腔可临天下”，其奉献精神与参与救护的真诚感至鬼神③。

分会及临时救护机关纷纷设立，需款之浩繁，可想而知。总会总办事处则担负起筹款募捐的重任。因“滇事猝兴，风云日紧。今日黔、粤、蜀、湘等省已渐见干戈，战祸蔓延，势所难免。恤兵博爱为本会唯一天职，讵敢不力筹救护。惟为进行上慎重起见，特电各该省分会，一律设备固定医院并重要各地点临时救护机关，专疗受伤兵民，不分畛域。……悉近日以来，血薄肉飞之众，断臂折足之俦，运送至医院就医者已络绎不绝，大有坑谷皆满之概”。如沈敦和副会长所言：“值兹欧战影响，百物俱

① 《红十字会之审慎》，《申报》1916年2月12日。

② 《中国红十字会总办事处沈仲礼启事》，《申报》1916年3月7日。

③ 《中国红十字会总办事处沈仲礼启事》，《申报》1916年3月7日。

昂，即东西各药品，其价值亦日进而不已，需款之局，已可概见。且战区弥广，分会繁多，既负担之綦重，亦肆应之维艰，茫茫四顾，曷胜杞忧。”[①] 筹款募捐，谈何容易。尽管如此，总办事处力挫艰巨，奔走呼吁，多方筹措。2 月 15 日，总办事处就以沈敦和的名义在《申报》刊登了《中国红十字会急募兵灾救护经费》广告，号召“海内外仁人君子，笃念伤痍宏施，救拯相与，慨解仁囊”[②]。接着，《申报》3 月 7 日发布《中国红十字会总办事处沈仲礼启事》，12 日发表《红十字会募捐通函》，4 月 2 日、6 日、10 日、12 日、14 日、16 日、18 日、20 日《申报》又连续刊发《中国红十字会急募兵灾救护经费》[③] 启事，大声疾呼：

滇黔事起，祸结兵连。目下湘蜀等省战火日紧，满目戈铤，一般兵士枪伤弹击，体折肢残，痛苦呼号，情殊可惨。而战线以内，浩浩居民，或缘贫乏，或迫时机不及逃避者，辄多遭池鱼之殃，疮痍遍地，尤为痛心。本会职司救护，义不容辞，已经组织临时医院二十余处，一律委托中外教会医士分头疗治，药值既极昂贵，杂用又极浩繁。至如阵殁军民，尸骸狼藉，血肉模糊，亦断难任其暴露，则掩埋需费也。劫后余生，饥馑满道，哭泣盈野，亦何忍听其流离，则赈恤需费也。凡兹重任，独立奚支？近据各该省分会报告，泸、叙一带医院疗治被伤军民，病榻皆满，广需药品、经费，纷纷催请前来，竭蹶情形，非言可喻。用敢吁恳薄海内外大慈善家，本恻隐以为心，悯伤痍之满目，仁囊争解，义举同襄，行见一滴甘霖洒遍大千世界，其功德容有涯量耶！大旱云霓，无任歧祷。

红会的呼吁，赢得社会各界的广泛回应。从《申报》所载《中国红十字会敬谢隐名氏大善士捐助四川兵灾洋一百元》[④]、《中国红十字会谨谢蒋稷顼大善士以太夫人七十秩华诞资移助洋一百元》[⑤]、《中国红十字会谨谢许邦兴大善士捐助洋二百元》[⑥]、《中国红十字会敬谢重庆分会魏诩丞君介绍会员交来会费洋二千五十元》[⑦]、《中国红十字会谨谢浙宁槐

---

① 《中国红十字会急募兵灾救护经费》，《申报》1916 年 2 月 15 日。
② 《中国红十字会急募兵灾救护经费》，《申报》1916 年 2 月 15 日。
③ 《中国红十字会急募兵灾救护经费》，《申报》1916 年 4 月 2 日。
④ 《中国红十字会敬谢隐名氏大善士》，《申报》1916 年 2 月 24 日。
⑤ 《中国红十字会谨谢蒋稷顼大善士》，《申报》1916 年 2 月 28 日。
⑥ 《中国红十字会谨谢许邦兴大善士》，《申报》1916 年 3 月 3 日。
⑦ 《中国红十字会敬谢重庆分会魏诩丞君》，《申报》1916 年 3 月 5 日。

廷居士捐助救济兵灾洋一百元》[①] 等连篇累牍的征信广告中，不难想见社会各界捐款之踊跃，这在民生凋敝的时代条件下，尤为难能可贵。社会各界急公好义，源源捐助，增强了中国红十字会人道救援的信心，保证了分会救护行动的顺利展开。

"护国战争"以四川战场最为激烈，泸州、叙州、纳溪之战，均极残酷，伤亡累累。据报道，2月中旬以来，"血薄肉飞之众，断臂折足之俦，运送至院就医者已络绎不断，大有坑谷皆满之慨"[②]。中国红十字会各分会及临时救护机关，全力救治，"自流井已疗伤五百余名"；泸州、荣县等战地医院"就治伤兵均有五六百名之伙，医院满塞，几不能容……"[③] 红十字会救护人员不分昼夜，敷药疗伤，应接不暇。

内战救护，《日内瓦公约》没有明文规定，这给红会的救援行动带来一定的困难，红会也只能变通办法，"纯抱慈善观念，畛域不分"[④]。无论北军伤兵，抑或护国军伤兵，一体收治，这符合红十字会"中立"品格。

随着战事的持续，伤员人数也在"水涨船高"。据《大陆报》报道，到3月上旬，各救护机关收留的伤兵已达3000余人[⑤]，救治任务之繁重，可想而知。湘西战场的争战亦甚激烈，伤亡颇多，身兼湖南麻阳和贵州铜仁临时机关主任的柯慕林医士，采用"调剂"的办法，在一定程度上弥补了湖南救护力量的相对不足。据《大公报》的报道称："柯慕林医博士来电，谓由麻阳至铜（仁），全系水道，日来伤兵甚伙，势非转运医疗不可，现已购备船只，以资应用。"[⑥] 湖南各救护机关亦能同心协力，互相配合，如辰州临时医院开办后，"前敌伤兵陆续来此就治者计百余人"，人手不够，长沙分会派医士薛受益及看护员（护士）4名前往"帮同诊治"，而医药费用则由常德分会的前内阁总理熊希龄筹措。三救护机关还达成默契：辰州战地医院"如此后伤兵继续增多、辖院不敷容留，即令转送来常（德），常院不敷再送长沙"[⑦]。密切合作，相得益彰，尽管湖南救护力量相对薄弱，但战地救伤，还是颇有声色的。

救死扶伤之外，分会及临时机关还组织掩埋队，掩埋尸骸，以慰亡灵，如自流井、叙州、纳溪等临时机关"掩埋双方阵亡兵士并民人尸骸

---

① 《中国红十字会谨谢浙宁槐廷居士》，《申报》1916年3月6日。

② 《中国红十字会急募兵灾救护经费》，《申报》1916年2月15日。

③ 《中国红十字会总办事处沈仲礼启事》，《申报》1916年3月7日。

④ 《上海红会筹捐之通启》，《申报》1916年3月15日。

⑤ 《红十字会之需款急》，《申报》1916年3月10日。

⑥ 《湘西前敌红会之电音》，《申报》1916年3月8日。

⑦ 《常德红十字会之报告》，《申报》1916年4月1日。

共二百余人（具）”①，由此可见一斑。

烽烟四起，干戈遍地，生灵涂炭。赈济战区难民，红会责无旁贷。如常德分会，专门组织救济队，赈救难民。据《常德红十字会之报告》称：“救济一方（面），则自驻常事务所成立后，二月十八日派会中干事前赴辰州分设驻辰事务所，于三月七日由干事田梓材、胥大诚二君，携款前赴辰溪灾区施赈，并拟再由溪进赴洪江一带调查办理。刻据辰溪来电，该地缺乏粮食，已电省巡按先拨仓谷三万石运赴辰州。”② 各地分会及临时机关，大多肩负着救伤和恤难的双重使命。

毋庸讳言，由于远离战地，也由于“一二报纸载有本会甘作政府侦探机关之语，殊碍进行”的主观因素③，中国红十字会总会总办事处无法组织起快速、高效的救援行动，较之辛亥革命、二次革命的救援，太过逊色；而分会及临时救护机关开办仓促，力量单薄，战地救护，顾此失彼，多有疏漏。如滇桂战场，几乎看不到白底红十字旗的迎风招展。红会地方组织建设，任重道远。

1916 年 6 月 6 日，袁世凯在四面楚歌声中撒手人寰，护国军取得了讨袁战争的最后胜利。在整个“护国战争”的救护中，中国红十字会总会总办事处托钵四出，筹款募捐“至十余万元”④，基本上保证了战区分会和临时机关救伤恤难的需要。在总会和社会各界的鼎力支持下，战区分会和临时救护机关尽心尽职，“疗伤瘗亡，厥功尤著”⑤。救援行动取得了较为圆满的成功。红十字总会对护国运动的战地救护行动，为贵州红十字会的成立创造了条件，使贵州红十字会在护国运动的战火中生根发芽。

（二）贵州红十字组织的出现与工作

在中国红十字会总会对护国运动开展战地救护中，贵州有关仁人志士亦投入护国运动的救护中，如柯慕林医博士在铜仁组织临时机关，费医博士在安顺组织临时救护机关⑥，为贵州红十字组织的成立准备了组织基础。

据《申报》报道，“贵州组织红十字会迭纪前报”⑦，说明贵州组织红十字分会在该报道前就基本准备就绪。中国红十字会贵阳分会成立的

① 《红十字之川西消息》，《申报》1916 年 4 月 8 日。

② 《常德红十字会之报告》，《申报》1916 年 4 月 1 日。

③ 《中国红十字会紧要广告》，《申报》1916 年 4 月 29 日。

④ 中国红十字会总会：《中国红十字会历史资料选编，1904—1949》，第 465 页。

⑤ 中国红十字会总会：《中国红十字会历史资料选编，1904—1949》，第 16 页。

⑥ 《中国红十字会总会办事处沈仲礼启事》，《申报》1916 年 3 月 7 日。

⑦ 《贵州通信》，《申报》1916 年 7 月 1 日。

具体时间因资料缺失无从考证，但可以确定于1916年6月间成立，正会长为张彭年。该年6月27日午后1时，中国红十字会贵阳分会召开成立会议，举行正副会长、总经理暨干事等受职礼。正会长张彭年以要务烦冗辞职，该会即以得票次多数之全庶熙担任正会长职，并由正会长推定康敬山为文牍员，罗守一为会计员，王佩绅为庶务员①。此次大会标志着中国红十字会在贵州地区已建立了机构健全的分会。

贵州红十字会首任会长张彭年（1886—1970），贵阳人。幼年丧父，因家贫12岁时当学徒。15岁入日本教师清官宗亲所办私立师范学校，兼学日语、数学。16岁参加组织达德书社，并参与创办达德学校。1905年又与徐天叙等创办时敏学校，兼任两校教员。1908年选任时敏小学校长。1909年赴日留学，入早稻田大学政治经济科，参加同盟会。1911年辛亥革命后回黔，任公立法政学校教务长兼私立宪群法政学校教员。1912年任贵州全省国、省两会选举事务所所长。1913年任南明学校校长，后选为贵州省议会议长。1915年贵州参加反袁护国战争之前，受命到兴义招兵4营，后任都督府参赞。1916年被黎元洪任命为贵西道道尹，因议员恳请仍任议长。1920年“民九事变”时其兄张协陆自杀，被迫逃往上海。1921年至武昌协助袁祖铭组织定黔军。1922年3月，定黔军入驻贵阳，任省府参赞。滇军二次入黔，随袁祖铭部退往四川。袁祖铭任援川前敌各军总司令时，为总参赞。彭汉章率部回黔接防时，受命为与滇军谈判代表②。

滇军离黔后，张彭年为第二中学校长。1925—1927年，先后当过煤矿厂长、达德、南明两中学和时敏小学的董事长。1932—1935年，代表新桂系军阀与川、滇地方实力派周旋。后客居上海、成都、汉口等地。1943年回黔，1946年当选为省议员。1949年参加贵阳临时治安委员会，迎接解放。③

中国红十字会贵阳分会第二任会长全庶熙，因资料欠缺，其生平简历无从查证，暂付阙如。

中国红十字会贵阳分会第四任会长王彝玖（1876—1951），字钟灵，别号符阳道叟，贵州仁怀小湾乡人。前清优廪生，贵州法政学校专门学校毕业，授政治科举人。历任赤水县禁烟兼选举委员，贵阳毓秀女校校

① 《贵州通信》，《申报》1916年7月1日。

② 林建曾，肖先治等编著：《贵州著名历史人物传》，贵州人民出版社2001版，第252页。

③ 林建曾，肖先治等编著：《贵州著名历史人物传》，贵州人民出版社2001年版，第252—253页。

长，贵阳模范中学、师范学校、南明中学各校教员，监狱专门学校校长兼教员，贞静女校、存诚女校、自强法政学校教员。《贵州公报》主笔兼编辑，贵州省教育会常驻兼评议调查员，中国红十字会贵阳分会正会长，征兵抚恤会干事，救国储金团理事，贵州省筹饷局咨议员，仁怀县议会议员，贵阳检察厅检察官，《续遵义府志》仁怀采辑员，著有《符阳地学》《符阳诗文联语全集》①。

中国红十字会贵阳分会在1916年成立后，贵州其他地区的红十字组织发展并不令人如意。至1924年5月30日止，共有贵阳、赤水、安顺等三个分会②，至抗战爆发前的1936年，分会不增反减，仅存贵阳分会和赤水分会③。

贵州分会虽少，但在兵灾纷繁的年代，以其薄弱的力量积极组织救护和其他救济事业，彰显红十字人道主义的精神。

如1921年4月初，贵州孙、易两旅在交讧，转战于茅台、二郎滩、马桑坪、沙滩、吴公崖等地，肉搏激烈，死伤惨重。赤水分会在其会长陈琚的带领下，组织救护队及临时医院，“奋勇以进”，补助战时后方卫生勤务及救护事宜④；“迨县城遭灾，烧居民二千余户”，赤水分会“设粥厂以济急，俾苏兵燹余生”，其会长陈琚因积劳成疾，不幸病逝⑤。

1923年12月，贵州军阀袁祖铭指挥“援川各军”由万县反攻重庆，迭连在“川东战胜熊（克武）、但（懋辛）后，即盛唱回黔高调”⑥，并派人暗中与驻扎于洪江和黔边的原“定黔军”旧部张廷光、吴传心两旅联系，要这两旅“先占地势”，“准备一切”，“一得袁氏回黔之耗，即行发动”，“分途进取”。其中，张廷光旅紧逼铜仁、松桃，吴传心旅径向贵阳攻击，务使“滇军不能首尾并顾”⑦。2月中旬，张廷光和吴传心两旅按照与袁祖铭的约定，分别由洪江和黔边进驻锦屏和独山。袁祖铭同时亦“集合王天培、彭汉章、牟银洲、何厚光、王天锡各部，由綦江以趋松坎，以吴（传心）、张（廷光）援应”⑧。但唐继虞探得了这一消息，当即采取了先发制人的策略。一面增兵省内各要隘，加强防卫；一

① 刘一鸣、龙先绪：《〈贵州公报〉主编王彝久》，《贵阳文史》2008年第5期。
② 中国红十字会总会：《中国红十字会历史资料选编，1904—1949》，第154页。
③ 中国红十字会总会：《中国红十字会历史资料选编，1904—1949》，第159页。
④ 《赤水分会会长陈琚传》，《中国红十字会月刊》第13期（1922年），第19页。
⑤ 《赤水分会会长陈琚传》，《中国红十字会月刊》第13期（1922年），第19页。
⑥ 《大公报》（湖南），1924年4月6日。
⑦ 《大公报》（湖南），1924年3月19日。
⑧ 《大公报》（湖南），1924年3月7日。

面则派王洁修、何世雄率滇军两旅至独山①。滇黔联军与袁祖铭军队在镇宁黄桷树一带进行激战，战火烧至贵阳，两军兵额达数万余众，“死亡枕藉，惨不忍言”，23 日，袁氏宁遁银行及各机构被劫一空，省垣岌岌可危，而滇黔联军尚未入城，“溃兵四出骚扰，至数十县之多”②。红十字会贵阳分会为维持安宁起见，事前特组织临时妇孺救济所 10 余处，“仓卒之际，得以有恃无恐，人心稳定”③。25 日，滇军入城，贵阳分会函请前敌指挥官，出面保护分会及会员住宅，同时遣派东西各路战地救护队从事掩埋工作，“其负伤最重者，则送置陆军医院疗治”④。

1923 年，贵阳时疫流行，为有效预防和治疗流行疾病，贵州红十字会贵阳分会同人捐资发起医疗所，附设贵阳大南门观音寺内分会办事处，是年阴历初七开办，“到所就诊者络绎不绝”，然后在全市推广创办医疗院所⑤，积极收容时疫患者。其简章如下：⑥

第一条，本所系查照中国红十字会章程由贵阳分会会员捐助办理，定名曰中国红十字会贵阳分会附设医疗所；

第二条，本所设立贵阳大南门观音寺内；

第三条，本所内设候诊室、诊病室男女异处，每日诊脉时间：自上午十时起至午后三时止；

第四条，本所暂由贵阳分会理事部办理；

第五条，就医者不论贫富男女老幼，随时医治，一律免费，并无号金等名目；

第六条，本所自民国十二年六月初四日开幕，有愿来所医治者，即行招待毫无需索；

第七条，本所聘请内外科医员四人，专司诊治事宜，每月酌送马费，所有职员纯属义务；

第八条，如病家邀请医士除外赴诊，由病家与医士之间交涉，但须为本所规定时间，赤贫无力者，或酌送药费，及随时施送各种时症丸膏药等物；

---

① 贵州军阀史研究会、贵州省社科院历史研究所著：《贵州军阀史》，贵州人民出版社 1987 年版，第 182—183 页。

② 《贵阳分会救护黔战之周密》，《中国红十字会月刊》第 20 期（1923 年），第 22 页。

③ 《贵阳分会救护黔战之周密》，《中国红十字会月刊》第 20 期（1923 年），第 22 页。

④ 《贵阳分会救护黔战之周密》，《中国红十字会月刊》第 20 期（1923 年），第 22 页。

⑤ 《贵阳分会医疗所救护时疫》，《中国红十字会月刊》第 25 期（1923 年），第 37 页。

⑥ 《万国帝盟中国红十字会贵阳分会附设医疗所简章》，《中国红十字会月刊》（1924），第 33—34 页。

第九条，本所每日将号簿日记、医者姓名同单报告本会，由本会汇报总会总办事处，以备采择成绩登附月刊；

第十条，不论会内会外诸君，如承捐款赞助，悉用中国红十字会贵阳分会正式收条，加盖捐助医疗所字样为据，一面登报志谢，若有在外招摇私收捐款，一经查觉，即视事之轻重议处。

贵阳分会除在时疫流行时积极给予患者进行免费治疗，还专门设立布德医院（地址：贵阳慈善巷内三八号），救治患者。根据其1936年5、6月份施疗情况，可见其成绩。

表1-1　中国红十字会贵阳分会布德医院施疗状况统计表（1936年5月份报告）

病　名	人　数		诊　数	备　考
	新　患	旧　患		
皮肤病	319	42	361	
耳目病	25	58	83	
神经系病	136	182	318	
外科诸病	89	93	182	
脑科病	316	318	634	
呼吸器病	286	87	373	
传染病	97	228	325	
妇科病	186	56	242	
全身病	365	257	622	
消化器病	292	73	365	
统　计	2191	1394	3505	
类别表				
男　患	1482			
女　患	1125			
小儿患	862			
说明：一、本月份新患2191人；二、本月份旧患1394人；三、本月份新旧患共3505人。				

资料来源：《中国红十字会贵阳分会布德医院施疗统计表》，《中国红十字会月刊》第15期（1936年），第80页。

表1-2　中国红十字会贵阳分会布德医院施疗状况统计表（1936年6月份报告）

病　名	人　数		诊　数	备　考
	新　患	旧　患		
皮肤病	459	227	686	
耳目病	67	45	142	
神经系病	27	15	42	
外科诸病	465	247	710	
脑科病	44	19	63	
呼吸器病	99	55	154	
传染病	92	46	138	
妇科病	526	209	735	
全身病	495	359	854	
消化器病	161	65	226	
统　计	2463	1287	3750	
类别表				
男　患	1590			
女　患	1228			
小儿患	932			
说明：一、本月份新患2463人；二、本月份旧患1287人；三、本月份新旧患共3750人。				

资料来源：《中国红十字会贵阳分会布德医院施疗统计表》，《中国红十字会月刊》第15期（1936年），第80—81页。

第二章　中国红十字会救护总队战地救护实录

全面抗战爆发前，贵州红十字运动发展十分迟缓，其分会相对全国分会而言，力量极其薄弱，仅有贵阳分会与赤水分会，[①] 至抗战全面爆发的1937年，贵州仅存贵阳分会一处[②]，到抗战胜利时，贵州只有镇远分会一处，贵阳分会何时消失因资料阙如，无以考证[③]。可见，抗战期间贵州本土的红十字运动与全国其他地区的红十字运动比较而言显得微不足道。但随着中国红十字会救护总队落户贵阳图云关后，贵阳这个偏处西南一隅的小城，成为全国抗战救护的指挥中心，救护总队医护人员面对惨绝人寰的战争，冒着枪林弹雨，出入战地，纵使气候地理之恶劣与困难，环境时机之颠危与紧急，均能秉其博爱从众之宗旨，舍己救人之精神，在全国各战场上，放出万道仁慈之光芒，谱写一曲曲感人至深的人道主义乐章，亦载入贵州红十字运动的辉煌史册。

第一节　图云关：闪耀着红十字的光辉

抗战期间的贵阳图云关距离贵阳市中心约3公里，它是贵阳的南大门，是贵阳通往湖南、广西的必经关隘，关上有一对对联：

一亭俯览群山，吃紧关头，须要看清岔路；
两脚不离大道，站高地步，自然赶上前人。

过此关隘，大有背井离乡、前途渺茫之酸楚。关在山坳之上，周边

① 《全国分会一览表（1936年）》，《中国红十字会历史资料选编，1904—1949》，第159页。

② 《中国红十字会各地分会分部图（1937年）》，《中国红十字会历史资料选编，1904—1949》，第187页。

③ 《中华民国红十字会复员期间最新设施（1946年）》，《中国红十字会历史资料选编，1904—1949》，第207页。

山重岭复，森林密布，云遮雾罩，是一个便于隐蔽又适宜休养治病的地方。就在这群山密林之间，坐落着当时极具规模的战时医疗救护中心和军医培训基地——中国红十字会总会救护总队部和战时人员训练所。来自全国各地医学界的医护人员及国际援华医生（包括海内外华侨），或在这密林之间，或由此奔赴各战区，为中华民族的解放事业做出了不可磨灭的贡献。在贵阳图云关，成千上万的伤病员得到良好医疗和护理；世界各地援华的成千吨医药物资经此源源运往抗日前线；无数经过培训的战时医护人员从这里奔赴抗日战场；所属的100余个医疗队、手术队、诊疗所星罗棋布地分布在陕西、山西、四川、云南、湖北、湖南、江西、广西、广东、浙江、福建各省各县，日夜不停地在炮火纷飞的抗日前线抢救负伤官兵。因此，图云关成为抗战期间举世瞩目的医疗中心，闪耀着"红十字"的光芒。

淞沪会战失利后，上海与内地交通阻隔，中国红十字会为继续执行战地救护任务，奉卫生署长刘瑞恒关于首都办事处须转移汉口的命令①，于11月17日，将首都办事处撤离南京。21日，首都办事处到达汉口，总会随即批准其改称驻汉办事处②，将退集汉口的医护人员200余人暂编为武汉救护队六队，派驻当地伤兵医院辅助工作。③"但京沪一带，原有附属医院，因多系由当地医疗机关临时扩充组成，除大部分人员及一部分机械药品经艰险设法转至后方安置外，均忍痛放弃"④，于是驻汉办事处整合由南京运至汉口的全部药械器材以及卫生署所有在汉口的药品材料，改编现有医护人员，就地开展救护工作⑤，暂时将救护重心移于汉口。当时中国红十字会继续开展战地救护面临的问题是"重新筹设医院"，还是"另定计划，使救护工作发生更大效能"⑥。所以，审视检讨前段时间的救护策略，改变救护理念，调整救护思路，确定新的救护策

① 《首都办事处主任庞京周发总会林秘书长便函》（1937年11月23日），贵州省档案馆藏：《救护总队档案》，M116-3。

② 当时总会驻汉办事处职员有：秘书长兼主任庞京周，总会秘书干叔涵，总会秘书兼总务股长冯子民，文书主任周千里，监印兼文牍俞凤千，收发兼馆卷范乃桢，书记汪政，编宣主任兼文牍黄百克，会计主任陈超俊，出纳施祖春，清账兼书记周鲲，庶务张菊龄，干事李伟业。见《总会驻汉办事处职员名单》，贵阳市档案馆藏：《救护总队档案》，40-3-23。

③ 《驻汉办事处经过情形》，《中国红十字会月刊》，第58期，第16页。

④ 《中华民国红十字会总会救护委员会第一次报告》（以下简称《总会救护委员会第一次报告》），贵阳市档案馆藏：《救护总队档案》，40-3-60。

⑤ 《驻汉办事处经过情形》，《中国红十字会月刊》第57期（1940年6月），第16页。

⑥ 《总会救护委员会第一次报告》，贵阳市档案馆藏：《救护总队档案》，40-3-60。

略，成为总会开展战地救护工作的当务之急。

我国军医制度虽有其规定组织，但在抗战之前则形同虚设，各单位医务人员，就其技术教育而言合格不多；至医疗设备、器械药材等亦大都阙如。而政府所办医院也为数不多，根据1934年的调查，全国医疗院所为854个，病床为34957床，医师6815人，药师252名，药剂生927名，助产士2326名，外籍医师315名，外籍药师34名，护士数字不详①。是故如欲应付当时全面抗战医疗所需，则必须利用民间及外界各方的援助，始能增强其工作效能。而当时中国最大的民间组织是中国红十字会，其在淞沪会战时所设立的南京伤兵医院，因国民政府军队在京沪战线上的失败而不得不草草结束，这无疑在医疗资源方面造成了很大的浪费，同时也使总会的救护工作陷入极端尴尬的境地，为应付持久战争所必需的救护工作，必须修正庞京周与总会当时的救护策略。如果检讨中国红十字会总会从“一·二八战役”以来到“八一三战役”所实施的救护策略，我们可以发现一个共同的特点，便是相信有医院的设立，才能展开救护工作②。“一·二八战役”，总会开办临时伤兵医院达43处之多③，“七七事变”后的华北战场救护，总会虽派有若干救护队奔赴战地进行现场救护，但其救护策略还是“亟待设立医院”④，最典型的是“八一三战役”，当时救护医院设立24处，此外还有特约医院及伤兵医院，但有急救知识的救护队仅有10队，以至于许多重伤伤兵在抵达医院时早已死亡。庞京周的救护理念足以说明当时总会的救护策略⑤，庞京周在1938年1月出版的《抗战与救护工作》这一著作中，提出他认为理想的救护程序与工作流程：救护队可以分急救队、护送队、担架队三种，急救队的工作是担任从前线卫生队那边接收伤兵起到交给急救站为止的救护工作，急救站位于前线和救护医院之间，负责鉴别轻重伤，予以适当处置，转送各救护医院、伤兵医院或后方医院；护送队担任急救站和救护医院或救护医院和后方医院间入院或转院时候的护送工作；急救队和救护队均配有医师和救护人员，其中急救队配置队长1

---

① 陈寄禅：《刘瑞恒博士与卫生事业》，刘似锦主编：《刘瑞恒博士与中国医药及卫生事业》，第56—57页。

② 参见张建俅：《中国红十字会初期发展之研究》，第198页。

③ 华振中、朱伯康主编：《民国丛书》第三篇，《二十九路军抗日血战史料》，上海书店1933年版，第448—452页。

④ 《中国红十字会总会紧要启事》，《申报》1937年7月30日，第2版。

⑤ 参见张建俅：《中国红十字会初期发展之研究》，第96页。

名、副队长1名、医师2名、救护员12名，护送队配备队长1名、医师1名、救护员10名；担架队驻在前线的后方或会所里，担任各段临时担架工作，或供补充救护队之用。因此，庞氏的用意应是急救队可以执行初步急救工作。庞氏主张救护医院是兵民兼收，伤兵医院则专治重伤伤兵，且大规模的伤兵医院宜由红十字会统筹办理，特约医院亦组织力量收治伤兵、伤民。此外，尚须设立手术队及掩埋队，手术队是在斟量当地医务人员的基础上，除对付当地救护工作外，可有余地帮助后方医院施行手术，不宜预先抽征，必要时方可选调医师、男护士和药师组成手术队，准备到"挺吃紧的后方医院里去帮忙"，掩埋队专任收埋阵亡战士，清理战场①。

从庞氏《抗战与救护工作》一书中，我们可以看出庞京周的救护理念呈现的是一个垂直分工的救护体系，救护单位各有职责，最后以医院为战地救护的重心，这正是"一·二八战役"以来总会一贯的救护策略。这样的救护策略有其现实的环境因素，而其成败也受制于这些因素是否能继续存在。首先这套策略只能应用在原本社会医疗资源较为丰富的地区，也就是大城市，如此才能在短期内设立足够多的医院，征集较多的医护人员、药品器材、运输工具，否则分工精细，组织庞大的医疗救护体系根本无从建立。其次应付的战争只能是短期的、小范围的局部战争，一旦战争无限延长，战线扩大，这套体系便无法应付，甚至随时可能瓦解。"一·二八战役"以来，恰好总会都能以上海、北平当地医疗资源为基础，聚集足够的救护力量，所以可以获得相当的成果，但南京伤兵医院的失败，便显示当战争无限蔓延时，这种以医院为重心的救护体系势必注定瓦解的命运②。

上海、南京相继沦陷后，战线仍在延伸，显示抗日战争必定是一场持久的、艰苦的民族自卫战争，战争势必深入内地，此时中国红十字会总会在上海，"不便行使全部职权，""为了因应战事及事实之需要"③，庞京周意识到救护策略必须加以修正，于是在抵达汉口后，即与卫生署

① 庞京周：《抗战与救护工作》（中国文化建设协会主编），（长沙）商务印书馆1938年发行，第7—15页。

② 参见张建俅：《中国红十字会初期发展之研究》，第97页。

③ 《调整中国红十字会总会救护事业办法》，贵阳市档案馆藏：《救护总队档案》，40-3-26。

方面商讨救护业务及机构，并酌定救护方针①，认为经“详审战局展开之形势，军医当局之措置，与夫本会之立场及实力，知续办医院已非必要”②。

1937 年 12 月 6 日，由卫生署召集红十字会总会副会长杜月笙、常务监事钱新之、首都办事处主任庞京周以及中央救护事业总管理处副主任金宝善、在汉口举行会议，主要商定由卫生署所提出的《红十字会总会救护事业办法》，其主要内容如下：

一、为实施救护工作便利起见，应将中国红十字会总会办事机构随同中央主管署迁移汉口，“由已离沪之副会长、理监事等负责主持”；

二、处理中国红十字会的日常事务应有专人负责，“来汉之首都办事处主任庞京周应仍以秘书长名义，秉承离沪之副会长理监事等处理之，该会上海会所内秘书处一切事宜，请由留沪之常务理监事加以监督，不再另聘秘书长，以免分歧”；

三、为应付时局变迁的必要，中国红十字会总会得暂将香港办事处扩大，或另在其他地点设置办事处，办理接收捐款、征集转运器材等事项；

四、中国红十字会总会救护事业分布区域甚广，“事务至繁”，如果没有专人负责，“不免影响事功”，当时中国红十字会救护委员会总干事颜惠庆尚在上海，“应先聘林可胜代理救护委员会总干事职务，秉承总会办理一切救护工作，总干事得聘干事若干人，分股办事”；

五、为适应环境免除事业中断起见，凡遇重要事项，“须待讨论，而中国红十字会总会各种会议不易召集，得用通讯方法征得中国红十字会总会主持人员同意并秉承主管官署处理之”；

六、中国红十字会在上海的一切救护事宜，“应仍请留沪刘副会长（鸿生）及理监事、颜总干事继续斟酎办理”；

七、中国红十字会即进行救护工作计划及组织，决定如次第实施：（甲）中国红十字会总会为适应需要，调整事业起见，应将各地救护人员加以改组，并将所有医药材料重定保管及分配办法；（乙）改组时人员之去留以该员是否合于新订计划为标准；（丙）就改组留用之人员组织救护队，分别办理：（1）小型重伤医院，（2）加入军医院工作，（3）办理绷扎队工作，该项救护队章则另定之；（丁）中国红十字会所

① 《首都办事处主任庞京周发总会常务理事林康侯便函》（1937 年 12 月 4 日），贵州省档案馆藏：《救护总队档案》，M116-280。

② 庞京周：《抗战两年中之中国红十字会》，第 7 页。

有材料之支取与储存，会同中央救护事业总管理处、国联防疫委员会组织联合材料总库办理，以便节省消耗，而利调度，该总库办法另定之①。

该办法有三项重大的决策：第一，中国红十字会总会成立临时救护委员会，以王正廷为主席，杜月笙、刘鸿生、王晓籁、林康侯、钱新之、刘月如为委员，主管红会在全国的救护事业工作；第二，就是聘请救护委员会临时总干事，“负责综理医疗救护事宜”；第三，总会计划转变救护策略，组织富有流动性，不受军队编制之限制的医疗队，深入各战区，从事流动救护，并赋予其辅助军医部门的任务②。

总会自身对此的解释是：鉴于南北战线延长数千里，战地重心随时更易，本会交通工具，又颇感缺乏，维持医院组织，已感不易，且各地伤兵医院为数已多，在事实上，本会并无另行筹设医院之必要。故至善计划，莫如与各治疗伤兵机关合作，遣派本会技术人员，分至各该机关，专理救护医疗工作，以收互助之效。当经决定组织各种医疗队，配制切合实行之器械药料，分路前往战区专任技术工作，以补原有治疗伤兵机关之不足，而材料与运输事宜，亦经另行组织，使在可能范围内，供应与运输均感便利③。

《调整中国红十字会总会救护事业办法》的施行，意味着总会的救护工作将产生根本性的变化：其一，总会为应付长期抗战的需要，准备设立一个经常性、专门性的战地救护组织。在此之前，总会参与历次战争的战地救护工作，全为临时性质，工作时间最长不过数月，且开展救护工作需总会多方协调，战地救护效率有时大打折扣，事后并未设实质性战地救护专门机构。该项办法势必使总会日后的救护工作得与军医部门及其他卫生机构紧密结合。其二，规定聘请林可胜代理救护委员会总干事，且新组成的救护队章程则另定之。这些安排都意味着一个新的、经常性的、专门性的救护组织即将形成，而这个新组织将由林可胜来负责筹备、领导。其三，总会同意不再另行筹设医院，而是以流动医疗队为救护的基本单位④，协助军医部门开展战地救护工作。

其时国内医界最先提出流动战地救护策略的，是曾经参与长城战役

① 《调整中国红十字会总会救护事业办法》，贵阳市档案馆藏：《救护总队会档案》，40-3-26。

② 《调整中国红十字会总会救护事业办法》，《首都办事处主任庞京周发总会呈文》（1937年12月14日），附件，贵阳市档案馆藏：《救护总队档案》，40-3-26。

③ 《总会救护委员会第一次报告》，贵阳市档案馆藏：《救护总队档案》，40-3-60。

④ 参见张建俅：《中国红十字会初期发展之研究》，第200页。

救护的协和医学院教授林可胜。林氏流动救护理念之所以能付诸实践，得益于时任卫生署署长刘瑞恒的支持。抗战军兴之时，时任协和医学院院长的刘瑞恒被国民政府征召，主持军民医务卫生工作。刘氏熟知林氏有 1931 年组织领导医疗救护队的实践经验，故特征得林氏同意协助军医工作。北平沦陷后，林可胜乃潜出北平，南下与刘瑞恒会晤，经通宵详细地商议，粗定全盘加强军医业务的计划。增强现有军医机构，应付战时急需，是林氏与刘瑞恒会晤时所主张的，然战争初期伤亡惨重，军中虽有各级医务设备，但人才奇缺，器械简陋，如欲在短期内增强其工作效能，必须依赖民间力量加以充实。但此项民间力量，一要组织，二要具有特种技术功能，三要具有流动性，而又不受军队编制的限制①。符合此条件的民间组织非红十字会不可。加之林可胜早期在英国服过兵役，第一次世界大战期间在印度军队中服务，参与战地救护工作，有丰富的战地救护医疗经验，了解战地救护因地制宜的理念②。林氏所主张的战地救护体系，是以流动医疗队为主的单线组织，各救护队随军队或军医院转移，就地展开各项救护工作，每个医疗队便是独立作业的个体，没有层层后送的程序③，具有高度机动性、流动性、灵活性的特点，适应军队调动频繁的需要。同时，林氏主张医疗队的编制只要 10～20 人，以医护人员为医疗队的主体④。而庞京周主张的急救队需要 57 人，护送队 31 人，担架队 25 人，急救站 68 人⑤，相较之下，林氏的流动医疗队编制精简多了。林可胜主张的救护体系，其实在卢沟桥事变和喜峰口战役时，便曾有所实验，当时各救护队的编制仅 10 人，不过当时除了以协和医学院师生为主的 3 个救护队实际深入战区外，其余 9 个救护队仍留在北平的救护医院，是以此次实验并不彻底⑥。等到南京撤退，总会所属医护人员及器材撤退到汉口，借着卫生署的支持，林可胜终于成为总会承认的临时救护委员会总干事，于是可以将他流动医疗队的理

---

① 汪凯熙：《记协和同学参加抗战之贡献》，刘似锦主编：《刘瑞恒博士与中国医药及卫生事业》，（台北）商务印书馆 1989 年版，第 45 页。

② 张锡钧：《回忆中国生理学家林可胜教授》，《生理科学进展》1986 年第 2 期，第 185 页。

③ 参见张建俅：《中国红十字会初期发展之研究》，第 200 页。

④ 根据林可胜在汉口新组救护委员会公布医疗队组织，甲、乙种医疗队均以 20 人为准，其中医护人员占 15 人。《总会救护委员会救字公告第壹号》，贵阳市档案馆藏：《救护总队档案》，40-3-26。

⑤ 庞京周：《抗战两年中之中国红十字会》，第 7 页。

⑥ 《中国红十字会华北救护委员会工作报告》，第 7—8 页。

念付诸实行[①]。

1937 年 12 月，总会为集中及实现救护工作，根据卫生署、中国红十字会总会及中央救护事业总管理处合议的《调整中国红十字会救护事业办法》，在汉口成立了临时救护委员会，以林可胜为临时救护委员会代理总干事兼救护总队部总队长[②]，是为红十字会救护总队之开始，救护总队为红十字会战时专负军事救护之机构[③]，“负责综理医疗救护事宜”[④]，故林可胜得以专门负责指挥策划新救护体系的建构。值得注意的是，此时的救护委员会与前述总会在上海所设救护委员会，名同实异，以林可胜为总干事的救护委员会是一个全新的救护机构，在林氏的规划下，新的救护委员会设有干事室及医务、材料、运输、总务等四股[⑤]。其中以医务股最重要。林氏在医务股下设立医务队，其亲自兼任总队长，最初按照战事情形，划分工作区域为三区，各区均设大队长 1 人、副大队长 1 ~ 2 人，医疗队分为手术队、绷扎队、X 光队等 3 种，最初组成医疗队 37 队[⑥]。1938 年春，救护委员会根据抗日战争战区不断扩展的形势，为了集中救护、医疗、医防事业，以便组织和协调各战区救护和医疗工作，更便于集中领导与管理，经救护委员会第一次委员会会议决定，由总会令总干事林可胜将原救护委员会改称为救护总队部[⑦]。为便利对外宣传与接洽起见，同年 5 月 12 日，救护委员会第三次会议决定，乃核定救护总队部中西名称为“中国红十字会总会临时救护委员会救护总队部”（Chinese Red Cross Medical Relif Corps，简称为 M. R. C），仍派林可胜为临时救护委员会总干事（Director——Genreal of Medical Relirf Commission）兼救护总队长（Field Director of Medical Relief Corps of

---

① 参见张建俅：《中国红十字会初期发展之研究》，第 201 页。

② 历史文献及今人著述，经常称“救护总队”，已约定俗成，本文也称救护总队部为救护总队，故此说明。

③ 胡兰生：《中华民国红十字会历史与工作概述》，《红十字月刊》第 18 期（1947 年 6 月），第 6 页。

④ 《总会救护委员会第一次报告》，贵阳市档案馆藏：《救护总队档案》，40-3-60。

⑤ 《总会救护委员会第一次报告》，贵阳市档案馆藏：《救护总队档案》，40-3-60。

⑥ 《总会救护委员会第一次报告》，贵阳市档案馆藏：《救护总队档案》，40-3-60；《中国红十字会总会救护委员会救字公告第壹号》，贵阳市档案馆藏：《救护总队档案》，40-3-26。

⑦ 《总会救护委员会第二次工作报告》（1938 年 6 月），贵阳市档案藏：《救护总队档案》，40-3-60；有关救护总队成立的时间，贵阳市档案馆藏有关档案没有记载确切的时间，大约在 1938 年 2 月至 6 月间；胡兰生在《中华民国红十字会历史与工作概述》中记载救护总队成立于 1938 年春，综合档案资料和历史文献，我们可以确定救护总队成立的时间是 1938 年春；据《贵阳文史资料选辑》第 22 辑《红会救护总队》中有关人员的回忆文章，记为 1937 年 10 月或 11 月，地点有作长沙者，均不准确，1937 年 12 月 6 日后救护委员会才成立。

National Red Cross Society of China)[①]。

中国红十字会救护委员会成立后，总干事林可胜即在救护委员会下设立代理总干事办公处，彭达谋、张祖棻、陈璞、胡会林、柳安昌、杨宗瑞、马家骥等担任干事[②]。总干事总理一切会务，如“与机关之联络，各路医疗队之分配，各种工作上有关问题之答解，人员之任命，各种办事细则之制定，工作之调整，所属全体人员纪律之维持”等重要事项[③]。由此可见，总干事在中国红十字会总会救护委员会中的重要地位。代理总干事办公处为了办事便利起见，设立医务、材料、统计三股，后来将统计股改为总务股，再增设运输股与干事室。医务股“掌理各项医疗队之组织，救护工作人员之考成暨实地救护工作之支配及指导等事项”[④]。材料股“暂时会同中央救护事业总管理处及国联防疫委员会组织联合材料总库”，办理医疗队及各机关应用器具材料之供给与保管等事项。统计股“掌理一切有关医务与人事之统计及材料之出纳，编制救护事业各门预算，并将所有一切工作逐月制成报告报告总会”，[⑤] 后来统计股改为总务股，其职掌事项的范围有所扩大，除原来的事项外，增加了“编制本会各区队工作分配表”等职责[⑥]。救护委员会组建初期，其工作人员共827名，其中医师及练习医师109名，药师及药剂生20名，医护员218名，医护助理员188名，技术及事务员277名，干事室工作人员11名，占总数的1.3%；医务股为702名，占人员总数84.8%；总务股为9名，占人员总数的1.1%；材料股为32名，占人员总数的3.8%；运输股为73名，占人员总数的8.8%。在医务、总务、材料及运输四股中，其中最重要的首推医务股。

林可胜出任救护委员会总干事兼救护总队长后，立即着手医疗队的改编。为了指挥便利及传布消息迅速起见，林可胜按照战事情形，将医疗工作地域划分为三区（北区、中区、南区），分设三个大队，各区均设大队长1人及副大队长1~2人，“承总干事之命，负责指挥及监督该

① 《总会总办事处工作报告》（1939年4月至12月31日），《中国红十字会月刊》第59期，第9页。

② 《总会救护委员会第一次报告》，贵阳市档案馆藏：《救护总队档案》，40-3-60；《中国红十字会总会救护委员会救字公告第壹号》，贵阳市档案馆藏《救护总队档案》，40-3-26；《总会救护委员会职员名单》，贵阳市档案馆藏：《救护总队档案》，40-3-23。

③ 《总会救护委员会第一次报告》，贵阳市档案馆藏：《救护总队档案》，40-3-60。

④ 《总会救护委员会公告第壹号》，贵阳市档案馆藏：《救护总队档案》，40-3-26。

⑤ 《总会救护委员会公告第壹号》，贵阳市档案馆藏：《救护总队档案》，40-3-26。

⑥ 《总会救护委员会第一次报告》，贵阳市档案馆藏：《救护总队档案》，40-3-60。

区内各医疗队的工作，并与当地军医机关保持联络，决定本会人员参加救护工作之适当方针”[①]。在大队下设立医疗队，而医疗队正是战地救护工作最重要且基本的单位。医疗队以易于运输及调动为组织原则，每队人数以 20 人左右为限，配置技术人员 15 人；设队长 1 人，直接听从各区正副大队长指挥，负责处理该队一切事务。队内又分为若干组，各组设组长 1 人，承队长之命，推进各该组工作[②]。林可胜按照医疗队的组织与性质，其最初的构想是，将医疗队分甲、乙两种。甲种医疗队又称手术组，每队设医师 5 人，医护员 5 人，医护助理员 5 人，事务员 1 人，厨役 1 人，勤务 3 人，并且规定医护人员由男性组成。甲种医疗队设队长 1 人，由主任外科医师或内科医师担任，各组人员的工作由同组医师负责指导，一切普通事务由特务员秉承队长负责处理。甲种医疗队的职责主要是在各地伤兵医院处理伤病人的外科手术，或负责换药工作[③]。

乙种医疗队又称绷扎队。乙种医疗队的人员为医师 1 人，护士或医护助理员 14~15 人，事务员 1 人，厨役 1 人，勤务 3 人。共分 6 组，医师任队长，无医师时由护士长任队长，以高年级护士任各组组长。乙种医疗队“概以女职员组织之，以负责后方救护工作为主”，其主要工作可充任医院护士或任换药所事务[④]，并办理制备敷裹材料与协助施行防疫注射等工作[⑤]。后来林可胜又根据实际需要，加入 X 光队、汽车队[⑥]。X 光队由 X 光队医师 1 人，技佐 3 人，及技佐生 21 人组成，以 X 光队医师为队长，主持本队一切技术，并指导各手术队 X 光诊断事宜。每区设技术佐 1 人，负责办理该区内各队 X 光机的使用，受队长的指导，并对机件负保管责任[⑦]。而医疗队往后又因任务不同而有卫生队、救护队、医防队、医护队、医务队等不同的变化，不过这种流动小队的救护单位形式基本不变，直到抗战结束为止。此种医疗队有四个特点：一是技术

① 《总会救护委员会第一次报告》(1938 年 1 月)，贵阳市档案馆藏：《救护总队档案》，40-3-60。

② 《总会救护委员会第一次报告》(1938 年 1 月)，贵阳市档案馆藏：《救护总队档案》，40-3-60。

③ 《总会救护委员会公告第壹号》，贵阳市档案馆藏：《救护总队档案》，40-3-26。

④ 《总会救护委员会公告第壹号》，贵阳市档案馆藏：《救护总队档案》，40-3-26。

⑤ 《总会救护委员会第一次报告》(1938 年 1 月)，贵阳市档案馆藏：《救护总队档案》，40-3-60。

⑥ 《总会救护委员会第一次报告》(1938 年 1 月)，贵阳市档案馆藏：《救护总队档案》，40-3-60。

⑦ 《总会救护委员会第一次报告》(1938 年 1 月)，贵阳市档案馆藏：《救护总队档案》，40-3-60。

及医疗器械俱极优良；二是人数少而移动方便；三是男女分队工作，前后方分配适当；四是经济而易于主办①。

截止到1938年1月，救护委员会就已组织医疗、医护、医防、急救、X光等队37个，遍遣全国各战区。有9个分布在后方医院，4个在陆军医院，3个在临时医院，1个在重伤医院，5个在重伤输助医院，4个在伤兵收容所，1个在防疫大队，10个在接洽工作中②。其时，已开展工作的有手术队12个，绷扎队12个，X光队1个；在移动中的有手术队5个，绷扎队1个；在组织中的有手术队1个；未开展工作的手术队有4个，绷扎队1个③。

医疗队一经组建，就积极投入各项战地救护工作，充分发挥其流动性、灵活性、专业性的优势，取得了军医机构为之侧目的救护业绩。在组建不到2个月的时间内，医疗手术队就共实施外科手术674次，外伤绷扎52375次，治疗非战伤及其他疾病576次，检验70次，X光照射121次，总共53816次④。绷扎队实施外伤绷扎13645次，防疫注射602次，治疗非战伤及其他疾病60次，共计14307次⑤。

1938年春，救护委员会根据战区不断扩展的形势，为了集中救护、医疗、医防事业，以便组织和协调各战区救护和医疗工作，更便于集中领导与管理，经救护委员会第一次委员会会议决定，由总会令总干事林可胜将原救护委员会改称为救护总队部，将有关救护事业的人员、器材及运输工具改组成一个后来广为人知的组织，即救护总队，仍由林可胜任总队长⑥。

救护总队成立后，在前期改编经验的基础上，加快改编和组织进程，到3月底，编就医务队47队，陆续派往各战区⑦。至5月撤离武汉前后，救护总队已拥有救护队7个，医疗队28个，医护队20个，医防

---

① 《红会成立医疗队》，《新华日报》1937年12月5日。

② 《医疗队在各伤兵机关分布表》（1938年1月），贵阳市档案馆藏：《救护总队档案》，40-3-60。

③ 《医疗队工作状况表》（1938年1月），贵阳市档案馆藏：《救护总队档案》，40-3-60。

④ 《医疗手术队工作统计表》（1937年12月至1938年1月），贵阳市档案馆藏：《救护总队档案》，40-3-60。

⑤ 《医疗绷扎队工作统计表》（1937年12月至1938年1月），贵阳市档案馆藏：《救护总队档案》，40-3-60。

⑥ 《总会救护委员会第二次工作报告》（1938年6月），贵阳市档案藏：《救护总队档案》，40-3-60。

⑦ 《中国红十字会将恢复野战救护队》，《申报》1938年4月6日，第2版。

队6个，X光队1个，共62支，分布在陕西、湖北、湖南、江西、浙江、广东、广西、卫训班及材料总库等各地[①]。至9月，医务中队已发展到11队，每个中队下辖救护队2队、医疗队2队，医护队2队，医防队1队，分布在陕西、山西、湖北、湖南、江西、浙江、广东、广西、四川等地区的后方医院、收容所重伤医院及国联防疫团中，从事外伤手术，外伤绷扎，诊治疾病，检查体格，预防注射，X光照射等工作[②]。随着各医务队的发展，医护人员数量也呈上升趋势，至同年6月，救护总队有高级职员6人，医师147人，医护员319人，医护助理员382人，药剂师及司药12人，非医务人员404人，总计1270人，比组建初期增加453名[③]。

至1938年12月，救护总队已发展成为全国医疗实力最强的战地救护组织，其在战地救护方面的杰出表现以及对抗战救护工作的贡献，远远超越军医机构。究其缘由，最重要的是当时有一批热爱国家民族的医护精英，甘愿放弃民间开业的优渥收入、较为安全稳定的生活，起而投入抗战救国的行列，志愿加入红十字会的工作，报效国家。其时，救护总队医护人员队伍庞大，仅干事室就有医师5人，其中高级医师4人；总务股高级医师1人，事务员16人；医务股高级医师8人，护士3人，卫生工程师2人，事务员14人，其他人员1人；材料股医师2人，药师、调剂生2人，童子军1人；运输股事务员7人，机匠、司机61人，童子军6人，其他人员2人；大队部医师3人，事务员6人；中队部医师10人，事务员12人；各医务队队部医师128人，护士348人，医护助理员743人，卫生助理员11人；X光技术员21人，事务员47人；材料库高级药师3人，护士1人，药师、调剂生11人，童子军14人；各汽车站、汽车队事务员19人，机匠、司机133人，童子军29人；总计1667人[④]。高级职员基本上是全国医学界各领域著名的专家，如总干事兼总队长林可胜，英国爱丁堡大学医学士、科学博士、哲学博士，曾任协和医学院生理学系主任兼教授、中央卫生实验处副处长；副总干事兼

① 《总会救护委员会第二次工作报告》，贵阳市档案藏：《救护总队档案》，40-3-60。

② 《救护总队各医务中队分布表》（1938年9月），贵阳市档案馆藏：《救护总队档案》，40-3-60。

③ 《总会救护总队部人员统计表》（1938年6月），贵阳市档案馆藏：《救护总队档案》，40-3-60。

④ 《总会救护委员会工作人数表》（1938年12月），贵州省档案馆藏：《救护总队档案》，M116-14。

副总队长彭达谋，协和医学院医学博士、美国耶鲁大学公共卫生学博士，曾任北平市第三卫生事务所所长、南京四牌楼卫生事务所所长；干事马家骥，协和医学院博士，曾任协和医学院公共卫生系助教，中国农村建设协进会社会医学组副主任；干事周美玉，毕业于协和医学院护士学校，曾任协和医院病室护士长、中华平民教育促进会农村公共卫生护士研究班主任；干事兼总务股主任张祖棻，毕业于浙江公立医药专门学校，曾任甘肃省卫生实验处处长；干事兼医务股主任荣独山，协和医学院医学博士，曾任中央医院爱克斯光科主任；医务股副主任蒋旭东，国立同济大学医学士，曾任江苏省立戒烟医院院长、中国护士长总会首都医院初诊室主任；干事兼材料股主任陈璞，浙江公立医药专门学校药科毕业，曾任中央救护事业总管理处专员；干事兼运输股主任胡会林，德国史都格航空学校毕业，曾任八一三上海救护委员会运输股主任①。从总队长、副总队长、各股主任的经历及受教育程度来看，我们可知救护总队是一个高度专业化的医疗救护组织，医护人员多半具有现代医学专业知识，在防疫、急救、公共卫生等方面，都具有丰富的实践经验，从而使救护总队成为整个战时救护体系的核心。

救护总队为了有效地开展战地救护，指导各医务队实施急救、防疫和公共卫生工作，在医务股建立指导员制度，聘请各领域的著名专家担任指导员。如在外科、防疫科、护士科及卫生工程科设立各科指导员②。各科指导员皆由各科专家分别担任，如内科指导员杨济时，协和医学院医学博士，曾任中央医院内科主任、湘雅医学院内科主任、教授；内科指导员周寿恺，协和医学院医学博士，曾任协和医学院内科助教；外科指导员张先林，协和医学院医学博士，曾任协和医学院外科副教授；外科指导员屠开员，德国柏林大学医学博士，曾任奥地利维也纳大学骨科医师；医防指导员容启荣，协和医学院医学博士，曾担任北平市第一卫生事务所所长、广东省政府防疫专员；医防指导员施正信，香港大学医学院医学学士、美国霍普金斯大学公共卫生学院博士，曾任香港大学医科内科助教；环境卫生指导员过祖源，美国北加罗莱拿州大学工学硕士，曾任卫生署卫生工程组主任；环境卫生指导员刘永懋，美国哈佛大学工学硕士，曾任卫生署卫生工程组工程师；医护指导员周美玉，医护

① 《总会救护总队部高级职员一览表》（1938 年 12 月），贵州省档案馆藏：《救护总队档案》，M116-14。

② 《总会救护委员会第三次报告》（1938 年 12 月），贵州省档案馆藏：《救护总队档案》，M116-14。

指导员孙秀德，毕业于齐鲁大学医学院护士学校，曾任中央医院副护士主任；医护视导员龚棣珍，毕业于协和医学院护士学校，曾任南昌省立医院护士主任；社会服务指导员邹玉阶，美国纽约大学教育学院硕士，曾任协和医学院社会部干事[①]。指导员的主要任务是指导各医务队技术工作及计划医务人员训练的方针等[②]，指导员制度的建立，说明救护总队的组织臻于完善。

在救护总队各项组织逐步完善的过程中，医务队的规模也日益扩大。至1938年底，救护总队下设4个大队，12个中队，77个医务队，计救护队23个，医护队23个，医疗队24个，医防队6个，X光队1个。各大队大队长及所属中队情形如下：第1大队长为万福恩，下辖第1中队（中队长万福恩兼）、第10中队（中队长墨树屏），第2大队大队长为彭达谋，下辖第2中队（中队长王贵恒）、第3中队（中队长徐崇恩代）、第11中队（中队长罗盛昭）、第12中队（中队长汪凯熙），第3大队大队长为汤蠡舟，下辖第4中队（中队长邱长汉代）、第5中队（中队长阮尚丞）、第6中队（中队长何鸣九）、第9中队（中队长汤蠡舟兼），第4大队大队长尹亦声，下辖第7中队（中队长尹亦声兼）、第8中队（中队长朱润深）[③]。各中队所辖医疗、医护各队均分配在31个军医院内，协助医疗事宜，其中在16个医院，各派有医疗、医护队共同工作，主要负责医院的重伤与重病官兵的治疗[④]。

1938年底，救护总队为了更好地为前线伤病兵服务，在上述组织基础之上，拟将所有医疗队及医护队混合改编，完全成为医疗队。其计划编制为每队医师3人，护士5~7人，高级医护助理员3~5人，初级医护助理员4人，事务员1人。此外，救护总队还拟向每一所军医院派遣一支医疗队，与该院医务人员合为一体，共同治疗全院的伤病患者，且如该院移动时，救护总队医疗队亦随之进退，这样一来，既可以增加救护总队医疗队服务医院的数量，又能使各医疗队所医治的伤病官兵数成倍增长。然而要完成此项新编制，需要更多医护人员参与其中，而且当

---

① 《总会救护委员会第三次报告》附录（乙），贵州省档案馆藏：《救护总队档案》，M116-14。

② 《总会救护委员会第三次报告》，贵州省档案馆藏：《救护总队档案》，M116-14。

③ 《总会救护委员会第三次报告》附录（丙），贵州省档案馆藏：《救护总队档案》，M116-14。

④ 《总会救护委员会第三次报告》，贵州省档案馆藏：《救护总队档案》，M116-14。

时救护总队医务股经费有限，“自感不敷应用”[①]，加之救护总队部随战事变化而不断迁徙，故此项改编未能适时实现。

日军自1938年夏登陆江西九江后，武汉地区逐渐受到战争的威胁，救护总队决定除保留两个救护队在武汉附近工作外，余者5月间先迁至长沙，11月又迁至祁阳，不久救护总队由祁阳再迁往广西桂林，最后在1939年2月迁至贵阳东南郊的图云关。图云关是贵阳城东5公里的黔桂（湘）公路上的一个必经关口，四周环山，树林茂密，地势险要，景色宜人，上有检查哨，下有羽高桥，是通向桂西的门户[②]。在救护总队部未迁入前，这里是一片植林场地，公路两边及其附近的山谷地带栽种了片片松柏，路边间种着一排排刺槐，较远的山坡旷野，遍开了野生的杜鹃花。救护总队就在这里“安家落户”，直到抗战胜利[③]。

救护总队最初工作的重点是提供技术协助各战区军医部门，如外科手术、骨折矫治、X光检查、细菌检验、特别营养以及护理等。随着救护形势的发展，救护总队也从事霍乱及其他胃肠病的预防与诊治，并设有医护队专司士兵、难民的防疫医务工作[④]。如1938年春夏时期，湖南各地霍乱流行，救护总队随即组织卫生队，派赴伤病收容所、军队及难民团协助防疫工作[⑤]。不久，江西、湖北、安徽交界地区沿扬子江一带，在军队中也发现疟疾及营养不良等病症，部队中40%的士兵已成病夫，患者中60%～70%系患疟疾，20%～30%为痢疾或其他严重疾病。救护总队亦根据上述疫情形势，立即准备大批奎宁、吐根素、硫酸钠、碳酸钠、重酸钠等药品，划拨军医院，并拟定购铅铁、铁管、气筒等，制造灭虱器，修建沐浴所，为士兵灭虱治疥[⑥]。但此时防疫还不是救护总队的工作重点。直至1938年底，抗战进入相持阶段，各线战事较为沉寂，救护总队救护队此时多在后方勤务部各伤兵招待站、各收容所及军医院中服务[⑦]，因鉴于军中工作的经验，深以病兵人数逐渐多于伤兵，尤以传染病逐渐流行最为可虑[⑧]，乃逐渐加强防疫工作。

---

① 《总会救护委员会第三次报告》，贵州省档案馆藏：《救护总队档案》，M116-14。

② 沈新路：《回忆抗战时期的救护总队部》，《贵阳文史资料》第22辑（1987），第60页。

③ 王青箐：《参加中国红十字会工作的回忆》，《贵阳文史资料》第22辑（1987），第118页。

④ 《总会救护委员会第二次报告》，贵阳市档案馆藏：《救护总队档案》，40-3-60。

⑤ 《总会救护委员会第一次报告》，贵阳市档案馆藏：《救护总队档案》，40-3-60。

⑥ 《总会救护委员会第二次报告》，贵阳市档案馆藏：《救护总队档案》，40-3-60。

⑦ 《总会救护委员会第三次报告》，贵州省档案馆藏：《救护总队档案》，M116-14。

⑧ 中国红十字会总会编：《中国红十字会战时工作概况》，第6页；胡兰生：《中华民国红十字会历史与工作概述》，《红十字月刊》第18期（1947年6月），第7页。

1939 年 4 月间，总队长林可胜偕医务股副主任蒋旭东、环境卫生指导员刘永懋、医护员龚棣珍及军事委员会军医顾问巴乌洛夫巡视第三战区救护总队各队工作状况时，曾向兵站统监部卫生军官阐述防疫的重要性："本会推进战地工作之宗旨，略谓后运之患者病多于伤，倘在前方有适当防疫工作，则如疟疾、痢疾、疥疮等疾病，即可事先预防与及时治愈归队，即轻伤者亦可留治，毋庸辗转后运，而免轻者转重，而重者变为不治，如此物力、人力、财力将节省多多矣。"[①]

因此，为了加强野战卫生工作，从 1940 年 5 月 1 日起，救护总队综合医疗、医护、医防、急救各队的性能，一律改称为医务队，尽量推进野战区，协助军师卫生机关从事手术、绷带、急救，并指导办理灭虱、治疥、抗疟、改进环境卫生及兵食营养等军队卫生工作[②]。从 8 月下旬起，救护总队将各医务队医护员一律改称护士，代理医护员、高级医护员改称为医护员，卫生员称为卫生技士，代理卫生员、高级卫生助理员改称为卫生员，X 光机技术生改称为技术助理员[③]。

救护总队工作人员，在 1938 年 1 月为 827 人，6 月增至 1270 人[④]，12 月为 1667 人，至 1939 年 6 月，达 1847 人，其中 592 人系女性[⑤]。此时，救护总队已有医务队 83 队，医师 153 人，护士 314 人，医师助手、药剂师、卫生工程师以及 X 光专家 940 人，机械师、驾驶员以及运输人员一共 242 人，其他各级人员 198 人[⑥]。至 1940 年下半年，医务队增至 178 队，其中 73 队在战区随军工作，102 队在兵站及医院服务，共有工

---

① 蒋旭东：《战区视察报告》（1941 年 1 月 5 日），贵州省档案馆藏：《救护总队档案》，M116-43。

② 《总会救护总队部工作简报》第 7 期（1940 年 4 月），贵阳市档案馆藏：《救护总队档案》，40-3-56；《中国红十字会战时工作概况》，第 6—7 页；胡兰生：《中华民国红十字会历史与工作概述》，《红十字月刊》第 18 期，第 6 页。

③ 《总会救护总队部工作简报》第 11 期（1940 年 8 月份），贵阳市档案馆藏：《救护总队档案》，40-3-56。

④ 《总会救护委员会第二次报告》记载 1938 年 6 月救护总队工作人员数为 1270 人，而《总会救护总队部第四次报告》中记载为 1290 人，笔者取前者数字。

⑤ 《总会救护委员会人员总数及分配表》（1938 年 1 月），贵阳市档案馆藏：《救护总队档案》，40-3-60；《中国红十字会总会救护总队人员统计表》（1938 年 6 月），贵阳市档案馆藏：《救护总队档案》，40-3-60；《救护委员会工作人数表》（1938 年 12 月），贵州省档案馆藏：《救护总队档案》，M116-14；《救护总队部工作人数表》（1939 年 6 月），贵州省档案馆藏：《救护总队档案》，M116-15。

⑥ 《救护总队部工作人数表》（1939 年 6 月），贵州省档案馆藏：《救护总队档案》，M116-15；胡兰生：《中华民国红十字会历史与工作概述》，《红十字月刊》第 18 期，第 6 页。

作人员 2887 人，在数量上是救护总队成立以来最多的时候[①]。1941 年 6 月，调整为 142 队，救护总队本部职员为 258 人，技工（司机在内）为 157 人，总队所属各队外勤医务人员仅为 1132 人，技工（司机在内）149 人，合计外勤医务人员（含技工）为 1281 人[②]。因此每队平均都在 10 人以下，实际数字应更低，比起救护总队初建时期，此时每个医务队的人数缩减了一半以上，致使各医务队的工作效能大为降低。当时基层医务人员向总队报告，称此时社会各界对救护总队的工作效能“啧有烦言”，建议总队必须对组织及人事加以调整，否则，境遇会每况愈下[③]。加之此时救护总队计划将现有 4 个医务大队改组成 9 个，向每战区派医务大队 1 队，所辖中队的多寡，则按照该战区运伤线的繁简分配，中队所辖医务队的多寡，视该线驻军的疏密分配，另在大队部所在地配备教导队数队，协助军政部战时卫生人员训练所工作；在每一战区长官部驻地，设立一医务中心，每一中心，包括医务大队所辖的教导队，辅以材料库 1 所，运输队 1 个，救护总队防疫大队 1 队，（军政部）其他医务专门技术队，（军政部）卫生人员训练所分所 1 所，（军政部）实习医院 1 所（军政部后方医院）[④]。

1942 年秋，救护总队人事变更，林可胜被迫辞职，由总会秘书长潘小萼兼任总队长[⑤]，乃推动救护总队内部的改组，即将原任后方城市空袭救济及民众医药救济的医防服务队，悉数调拨救护总队改编。决定每一战区设一医疗大队，每一个大队配属 5 个医疗中队、10 个区队，总计设 10 个大队、50 个中队、100 个区队；在总队部所在地贵阳留置一个预备大队，同样配属 5 个医疗中队，并将所有环境卫生人员及 X 光技术

---

① 胡兰生：《中华民国红十字会历史与工作概述》，《红十字月刊》第 18 期（1947 年 6 月），第 7 页。

② 《总会救护总队部工作述要》（1941 年 2 月），贵州省档案馆藏：《救护总队档案》，M116-1；《本会工作人员统计》《会务通讯》第 3 期（1941 年 4 月），第 11 页；林可胜：《救护总队部工作述要》，《会务通讯》第 4 期（1941 年 6 月），第 3 页；胡兰生：《中华民国红十字会历史与工作概述》，《红十字月刊》第 18 期（1947 年 6 月），第 7 页。

③ 《第一中队长薛培基呈总队部报告》（1942 年 1 月 11 日），贵阳市档案馆藏：《救护总队档案》，40-3-45。

④ 《总会救护总队部工作述要》（1941 年 6 月），贵州省档案馆藏：《救护总队档案》，M116-1；林可胜：《救护总队部工作述要》，《会务通讯》第 4 期（1941 年 6 月），第 3 页。

⑤ 《总会临时救护委员会第 222 号训令》，贵阳市档案馆藏：《救护总队档案》，40-2-125，胡兰胜：《中华民国红十字会历史与工作概述》，《红十字月刊》，第 18 期（1947 年 6 月），第 7 页；关于林可胜辞职的时间，《中华民国红十字会战时工作概要》记载为 1941 年秋，该记载有误。

员全部编入作为后备力量，随战区实际需要，配属派驻战区各队工作。[1]此外，还配属运输站、材料分库，“以任战时之救护”[2]。其大队分布如此：第三大队驻福建南平，第四大队驻广西桂林，第五大队驻湖北老河口，第六大队驻湖南黔江（后迁至湖北恩施），第七大队驻广东曲江，第八大队驻四川成都，第九大队驻湖南长沙[3]。

1943 年 2 月，国民政府为加强军事措施，由国防委员会拟定《中华民国红十字会战时组织大纲》[4]，再经立法院通过后改称《中华民国红十字会战时组织条例》，4 月 1 日由国民政府明令公布，规定“派赴战区救护队应受各战区司令长官指挥”[5]。随后，军事委员会于 4 月 8 日公布《国民政府军事委员会战时监督红十字会暂行办法》，进一步规定“经红十字会救护总队部派驻各战区、兵站区服务之救护单位应分别受所在地区内最高军事机关之监督”，[6] 颁令改组中国红十字会及救护总队部，受军事委员会的监督。总会随即取消救护委员会，救护总队直承总会指挥，由秘书长胡兰生兼任救护总队总队长，设副总队长 3 人，由汤蠡舟、倪葆春、朱润深等担任。是年救护总队在昆明设办事处，并增设医疗大队，积极配合远征军作战，联络卫生署、军医署等机构，合作成立手术队 8 队，在各重要伤运线按纵深配属，并随军深入野战区[7]。

1944 年，救护总队除在野战区派驻 76 个医疗队外，还开办 12 个医疗队民众诊所，5 个医疗队组织战区医院，6 个医疗队协助卫生教育，2 个队处理环境卫生，2 个队从事医疗救济，共 103 个医疗队。其中有与卫生署合作的手术队 6 队，有补助津贴的公谊救护队 4 队，及新运医疗队 4 队，均受救护总队指挥参与远征军救护工作。同年 9—10 月，救护

---

① 潘小萼：《三十二年元旦告全体工作同仁书》，《会务通讯》第 14 期（1943 年 3 月），第 3—4 页。

② 胡兰生：《中华民国红十字会历史与工作概述》，《红十字月刊》第 18 期（1947 年 6 月），第 7 页。

③ 《总会救护总队部业务报告》（1942 年 11 月），中国第二历史档案馆藏：《红十字会档案》，476-2000。

④ 《中华民国红十字会战时组织大纲》，贵阳市档案馆藏：《救护总队档案》，40-3-67。

⑤ 《国民政府训令》（1943 年 4 月 1 日），贵阳市档案馆藏：《救护总队档案》，40-3-161。

⑥ 《国民政府军事委员会战时监督红十字会暂行办法》，贵阳市档案馆藏：《救护总队档案》，40-3-67。

⑦ 胡兰生：《中国红十字会历史与工作概述》，《红十字月刊》（1947 年 6 月）第 18 期，第 7 页；中华民国红十字会总会编：《中华民国红十字会战时工作概要》（1946 年 5 月内部印行），第 4 页。

总队还派遣医疗队致力于湘黔桂难胞紧急救济①。

1945 年抗战胜利后，救护总队与行政院善后救济总署合作，办理难民医疗工作。年底，救护总队撤离贵阳图云关，在重庆与总会合并办公，后又迁回南京。1946 年 5 月，救护总队奉总会命令正式解散，完成其历史使命。

第二节　战地写真：抗日前线全力协助治疗伤兵

淞沪会战时期，中国军队与日军在京沪沿线展开激战，中国军队大量集中在狭窄的战线上，横向不过 40～100 公里，纵向亦仅 10～30 公里。广大官兵同仇敌忾，斗志昂扬，以劣势装备，与有优势装备的敌人拼搏，击毙日军 4 万多人，坚守上海达 3 个月之久，粉碎了日本军国主义者速战速决的迷梦②。但中国军队伤亡也很惨重，“难免数倍于敌”③。加之日军炮击与轰炸终日不断，致使重伤员的后送工作十分困难。医学证明，伤兵在受伤后 12～24 小时内不能及时获得治疗，生还希望就很小。幸运的是，当时的铁路、公路、河道等交通线还较畅通，受伤将士尚能在较短时间内被运出火线，送至附近收容所及医院接受紧急治疗。其中一部分受伤官兵还被送往医疗资源比较丰富的上海、南京等城市治疗。

南京失陷后，战线延长，北至晋察冀鲁，西达武汉外围，中国军队全部集中在津浦、陇海、平汉等各交通线要点。在部队集结的区域，伤亡较他处严重，伤兵后送工作，除在铁路线附近较为顺利外，其他区域就显得非常困难。其原因是分布在广大战线上的收容所及医院已成稀散的态势，同时铁路、公路沿线设有野战医院的城市，也时刻处在敌机的空袭威胁之中，致使伤兵住院期限缩短，重伤官兵后运机会大为减少。就轻伤而论，其所受到的护理待遇亦未能尽至完善④。加之多数军医院系战争爆发后才仓促组建而成，有战地救护经验的医护人员甚为缺乏，在此环境下，伤兵的救护实效就不言而喻了。

自徐州失守至撤退武汉、广州期间，中国军队采用阵地战术，采取

---

① 胡兰生：《中华民国红十字会历史与工作概述》，《红十字月刊》第 18 期（1947 年 6 月），第 7 页。

② 参见中国抗日战争史学会、中国人民抗日战争纪念馆编：《中国抗战军事史》，北京出版社 1994 年版，第 227 页。

③ 《总会救护总队部第四次报告》，贵州省档案馆藏：《救护总队档案》，M116-15。

④ 《总会救护总队部第四次报告》，贵州省档案馆藏：《救护总队档案》，M116-15。

破坏战线后方铁路、公路的办法，阻止日军机械化部队的进攻。随着战争不断升级，战线纵向扩大至50公里，而离战线50～100公里交通线上的收容所与医院终日处在敌机空袭之中，致使其不得不后移，从而造成无路地带（即交通线破坏地带）收容所与医院甚为缺乏，伤兵后运工作也不得不因之迟缓①。在沿长江区域，接近武汉战线上，伤兵的治疗工作较其他区域方便，后送工作也较迅速。但就山西以至广东战线而言，重伤官兵则大都在伤后24小时内未能得到及时治疗②。

自上海沦陷后，中国红十字会为继续开展战地救护工作，将重心转移至汉口。京沪一带原有的附属医院，因多数系由当地医疗机关临时扩充组成，除大部分人员及一部分机械药品经艰难转至后方安置外，其余均忍痛放弃。是时，中国红十字会救护工作首先必须解决的问题是重新筹设医院还是改变原有救护策略，另订计划，使救护工作发生更大之效能。几经讨论，决定放弃原有之救护方针，决定组织各种医疗队，配合实用之器械药材，分路前往各战区，专任技术工作，以补原有治疗伤兵机关之不足③。于是救护总队就应时组建，随即派遣医务队深入各战场，按照“国家至上”“军事第一”的目标执行战地救护任务，秉着“博爱恤兵”“救死扶伤”的宗旨，减除伤兵痛苦，在各大战场上空都有飘扬的红十字旗帜，用科学的医药技术贡献抗战，贡献人类，贡献世界和平。

一、徐州会战时期的战地救护工作

在津浦铁路沿线，为了保卫鲁南和苏北之地，国民政府和第五战区长官部早在1937年10月就制定了保卫徐州作战计划：一方面固守黄河天堑、苏北、东海及胶东半岛沿海地区，阻止华北日军南下侵犯或从海上登陆，同时调集部队集结徐州，与敌进行持久抗战④。日军在1937年12月13日占领南京后，侵略气焰更为嚣张，于12月24日相继占领杭州和济南⑤。此时红十字会在宁沪的医护人员及医疗器材，大都集中于汉口。为集中及实现救护工作，根据前述调整救护事业办法的有关规

① 《总会救护总队部第四次报告》，贵州省档案馆藏：《救护总队档案》，M116-15。

② 《总会救护总队部第四次报告》，贵州省档案馆藏：《救护总队档案》，M116-15。

③ 《总会救护委员会第一次报告》，贵阳市档案馆藏：《救护总队档案》，40-3-60。

④ 步平、荣维木主编：《中华民族抗日战争全史》，中国青年出版社2010年1月版，第164页。

⑤ 中国抗日战争史学会、中国人民抗日战争纪念馆编：《中国抗战军事史》，第234页。

定，总会遂将有关救护事业之人员、器材及运输工具集中统筹，在汉口成立临时救护委员会并筹组救护总队，任命林可胜为临时救护委员会总干事兼救护总队总队长，负责策划指挥。救护委员会成立后，立即派出医疗队分赴各战区从事流动战地救护。

救护委员会成立初期派出的医疗队，多数在后方服务，因当时官兵受轻伤者占多数，故医疗工作颇少。嗣后救护总队为尽量发挥各队的医疗能力，将所有医务队派往接近前线的区域，与兵站医院联合工作①。

按照战地医务情形，自救护委员会成立至1938年8月，战事可分为三个阶段。1937年12月—1938年3月为第一阶段。1937年12月23日，日军一部渡过黄河，黄河天堑失守，27日，济南陷落，31日，泰安落于敌手，中国腹地东西大动脉的陇海线和战略要地徐州暴露于日军的直接攻击之下。中国军队在鲁南和徐州附近与日军激战。在津浦铁路南线，1938年1月下旬，日军向安徽凤阳、蚌埠进攻，先后占领明光、池河等地，8日，日军强渡淮河。在津浦铁路北线，中国军队与日军在徐州南线及北线激战；2月，日军企图以主力沿胶济铁路西进，至淮县折而南下，夺取临沂，从地面包围徐州。救护委员会应抗战救护之需，在陕西、河南、湖北、江西、湖南等地均派有医疗队从事战地救护工作②。

1938年4—5月，战事转入第二阶段。日军向津浦与陇海线交叉点进攻，以蚌埠、临沂及台儿庄之战最为剧烈。当徐州、开封被日军包围之后，国民党军队乃向西南及西部撤退。此时，救护总队已将多数医务队服务地点由后方医院推进至前方的兵站医院③。

1938年6—8月，战事转入第三阶段。日军进攻郑州及平汉线南段，为阻止日军进攻，经蒋介石批准，国民党部队竟于6月9日炸开郑州东北的花园口大堤④。因黄河泛滥，日军乃将主力部队调往扬子江一线，并从国内调来大批部队沿大别山北麓西进，准备进袭武汉⑤。其进攻路线主要有：（1）鄱阳线：由九江向德安进攻南昌；（2）江南线：由九江转瑞安窥武昌；（3）江北线：由黄梅袭浠水窥汉口⑥。武汉局势异常严峻。

---

① 《总会救护委员会第一次报告》，贵阳市档案馆藏：《救护总队档案》，40-3-60。
② 《总会救护委员会第二次报告》，贵阳市档案馆藏：《救护总队档案》，40-3-60。
③ 《总会救护委员会第二次报告》，贵阳市档案馆藏：《救护总队档案》，40-3-60。
④ 参见中国抗日战争史学会、中国人民抗日战争纪念馆编：《中国抗战军事史》，第243页。
⑤ 《总会救护委员会第二次报告》，贵阳市档案馆藏：《救护总队档案》，40-3-60。
⑥ 《总会救护委员会第二次报告》，贵阳市档案馆藏：《救护总队档案》，40-3-60。

日军在山西方面亦配有重兵，准备进犯当地的抗日部队。其时，山西境内离铁路及公路线数公里处全部在我军的控制范围内。新组建的新四军在皖、浙边境频繁出击，并直达上海以南各地。在杭州、芜湖一带的游击队也常攻入敌人占领的都市。故此阶段以武汉、山西方面战事较为紧张。因此，救护总队医疗队亦沿上述区域开展战地救护工作①。

救护总队在战争防御阶段的工作重心是全力协助治疗伤兵。因此，救护总队将各医务中队的基本组织定编为救护队 2 队、医疗队 2 队、医护队 2 队、医防队 1 队，并将各队沿一交通线分布，由汽车队 1 队、材料分库 1 所，负责医务中队的材料供给和伤兵运送工作。各中队的队数，可随各地救护情形随时增减。医务中队组织的原旨，是使受伤人员在最短时间内，能够得到治疗以至恢复②。

救护总队派在交通线后方的医疗队、医护队，主要任务是协助后方医院及兵站医院全力治疗伤兵。在同一医院，救护总队通常派有医疗队 1 队、医护队 1 队协助工作，使该医院成为战区外科治疗的转运总站，还可为附近兵站医院重伤员兵进行外科治疗，以及为后方医院伤兵的根本外科治疗做技术、器材准备。兵站或后方医院有救护总队医疗队、医护队协助时，即可成为重伤医院，专门负责重伤员兵的治疗事务③。

在前线至后方医院交通沿线，救护总队派有救护队或分队（由经训练的助理员组织，医师 1 人任队长），在伤兵收容所、卫生列车及船舶上，沿途襄助军事医务机关护理伤兵，使长途转运的伤病兵能安全到达后方医院。为了使前线重伤员能够获得适当的治疗，救护总队要求在最前方服务的救护队随时与所在地的军部或师部保持联络，并在医疗队中抽调手术组 1 组负责前线伤兵的临时治疗。驻在后方的救护队则专门负责转运中未经治疗伤病员兵的护理，随时与前方的救护队轮流替值前方工作④。

救护总队各医务队除从事外伤治疗，还从事霍乱及其他肠胃病之预防与诊治，并设有医防队专司士兵及民众（难民）之防疫医务工作。在湖南、广东两地之医护队亦曾协助办理此项工作。当时，前方各地民众与士兵疾病问题更为严重。江西、湖北、安徽交界地方沿扬子江一带，发现多数疟疾及营养不良等病症。据称部队中 40% 已形成病夫，患者

① 《总会救护委员会第二次报告》，贵阳市档案馆藏：《救护总队档案》，40-3-60。

② 《总会救护委员会第二次报告》，贵阳市档案馆藏：《救护总队档案》，40-3-60。

③ 《总会救护委员会第二次报告》，贵阳市档案馆藏：《救护总队档案》，40-3-60。

④ 《总会救护委员会第二次报告》，贵阳市档案馆藏：《救护总队档案》，40-3-60。

60% ~70% 系疟疾，20% ~30% 为痢疾或其他严重疾病。救护总队针对上述情形，准备大量奎宁、吐根素、硫酸钠、碳酸钠、重碳酸钠等药品，分发前方驻守重要地区之部队，以资防疟。与此同时，救护总队与军医署紧密协作，在沿江一带日军进攻之三面后方，每处设置后方医院一所，专司治疗内科病人，并配制疟疾药品与说明书分发各医院应用，在派遣医疗队诊治内科病人时，救护总队还采取措施实施特别营养，增强患者体格，希望其早日康复，重上战场英勇杀敌。为防备冬季斑疹伤寒流行，救护总队积极订购各项铅铁、铁管、气筒等金属器材，制造灭虱器，修建沐浴所[①]。

救护总队在实施战地救护、开展卫生防疫工作的同时，积极在武汉、长沙、南昌、广东等地实施空袭救护，并组建空袭伤民收容所，收治炸伤市民施予裹伤，必要时实行外科手术，将受伤市民留所治疗，直至转送医院为止。收容所内的医务技术由救护总队所在当地军医院的医疗队、医护队负责，同时派遣救护队进行协助。重伤市民在收容所诊治数日后，再转入医务队所驻军医院继续治疗，住院期间，救护总队每日给伤民提供伙食费二角。南昌医务队还从事运送炸伤市民及实施急救治疗等事务[②]。

二、武汉广州会战时期的战地救护实施

徐州会战结束后，战争区域已由长江两岸延至华南沿海一带。日军分两个方向进攻武汉：一是沿长江及其沿岸地区向西进攻武汉，此线为日军主要进攻方向；二是自合肥地区西进，沿大别山麓西犯，然后沿平汉路地区南下进攻武汉。中国第 5、第 9 战区部队在 1938 年 6 月到 10 月底同日军展开一系列防御作战，最后于 10 月 24 日放弃武汉，日军在 27 日占领武汉三镇，至此，武汉保卫战宣告结束[③]。与此同时，日军于 10 月 12 日在大鹏湾登陆，在同月 21 日侵入广州，广州作战即行结束[④]。救护总队在武汉会战及广州作战期间，充分发挥流动医疗救护的特点，将医务队遍遣各战区，积极配合部队作战，全力协助军医机关治疗伤兵。

① 《总会救护委员会第二次报告》，贵阳市档案馆藏：《救护总队档案》，40-3-60。

② 《总会救护委员会第二次报告》，贵阳市档案馆藏：《救护总队档案》，40-3-60。

③ 参见中国抗日战争史学会、中国人民抗日战争纪念馆编：《中国抗战军事史》，第 259—263 页。

④ 《总会救护委员会第三次报告》，贵州省档案馆藏：《救护总队档案》，M116-14。

（一）武汉区域

1. 南浔线

该线包括自鄱阳湖西岸经德安南迄南昌，西至箬溪等地，由救护总队第9中队（中队长为汤蠡舟）负责。武汉会战爆发后，9中队下属第53、54、55三支救护队，分驻在马廻岭、乌石门、杨家桥、虬津、张公渡以及万家渡等地的收容所，尽量择其重伤如休克、流血、骨折及伤口应须提前医治的伤兵，施以紧急治疗①。他处的重伤将士统由救护总队第10、11两汽车队负责运送，并由救护队员沿途负责护送照料，将应紧急施行手术的伤员，在第一时间内送往救护总队第26、38、43医疗队工作的兵站医院，再由医疗队医生负责施行手术。但因伤兵太多，还是有不少伤员未能按时运送医院②，造成死亡。

该线战事异常惨烈，日军疯狂进攻，“距前线50至100公里内，所有沿公路之村落以及极小之民房，均常被敌机作有计划之轰炸”，在前线的收容所“亦迭遭轰炸”，因此造成救护总队在前方的救护及运输工作“殊为艰险”③。如8月中旬，第53救护队副队长胡瀛学在马廻岭前线从事救护工作时，被敌机炸伤，以身殉国，派往乌石门、德安一带收容所工作的两辆救护汽车也遭敌机扫射中弹④。尽管如此，救护总队的伤兵运输工作，还是按计划正常运转。汽车队每日下午4点准时从南昌出发，至翌日凌晨返回，医护队员精神强毅，恪尽职守，“漏夜从公”，争分夺秒地抢救伤员，救护工作从未中断。驻南昌之第38医疗队医师亦常前往前线协助紧急治疗伤兵，外籍医师如晏橱庭、泰尔堡亦在此线工作⑤，充分发扬其国际主义精神，不避艰险，勇气可嘉。第26、40医疗队亦在南昌积极从事战地救护工作⑥。日军在南浔线进展较缓，当中国军队放弃武汉之时，德安前线已移至张公度一带，当驻粤军队调防后，救护总队将在南浔线的救护队撤至南昌，完成了在该线的战地救护任务。救护总队在南浔线救治病兵1841人，免疫注射497人次，总计救治伤兵及病兵人数总计13931人次⑦。

---

① 《总会救护委员会第三次报告》，贵州省档案馆藏：《救护总队档案》，M116-14。
② 《总会救护委员会第三次报告》，贵州省档案馆藏：《救护总队档案》，M116-14。
③ 《总会救护委员会第三次报告》，贵州省档案馆藏：《救护总队档案》，M116-14。
④ 《总会救护委员会第三次报告》，贵州省档案馆藏：《救护总队档案》，M116-14。
⑤ 《总会救护委员会第三次报告》，贵州省档案馆藏：《救护总队档案》，M116-14。
⑥ 《总会救护委员会第三次报告》，贵州省档案馆藏：《救护总队档案》，M116-14。
⑦ 《总会救护委员会第三次报告》，贵州省档案馆藏：《救护总队档案》，M116-14。

2. 长江两岸线

长江南岸阳新方面，其战线由箬溪北迄江岸。长江北岸、浠水方面，其战线则由长江岸北达广济。该线的战地救护工作，系由第 3 中队（中队长为吴云灿）所属医疗队担任。该地伤兵向后运送路线为，长江南岸的伤兵由阳新经大冶、鄂城运至武昌；北岸伤兵则由浠水经上灞河、岐亭、张家湾、黄坡运至汉口。信阳失陷前，伤兵自六安、商城、潢川各处，经麻城向后输送的人数甚少；信阳失陷后，伤病官兵则不仅经麻城，同时也由罗山、河口公路线及平汉路线向后输送。南岸伤病官兵先由第 52、56、57 三支救护队负责护送，至 9 月底，救护总队又加派 54、57 两救护队前往北岸协助治疗伤兵①。其各线战地救护情形如下：

（1）阳新—武昌线。1938 年 9 月，救护总队第 52、56 两救护队在阳新从事战地救护，57 队在大冶救治伤兵。当时敌机不间时日地轰炸，以致第 57 队除人员没有受伤外，所有器械全部被炸毁。阳新、武昌之间各收容所也经常遭敌机轰炸，救护总队为伤兵的安全考虑，以避免无谓的牺牲，由第 3、第 5 两救护车队，将此地带伤兵尽量运回武昌，再转道平汉、陇海两路输送至西安以及西安以西各医院治疗②。

同一时期，军队以及乡民多患疟疾、痢疾及肠病等症，其中以疟疾为最多，约占 40% 强；痢疾次之，占 20%；再次为肠病，仅占 10%，救护总队也尽力加以预防及治疗，将大量奎宁丸及其注射剂发给各队，医治前线患病官兵，并拨发药品给各医院、各师部军医处，且附以用法说明③，医护人员在该线免疫注射人数总计 7339 人次，伤病兵人数总计 36989 人次，取得比较良好的效果④。

（2）浠水—汉口线。10 月初，救护总队分派第 54、57 两救护队在上灞河、张家湾、河口、黄坡等处治疗伤兵，并令第 3 汽车队全队及第 5 汽车队一部分车辆将伤兵向汉口输送⑤，致使汉口伤兵大增，达七八千人之多。救护总队当即派遣第 1 及 36 两医疗队，第 12 及 18 两医护队驰赴汉口各医院、各收容所从事治疗伤兵工作，又加派第 49 医防队在武昌、汉阳各医院协助治疗伤兵。因汉口各收容所房屋简陋，伤兵拥挤不堪，以致重伤官兵均集中在第 64 后方医院，统由第 1、36 两队治疗，

① 《总会救护委员会第三次报告》，贵州省档案馆藏：《救护总队档案》，M116-14。
② 《总会救护委员会第三次报告》，贵州省档案馆藏：《救护总队档案》，M116-14。
③ 《总会救护委员会第三次报告》，贵州省档案馆藏：《救护总队档案》，M116-14。
④ 《总会救护委员会第三次报告》，贵州省档案馆藏：《救护总队档案》，M116-14。
⑤ 《总会救护委员会第三次报告》，贵州省档案馆藏：《救护总队档案》，M116-14。

而汉口被炸伤的民众，“亦均麋杂其间”[1]，致使第1、36两队手术繁忙，医护人员“自晨迄晚，毫无宁息者，计有一月之久”[2]，经上述各队治疗的伤兵，“几及全数之半”[3]。其时，印度国民大会派遣医师5人来华援助中国抗战，该医师亦参加了当时武汉会战的战地救护工作，被分配在救护总队第15医疗队协助战地救护工作[4]。

在此区域内，疟疾等病症亦多有发现，计60%为疟疾，20%为痢疾，且其中三分之一系阿米巴性，三分之二则均有发热症状[5]。长江两岸的国民党部队，多患疟疾，甚至有若干团以至师部，多为疟疾所染，而失去战斗力。不仅军队是为，该区一带之居民，如长江北岸的广济、浠水，南岸的瑞昌、阳新、大冶、德安等地，疟之所患，亦复相同。当时的大冶邮局，因职员全患疟疾，而致停止办公[6]。其疟疾流行的原因及概况，根据白崇禧的回忆：

长江秋季阴雨霏霏，沿江地区湿气甚重，久战疲惫之部队体力衰弱，易受外感，因而疾病丛生，尤以鄂东地区之恶性疟疾为厉。凡被疟虫咬者，体温忽寒忽热，有高达40℃以上者，盖疟虫于体内破坏红细胞，致小便便血，轻者不能行动，重者即不支而死。各部中虽多有患此症者，然以曹福林部最为严重，患者几超过全军之三分之一，此类患者即失却作战能力，其损耗之大，较与敌激战伤亡为尤甚。是时军中医药设备缺乏，虽有奎宁丸亦不能大量供应，所以患者历数月不能痊愈，此种痛苦我亦曾亲身体验[7]。

当时曹福林所属的55军，因得疟疾几已丧失三分之一的战斗力，其他部队亦属难免。据救护总队吴云灿8月间的报告，当时部队病兵数为20%，而在病兵中，患有疟疾者，在大冶占40%，浠水占有60%，由此可以推算武汉区域作战的50万官兵中患疟疾者至少有10%。其他沿各交通线一带，则常可见一种特殊景象：“有许多病兵头扎毛巾，有披被而蹒跚觳觫于途”，这些都是患疟疾的病兵[8]。救护总队医务队均想

① 《总会救护委员会第三次报告》，贵州省档案馆藏：《救护总队档案》，M116-14。

② 《总会救护委员会第三次报告》，贵州省档案馆藏：《救护总队档案》，M116-14。

③ 《总会救护委员会第三次报告》，贵州省档案馆藏：《救护总队档案》，M116-14。

④ 《总会救护委员会第三次报告》，贵州省档案馆藏：《救护总队档案》，M116-14。

⑤ 《总会救护委员会第三次报告》，贵州省档案馆藏：《救护总队档案》，M116-14。

⑥ 《总会救护委员会第三次报告》，贵州省档案馆藏：《救护总队档案》，M116-14。

⑦ 《白崇禧先生访问记录》（上册），（台北）“中央研究院”近代史研究所1984年版，第198页，转引自巫仁恕：《战争与疾疫：抗战后期的疫情与疫政（1940—1946）》，《中华军史学会会刊》，第3期（1997），第342页。

⑧ 《总会救护委员会第三次报告》，贵州省档案馆藏：《救护总队档案》，M116-14。

方设法予以及时治疗与救助，共救治伤兵 8051 人[①]。

（3）咸宁—崇阳—平江线。信阳失陷后，军政部电告救护总队，嘱其将驻汉各队后移[②]。救护总队认为“职责未完”，没有立即撤退[③]，直到在汉口的伤兵由各主管机关分别向宜昌、长沙各地转移后，才令第 15 队于 10 月 15 日开往宜昌，第 12、18 两队于 17 日，第 1、2、36 队于 18 日先后撤至长沙，同时命令第 52、54、56 及 57 队暂移武昌、崇阳、平江一带各收容所。嗣后，救护总队将这 4 支救护队与原在崇阳工作的第 5 医疗及第 8 医护两队并入第 2 中队，由中队长王贵恒率领救护自长江南岸及大冶以东后移的伤兵[④]。原先该区伤兵多集中在粤汉线的贺胜桥一带，后因交通关系，改集咸宁、赵李桥等站候车，再转运至长沙、咸宁两站。而大冶至金牛一带的伤兵仍送往贺胜桥、咸宁两站。辛潭铺至通山间伤兵则经崇阳、羊楼洞向赵李桥集中[⑤]。其时，敌机不断轰炸该区城市及乡村，崇阳全城在 9 月 26 日至 28 日 3 天间的连续狂炸中变为废墟。原驻崇阳工作的第 5、第 8 两医护队，在第一次轰炸前就迁至城外，“得免于难”[⑥]。敌机的疯狂轰炸，致使救护形势更为恶化，救护工作更加难以开展。

广州失陷后，战场形势日趋严峻，国民党部队纷纷向粤汉路以西后撤，仅留少数军队掩护，伤兵无法跟随部队转移，大部分滞留在通山、崇阳、羊楼洞一线。救护总队遂派救护车将上述伤兵经崇阳、白驴田、上塔市陆续运往平江。因交通工具缺乏，其他各地的轻伤员兵大部分只能徒步向湘西转移，救护总队乃令驻湘北各队一律向常德沅江一带开拔，在沿途护送并治疗伤兵[⑦]。该线救护伤兵人数共计 12344 人，病兵人数共计 1204 人，伤兵及病兵人数总计 13548 人[⑧]。

（4）箬溪—武宁—平江线。此线包括由箬溪经武宁、三都、修水、长寿而至平江一线，位居阳新、德安两线之间，由第 11 中队负责该线伤兵的治疗。1938 年 9 月，第 59 医疗队与第 60 医护队同赴箬溪治疗伤

---

① 《总会救护委员会第三次报告》，贵州省档案馆藏：《救护总队档案》，M116-14。

② 《总会发救护委员会总干事林可胜电报》（1938 年 9 月 29 日），贵阳市档案馆藏：《救护总队档案》，40-3-164。

③ 《总会救护委员会第三次报告》，贵州省档案馆藏：《救护总队档案》，M116-14。

④ 《总会救护委员会第三次报告》，贵州省档案馆藏：《救护总队档案》，M116-14。

⑤ 《总会救护委员会第三次报告》，贵州省档案馆藏：《救护总队档案》，M116-14。

⑥ 《总会救护委员会第三次报告》，贵州省档案馆藏：《救护总队档案》，M116-14。

⑦ 《总会救护委员会第三次报告》，贵州省档案馆藏：《救护总队档案》，M116-14。

⑧ 《总会救护委员会第三次报告》，贵州省档案馆藏：《救护总队档案》，M116-14。

兵，另一小分队则进抵王家岭执行伤兵护送任务。因局势变化，上述各队不久即向修水方面后移。早在8月间，王家岭至修水间的公路东段遭局部破坏，全线桥梁又复失修，救护人员无法利用交通工具转移伤兵。第59医疗队与第60医护队救护人员只能步行，用担架将伤员由前线抬赴三都，再由第5汽车队向修水、长寿及平江等处输送。9月中旬，救护总队加派第12医护队前往三都，另派第11医疗队及21医护队前往长寿，第59队仍驻修水，第60队改驻梁平等处救治伤兵①。该线救护伤兵人数共计3628人，病兵人数共计2953人，伤兵及病兵人数总计6581人②。

（5）汉口—宜昌—巴东线。1938年7月，救护总队派遣第3中队所属第16医疗队及第19医护队两队前往宜昌救治伤兵。第15医疗队在10月中旬由武汉西退宜昌后，救护总队即将其编入第3中队，任命徐崇恩为代理中队长，负责该线伤兵的急救和治疗工作。11月间，宜昌迭遭敌机狂炸，救护总队各队工作的医院相继被炸毁，救护总队乃将第15队派往重庆，第16、19两队派驻巴东③。第16队的一分队，应军医署驻鄂办事处的请求，一度返回宜昌救治伤兵④，自始至终履行其“博爱恤兵”“救死扶伤”的职责。

在武汉区域，救护总队所属医护人员克服各种困难，不顾个人安危，冒着敌人的炮火，出入前线，急救和抢运伤兵，取得了突出的成绩。1938年8—11月，救护总队总计在武汉区域运送伤兵16001人，其中南浔线运送伤兵7592名，汉口、浠水线运送伤兵852名，阳新、武昌线运送伤兵1184名，咸宁、崇阳、平江线运送伤兵2425名，箬溪、武宁、平江线运送伤兵3948名⑤。

（二）湖南区域

1. 长沙—衡阳线

武汉会战期间，湘鄂边境的伤兵，系向长沙、衡阳输送。在日军尚未迫近武汉之前，第五战区内如徐州、陇海各线伤兵也有部分输送至长沙。该线战地救护工作由第4中队负责。其中第3医疗队及第24、37两医护队，除在长沙协助战时卫生人员训练班培训医护人员外，还协助空

---

① 《总会救护委员会第三次报告》，贵州省档案馆藏：《救护总队档案》，M116-14。
② 《总会救护委员会第三次报告》，贵州省档案馆藏：《救护总队档案》，M116-14。
③ 《总会救护委员会第三次报告》，贵州省档案馆藏：《救护总队档案》，M116-14。
④ 《总会救护委员会第三次报告》，贵州省档案馆藏：《救护总队档案》，M116-14。
⑤ 《武汉区域运送伤兵数日统计表》，贵州省档案馆藏：《救护总队档案》，M116-14。

袭受伤民众收容所治疗难民。武汉吃紧时，第 1、第 36 及第 18 三队先后从汉口撤退至长沙，被编入第 12 中队，在病兵最多的后方医院协助治疗伤兵①。

随着武汉、广州失陷后，战局日渐紧张。当时日军可沿数路进袭长沙：一是沿长江或铁路线向岳阳推进；二是沿公路线由崇阳向平江突袭；三是沿武宁、修水向平江等处进犯②。湖南省政府鉴于长沙危急，准备迁离。各军事机关也相继后撤。前方部队陆续经长沙而向后撤者亦众。一时“人心大恐”，加之谣言四起，“相传岳阳业已不守，敌舰且进至洞庭湖中”，后又盛传敌军已近平江及抵粤汉路之汨罗站，“一时风声鹤唳”，长沙大火因此而起③。鉴于形势，救护总队在长沙的救伤工作不得不停止，除干部人员仍留长沙外，其余人员分批撤往祁阳。战时卫生人员训练班学员，亦经铁路、水路分道撤离长沙。救护总队为转移驻长沙的医务队及器械材料，将在湘鄂边境工作的救护车队，也调集长沙，执行紧急运输任务。不幸的是，部分运输车辆因机械故障，急需修理。此时长沙汽车零件却非常缺乏，加之救护总队购买的新车轮胎，亦被滞留安南，不能及时运到长沙。更为严重的是，运输股仅库存 100 加仑汽油，油料极度匮乏。在此危急关头，驻汉口英国大使馆恰好转来苏格兰红十字会捐给救护总队的 750 英镑捐款。于是救护总队请“沙雀号”英舰舰长代其致电英大使馆，请求将此项捐款专作长沙购买汽油之用。但英国方面则规定付款地点必须在上海或香港等地，同时，该舰长还电告总会驻港办事处，说明该项捐款的用途。经过一番周折后，救护总队终于获得该项捐款，用来购买汽油以供运输④，保障了医护人员及卫生器材的安全转移，否则在长沙大火之际，救护总队所有卫生材料，“定将损失不赀也”⑤。

此后，救护总队医务队分布在常德至沅陵、衡阳至桂林一带。救护总队部由长沙迁至祁阳，因当时有大批军队、伤兵、难民相继从衡阳撤离，乃在衡阳设办事处，加强与有关机构的联系，对受伤士兵及难民实施医疗救助。第 50 医疗队与第 20 救护队在衡阳后方医院从事医疗救护

---

① 《总会救护委员会第三次报告》，贵州省档案馆藏：《救护总队档案》，M116-14。
② 《总会救护委员会第三次报告》，贵州省档案馆藏：《救护总队档案》，M116-14。
③ 《总会救护委员会第三次报告》，贵州省档案馆藏：《救护总队档案》，M116-14。
④ 《总会救护委员会第三次报告》，贵州省档案馆藏：《救护总队档案》，M116-14。
⑤ 《总会救护委员会第三次报告》，贵州省档案馆藏：《救护总队档案》，M116-14。

工作，该医院从衡阳撤退后，两队遂前往桂林参加救护工作①。

2. 长沙—常德—沅陵线

第2、11、12等三个中队撤离长沙后，救护总队随即派王贵恒、罗盛昭、汪凯熙等中队长率队前往长沙、常德、沅陵一线从事救治伤兵工作②。当医护人员在猴子石渡口及常德、桃源各地救治伤兵之时，频遭敌机袭击。加之路上行人拥挤不堪，所有军队、难民，扶老携幼，连绎于途；轻伤员兵，亦复相携蹒跚而行，其情景“凄惨满目，不忍卒睹”③。医护人员尽力予以救助和治疗，但毕竟杯水车薪，无法解决问题。军医当局为了缓解上述情形，设法用民船载运伤兵五六千名，由常德至沅陵，但因河道水浅湍急，时有覆舟事故发生，伤兵“葬身鱼腹者，不知凡几”④。与此同时，该线区域因人口激增，粮食非常缺乏，物价昂贵，伤兵难民，“更无以为生”⑤。如沅陵一城，战前居民不过4万，自难民、伤兵麇集后，骤增达40余万之巨，“诚为有人满之患”⑥。

后方勤务部为补救上述困难起见，在益阳至辰溪之间，每隔二三十里设一招待站。救护总队亦派第52、54、56、57、63等5支救护队及第62医护队开抵桃源，分布在各招待站，为伤兵服务⑦。

后方勤务部虽在沿途设有招待站，但徒步或乘船的伤兵，在不能及时赶到招待站所在地时，而不得不寻找民房暂时寄居，以致“饥寒交迫，为救阙惨”。当他们被救护人员发现时，已奄奄一息，“多有不及救治者”⑧。与桃源局势相比，沅陵以南各地，社会秩序较稳定，粮食亦较充足。于是救护总队各队及第1、第3救护车队将上述伤兵尽量运送沅陵安置，并增加内科护病的医护队队数，参照衡阳至桂林一带的救护经验，制订各种计划逐步加以推广⑨。该线救护伤兵18989人次，病兵人数共计3489人，伤兵及病兵人数总计22473人⑩。

3. 衡阳—桂林线

该线伤兵救治由第5中队与第9中队负责。其所属各医务队分派在

① 《总会救护委员会第三次报告》，贵州省档案馆藏：《救护总队档案》，M116-14。
② 《总会救护委员会第三次报告》，贵州省档案馆藏：《救护总队档案》，M116-14。
③ 《总会救护委员会第三次报告》，贵州省档案馆藏：《救护总队档案》，M116-14。
④ 《总会救护委员会第三次报告》，贵州省档案馆藏：《救护总队档案》，M116-14。
⑤ 《总会救护委员会第三次报告》，贵州省档案馆藏：《救护总队档案》，M116-14。
⑥ 《总会救护委员会第三次报告》，贵州省档案馆藏：《救护总队档案》，M116-14。
⑦ 《总会救护委员会第三次报告》，贵州省档案馆藏：《救护总队档案》，M116-14。
⑧ 《总会救护委员会第三次报告》，贵州省档案馆藏：《救护总队档案》，M116-14。
⑨ 《总会救护委员会第三次报告》，贵州省档案馆藏：《救护总队档案》，M116-14。
⑩ 《总会救护委员会第三次报告》，贵州省档案馆藏：《救护总队档案》，M116-14。

衡阳、祁阳、零陵各医院及收容所，协助治疗从长沙转移来的伤病兵[①]。在伤病患者中，除患疟疾、回归热、痢疾及肠病等疾病外，其余多为营养不良症，大多伤病士兵“瘦弱不堪”[②]。不仅如此，多数伤兵在严寒时节还穿着夏季制服，不仅棉被缺乏，连军毯也付阙如。更严重的是，伤兵的个人卫生也极糟糕，“龌龊已极，且满身白虱”，患皮肤病及溃疡的患者，“亦触目皆是”[③]。鉴于上述情形，第5、9两中队除派医护人员为伤兵裹伤割治外，还拨出专款，购置各种设备，为伤病兵灭虱、沐浴、治疥创造条件，派指导员多人督促各医务队尽力予以紧急处置，预防传染病在军医院流行[④]。此外，救护总队还派内科及医护各指导员，前往各医院调查病兵情形，随时指导治疗及护理方法。为了缓解伤病士兵营养不良症状，救护总队在各医院设立特别饮食部，对必须特别营养的伤病员兵，除供给大量牛奶外，还资助医院给养经费，用来购置各种食品，如鸡蛋、猪肝、猪肉及豆浆等物。救护总队通过实施上述措施，使衡阳、桂林一线的救护工作“俾收良好之效果”[⑤]。

4. 长沙—邵阳—芷江线

武汉会战及广州作战期间，由救护总队向邵阳区域转移的伤兵，人数不多。当洞口至芷江公路建成之后，长沙、邵阳、芷江一线就成为运送伤病兵的交通要道。救护总队为了在该线及时抢救和治疗伤病，派邱长汉代中队长率领第四中队各队在沿途护送和治疗伤兵。其分布地点如下：第2医疗队驻长沙，第65医护队驻湘潭，第64救护队驻湘乡，第14医疗队、第9医护队驻邵阳，第32医护队在洪江[⑥]。

武汉会战及广州作战期间，湖南成为运送和治疗伤兵的重要区域，救护总队派第2、4、5、9、11、12等6个中队在此区域执行战地救护任务，治疗和运送了大批伤兵。根据档案资料，总计救护总队在湖南区域共运伤兵5094人，其中长沙、沅陵线运送伤兵4644人，长沙、邵阳线运送伤兵450人[⑦]。

① 《总会救护委员会第三次报告》，贵州省档案馆藏：《救护总队档案》，M116-14。
② 《总会救护委员会第三次报告》，贵州省档案馆藏：《救护总队档案》，M116-14。
③ 《总会救护委员会第三次报告》，贵州省档案馆藏：《救护总队档案》，M116-14。
④ 《总会救护委员会第三次报告》，贵州省档案馆藏：《救护总队档案》，M116-14。
⑤ 《总会救护委员会第三次报告》，贵州省档案馆藏：《救护总队档案》，M116-14。
⑥ 《总会救护委员会第三次报告》，贵州省档案馆藏：《救护总队档案》，M116-14。
⑦ 《湖南区域运送伤兵人数统计表》，贵州省档案馆藏：《救护总队档案》，M116-14。

（三）赣浙区域

1. 南昌—金华线

该线包括皖南、赣北及浙江等处。长江南岸游击区如青阳、宣城一带伤兵，多由各地先向岩寺集中；上海、杭州一带伤兵，则向金华集中，然后由岩寺、金华两处经水道或铁路线向浙赣沿线第三战区各医院输送①。该线各医院伤兵总数为 14000 余人，其在第三战区作战受伤者不过三四千人，其余都是在汉口撤退以前由陇海、平汉两线运送来的伤兵②。此线伤兵由救护总队第 6 中队所辖各队负责收治，其中第 4 医疗队在贵溪，第 2 医疗队在玉山，第 31 医疗、第 32 医护及第 64 救护等队在兰溪、金华一带治疗伤兵③。

2. 南昌—吉安线

该线系救护总队第 5 中队所辖救护区域。各队分布在南昌、吉安之间，第 20 医疗队驻南昌，后与第 27 医护队迁往新淦；第 14 医疗队与第 9 医护队驻永丰；第 6 医疗队与第 17 医护队驻吉安；第 48 医护队则驻南昌、临川、吉安一带从事战地救护工作④。1938 年 11 月上旬，粤汉路有被日军切断之虞，国民党部队多向铁路以西撤退，救护总队乃令第 5、第 6 两中队所属各队以及已在吉安、安福等处的第 9 中队一部分分别撤至衡阳、祁阳两地待命。12 月间，当战局渐趋稳定之时，救护总队继续派遣数支医务队前往赣浙一带开展救护工作，并且命令各队，“无论在任何情形之下，即与总队部失却联络，亦留该区”，坚持从事战地救护工作⑤。第 6 中队所属第 31 医疗队、第 67 医护队均表示自愿前往前线从事救护工作。是年底，该两队由第 6 中队何鸣九中队长率领前往浙赣皖一带随军救治伤兵⑥。第 48 医护队在其余各队由江西撤退之时，仍留吉安治疗伤兵⑦。

（四）两广区域

1. 广东区域

1938 年夏季，广东省东北一带，发现霍乱流行，广东省卫生机关为

① 《总会救护委员会第三次报告》，贵州省档案馆藏：《救护总队档案》，M116-14。
② 《总会救护委员会第三次报告》，贵州省档案馆藏：《救护总队档案》，M116-14。
③ 《总会救护委员会第三次报告》，贵州省档案馆藏：《救护总队档案》，M116-14。
④ 《总会救护委员会第三次报告》，贵州省档案馆藏：《救护总队档案》，M116-14。
⑤ 《总会救护委员会第三次报告》，贵州省档案馆藏：《救护总队档案》，M116-14。
⑥ 《总会救护委员会第三次报告》，贵州省档案馆藏：《救护总队档案》，M116-14。
⑦ 《总会救护委员会第三次报告》，贵州省档案馆藏：《救护总队档案》，M116-14。

遏止疫情蔓延，乃联合各卫生机构集议防治办法。救护总队驻广东各医务队，亦积极配合地方卫生机关防治霍乱。时驻该地第 7 中队将所属各队一律拨交广东防疫（霍乱）委员会听候派遣，协助驻地卫生部门从事预防注射及改进环境卫生等工作。其各队工作分配如下：第 30 医疗队及 39 医护队在广州防治霍乱，第 41 医护队在中国红十字会广州分会医院协助治疗被敌机炸伤的民众，第 34 医护队（原系医疗队，为适应环境起见，改编为医护队）在江门，第 43 医护队在陆丰及普宁，第 45 医护队轮回于曲江、龙门、五华、梅县之间，第 46 医疗队则在增城、博罗及河源等处协助治疗伤兵及实施防疫工作。至 9 月底，广东霍乱已逐渐被扑灭，7 中队各医务队除第 46 队仍留河源从事预防治疗外，其余各队均于 10 月初回抵广州，从事战地救护工作①。

10 月 12 日，日军在大鹏湾登陆之时，第四路军军医处当局，即与救护总队南区大队长尹亦声商议，计划将第 7 中队各队分派至各军医院协助治疗伤兵，然而日军在大鹏湾登陆 5 天后，就迅速进迫广州郊外，以致其所拟计划未能实现。各队即于 10 月 16 日接军事当局通知，乃陆续退出广州。第 34 队于即日退至从化第 20 后方医院，第 41 队则前往梅坑四路军后方医院。17 日，第 43 及 45 队迁达曲江，第 39 队随同大队部一并移驻从化，继续在军医院协助治疗伤兵②。

10 月 18 日、19 日两天，从化频遭敌机轰炸，第 20 后方医院及当地军邮局相继被日机炸毁，救护总队南区大队部与所属各医务队联系完全断绝。中队长尹亦声当即派出第 22 号救护车前往广州方面探听消息，当救护车到达目的地时，广州已于 21 日失陷，于是南区大队部决定于 22 日晨将各队继续北撤。当南区大队部途经翁源时，据闻第四路军军医处处长已抵新江，尹氏遂率领各队前往该处，随即与军医处洽商以后救护工作方针。经双方协商，军医处请求南区大队部留两队在新江听候分派工作，其余各队继续后撤。前留在河源 118 后方医院协助治疗伤兵的第 46 队，在该院迁离河源后，退却至曲江与第 43 队协助市立医院从事救护工作。不久，该两队又调往第四路军第一重伤医院，第 45 队则在曲江公理会医院工作③。11 月 4 日，南区大队部接救护总队命令，饬令该部所属各队全部退出粤境，于是南区大队部遂决定于 11 月 13 日全部

① 《总会救护委员会第三次报告》，贵州省档案馆藏：《救护总队档案》，M116-14。
② 《总会救护委员会第三次报告》，贵州省档案馆藏：《救护总队档案》，M116-14。
③ 《总会救护委员会第三次报告》，贵州省档案馆藏：《救护总队档案》，M116-14。

启行后撤，其器械材料及医护人员全部撤至衡阳[①]。至此，救护总队完成了其在广东区域的战地救护工作。

2. 广西区域

该线伤兵治疗由第 8 中队负责。其各队工作地点分布如下：第 42 医防队驻柳州，第 44 医护队驻梧州，两队在柳州与梧州各城市及其附近地区实施轮回巡诊，分别从事霍乱及其他疾病的防治工作。如所在区域遭遇敌机轰炸，该两队也协助驻地卫生机关实施急救工作。广州失陷后，第 44 队即调往柳州军医院治疗伤兵[②]。

12 月间，救护总队将第 7、8 两中队所属各队一律调至祁阳，经调整改编后，派至广西境内各处工作。其主要任务是为从湖南转往广西的伤兵服务，如果日军一旦沿西江进袭广西，或在北海蠢动时，其所属各队可立即调集梧州、南宁一带从事救护工作。其时，第 7 中队分派在湘桂线西段，所属第 6 医疗队、44 医护队驻全州，第 41 医护队驻灵川潭下圩，第 50 医疗队、22 医护队驻灵川大面圩，第 73、74 两救护队及第 43 医护队驻桂林等地救治伤兵。第 8 中队所属各队则分布于桂林、柳州之间，其中第 46 医疗队、45 医护队驻卫家渡，第 38 医疗队、39 医护队及 69 救护队驻平乐，第 42 医护队分成两组分别驻长安镇、柳州两处救治伤兵[③]。

救护总队在抗战防御阶段的主要任务是全力协助治疗伤兵，充分发扬其流动救护的优势，将绝大多数医务队分布在军医院，从事外科手术、骨折复原、敷伤包扎等救护工作，对军阵卫生以及难民救治也出力尤多。在抗战防御阶段，救护总队共治疗伤兵 1817423 人（其中手术 19755 人，接受接骨者 1536 人，经过裹扎者 1782452 人），治疗病人 227915 人（其中士兵 102446 人，平民 125469 人，病状包括伤寒、疟疾、痢疾、霍乱、感冒、脚气、疥疮之类），免疫 1131200 人（其中天花 166395 人，霍乱 769214 人，霍乱伤寒 157969 人，破伤风 10622 人），灭虱人体 46442 人，衣服被褥 262991 件，外科 X 光 18923 人，额外病人治疗 815673 人，汽油消耗（以美国加仑计）659710 加仑，汽车行程 30 万公里[④]。数字虽然不能代表全部，但数字可以代表救护总队在防御阶段对战地救护所做出的贡献。战争与救护息息相关，救护总队组建 1 年

① 《总会救护委员会第三次报告》，贵州省档案馆藏：《救护总队档案》，M116-14。

② 《总会救护委员会第三次报告》，贵州省档案馆藏：《救护总队档案》，M116-14。

③ 《总会救护委员会第三次报告》，贵州省档案馆藏：《救护总队档案》，M116-14。

④ 《救护总队部——红十字会的前方》，贵阳市档案馆藏：《救护总队档案》，40-3-75。

多来，红十字旗帜所到之处，实给前后方负伤抱病将士及民众一种安慰、一种鼓励，救护总队的战地救护工作已经与全国的将士们有切身的关系，经历战火洗礼的救护总队已经成为当时抗战救护的主力。因救护总队战地救护成绩卓著，纷纷致电要求派队前往，从事战地救护的医护人员，也时时准备为伤病将士民众，竭其贡献，不惜任何牺牲以求抗战胜利的到来。

第三节　救护实录：穿越火线治疗与转运伤兵

以广州、武汉失守为标志，中国抗日战争从战略防御阶段进入战略相持阶段。日军发动全面侵华战争初期，企图以速战速决的战略方针，彻底击溃中国军队，摧毁中国的战争力量和抗战意志，一举灭亡中国。经过 15 个月的战争，日军虽然占领了中国沿海地区和华北、华中、华南的重要城市和铁路沿线，部分实现了它的侵略计划，但却遭到了中国军民前所未有的英勇抵抗，其军力和经济都受到了极大的消耗。在此阶段，中日军队相继进行了随枣、宜昌、长沙、上高等多次会战或战役。为应对战局变化对战地救护工作的需求，救护总队遂转移其战地救护工作重心，由前期的治疗伤兵为主，转移至治疗与转运伤兵并重，其医务队遍布全国各战区，在重要交通沿线协助军事卫生机关开展战地救护工作。

一、救护总队各区域抗战救护实录

（一）晋陕豫区域

1. 延安（肤施）—西安（长安）—宝鸡线

该线战地救护工作由救护总队第 1 中队（中队长为万福恩）负责。该中队分为两组，第一组在延安一带治疗伤兵，第二组在西安、宝鸡一带治疗。因延安至西安的公路“构筑甚劣”，从而造成在该线工作的两组人员“事实上已互相隔膜”[1]。但该中队各医务队的工作地点随救护事业的需要而时有变更。1938 年 2 月其分布地点是：第 3 医疗队驻华阴，第 35 医疗队驻渭南，第 10 医疗队、第 3、25 医护队驻西安，第 23、33

① 《总会救护总队部第四次报告》，贵州省档案馆藏：《救护总队档案》，M116-15。

医疗队驻延安[①]。1938 年 4 月后，第 23 医疗队即在延安东北的甘谷驿八路军第 2 兵站医院工作。至 1939 年 6 月，该队已派数分队至拐木沟、延长、交口、张家驿、延川及禹居等处，协助八路军第 1、2 后方医院及第 1 兵站医院治疗伤兵[②]。是年 5 月，除 23、33、10 医疗队及 25 医护队驻地不变外，第 3 医疗队由华阴调往河南洛阳，救护总队另加派第 7 医护队至延安协助军医机关治疗伤兵[③]。8 月，第一中队加派第 29 医疗队至延安，第 23 医疗队由延安调往甘谷驿，第 10、第 35 医疗队分别由西安、渭南调派至泾阳，第 33 医疗队、25 医护队则分别从延安、渭南调派至西安[④]。9 月，第 23 医疗队开始在八路军后方医院治疗伤兵，第 21 医疗队、第 7 医护队在延安边区医院服务，第 10 医疗队在第 18 陆军医院工作，第 25 医护队则在 64 临时医院治疗伤兵[⑤]。

1938 年 11 月，第 23 医疗队分驻在甘谷驿及禹居两处。该处伤兵来自山西西北，多数患慢性传染病、骨髓炎及结核病，具体表现为医护不周或营养不良等现象[⑥]。1939 年 6 月，日军进攻离石至军渡一线，伤兵人数增多，该处医院计划移至禹居，因日军有渡河的威胁，故未能实现[⑦]。

延安方面，第 29 医疗队与第 7 医护队从 1938 年 3 月 1 日至 12 月 25 日在边区医院治疗伤兵。该医院设于窑洞内，据当时新闻媒体报道，边区医院为“中国最大之山洞医院”。“此等山洞皆开筑在峻峭之山壁间，山洞皆扩大而舒适，且干燥得宜，壁上皆涂有石灰，阳光亦能充分射入，故施行手术绝无困难。在六个月前伤兵须自备行李，自行烹饪，睡床亦皆有不舒适之砖坑”[⑧] 后经救护总队第 29 医疗队及第 7 医护队的协助，逐渐对该院加以调整，边区医院乃成为延安边区的医药中心。当时

---

① 《民国二十七年 2 月救护委员会各队分布地点表》，贵阳市档案馆藏：《救护总队档案》，40-3-60。

② 《总会救护总队部第四次报告》，贵州省档案馆藏：《救护总队档案》，M116-15。

③ 《民国二十七年 5 月救护总队各队分布地点表》，贵阳市档案馆藏：《救护总队档案》，40-3-60。

④ 《民国二十七年 8 月救护总队各队分布地点表》，贵阳市档案馆藏：《救护总队档案》，40-3-60。

⑤ 《民国二十七年 9 月救护总队各医务中队分布表》，贵阳市档案馆藏：《救护总队档案》，40-3-60。

⑥ 《总会救护总队部第四次报告》，贵州省档案馆藏：《救护总队档案》，M116-15。

⑦ 《总会救护总队部第四次报告》，贵州省档案馆藏：《救护总队档案》，M116-15。

⑧ 《延安之山洞医院》，《新闻报》1938 年 10 月 8 日。

延安边区有如此“小型现代化之卫生机关，可谓空前之创举。”[①]。“一切被褥衣服，皆由院中自备，且皆有个别之床铺，故无须再事爬坑。此项山洞一个，可安置此类床铺五只”，“洞中尚有出诊所一处，每天诊治病人二百人名。此外更有产科医院一所，每月平均接生三十五个左右”[②]。此外，边区医院还在城内设门诊处，治疗当地民众。病人中大部分系延安抗日大学学生、边区政府的公务员，当地工农、士兵前来求诊的“亦复不少”[③]。1938 年 11 月 20 日，日机第一次空袭延安后，边区政府下令疏散人口，边区医院病人遂在 24 小时内，全部迁往拐木沟及二十里铺的窑洞医院内[④]。至 1939 年 1 月，所有病人仍收容在延安的窑洞中，救护总队所属各队除主持门诊外，同时在延安边区推行防疫计划。但至 3 月间，延安复遭日机空袭，边区政府遂决定将全部医院迁至二十里铺。救护总队从西安派来骡马队协助医院迁移，医院迁移工作于 6 月 14 日开始，至 20 日医院迁移工作顺利结束[⑤]。

西安方面，西安的伤兵系由下列各地运来：如 1937 年伤兵来自冀晋一带；1938 年（1 月）伤兵来自南京、津浦路沿线，或其沿线附近各处（2—3 月），陇海、平汉两线（6—9 月），以及武汉防区（10 月）等处[⑥]。1938 年 10 月前，为配合军医机关治疗伤兵起见，救护总队派第 10 医疗队至下列各医院工作，即第 18 陆军医院、第 64 临时医院（后改组为第 10 后方医院）与广仁医院[⑦]。由于第 10 医疗队有完善的外科设备，因而西安乃成为该区伤兵的治疗中心[⑧]。早在是年 1 月，第 10 医疗队就派外科手术组至周至第 100 后方医院、渭南第 58 后方医院与襄阳第 59 后方医院等处协助治疗伤兵[⑨]。1938 年 1 月、3 月至 10 月间，是第

---

① 《总会救护委员会第三次报告》，贵州省档案馆藏：《救护总队档案》，M116-14；《总会救护总队部第四次报告》，贵州省档案馆藏：《救护总队档案》，M116-15。

② 《延安之山洞医院》，《新闻报》1938 年 10 月 8 日。

③ 《总会救护总队部第四次报告》，贵州省档案馆藏：《救护总队档案》，M116-15

④ 《总会救护总队部第四次报告》，贵州省档案馆藏：《救护总队档案》，M116-15。

⑤ 《总会救护总队部第四次报告》，贵州省档案馆藏：《救护总队档案》，M116-15。

⑥ 《总会救护总队部第四次报告》，贵州省档案馆藏：《救护总队档案》，M116-15。

⑦ 《民国 27 年 2 月救护委员会各队分布地点表》，贵阳市档案馆藏：《救护总队档案》，40-3-60；《民国 27 年 5 月救护总队各队分布地点表》，贵阳市档案馆藏：《救护总队档案》，40-3-60；《民国 27 年 8 月救护总队各队分布地点表》，贵阳市档案馆藏：《救护总队档案》，40-3-60；《民国 27 年 9 月救护总队各医务中队分布表》，贵阳市档案馆藏：《救护总队档案》，40-3-60。

⑧ 《总会救护总队部第四次报告》，贵州省档案馆藏：《救护总队档案》，M116-15。

⑨ 《总会救护委员会第一次报告》附表，贵阳市档案馆藏：《救护总队档案》，40-3-60。

10 医疗队工作最紧张的时期，当时南京、台儿庄及武汉方面的伤兵，纷至沓来。尽管该队治疗任务繁重，但从 3 月至 7 月，该队还是派遣外科医师至延安协助第 29 医疗队进行外科治疗工作。12 月，第 10 后方医院与第 18 陆军医院奉令西迁，第 10 医疗队抽调一部分医护人员前往八路军 105 师医院协助工作。由于日军倾其全力进攻潼关，以致西安亦非伤兵安全之地，加之从 1939 年 2 月份起，西安屡遭日机空袭①。据时人报告②：

3 月 7 日，敌机狂炸长安（西安，引者注），有四弹击中广仁医院，该院手术间、爱克斯光室、实验室及空病房一间均被炸毁。服务该院之本会队员躲避于简陋防空壕中，离被炸地点，仅约二十迟。彼等虽为尘土残物所掩覆，幸无受伤者。同时，三弹击中队部，各队所住房屋几全被毁。当时第七医护队队员及第十医疗队队员数人，偕同第六汽车队队员均在队部。当场炸死者计有第七医护队伙夫毛熙臣及第六汽车队勤务张海霖，重伤者为第七医护队勤务杨克瀛，其他仅身免。汽车中受损者计六十一号卡车之水箱及第六十一、六十三、六十六等号车之翼子板。

于是第 10 医疗队在 4 月间除留一分队在西安从事空袭急救工作外，还派医护人员协助第 47 兵站医院救治伤兵，另一分队则派至凤翔第 85 后方医院服务③。

第 25 及第 7 医护队先后在 1938 年及 1939 年协助第 10 医疗队工作。1939 年 4 月，第 7 医护队改组为医疗队，派往鄜县第 149 后方医院工作。该队除治疗重伤外，并设立门诊处，从事当地医防工作④。

第 64 兵站医院在 1939 年 1 月从延安移往虢镇后，第 29 医疗队亦随其前往，除协助第 64 兵站医院助治疗伤兵外，还在虢镇设立门诊处，救治当地居民和过路伤兵。6 月 16 日，第 61 医防队也抵达虢镇协助第 62 陆军医院救治伤员，并在该地推行防疫及环境卫生等工作⑤。

救护总队第 1 中队在该区域就共计实施外科手术 741 例，其中切开排脓手术 282 例，异物剔出手术 73 例，死骨截除手术 138 例，肢体截断

① 《总会救护总队部第四次报告》，贵州省档案馆藏：《救护总队档案》，M116-15。

② 《第一大队长万福恩呈总队部报告》（1939 年 4 月 6 日），贵阳市档案馆藏：《救护总队档案》，40-3-60。

③ 《总会救护总队部第四次报告》，贵州省档案馆藏：《救护总队档案》，M116-15。

④ 《总会救护总队部第四次报告》，贵州省档案馆藏：《救护总队档案》，M116-15。

⑤ 《总会救护总队部第四次报告》，贵州省档案馆藏：《救护总队档案》，M116-15。

手术8例，石膏手术29例，胸部手术9例，腹部手术6例，其他手术198例；骨折复位110例，为伤兵上敷料43643名；内科诊治1579名，其中斑疹伤寒4名，回归热6名，疥疮68名，疟疾144名，痢疾58名，伤寒7名，其他肠胃病241人，水肿4人，肺结核病69名，肺炎5名，其他呼吸系统病64名，淋病14名，梅毒141名，其他754名；特别营养216名，免疫注射伤寒霍乱混合疫苗2773次，天花疫苗346次，破伤风抗毒素1次，就诊人数9368名[①]。

2. 沁县—渑池—西安线

此区域伤兵由救护总队第10中队负责。该线并非完善的伤兵输送线，至少在山西部分，不能称为伤兵输送线。由于该区靠近黄河一带，经常遭日军截断，以致黄河以北的伤兵，无法运输，故同蒲线以东、正太路以南区域的伤兵大多散居在各村民房中，“毫无医药救治者约为1万余名之多”[②]。在1938年9月中旬，救护总队叠接卫立煌、朱德等人电报，请求救护总队派队前往日军后方的晋南及五台山一带工作。在此情况下，救护总队征询各队队员是否愿意前往，结果自愿前往从事救护工作的医护人员众多。救护总队将自愿前往的医护人员编成第13医疗队及61医防队两队，由第10中队墨树屏中队长率领，于10月6日由汉口搭火车转赴山西。不幸的是，当火车抵达武胜关时，日军已经占据信阳，致使队员在武胜关滞留数天，无法前进。加之日机沿平汉线不断轰炸，救护人员被迫返回汉口，嗣后取道长沙，于10月14日改乘救护车经沙市、襄阳、南阳公路向西安进发。救护队员沿途备尝艰辛，经16天之久，于10月30日才抵达西安。到达西安后，医护人员即准备向晋南目的地出发，并购得骡马30头组成骡马运输队，用来驮运器械药品敷料等物。“因与晋南军事当局互通消息，颇费时日，且陇海路无通车定期”，救护人员不得已才于12月22日先乘火车赴华阴。为避开日军炮火，步行24公里至潼关，通过潼关后，开始乘车至渑池，自此以后，其余路程皆步行。救护人员渡过黄河后，平均每日以50公里的速度，经阳城、长治、北村，最后于1939年1月19日抵达南仁村。随后，第13医疗队即在八路军野战医院开始服务。该院有伤病兵600人，多数病

① 《第一中队工作统计表》（1939年1月—6月），贵州省档案馆藏：《救护总队档案》，M116-15。

② 《总队部摘录各种工作报告》，贵阳市档案馆藏：《救护总队档案》，40-3-58。

人均住在附近村民家[1]。第13医疗队即与外籍医师布朗合作，利用当地空教堂一所，组建临时医院，“作为治疗重伤之用”[2]。该院除手术室、裹伤室及X光室外，还有病房3大间，可收容外科病人70人[3]。该医院的建立，大大地改善了当地的医疗条件，提高了伤兵的救治效率。

由于边区医疗卫生条件差，许多民众患慢性传染病。第61医防队遂在医院及附近农村开展治疗及实施环境卫生工作，并开设诊疗所，为当地民众治病，平均每日治疗100余名患者[4]。而边区军民的勤劳、勇敢、善良的品质也给救护总队医护人员留下了深刻的印象，我们可以通过一封信件窥其全貌：

最使人钦佩者为第八路军之精神。彼等之生活如是简单，而其工作之勤奋则为他人所莫及，且与我等颇能合作，对于本会之工作则勤加学习，至纪律方面，虽非十分严厉，而其坚定优良之精神亦以表现无遗，彼等以公正诚实之态度待人民，故为人民所爱戴，举凡所需物品，人民无不乐为协助。

当地人民与本会人员相处甚佳。彼等不仅欢迎住其房屋，且待我等若上宾，深信本会工作人员医术高强，能为之医治百病。吾人未经若何之宣传，彼等咸来门诊求医，并至队部注射防疫苗。其日常之生活亦颇简单。每日仅吃饭一餐，其余两餐为稀饭。食品料多为米、玉蜀黍、麦、豆、南瓜、番薯、甜菜根、萝卜之类，食肉之机会甚少。

使山西之敌军大受打击之政策即为全部撤退。由于彼等生活之简单，故于必要时，不难全部离去其所住之村镇，且不留丝毫食物或其他日用品，以资困敌。[5]

第10中队到达此区域不久，前线伤兵就陆续运来。墨树屏中队长立即率领手术组前往辽县等急需救护的地区，从事救伤工作。[6] 不久，日军调派7个师团从各路进袭辽县等地。中队长墨树屏根据战地救护需

① 参见《总队部摘录各种工作报告》，贵阳市档案馆藏：《救护总队档案》，40-3-58；《总会救护委员会第三次报告》，贵州省档案馆藏：《救护总队档案》，M116-14；《总会救护总队部第四次报告》，贵州省档案馆藏：《救护总队档案》，M116-15。

② 《总会救护委员会第三次报告》，贵州省档案馆藏：《救护总队档案》，M116-14；《总会救护总队部第四次报告》，贵州省档案馆藏：《救护总队档案》，M116-15。

③ 《总会救护总队部第四次报告》，贵州省档案馆藏：《救护总队档案》，M116-15。

④ 《总会救护总队部第四次报告》，贵州省档案馆藏：《救护总队档案》，M116-15。

⑤ 《第61医防队护士余道真致总队部信件》，贵阳市档案馆藏：《救护总队档案》，40-3-43。

⑥ 《第一中队长墨树屏报告》，贵阳市档案馆藏：《救护总队档案》，40-3-68。

要，即派手术组至地处太行山脉中心的桐峪地区救治伤兵。该组抵达目的地后，立即着手治疗129师伤兵，共施行手术88次。与此同时，第61医防队也派一组至八路军兵站医院协助治疗伤兵。①

总计第10中队在该线实施外科手术1128例，为伤兵裹敷料7304次，内科诊治195名，其中斑疹伤寒9名、回归热4名、疟疾2名、痢疾6名、其他肠胃病22名、肺结核病34名、肺炎7名、其他呼吸系统病8名、其他97名；免疫注射伤寒霍乱混合疫苗3402次，天花疫苗1741次，破伤风抗毒素3次，灭虱物件150件，就诊人数11460人②。

3. 甘谷驿—长安—虢镇—褒城线

该线的伤兵救治工作由第1中队负责。由于山西战事多系游击性质，加之第1中队各医务队的驻地离前线有相当距离，故重伤病兵只能转运后方。少数伤兵则从晋北渡河至延川、甘谷驿等处接受治疗。长安的伤病兵大多数是从山西、河南等省经渑池而来，到达后即被送往西部各医院治疗③。

4. 洛阳—渑池—长安线

此线伤兵由第10中队负责。伤兵系从下列区域转运而来：一是由晋南经恒曲及渑池；二是由豫北经洛阳到渑池，然后乘火车至河边。由于该处转至华阴的公路遭破坏中断，途经此线的伤病兵须步行或用担架运送，然后用火车运到长安、虢镇、宝鸡等地。在洛阳、渑池、长安一线，第10中队的主要任务是转运及治疗重伤病官兵，其中第56医疗队在12月间推进前线抢救伤兵④，第7医疗队自1939年10月21日由西安调赴豫北后，旋即抵达渑池，遂于1939年12月11日由渑池渡河抵达晋南夏县祁家河第15收容所协助治疗伤兵⑤。

（二）川鄂区域

1. 十里铺—宜昌—奉节线

该线伤兵由第3中队负责。此线紧接长江，借以运输来自武汉外围的伤兵。由于该线已无完善的公路，其直达汉口一线，至宜昌即为终

---

① 《总会救护总队部第四次报告》，贵州省档案馆藏：《救护总队档案》，M116-15。

② 《第十中队工作统计表》（1939年1—5月），贵州省档案馆藏：《救护总队档案》，M116-15。

③ 《总会救护总队部第五次报告》，贵州省档案藏：《救护总队档案》，M116-6。

④ 《总会救护总队部第五次报告》，贵州省档案馆藏：《救护总队档案》，M116-6。

⑤ 《总会救护总队部工作简报》第3期（1939年12月），贵阳市档案馆藏：《救护总队档案》，40-3-56。

点。自鄂省巴东通至南方，及自川省万县通至湖北西部两线，亦仅通至长江，于是长江成为运输伤兵的唯一通道①。

1938 年 6 月 25 日，第 3 中队所属第 16 医疗队与第 19 医护队，协同伤兵约 1000 余人自汉口抵宜昌后，即前往第 86 与 133 后方医院工作，协助治疗伤兵 300 余人。10 月间，大批伤兵自武汉外围被送至宜昌，第 16 医疗队即被改派在第 140 后方医院及第 1 重伤医院为伤兵施行手术。武汉沦陷数星期之后，日军沿汉宜公路继续西进。所有卫生机关，均奉命从宜昌撤退。第 16 医疗队、19 医护队及第 6 材料库奉命后撤至巴东第 15 后方医院内工作，仅中队长徐崇恩留在原处处理善后事宜②。

1938 年 11 月 3 日，第 15 医疗队由汉口退抵宜昌后，当即协助中队长徐崇恩在第 133 后方医院协助治疗伤兵。不久，武汉方面运往宜昌的伤兵接踵而来，中队长徐崇恩乃组织临时收容所两所，借资收容伤兵，复调第 16 医疗队与 19 医护队两组赶至宜昌，协助第 9 兵站医院及收容所治疗伤兵③。

迨至 12 月，由前线运往宜昌的伤兵数量减少。第 16 医疗队与 19 医护队复于 1939 年 1 月 2 日返回巴东第 3 中队部工作，一部分医护人员向东至湖北秭归第 9 后方医院工作；另一部分向西至四川奉节第 103 与第 106 后方医院工作。而此时秭归的伤兵继续向西运送，第 16 医疗队与 19 医护队大部分人员均在 2 月初前往奉节，仅留一班在秭归主持门诊，治疗当地民众。1939 年 3 月初，该队等又奉令返回宜昌，第 19 医护队经改编成为医疗队。从 4 月 18 日开始，第 16 医疗队即在宜昌第 9 兵站医院协助治疗伤兵，第 19 医疗队则在当阳第 11 兵站医院工作④。

3 月 22 日，沅陵第 57 卫生队与常德第 63 卫生队奉令偕同第 1 汽车队救护车 3 辆，前往湖北加入沙洋至宜昌一带第 3 中队工作。第 57 卫生队被派往沙市第 87 收容所及第 19 卫生船舶队服务。第 63 卫生队则被派往十里铺第 71 收容所工作。当时来自汉水前线（潜江、沙洋与钟祥）的伤兵，均由第 1 汽车队送至宜昌或沙市，再用船舶运往长江上游区域的军医院接受治疗。自 4 月间日军大举进攻鄂北后，此线伤兵逐渐增多，除襄阳 900 伤兵仍用船舶运往沙宜一带治疗外，其余伤兵约 1500

① 《总会救护总队部第四次报告》，贵州省档案馆藏：《救护总队档案》，M116-15。
② 《总会救护总队部第四次报告》，贵州省档案馆藏：《救护总队档案》，M116-15。
③ 《总会救护总队部第四次报告》，贵州省档案馆藏：《救护总队档案》，M116-15。
④ 《总会救护总队部第四次报告》，贵州省档案馆藏：《救护总队档案》，M116-15。

人，均运往西北各地治疗[1]。

关于十里铺方面的救护工作情形，可从第 63 卫生队的工作旬报中（自 6 月 21 日至 31 日）观其梗概。

6 月 21 日：在收容所从事裹伤工作，伤兵 17 人。

6 月 22 日：收容新来伤兵 22 人，截断 2 肢，为伤兵 123 人注射预防霍乱疫苗。

6 月 23 日：为伤兵 28 人裹伤，并将其运至当阳。

6 月 24 日：为伤兵 28 人裹伤，并将其运至宜昌。

6 月 25 日：为伤兵 45 人裹伤，并将 31 人运至宜昌。

6 月 26 日：为伤兵 28 人裹伤，并将其运至当阳，另 27 人则于同日下午运至宜昌。此外尚为 32 师士兵 115 人注射预防霍乱疫苗。

6 月 27 日：为伤兵 20 人裹伤，并将其送至河溶第 100 收容所。此外尚送伤兵 12 人至宜昌。且为 32 师士兵 230 人注射预防霍乱疫苗。

6 月 28 及 29 日：大雨，无伤兵送来。

6 月 30 日：自后港送来伤兵 54 人，为之裹伤。

6 月 31 日：为伤兵 33 人裹伤，并将其送往当阳。输送伤兵 24 人（来自后港）往宜昌，是夜复送来 26 人。为第 26 军士兵 307 人注射预防霍乱疫苗。并为平民 456 人种牛痘[2]。

在 1939 年 4、5、6 月间，该线屡遭日机轰炸，第 3 中队各医务队的服务地点，如宜昌、当阳、十里铺各地医院均遭殃及。而自十里铺以东的公路均已遭破坏，通至南北两路的公路，亦遭初期破坏。因此，十里铺成为该战区无路地带的后方，故伤兵经过此地时只能用担架输送，抵达十里铺后才能用救护车运往宜昌[3]。

第 3 中队在此线共计实施外科手术 384 例，其中实施切开排脓手术 100 例，异物剔出 124 例，死骨截除 37 例，肢体截断 23 例，石膏手术 11 例，胸部手术 3 例，腹部手术 6 例，其他手术 80 例，此外，还实施骨折复位手术 196 例，实施敷伤 53122 例；在治疗病兵方面，总计治疗伤兵 2100 名，其中斑疹伤寒患者 2 例，回归热 22 例，疥疮 318 例，疟疾 1159 例，痢疾 18 例，伤寒 13 例，其他肠胃病 72 例，水肿 15 例，脚气病 16 例，肺结核病 17 例，肺炎 1 例，其他呼吸系统病 132 例，淋病 15 例，梅毒 3 例，其他性病 297 例；实施伤兵特别营养 586 名；免疫注

① 《总会救护总队部第四次报告》，贵州省档案馆藏：《救护总队档案》，M116-15。

② 《总会救护总队部第四次报告》，贵州省档案馆藏：《救护总队档案》，M116-15。

③ 《总会救护总队部第四次报告》，贵州省档案馆藏：《救护总队档案》，M116-15。

射方面，注射霍乱疫苗18221人次，伤寒霍乱混合疫苗9586人次，天花疫苗12357人次，破伤风抗毒素68人次；诊断病人978例[①]。

2. 十里铺—沙市—宜昌线

此线战地救护工作亦由第3中队负责。该线伤兵是由鄂北运至襄阳，再经十里铺运至宜昌或沙市等地军医院接受治疗；鄂南、沙阳、潜江前线的一部分伤兵，系先运沙市，再由水路运至宜昌的军医院治疗[②]。

3. 秭归—香溪线

负责此线战地救护工作的是救护总队第3中队（队长汪应富），1941年7月至12月，第3中队共治疗伤病兵735名，治疗63619次，以10月份为最高，病例数占36.55%，治疗数占38.31%，因该月份恰好是鄂西战役发生之时，故伤者增多。以各医疗队工作比较论之，633队所负之敷伤工作其病例数占全数25.26%，因该队所工作之部队系江南要塞部队，亦是攻击主力，故伤亡较重，就敷伤之部位言，以下肢为最多，占全数病例数36.61%，上肢次之，为29.71%，其他部位敷伤病例较少，多因部位较为重要，受伤官兵没有得到及时治疗或后运不及时就已死亡者亦不少[③]。

外科割症治疗工作以10月份最多，半年来施术总次数为860次，这样的治疗效率在人力不足的3中队可谓成绩非常突出。其中以切开排脓手术占大多数，为全术数54.3%；其次为异物摘出术，占全数26.28%；再次为扩创术，占全数15.34%。在当时的人力物力条件下，能有如此之效果，3中队医护人员所付出的努力自不待言。各队外科手术的多寡亦与其队长的临床经验有很大的关系，633队施术次数最多的占全数66.51%，其次为571、632、573队，唯以212、231两队最少，姑且不论各队所上报的数字是否真实，就当时的情势而言，大致没什么大的出入[④]。切脓包、取异物、上石膏绷带等手术，言之虽为易事，对割症没有经验的医师临事还是有点胆怯和顾虑的，并非太少之事。总之，3中队在半年内人力物力两缺乏的双重压力下，在外科割症方面获得如此成绩，诚非易事。3中队虽然在外科割症方面取得了不少成绩，但极其缺乏在外科割症方面有较丰富经验与修养的医护人员。救护总队在抗战救护中能赢得伤病兵与民众的崇敬和钦佩，主要因为其在医术方面比普通

① 《总会救护总队部第四次报告》，贵州省档案馆藏：《救护总队档案》，M116-15。

② 《总会救护总队部第四次报告》，贵州省档案馆藏：《救护总队档案》，M116-15。

③ 《第三中队部三十年度下期工作队务总报告》，贵阳市档案馆：《救护总队档案》，40-7。

④ 《第三中队部三十年度下期工作队务总报告》，贵阳市档案馆：《救护总队档案》，40-7。

医疗组织高超，能解决它们不能解决的困难，割症一事不能靠舌笔，必须凭精湛的医术来说话的。所以必须加强医务队伍建设，增进工作效率与各医疗队能力。

3中队在内科诊治方面也取得了比较突出的业绩，仅半年就诊疗病例13592个，这也与前方战地军民的生活条件有关，他们连最基本的御寒物品都付之阙如。支气管炎一病在12月份为490例，占该月全数病例数的8.16%，肺结核患者也比较常见，肺炎病例也有所增加，这与御寒衣物缺乏有非常密切的关系，实为憾事。

门诊方面，第3中队在半年内诊治病例26646人次，其中军人占62.7%，平民占37.93%。3中队所驻的鄂西地区地瘠民苦，教育很不发达，封建意识仍很浓厚，当地人称医师为药匠。3中队各医疗队随军驻在各乡镇，根据当地的需要，除在当地推行环境卫生整治及医防保健工作外，还设立门诊部，为当地民众诊疗疾病。起初当地民众尚怀几许疑虑心理，趑趄不前，后因事实证明治疗效果明显，来门诊部就诊者渐多，最后连妇女分娩也委诸救护总队男医生[①]。鄂西地区一隅之军民鲜有不知道3中队医护人员的，足见3中队工作人员在鄂西工作之努力与所取得之成绩。

3中队在防疫方面也比较关注，共开展部队环卫工作11次，检查部队环卫162次，建改部队环卫132次，协改部队环卫98次，公开卫生演进52次，散布卫生标语835张，散发卫生小册465份，新建厕所48个，建沙虑桶12只，设置垃圾箱23只，建焚污炉34个[②]。3中队在物质财力人力高度缺乏的鄂西，在环境卫生工作上能取得如此成绩，谈何容易，其付出的艰辛可想而知。

灭虱治疥是救护总队最重要的工作之一，3中队令各队至少应协助每师建灭虱站20所及示范站1处。212队在二十集团军总部特务工兵营建灭虱站1所，指导实施灭虱治疥工作；213队在香溪第9兵站医院工作，协助院方建立灭虱站1所，并在技术上给予必要的指导，协助处理灭虱治疥工作；571队在荣一师服务，对推进环境卫生工作态度积极，协助该师医院改进手术室设备，改良病室，建高铺病床，改建厕所，处置垃圾及管理饮水；573队在十八军十一师野战医院服务，协助院方灭虱治疥，并加速建成各种环卫设备，实施特别营养方案；632队协助第

① 《第三中队部三十年度下期工作队务总报告》，贵阳市档案馆：《救护总队档案》，40-7。

② 《第三中队部三十年度下期工作队务总报告》，贵阳市档案馆：《救护总队档案》，40-7。

八军第五师建灭虱站 17 处之多；633 队协助第九十四军第五十五师建灭虱站 22 所，建示范站 1 所①。

（三）湘赣区域

1. 常德—沅陵—芷江线

自第 2、第 11 及第 12 等中队由长沙西移常德及湘西后，医护人员面临的最迫切的问题是如何照料伤兵和难民。由于交通工具缺乏，医护人员与伤病员只能徒步西撤。加之在 1938 年 11 月间，战局日趋紧张，我方不能确知敌人究竟是从洞庭湖，还是从长沙进窥常德。故该线各军医院多次整装等待运输工具而后移，无法收容伤兵。更为严重的是，大批难民西移，食物缺乏，物价高涨，住宿问题也不易解决，数千伤兵被迫在露天过夜，并且常德、桃源等地频遭日机空袭，医务人员开展救护工作极为困难②。

为了解决此问题，后方勤务部即在益阳、沅陵间，每隔 15 ~ 30 公里设一招待站。救护总队各中队所属的卫生队亦全部出动至上述各招待站，从事裹伤及内科治疗工作。大部分伤兵与难民抵达沅陵时，已历时 3 个月之久，同时，大批军队途经该线，步行达两三个月之久，以致患者甚多，所以多数卫生队兼任部队病兵治疗工作。

另外，该线各医疗队与救护队的驻扎地点如下：在沅江，第 5 医疗队与第 8 医护队在第 1 后方医院服务，并对 77 后方医院的住院伤兵施行手术及 X 光检查。4 月 21 日—5 月 5 日，第 5 医疗队 A 组前往芷江协助医疗空袭受伤者。6 月，第 8 医护队被改编为医疗队，派至 77 后方医院工作③。

第 1、第 11、第 36 医疗队，以及第 18、第 21 与第 70 医护队于 1938 年 12 月 24 日调往祁阳。第 70 医护队抵祁阳不久，当即设立门诊治疗难民。而第 1 医疗队与第 18 医护队，以及其服务的医院都没有按时到达指定地点，从而延误了该线伤兵的救治时间，致使一部分伤兵因没有得到及时救治而死亡。该队于 1939 年 2 月 8 日调往芷江，在第 4 重伤医院与第 32 后方医院工作，后又于 3 月 18 日调往总队所在地贵阳，在第 167 后方医院及战时卫生人员训练所服务④。

第 11 医疗队与第 21 医护队仍留在泸溪第 22 陆军医院服务，并继续

① 《第三中队部三十年度下期工作队务总报告》，贵阳市档案馆：《救护总队档案》，40-7。

② 《总会救护总队部第四次报告》，贵州省档案馆藏：《救护总队档案》，M116-15。

③ 《总会救护总队部第四次报告》，贵州省档案馆藏：《救护总队档案》，M116-15。

④ 《总会救护总队部第四次报告》，贵州省档案馆藏：《救护总队档案》，M116-15。

主持第1医疗队所设立的门诊部。5月底，第11医疗队调至芷江第4伤兵医院服务，第21医护队则于5月1日改编为医疗队，并于6月9日调至桃源附近的青山湾，在第20集团军兵站医院服务①。

第59医疗队在麻溪铺第30集团军收容所服务，并在此地设立门诊部治疗难民。6月，该队奉调至泸溪，接替第11医疗队的工作②。

在辰溪，有第51医疗队与第12医护队在第1陆军医院服务。第51医疗队本来在中央医院服务，在1938年底仍调回中央医院服务。第12医护队仍留在辰溪，协助该处的招待站工作，并于1939年6月10日才调往新晃县第93后方医院服务③。

1938年12月—1939年6月，第47医防队亦驻辰溪，设门诊一处，治疗平民，并从事空袭救护与大规模的防疫工作。据该队6月份报告，第47医防队除治疗4月30日空袭平民外，还发动大规模的防疫工作，组建疫苗注射班，挨户注射疫苗，除平民外，还注射兵工厂工人4000人，并为当地矿工注射疫苗。此外，该队还施行饮水消毒及卫生宣传工作④。

该线数队自调往他线后，第11及12两中队的工作即停顿，仅留第2中队在该线为伤兵服务。中队长王贵恒则被派往湖北，率领第57与63卫生队负责运输伤兵工作。鉴于常德、沅陵、芷江一线的救护形势，中队长王贵恒将该队并入第3中队，即取道巴东返回原服务路线。其时，第2大队部调移无路地带，设队部于沅陵，由大队长彭达谋负责指挥湘江以西湘鄂一带第2、3、4及5中队工作。其所属的第1及第3汽车队，则协助运送伤兵及迁移军医院及药材等工作⑤。

第2中队在此线共计实施外科手术608例，其中实施切开排脓手术408例，异物剔出70例，死骨截除68例，肢体截断13例，石膏手术14例，胸部手术2例，腹部手术1例，其他手术32例，此外，还实施骨折复位手术20例，实施敷伤176706例；在治疗病兵方面，总计治疗伤兵22069名，其中斑疹伤寒患者4例，回归热18例，疥疮8997例，疟疾3039例，霍乱34例，痢疾514例，伤寒36例，其他肠胃病918例，水肿208例，脚气病11例，肺结核病270例，肺炎2例，其他呼吸系统病

---

① 《总会救护总队部第四次报告》，贵州省档案馆藏：《救护总队档案》，M116-15。

② 《总会救护总队部第四次报告》，贵州省档案馆藏：《救护总队档案》，M116-15。

③ 《总会救护总队部第四次报告》，贵州省档案馆藏：《救护总队档案》，M116-15。

④ 《总会救护总队部第四次报告》，贵州省档案馆藏：《救护总队档案》，M116-15。

⑤ 《总会救护总队部第四次报告》，贵州省档案馆藏：《救护总队档案》，M116-15。

3175 例，淋病 2 例，梅毒 1 例，其他性病 4840 例；实施伤兵特别营养 1464 名；免疫注射方面，注射霍乱疫苗 23532 人次，伤寒霍乱混合疫苗 15121 人次，天花疫苗 9734 人次，破伤风抗毒素 125 人次；灭虱人数 8565 人次，灭虱衣物 44164 件；诊断病人 33979 例[①]。

2. 长沙—邵阳—芷江线

1938 年 11 月长沙伤兵后移时，长沙至洞口的公路刚建成，路况较佳，但经该线运往邵阳的伤兵，为数则并不多。直至 1939 年 4 月以后，公路通至榆树湾，把常德至芷江的公路连接在一起。于是，华中与西南的直接交通线，也即是最重要的伤兵运输线，得以全线贯通。

1938 年 12 月 1 日，长沙大火被扑灭后 10 天，救护总队第 2 医疗队与第 65 卫生队即自衡阳调往长沙第 120 兵站医院服务，同时协助湘雅医院，从事平民与士兵的治疗工作。该地伤兵，尤其是病兵，大部分来自湘鄂赣边境，因当时此区域还在中国军队的控制之中，于是此区域的轻伤兵或病兵，均须步行 150 公里才能到达后方（因公路已遭破坏，桥梁被炸毁，汽车输送已不可能），以致伤患脱水、营养不良与受冷者比比皆是。同时，长沙系此线伤兵后送工作的中心，故途经长沙的伤兵，逗留时间不长，到达后即被送往他处[②]。

3 月底长沙失守后，各医院奉命撤离长沙。第 2 及第 9 医疗队同时撤至邵阳。第 66 卫生队与第 81 卫生队仍留长沙在第 56 收容所服务。此时，所有自长沙至西、北、东三方向的公路均已被破坏，而长沙至株洲的路轨亦被拆除。不久，各医院又奉命返回长沙。此时，无路地带的担架运送及船舶输送条件，均已得到较大的改善，伤势较重的伤兵亦有收容的机会。但伤势十分沉重的伤兵，则多死于半途，而活动在鄂境粤汉路一带游击队的伤兵则须经一月的输送时间，才能到达后方，以致错过治疗时间，死亡人数亦不少[③]。

6 月 24 日，第 33 医疗队自衡阳派至长沙，治疗第 92 及 95 收容所的重伤兵，并得到湘雅医院的协助，拨借病房一间，借以收容重伤官兵。该队除负责伤兵主治外，还与其他机关合作，防治长沙的霍乱[④]。

第 65 卫生队在 1938 年 12 月 22 日离开长沙奔赴湘潭，在第 96 兵站医院服务。第 64 卫生队则在湘乡第三收容所服务。上述两处均是作为

① 《总会救护总队部第四次报告》，贵州省档案馆藏：《救护总队档案》，M116-15。
② 《总会救护总队部第四次报告》，贵州省档案馆藏：《救护总队档案》，M116-15。
③ 《总会救护总队部第四次报告》，贵州省档案馆藏：《救护总队档案》，M116-15。
④ 《总会救护总队部第四次报告》，贵州省档案馆藏：《救护总队档案》，M116-15。

额外的收容所，大多收容来自长沙的轻伤病兵①。

在邵阳，则有第 14 医疗队及第 9 医护队（1939 年 3 月改编为第 9 医疗队）于 1938 年 12 月 3 日至 144 后方医院服务。其住院伤病兵均来自长沙。1939 年 2 月以后，新住院者全部为内科病（疟疾、痢疾与营养不良）。4 月 12 日，第 9 医护队偕同第 2 医疗队返回邵阳，该队即在第 36 后方医院服务，第 2 医疗队则在第 74 后方医院工作。5 月，邵阳常遭敌机狂炸，各医院不得不在乡村寻觅房屋，用来安置不能行动的伤病兵。6 月初，第 2 医疗队又随同第 74 后方医院移至大王庄。第 9 医疗队调至永丰 128 兵站医院工作，而第 14 医疗队则调至永丰郊外的 36 后方医院工作，分别从事救护工作②。

5 月，军医当局决定将在衡阳疗养的伤兵移往邵阳及其以西地区治疗。为了便于沿途照顾伤兵起见，军医当局决定在沿线设立招待站。救护总队随即派第 55 卫生队前往衡阳、邵阳间的 5 个招待站从事救护与治疗工作。第 53 卫生队则在邵阳、洞口一带的招待站中为伤病兵服务③。

6 月下旬，桃花坪、邵阳一带霍乱流行。第 49 医防队及第 55 卫生队 B 组闻讯后，驰赴桃花坪地区挨户注射霍乱疫苗，并着手设立霍乱隔离医院，从事井水、河水消毒，厕所改良，视察菜地及保健宣传等工作。自 6 月 26 日至 7 月 14 日，各医疗队共实施防疫注射计 7150 人次，注射自贵州开往前线的士兵约 1000 人。此外，第 53 卫生队在桃花坪一带注射疫苗计 5242 人。桃花坪仅有六七千人口，经防疫注射的人数达 90%。霍乱隔离医院中收容患者 28 人，其中 7 人不治身亡。7 月 2 日以后，霍乱基本扑灭。此次传染病流行，时间虽不长（自 6 月 20 日至 7 月 2 日），但患病人数却不少，有平民 72 人，军人 60 人，死者达 80 人。在救护总队第 4 中队中队长林竟成及全体医护人员的共同努力下，该地霍乱疫情得到及时扑灭，从而避免疫情的蔓延④。

其时，在邵阳亦有霍乱流行。第 55 卫生队即组织流动防疫注射班，设立公路检疫站，并从事调查及清扫宿舍、饮水消毒等工作。第 49 医防队也从桃花坪赶派一组前往协助。当时与救护总队所属卫生、医防队共同防治霍乱的还有军政部第 2 防疫大队及卫生署第 7 防疫医院。其防疫成绩如此：7 月间，第 49 医防队共注射 13039 人，第 55 卫生队注射

① 《总会救护总队部第四次报告》，贵州省档案馆藏：《救护总队档案》，M116-15。
② 《总会救护总队部第四次报告》，贵州省档案馆藏：《救护总队档案》，M116-15。
③ 《总会救护总队部第四次报告》，贵州省档案馆藏：《救护总队档案》，M116-15。
④ 《总会救护总队部第四次报告》，贵州省档案馆藏：《救护总队档案》，M116-15。

9996人；军政部第2防疫大队及卫生署第7防疫医院注射25000人，两者合计50000人；邵阳人口约为70000人，有70%的人口被注射防疫疫苗。从6月8日至7月31日，邵阳共发现霍乱患者176人，经救护总队及其他防疫机关的防治，疫情基本被控制①。

该线西端，有第32医护队在洪江②第51后方医院工作。该队自1938年12月开始即在该院服务，其时第51后方医院尚设在邵阳。1939年1月第52后方医院迁往洪江，第32医护队亦随同移往。第32医护队到达洪江后立即开展协助医护工作，主要负责伤兵特别营养以及训练该院医护人员③。

洞口至榆树湾公路完成以前，所有在该线工作的医疗、医护、医防及卫生等队，均由代理中队长邱长汉及第3大队部指挥。该路段通车后，第4中队即划归第2大队部指挥，由林竟成任中队长。因鉴于无路地带中重伤病兵无人照料，救护总队乃派第4中队所属4队（第53、64卫生队，第33医疗队及第49医防队）在6月底待命北上，推进至长沙以北，岳阳、同城以南一带开展救护工作④。

第4中队在此线共计实施外科手术611例，其中实施切开排脓手术337例，异物剔出154例，死骨截除25例，肢体截断37例，实施石膏手术9例，胸部手术8例，腹部手术6例，其他手术35例，此外，还实施骨折复位手术135例，实施敷伤130451例；在治疗病兵方面，总计治疗伤兵2412名，其中斑疹伤寒患者1例，回归热62例，疥疮425例，疟疾551例，霍乱1例，痢疾94例，伤寒12例，其他肠胃病234例，水肿281例，脚气病37例，肺结核病44例，肺炎43例，其他呼吸系统病198例，淋病17例，梅毒10例，其他性病402例；实施伤兵特别营养1882名；免疫注射方面，注射霍乱疫苗2849人次，伤寒霍乱混合疫苗620人次，天花疫苗137人次，破伤风抗毒素40人次，诊断病人50例⑤。

3. 修水—醴陵—衡阳线

该线起自江西西北以至湖南，系救护总队1939年才开始计划开辟的救护区域。该线伤兵系经铜鼓、浏阳、醴陵逐站后送至株洲，由株洲

① 《总会救护总队部第四次报告》，贵州省档案馆藏：《救护总队档案》，M116-15。
② 当时公路并不经过洪江。
③ 《总会救护总队部第四次报告》，贵州省档案馆藏：《救护总队档案》，M116-15。
④ 《总会救护总队部第四次报告》，贵州省档案馆藏：《救护总队档案》，M116-15。
⑤ 《总会救护总队部第四次报告》，贵州省档案馆藏：《救护总队档案》，M116-15。

再乘火车转送至衡阳。为了加强此线的救护力量，救护总队派中队长罗盛昭率领第 62 卫生队 B 组在 4 月 1 日离开益阳奔赴修水开展救护工作。该组自长沙步行经平江、长寿，于 4 月 18 日抵达目的地，即在第 27 集团军所属第 105 及 118 收容所服务，后随同 105 收容所前进至三都①。

第 81 卫生队在 6 月 5 日自衡阳移至醴陵 125 兵站服务。据中队长罗盛昭及陶伯德医师报告，该线救护情况与长沙以北大致相同。于是救护总队派第 9、第 14 医疗队、第 62 卫生队 A 组及 66 卫生队推进至三都、醴陵间无路地带，参加第 5 中队工作②。

第 5 中队在此线共计实施外科手术 10 例，其中实施切开排脓手术 7 例，异物剔出 2 例，死骨截除 1 例，此外，还实施骨折复位手术 35 例，实施敷伤 3213 例；在治疗病兵方面，总计治疗伤兵 285 名，其中斑疹伤寒患者 3 例，回归热 4 例，疥疮 32 例，疟疾 28 例，痢疾 6 例，伤寒 2 例，其他肠胃病 9 例，水肿 5 例，脚气病 2 例，肺结核病 7 例，其他呼吸系统病 23 例，淋病 1 例，其他性病 163 例；注射霍乱疫苗 563 人次③。

4. 衡阳—祁阳—零陵线

1938 年 11 月，日军有自粤汉路两端同时发动进攻的趋势，粤汉路以东各省与中央的联络有被切断之虞。因此，军医机构为保全实力考虑，乃西撤至衡阳（新成湘桂铁路起点）。在最初数月间，湘桂路车辆甚少，必须从粤汉路调来才能满足运伤需要，以致由长沙运到的伤兵，多未能继续后运，全部拥挤在衡阳各院所中。伤兵的居住问题，由于几人合用一套被褥，才得以勉强解决。然而适宜的护理工作则仍付阙如，加之战局未稳，日机空袭频繁，战地救护工作日趋严重④。

第 50 医疗队与第 22 医护队，于 1938 年夏季在衡阳 129 后方医院服务，同年 11 月 17 日随同该院调往桂林。此时，第 53 与 57 卫生队刚从江西到达衡阳，即分别被派至衡阳第 10、第 115 及第 7 收容所服务。由于运输困难，以致 12 月至 1939 年 1 月间的伤兵运输工作，至为迟缓。结果，各收容所因过分拥挤，病员日增。救护总队有鉴于此，即派指导员数人，在 1 月 13 日赴衡阳视察，发现各收容所多缺乏被褥，护理亦欠周全，且无环境卫生设备，平均 5 人中至少有 1 人患病，大多患营养性水肿、痢疾、肠炎、回归热、疟疾、呼吸器传染病及疥疮、虱子等，约

① 《总会救护总队部第四次报告》，贵州省档案馆藏：《救护总队档案》，M116-15。
② 《总会救护总队部第四次报告》，贵州省档案馆藏：《救护总队档案》，M116-15。
③ 《总会救护总队部第四次报告》，贵州省档案馆藏：《救护总队档案》，M116-15。
④ 《总会救护总队部第四次报告》，贵州省档案馆藏：《救护总队档案》，M116-15。

占75%以上[①]。

上述病人，均由救护总队汽车队转运至祁阳各医院，由各医疗队负责治疗。但各地病兵缺乏被褥现象比比皆是，因此，救护总队遂发起征募被褥、伤兵衣服及服务伤兵运动，并发动灭虱治疥工作（救护总队第一次防疫计划）。此外，救护总队还在该线各院所设立各种设备，改进医护及治疗方法。同时由总队部派遣高级护士及医师前往指导督察，并令各队专设厨房，制备特别饮食，在救护总队所规定的特别费内，置办各种特别营养品[②]。

2月4日，第49医防队调至衡阳第8收容所服务，同时协助第53及55卫生队在第171及第5后方医院治疗伤兵。该队等抵衡阳后，当即按拟定计划开展救护工作。在当地人民的同情和援助下，各医务队的工作开展比较顺利，从而使各收容所及医院受益匪浅。同时，该线伤病兵也得到军委会战地服务团徐维廉先生的热忱援助，他特此在衡阳成立"伤兵之友社"。该社是当时全国最早的伤兵服务团体，其宗旨在于设法获得当地人民的援助，以改善伤兵生活。在各方的援助下，救护总队在衡阳各队除负责内科治疗外，还兼推行防疫计划。救护总队的防疫计划共分五项，第一项为治疗斑疹伤寒、回归热及疥疮；第二项为治疗疟疾；第三项为治疗霍乱、痢疾及伤寒；第四项为治疗天花；第五项为治疗营养不良症。此项防疫计划，规模宏大，如果没有"伤兵之友社"的臂助之功，"收效恐未必若是之大也"[③]。

4月6日，衡阳遭日军空前狂炸。第8收容所被炸毁，第49医防队除损失大批医药器械外，还有一人受轻伤，灭虱站及特别营养厨房亦全部被毁。因此，救护总队所有在衡阳的4支医队全体出动，协助当地卫生机关，进行急救工作[④]。

5月4日，第53及55卫生队出发赴衡阳、洞口一带，协助该线的招待站工作。该队等在第8收容所及62兵站从事医疗服务。至5月底6月初，其工作由第81及80卫生队先后接替。第49医防队即于6月25日调至邵阳协助军医机关治疗伤兵[⑤]。

其时，祁阳成为收容来自长沙北部及东部伤势较重伤兵的中心，救

---

① 《总会救护总队部第四次报告》，贵州省档案馆藏：《救护总队档案》，M116-15。
② 《总会救护总队部第四次报告》，贵州省档案馆藏：《救护总队档案》，M116-15。
③ 《总会救护总队部第四次报告》，贵州省档案馆藏：《救护总队档案》，M116-15。
④ 《总会救护总队部第四次报告》，贵州省档案馆藏：《救护总队档案》，M116-15。
⑤ 《总会救护总队部第四次报告》，贵州省档案馆藏：《救护总队档案》，M116-15。

护总队有多支医务队亦集中于祁阳。

内政部及军政部战时卫生联合训练所及第167后方医院，亦随同救护总队部在1938年11月自长沙迁至祁阳，驻扎在新建的茅草屋中。祁阳有医院两所，其建筑与救护总队部相同，其他各医院，则分驻在寺院、学校等处，因而伤兵没有出现衡阳那样拥挤不堪的现象，但患内科病者仍旧甚多，如慢性创口传染、胃肠炎、呼吸器传染病、营养不良、疟疾、回归热、疥疮、虱子等①。

救护总队在祁阳成立训练中心。救护总队防疫计划首先在此试行，然后再推行至衡阳及其他各处。由救护总队各指导员负责训练卫生人员。第58及66卫生队则担任教导队，负责教导等事宜，并从事防疫、灭虱等实际训练工作；第66队自1938年12月—1939年1月从事上述工作内容；第58队则在2月份开始实施上述计划；第68、49医防队调至祁阳接受防疫训练；第3、33医疗队与第24、27医护队在相关医院培训新进救护总队工作的医护人员②。

在零陵，救护总队派有第4、17、26医疗队，第17、27医护队，第76卫生队等在该地医院协助治疗伤兵。

湘赣战局渐趋稳定后，该线的治疗工作与训练中心已失去原有意义。同时，在该处治疗的伤兵已有大半返回原处，而沿此线输送的伤兵，也为数甚少。故救护总队将集中在该线的各中队加以改编，并重新分配战地救护区域。经整编后，留在祁阳从事战地救护工作的仅有第9中队各队，该队直接受第3大队部指挥。此外，在湘东南、皖南、浙、赣、粤各省的第6、第7及第8各中队，以及第3材料库与第2、第3两汽车队，亦受第3大队部指挥③。

第9中队在此线共计实施外科手术911例，其中实施切开排脓手术462例，异物剔出182例，死骨截除30例，肢体截断38例，实施石膏手术47例，胸部手术15例，腹部手术9例，其他手术128例，此外，还实施骨折复位手术1810例，实施敷伤213387例；在治疗病兵方面，总计治疗伤兵12146名，其中斑疹伤寒患者15例，回归热414例，疥疮6755例，疟疾756例，霍乱13例，痢疾395例，伤寒25例，其他肠胃病90例，水肿69例，脚气病13例，肺结核病65例，肺炎13例，其他

① 《总会救护总队部第四次报告》，贵州省档案馆藏：《救护总队档案》，M116-15。

② 《总会救护总队部第四次报告》，贵州省档案馆藏：《救护总队档案》，M116-15。

③ 《总会救护总队部第四次报告》，贵州省档案馆藏：《救护总队档案》，M116-15。

呼吸系统病267例，淋病19例，梅毒13例，其他性病1616例；实施伤兵特别营养10044名；免疫注射方面，注射霍乱疫苗17171人次，伤寒霍乱混合疫苗2419人次，天花疫苗3094人次，破伤风抗毒素13人次；灭虱17959人次，灭虱衣服145904件；诊断病人3046例①。

5. 平江—湘阴—长沙线

随着战事的发展，湘鄂前线的伤兵改由无路区至长沙、衡阳，再转运邵阳及其以西地区。由于交通运输困难，加之输卒及裹伤站都不敷应用，致使由救护总队及其他卫生机关运至此线的伤兵，无法及时转运和抢救，造成伤兵死亡甚多。10月间，日军进犯长沙时，军事当局命令救护总队第4中队所属各队移往后方。在4中队各队撤退时，因大部分器材无法转运而不得不弃失。故救护总队各队意识到此后必须与军队取得密切联系，在任何情况下，都应该与部队共同移动，且各队必须具备一定数量的输卒用来转运队内的设备，而不累及流动。因此，救护总队遂组织专门的运输队，专事运输医疗卫生器材与设备。该线重点城市在此期间频遭敌机狂炸，狂炸后的不良后果是：物质缺乏，物价飙升。至1939年底，物价涨幅达50%。此外，自1939年6月起，该区各地传染病流行甚烈，自沅江沿公路、水路蔓延。第49医防队曾在衡阳、邵阳一带努力进行防疫工作，成绩特著。至11月底，第49医防队分成6个小队，分别派往重要城市，建立灭虱站，推动灭虱、沐浴治疥工作。在49医防队的努力下，至1939年底，该区患虱病例明显减少，患疥士兵经用沐浴治疗方法处置治疗后，病例锐减59%②。在该线第4中队所属各队的分布情形是：第49医防队分成若干个组，其中三组分别在衡阳、邵阳、长沙等地担任防疫工作；一组在长沙第86收容所工作；一组在黄沙街第15集团军担任灭虱、沐浴治疥工作；一组在第4军第102师野战医院设立门诊处治疗民众；一组在第4军第9师野战医院工作；一组在第53军第195、25及第2师野战医院工作；一组在新市第105收容所工作。第64卫生队也分成若干组，一组在湘乡第3收容所工作；一组在湘阴第95收容所工作；一组在邵阳第144后方医院工作；一组在第4军第102师野战医院工作；一组在第55收容所工作。第53卫生队一组在邵阳担任防疫工作；一组在平江第80收容所工作；一组在衡阳治疗伤兵；一组在南江桥第79军野战医院服务；一组在第98师野战医院工作。

① 《总会救护总队部第四次报告》，贵州省档案馆藏：《救护总队档案》，M116-15。

② 《总会救护总队部第五次报告》，贵州省档案馆藏：《救护总队档案》，M116-6。

第59医疗队则分别在泸溪第22陆军医院、邵阳第74后方医院、新晃第124后方医院等处工作。第2医疗队在邵阳第74后方医院工作。第32医疗队则在新晃第51后方医院、石下江第12后方医院、渌口第120兵站医院工作。第33医疗队在长沙湘雅医院协助治疗伤兵①。

6. 津市—常德—桃源线

1939年6月以后，洞庭湖以西区域战事不甚激烈，第2中队所属各队的主要工作是防治芷江、辰溪、益阳一带广泛流行的霍乱。1939年夏季，湘潭一带曾驻屯10万大军，第65医疗队遂分成数支小队在该地各部队开展预防注射及防疫等工作。其时第2中队各队分布情形是：第11医疗队一组在芷江第4重伤医院协助工作，两组在便水乡、钟和乡担任霍乱预防工作；第8医疗队在20集团军担任医务所医疗工作；第2医疗队在新晃第93后方医院协助工作；第52医疗队在辰溪第95后方医院协助工作，一组在青山湾第20集团军工作，一组在第54军工作，一组在益阳第87军第23师野战益阳担任环境卫生及防疫工作；第47医防队一组在辰溪担任防疫工作，一组在津市第53军霍乱隔离医院工作，一组在安江、一组在澧县担任防疫工作②。

7. 修水—铜鼓—醴陵线

该线伤兵系从江西、湖北前线运来，经修水、铜鼓、浏阳、醴陵，而至衡阳及其以西区域。由第5中队各队担任修水、上高一带前线伤兵的救护事宜。第62队原来在修水一带治疗部队疟疾及疥疮，当日军从武宁向长沙进犯时，该队不得不紧急撤离，许多贵重器材均来不及转移而被迫抛弃，致使其救护工作亦受严重影响。为了加强前线的战地救护力量，第5中队部推进至修水，驻扎在接近前线的地方。其各队分布情形如下：第62卫生队一组在郑家驿收容所工作，一组在修水第105收容所工作，一组在湘阴、一组在三都、一组在醴陵等处的收容所工作；第81卫生队一组在醴陵第125兵站医院工作，一组在上高第143后方医院工作，一组在铜鼓第127兵站医院工作；第7医疗队在永丰第128兵站医院工作，一组在铜鼓第92后方医院工作③。

8. 吉安—新喻—会宁—上高线

1941年3月，日军为了消灭中国第9战区第19集团军主力，解除

① 《总会救护总队部第五次报告》，贵州省档案馆藏：《救护总队档案》，M116-6。
② 《总会救护总队部第五次报告》，贵州省档案馆藏：《救护总队档案》，M116-6。
③ 《总会救护总队部第五次报告》，贵州省档案馆藏：《救护总队档案》，M116-6。

中国军队对南昌日军的威胁，并进而突破进袭长沙的天险，发动了上高战役。上高位于南昌西南约120公里的锦江上游北岸，扼湘赣公路要冲，是中国第19集团军司令部所在地。上高会战，是抗日战史上中日之间极为惨烈的一次战役。中日两军在以上高为核心的数百里战线上，浴血26天，中国守军以伤亡9000余人的代价，毙伤日军15000人，取得了会战的胜利，日军的战略企图再度落空。此役被中方誉为“抗战以来最精彩之战”，“开胜利之年胜利之先河”。[①]

救护总队负责此线战地救护工作的是第12中队。在赣北全线战役战局至最紧张之际，771医疗队随军实施战地救护，在伍桥河、马殊岭一带有被日军包围之险，以致公私物品损失殆尽，不能继续参与战地救护工作，全队人员不得已撤至吉安。当时战局异常紧张，赣北各队纷纷致电马中队长，报告战地救护繁忙，伤员众多，药品消耗很大，敷料药品缺乏，加之部队官兵患回归热者亦很多，急需药品补给[②]。至12月，该队随新三军进驻宜台，在此从事诊疗及环境卫生工作，总计施行手术3次，敷伤130次，门诊军人58人，门诊平民10人，治愈传染病伤寒患者1人、痢疾3人、疟疾51人，施行特别营养32人[③]。

第581队在58师野战医院工作。3月15日，上高会战开始之时，该队随野战医院在棠浦驻扎，该处恰是赣北战线的正面，日军早知74军各师为铁军，故日军集中力量猛攻，村前、棠浦、官桥、华阳、四溪局势紧张。581队随院方常常后移，因退却太急，战场重伤员简直无法救出，患者输送队均被冲散，该队每日随野战医院仅能施行敷伤工作。为保存器械药品起见，该队周全华队长将队员分成两部分，一部分人员携带笨重器材先退到后方，队长率领半数队员携带少数器材药品跟随野战医院工作。每日飞机大炮声不绝于耳，战局紧张不能言形，遇有其他师负伤官兵退下过境，在县政府休息时，队长亦率领队员星夜冒雨携带器材前往救治换药。58师收复上高、官桥、棠浦后被调往新喻江东整训，581队亦随军迁江东工作[④]。

第772队在19师野战医院工作。赣北会战初日，772队随军驻战线

---

① 步平、荣维木主编：《中华民族抗日战争全史》，中国青年出版社2010年版，第185—186页。

② 《救护总队第十二中队医护视导员报告》，贵阳市档案馆藏：《救护总队档案》，40-3-50。

③ 《红十字会第二中队十二月份工作报告》（1941年），贵州省档案馆藏：《救护总队档案》，M116-1-8。

④ 《救护总队第十二中队医护视导员报告》，贵阳市档案馆藏：《救护总队档案》，40-3-50。

之左翼上富。日军逼近，该队协助院方将重伤病官兵转移后方，工作空前紧张。当日军紧逼上富时，该队人员即随野战医院迁退 15 公里之高山岭上驻定，救治 19 师负伤官兵。因房屋缺少，该队在树林茅屋内施行截断术取弹片等工作，医护员钱培基亦设法制简单特别营养给负伤官兵分食①。

481 队担任 19 集团军总部门诊工作。482 队在 74 军野战医院工作，该队在会战时在战区之正面，日军紧逼上高时，482 队随军部野战医院施行敷伤工作，在要道处所设立茶水站及制简单之特别营养以供过境之伤病兵饮食，王耀武军长见该队如此爱护士兵，给予高度赞扬。该军在赣北战后即调分宜整训，482 队随军部野战医院迁分宜工作。该军野战医院病床 150 张，其中 50 个床位为重症室，由 482 队医护人员管理，重伤官兵均卧高床通铺。院方无衣被供患者更换，以致虱子日增，回归热亦流行严重，重症室共有 36 名病者，其中 20 多名患回归热，每日高烧不退，死亡率也不少。该队医护人员为重症病者每日试体温两次，记录大小便，按时按量给药剂及盐水注射，每日有流质及半流质特别饮食分发，每日一小时门诊，手术正常施行，队员在空闲时做敷料。因无高压蒸汽消毒锅，队员就在蒸饭桶内消毒，故环境卫生工作开展亦很顺利，每日工作非常紧张②。该队还积极协调野战医院设立灭虱站，设法清洁伤病兵衣被以供更换，住院病者及团部医务所病者病室等物均彻底灭虱至绝迹为止，以连为单位轮流灭虱，并专派两名看护兵洗涤伤病兵污衣，无鞋患者沐浴后由医疗队发给草鞋，还给经济困难患者每日发草纸，每日督促看护兵施行晨间寝间以及其他护理工作，实行灭蝇措施，粘贴卫生标语，编贴床号，添制发药盘编号，将病者分类③。通过该队的整治，74 军野战医院环境卫生有了明显的改善，病室清洁，传染病得到有效控制并逐步消除，患者精神状态良好，病情亦恢复较快。

（四）皖浙苏赣区域

1. 泾县—太平—金华线

该线皖段位于无路地带，离“芜湖”前线约 80 公里。伤兵大多来自游击部队，而游击战争的区域，都在敌后，致使伤兵能送至远离火线之处者为数甚少。新四军在安徽省有其自己的“后方”医院，该军军医

① 《救护总队第十二中队医护视导员报告》，贵阳市档案馆藏：《救护总队档案》，40-3-50。
② 《救护总队第十二中队医护视导员报告》，贵阳市档案馆藏：《救护总队档案》，40-3-50。
③ 《救护总队第十二中队医护视导员报告》，贵阳市档案馆藏：《救护总队档案》，40-3-50。

中，有不少资历甚深及富有英勇果敢精神的医师，故该军伤兵，大多就地就近接受治疗①。

泾县（皖）方面。自 1939 年 5 月以后，第 67 医疗队除派一组至新四军野战医院工作外，该队②余部则在泾县南 20 公里、太平北约 40 公里处的小河口新四军兵站医院工作。自 1939 年 2 月以后，该队一小组除在医院中例行治疗工作外，还开设门诊部，医治附近的士兵与农民。伤兵中足部受伤者占多数，因新四军士兵多穿草鞋，故脚踩触敌人预设的尖竹片即受伤。内科病人则大多数为结核症、呼吸器及肺部传染病、疟疾、营养不良以及最为普遍的疥疮等。有鉴于此，第 67 队遂开展灭虱治疥等防疫工作，但该军士兵均为农民志愿军，多数体格不佳，营养不良，想要彻底解决士兵所面临的问题，实非医药之力所能奏效③。

该线浙江段中心为金华，伤兵均来自太湖区域及杭州一带，安徽方面无法治疗的病人，也不时送往该处。第 31 医疗队在 1939 年 1 月返回金华（该队曾与第 32 医护队从 1938 年 6 月至 11 月合作，直至撤离祁阳）筱溪第 14 兵站医院治疗伤兵。第 14 兵站医院收治的病人多属外科患者，从而可以说明浙江民众的健康条件，较湘皖为佳。该队还在金华城区开设门诊部，来求诊者大半为平民。此外，该队还在部队中推行环境卫生工作④。

第 6 中队在该线总计治疗伤兵 405 名，其中实施切开排脓手术 84 例，异物剔出 69 例，死骨截除 25 例，肢体截断 26 例，实施石膏手术 4 例，胸部手术 4 例，腹部手术 7 例，其他手术 76 例，此外，还实施骨折复位手术 71 例，实施敷伤 25219 例；治疗伤兵 17318 名，诊断病人 1920 例⑤。

2. 弋阳—上饶—江山线

此线与浙赣路平行，包括南昌以东及鄱阳湖一带，伤亡士兵较少。此线伤兵的转运和治疗由第 6 中队负责⑥。皖南及杭州周围游击区之伤兵均从此线运至金华，赣北、南昌以东的伤兵则运往河口，第 67、26、

① 《总会救护总队部第四次报告》，贵州省档案馆藏：《救护总队档案》，M116-15。
② 第 67 医疗队，原系第 31 医疗队及 67 卫生队的一分队组织而成。
③ 《总会救护总队部第四次报告》，贵州省档案馆藏：《救护总队档案》，M116-15。
④ 《总会救护总队部第四次报告》，贵州省档案馆藏：《救护总队档案》，M116-15。
⑤ 《总会救护总队部第四次报告》，贵州省档案馆藏：《救护总队档案》，M116-15。
⑥ 《总会救护总队部第四次报告》，贵州省档案馆藏：《救护总队档案》，M116-15。

31 医务队具体负责该线的伤兵护送工作[1]。在弋阳第 124 兵站医院服务的为第 6 中队第 27 医疗队，该队系 1939 年 5 月 22 日由零陵抵达该处。在河口第 6 重伤医院服务的为第 26 医疗队，该队系 1939 年 3 月 25 日由零陵调往该处。4 月中旬，该队 B 组派至上饶，在伤民医院治疗空袭受伤者。4 月 21 日，该队 A 组派至江山，协助第 66 后方医院工作，至 5 月 22 日才返回河口第 6 重伤医院。此处医疗救护工作，主要为外科，内科病人约占 20%[2]。

第 6 中队在该线共实施外科手术 111 例，其中实施切开排脓手术 29 例，异物剔出 22 例，死骨截除 26 例，肢体截断 6 例，实施石膏手术 1 例，胸部手术 3 例，其他手术 24 例，此外，还实施骨折复位手术 170 例，实施敷伤 6850 例；治疗伤兵 155 名，其中回归热患者 1 例，疥疮 11 例，疟疾 33 例，痢疾 1 例，伤寒 2 例，其他肠胃病 26 例，脚气病 2 例，肺结核病 5 例，肺炎 1 例，其他呼吸系统病 40 例，淋病 4 例，梅毒 3 例，其他性病 66 例；注射伤寒霍乱混合疫苗 39 人次，破伤风抗毒素 2 人次[3]。

3. 吉安—万安—赣县线

该线溯江而上，伤兵来自鄱阳湖以东及南昌附近。该线伤兵转运和治疗由第 12 中队负责。自 1939 年 3 月南昌失守后，通至南端的公路已破坏至八都。同时自南昌至株洲的铁路亦经破坏，且已移去路轨。于是，该处即已形成一广袤无路区域，其间唯一交通即系赣江，但赣江轮船甚少，全赖人力背牵，才能拉卫生船舶逆江而上，因此该处运送伤兵速度相当迟缓。

南昌沦陷后，南昌以下各医院，大多移至吉安南部山岳地带，各医院自建草屋，收容伤病兵。受伤士兵大多由浅水船舶自吉安送至各军医院接受治疗。3 月后，来自南昌一带的难民，大多集中在吉安附近的难民区内，患病者众多。第 12 中队医护人员尽力予以治疗[4]。

1938 年 11 月，救护总队驻赣各队后移以后，只有第 48 医防队自愿留在吉安继续从事战地救护工作。该队除担任难民救护工作外，还开设门诊部，主持防疫工作（灭虱、治疥）暨一般环境卫生工作。1939 年 1 月，国民政府在吉安附近的固江另设立一难民区。于是，第 12 中队将

① 《总会救护总队第五次报告》，贵州省档案馆藏：《救护总队档案》，M116-6

② 《总会救护总队部第四次报告》，贵州省档案馆藏：《救护总队档案》，M116-15。

③ 《总会救护总队部第四次报告》，贵州省档案馆藏：《救护总队档案》，M116-15。

④ 《总会救护总队部第四次报告》，贵州省档案馆藏：《救护总队档案》，M116-15。

全队分为两组，各负责一处难民的医疗救护工作。6 月，吉安空袭频繁，该处的难民收容所也不得不移往固江，因此该队复在固江集合，发动霍乱防治工作，并设立隔离医院，收容患者，遏止疫情蔓延①。

5 月 13 日，第 20 医疗队自祁阳到达吉安，在 31 后方医院服务。同月下旬，第 71 医疗队，亦自祁阳调来，加入永和乡（离吉安 10 公里）第 90 后方医院工作。第 58 卫生队与第 20 医疗队，则在吉安空袭急救处服务，直至 6 月初才调至泰和第 137 后方医院服务②。

5 月底，第 4 及第 77 卫生队在万安工作。该处有医院数所，第 4 医疗队在第 47 后方医院服务。该院伤兵多患慢性传染病，内科病人亦不少。在第 77 卫生队的协助下，第 4 医疗队得以余暑训练卫生人员，并完成夏令防疫工作。6 月，第 77 卫生队调至百佳第 138 后方医院工作。该院伤兵颇多，为改善伤兵初步治疗条件，第 12 中队特派第 58、第 77 卫生队及 71 医疗队至吉安以北无路区域中的新淦及其他各处诊断治疗伤兵③。

第 12 中队在该线共实施外科手术 189 例，其中实施切开排脓手术 99 例，异物剔出 18 例，死骨截除 44 例，肢体截断 7 例，实施石膏手术 5 例，胸部手术 5 例，其他手术 11 例，此外，还实施骨折复位手术 55 例，实施敷伤 9159 例；治疗伤兵 362 名，回归热患者 1 例，疥疮 644 例，疟疾 39 例，痢疾 92 例，伤寒 8 例，其他肠胃病 1 例，水肿 3 例，脚气病 13 例，肺结核病 6 例，肺炎 1 例，其他呼吸系统病 24 例，梅毒 1 例，其他性病 9 例；实施伤兵特别营养 746 名；免疫注射方面，注射霍乱疫苗 90 人次，伤寒霍乱混合疫苗 20 人次，天花疫苗 2109 人次；灭虱 512 人次，灭虱衣服 2204 件；诊断病人 1032 例④。

（五）两广区域

1. 英德—三华—曲江线

该线溯江及沿粤汉铁路而上，自珠江以北广州战区下来的伤兵，实以该线为主要输送线。珠江或其三角洲地带战线上的伤兵，则西运至广西。广州附近的战事，多为游击性质，伤亡数量不大。此线伤兵的转运和治疗由第 7 中队负责。

第 3 医疗队及 79 卫生队在 1939 年 3 月 18 日自祁阳派往曲江，共同

① 《总会救护总队部第四次报告》，贵州省档案馆藏：《救护总队档案》，M116-15。
② 《总会救护总队部第四次报告》，贵州省档案馆藏：《救护总队档案》，M116-15。
③ 《总会救护总队部第四次报告》，贵州省档案馆藏：《救护总队档案》，M116-15。
④ 《总会救护总队部第四次报告》，贵州省档案馆藏：《救护总队档案》，M116-15。

协助第 11 兵站医院，并在军队及平民间推行防疫工作[1]。

5 月 6 日，第 79 卫生队 A 组南调至英德第 166 兵站医院。5 月 8 日，第 79 卫生队 B 组及第 3 医疗队 B 组派至翁源附近三华第 115 兵站医院工作。至 6 月，各医院收容伤兵均少，因此救护总队将各队调派推进至前线野战医院。因日军攻陷岭东，救护总队亦采取补救措施，在潮汕一带区域配备数队，从事战地救护工作[2]。

第 7 中队在该线共实施外科手术 20 例，其中实施切开排脓手术 10 例，异物剔出 3 例，死骨截除 2 例，其他手术 11 例，此外，实施敷伤 2060 例；治疗伤兵 34 名，其中回归热患者 1 例，疥疮 15 例，疟疾 11 例，痢疾 3 例，其他肠胃病 1 例，脚气病 2 例，肺炎 1 例；注射霍乱疫苗 3052 人次，伤寒霍乱混合疫苗 123 人次[3]。

2. 全州—桂林—柳州线

1938 年底到 1939 年初，该线所有医院与伤兵，俱沿湘桂铁路自湘移桂。所幸的是，由于战局的变化，湘境伤兵没有必要在短期内运出。加之交通工具缺乏，以及广西方面房屋缺失的原因，所有伤兵多经长沙、衡阳或祁阳各医院转往后方，故运桂伤兵，“非在休养中者，即为慢性痼疾”[4]。

1938 年 11 月，救护总队从广东调数队前往广西，协助军医部门从事战地救护工作。其中两队在广州失陷前，即已到达广西。第 42 医防队在柳州工作，第 44 医护队则在梧州工作。

服务此线各医院的第 8 中队各队，其工作环境与衡阳、祁阳、零陵线相同。该线最为猖獗的传染病是疟疾，回归热次之，而营养不良症亦甚普遍。于是第 8 中队遂在该线区域开展防疫工作，但该项工作则较湖南为迟。因桂林曾一度流行霍乱，故 8 中队即于 6 月开始实施夏令防治饮水传染病计划[5]。

第 8 中队共计在该线实施外科手术 925 例，其中实施切开排脓手术 256 例，异物剔出 186 例，死骨截除 103 例，肢体截断 18 例，实施石膏手术 50 例，胸部手术 13 例，腹部手术 8 例，其他手术 91 例，此外，还实施骨折复位手术 65 例，实施敷伤 214382 例；在治疗病兵方面，总计

① 《总会救护总队部第四次报告》，贵州省档案馆藏：《救护总队档案》，M116-15。
② 《总会救护总队部第四次报告》，贵州省档案馆藏：《救护总队档案》，M116-15。
③ 《总会救护总队部第四次报告》，贵州省档案馆藏：《救护总队档案》，M116-15。
④ 《总会救护总队部第四次报告》，贵州省档案馆藏：《救护总队档案》，M116-15。
⑤ 《总会救护总队部第四次报告》，贵州省档案馆藏：《救护总队档案》，M116-15。

治疗伤兵3087名，其中回归热患者4例，疥疮554例，疟疾823例，痢疾180例，伤寒7例，其他肠胃病297例，水肿5例，脚气病47例，肺结核病138例，肺炎5例，其他呼吸系统病812例，淋病3例，梅毒10例，其他性病202例；实施伤兵特别营养284名；免疫注射方面，注射霍乱疫苗6209人次，伤寒霍乱混合疫苗4636人次，天花疫苗21693人次，破伤风抗毒素13人次；灭虱6809人次，灭虱衣服33061件；诊断病人13397例①。

二、抗战救护主要医务措施

抗战进入相持阶段，战局发展至中原、华南地境，日本挟有机械化武器，凡遇公路铁路，极有利其部队机动。中国军队为应付日军的攻击，乃施行破路战术，凡便利于装甲行动的公路、铁路，接近日军部队的均予以破坏，化作农田，成为"无路地带"。此种"无路地带"，接近前线，辄在50公里乃至100公里之间。中国军队行动，全靠步行，火车、汽车、装甲车均不能行驶，这样可以阻止日军的快速进攻。但自此策略施行后，虽有利于军事，而作战员兵生活之困苦，受运输补给迟滞之影响，则与日俱增，反而病兵人数多于伤兵，尤以传染病之发生，多使部队卫生机关无力应付。救护总队乃综合医疗、医护、医防、急救各队之性能，一律改为医疗队，尽量推进至野战区，协助军师卫生机关，从事手术、绷带、急救工作，并开展灭虱、治疥、抗疟、环境卫生整治及兵食营养提高等工作。自此以后，前方部队卫生，不但不因"无路地带"之交通影响而无法推进，反因获得救护总队的协助而日趋进步。

（一）实施外科手术

实施外科手术是救护总队战地救护最重要的医务工作之一。救护总队各队仅医疗队专司一般外科手术，派在各兵站及后方医院工作。卫生队亦协助各收容所及兵站医院之救护工作，并不担任重大外科手术。自广州及武汉相继失陷后，无路区域日益增大，在多数收容所及军医院从事战地救护的医务队，迁往后方后，多数未能回迁前线。

救护总队各医务队实施外科手术最多的是医疗队，达5994次，医防队只实施外科手术56次；骨折矫正医疗队计2044次，卫生队计742次；敷伤医疗队计460133次，卫生队104500次，医护队261576次。从外科治疗类别来看，敷伤最多，骨折矫正次之，手术最少；从月份来

①《总会救护总队部第四次报告》，贵州省档案馆藏：《救护总队档案》，M116-15。

看，1 月份最多，达 170675 次，5 月份最少，计 105330 次[①]。此种结果，显示各医务队所从事的医务侧重点不同，其医疗技术各有所长；其次是各队所处的救护区域不同，战斗激烈程度有所差别，外科手术亦有多寡之别；再次是伤员运输线路也是各队实施外科手术多少的原因之一。

救护总队主要实施切开排脓、续创术、死骨截除、肢断截除、异物剔出等外科手术，其创伤手术包括瘢痕割除、修补赫尼亚、动脉瘤缝合、后期创口缝合、后期创口缝合及植皮术等。切开排脓手术为数较多，为 2078 次，但扩创术及初期或二次缝合术并不多见，经救护总队各医疗队所治疗的伤者伤口均已感染，可以施行扩创术治疗的早期伤兵为数甚少[②]。胸部及腹部创伤须在最短时间内施行紧急手术，在全部手术中其所占比例比较小，原因是救护总队没有效率较高的运输车辆和数量充裕且反应快速的手术组。

上肢创伤多于下肢，但下肢手术及敷伤则多于上肢，证明在运送过程中下肢所用的制动工具，未能如上肢制动工具那么圆满，也可看出下肢创伤的严重和治疗之不易。肢体切开手术约占手术总数的 3%，为数不多。破伤风及产气坏疽系战时最重要的疾病，虽然普遍预防措施缺乏，所占比例却不是很高，因运输困难，一部分患者在运送途中则已死亡，在前线收容所中，此种患者亦不多见。在后方军医院中，患慢性骨髓炎官兵约占 50%，患慢性溃疡官兵约占 20%，这类患者大多是慢性骨及软组织感染，为抗战相持阶段外科手术治疗最严重的问题。缺乏初期治疗为最大原因，不适当的后期治疗也为其原因之一[③]。

创伤分为枪弹伤、炸弹伤、刺刀伤、毒气伤等，因致伤的原因不同，其受伤部位与创口的大小亦各不相同，且多骨折。对于创伤的治疗，大多数患者及医护人员不能正确了解。外科医师往往犯过度治疗之弊，由于治疗过度，致使创伤不易愈合。创伤愈合系自然之程序，医师实无办法促进自然愈合，医生的责任仅仅是保持创伤自然愈合进行无阻，对于创伤不应时加干扰。其次，创伤患者必须充分休息，补充良好的营养，多数创伤之所以迟迟不能愈合，就是因为没有得到很好的休息疗养，当然适当的营养也是重要因素之一，不可忽视。再次，抗生素的

① 《救护总队各医务队外科手术总统计表》（1939 年 1—6 月），贵州省档案馆藏：《救护总队档案》，M116-15。

② 《总会救护总队部第四次报告》，贵州省档案馆藏：《救护总队档案》，M116-15。

③ 《总会救护委员会第四次报告》，贵州省档案馆藏：《救护总队档案》，M116-15。

应用在创伤治疗中亦占重要位置，抗生素具有杀菌之功效，而无刺激组织愈合之作用。创伤的愈合，不是抗生素的作用，实赖自然之功，故创伤治疗的原则，以发挥自然之力为上策，敷料消毒和无菌亦为达此目的之要旨。①

救护总队在整个抗战救护过程中，对外科手术非常重视，付诸努力也是可以想见的，其成绩也很突出。从1938年1月至抗战胜利时，救护总队共施行手术119856次，骨折复位35522次，敷伤8784731次②。

（二）开展卫生防疫

战争中传染病的流行对于战争所产生的重要影响，早已为中外历史所证明③。历史学家近年来的相关研究也深入探讨传染病与中国历史时期战争之间的关系。如张嘉凤的研究，揭示出满洲在征服部族、朝鲜和明朝的军事活动中，由于采取许多预防措施，防止了天花在军队中的传播，最终获得了胜利④。巫仁恕在对抗战后期的疫情与疫政的研究中，揭示了武汉保卫战中疟疾对战争的影响⑤。军事医学研究的重点在于战争中的特殊人群——军队。实际上，战争中的传染病不仅影响到军队和战役，还对战区甚至非战区的民众产生了直接的影响。

1937年7月—1939年7月的抗战两周年内，国民党各战地军中疫病流行，总共发现重要传染病病例38929例，死亡2830人（计霍乱6224例，死亡1722人；疟疾26659例，死亡22人，赤痢2608例，死亡12人；天花106例，死亡2人；回归热2896例，死亡890人；流脑17例，死亡7人；白喉100例，死亡8人；猩红热33例，死亡7人；伤寒134例，死亡7人；伤寒134例，死亡8人；斑疹伤寒67例，死亡2人；鼠疫35例，死亡31人）。其流行区域波及苏、浙、皖、赣、鄂、湘、粤、桂、闽、豫、晋、陕等12省⑥。可见传染病在当时的严重性。救护总队在抗战前期把工作重点放在伤兵的救护上，对于防疫工作一时无法兼

① 《总会救护委员会第四次报告》，贵州省档案馆藏：《救护总队档案》，M116-15。

② 胡兰生：《中华民国红十字会历史与工作概述》，参见《中国红十字会历史资料选编，1904—1949》，第508页。

③ 王向东在其主编的《战争与疾病》一书中，列举相当多的例子，参见王向东主编：《战争与疾病》，人民军医出版社1993年版。

④ 李玉尚：《传染病对太平天国战局的影响》，（台北）“中央研究院”《近代史研究所集刊》第45期，第2页。

⑤ 巫仁恕：《战争与疾疫：抗战后期的疫情与疫政（1940—1946）》，《中华军史学会会刊》，第3期（1997），第321—364页。

⑥ 耿成章：《抗战两周年来军队防疫工作检讨》，《战时医政》1940年第7期，第1—4页。

顾。由于传染病逐渐流行，病兵人数逐渐多于伤兵，有鉴于此，救护总队遂加强防疫工作。根据资料显示，救护总队从1938年1月便组成防疫队，3月开始逐渐加强预防注射等防疫工作，而《内政部卫生署组织医疗防疫队办法》直到6月9日才公布，规定“内政部卫生署为办理地方难民及后方民众之医疗防疫工作，设置医疗队，在传染病流行地方于必要时设置防疫医院”①。

救护总队组建初期的工作思路是以伤兵救护为主，在初期的37个医疗队中，有9个医疗队在后方医院工作，4个在陆军医院，3个在临时医院，1个在重伤医院，5个在重伤输助医院，4个在伤兵收容所，还有10个医疗队在接洽之中，但是只有一个绷扎队在军政部防疫大队工作②。从其工作成绩来看，1938年2月份以前，救护总队仅完成伤寒霍乱混合预防注射602次，在全部工作中所占比例微不足道③。在1938年春夏之交，广东、湖南、河南三省霍乱流行④。在此情况下，救护总队迅速组织卫生队，派赴伤兵收容所，军队及难民团协助防疫工作⑤。至此，救护总队的防疫工作得以全面展开。其时，救护总队各医护队及其他各队专为难民及民众服务者，在湖南有47医防队，在湖北有49医防队，在江西有48医防队，在广东有42、43两医防队及第34、46两医疗队，第39、41、44三支医护队亦在广东从事防疫工作。救护总队为防治霍乱起见，将第34、39两队亦改组为医防队⑥。以上各队，除实行严密检疫及为当地与过境民众注射防疫针外，兼为患者治疗，如关于饮水卫生、防疫宣传，亦皆注意⑦。至1938年底，救护总队破伤风注射2017人次，平均每月注射112人次，占全部工作量的0.07%；种痘214052人次，平均每月11892人次，占全部工作量的0.57%；霍乱注射20976人次，平均每月3496人次，占全部工作量的7.82%；伤寒霍乱混合注射369551人次，平均每月20531人次，占全部工作量的13.52%；沐浴28746人次，平均每月4791人次，占全部工作量的3.15%；治疥人数为16310人，平均每月2718人次，占全部工作量的1.79%。从防疫角度来

---

① 《内政部卫生署组织医疗防疫队办法》（1938年6月9日公布），贵阳市档案馆藏：《救护总队档案》，40-3-22。

② 《医疗队在各伤兵机关分布表》，贵阳市档案馆藏：《救护总队档案》，40-3-60。

③ 《总会救护委员会第一次报告》，贵阳市档案馆藏：《救护总队档案》，40-3-60。

④ 《总会救护委员会第三次报告》，贵州省档案馆藏：《救护总队档案》，M116-14。

⑤ 《总会救护委员会第一次报告》，贵阳市档案馆藏：《救护总队档案》，40-3-60。

⑥ 《总会救护委员会第三次报告》，贵州省档案馆藏：《救护总队档案》，M116-14。

⑦ 《总会救护委员会第三次报告》，贵州省档案馆藏：《救护总队档案》，M116-14。

看，救护总队的预防注射工作占全部工作量的23.71%，总计全部卫生防疫工作所占比重是31.8%[1]。救护总队逐渐重视防疫工作，不但此时特别设立医防队，专责处理伤兵与难民防疫事宜，而且至少有两个中队共8个小队指定协助国联防疫队工作[2]。此后，防疫工作遂成为救护总队的日常工作。以救护总队3大队为例，从1940年度3大队所属医疗队的工作旬报来看，很明显地看出各队的例常工作，大部分是属于防疫方面的[3]。1939年1月—1940年12月两年间，由救护总队诊治的军人病者396727例，其中军队12种法定传染病占34.87%，其他传染病占38.27%，其他内科疾病占26.84%。

救护总队应对各种疫情在防治的措施与方法上虽略有不同，但大同小异，仍脱离不了以下几种措施：预防注射、宣传教育、疫情调查与隔离治疗。其中前两项主要注重在事前的预防，后两项则是在疫情发生后，了解实况并对病患加以隔离治疗。

预防注射是增进一般人抵抗特殊疾病的能力，保护易感染者的有效措施，也是战时防疫最常用的方法，主要目的是防止疫情的扩散，避免正常人感染病菌。从所列数字中可以看出救护总队实行预防注射的努力：1938年1—12月，救护总队注射天花疫苗106812人次，霍乱疫苗184506人次，伤寒霍乱疫苗118810人次，破伤风疫苗10356人次。1939年1—6月，救护总队注射天花疫苗54155人次，霍乱疫苗80675人次，伤寒霍乱疫苗39159人次，破伤风抗毒素266人次[4]。至1940年12月份，注射天花疫苗434353人次，霍乱疫苗1281541人次，霍乱伤寒混合疫苗236279人次，破伤风抗毒素13296人次[5]。在1940年中，救护总队预防注射的规模更加扩大，如4月份，救护总队各医务队就种痘14077人次，注射霍乱疫苗149816人次，霍乱伤寒混合疫苗3347人次[6]。7月份，救护总队各医务队种痘2020人次，注射霍乱疫苗196147

① 庞京周：《抗战两年中之中国红十字会》，出版地不详，作者自印，1939年，第8页。

② 《本会各医务中队分布表》（1938年9月），贵阳市档案馆藏：《救护总队档案》，40-3-60。

③ 第三大队：《防疫重于医疗》，《会务通讯》第8期（1942年6月10日出版），第4页。

④ 《总会救护总队第四次报告》，贵州省档案馆藏：《救护总队档案》，M116-15。

⑤ 《总会救护总队部工作述要》，贵州省档案馆藏：《救护总队档案》，M116-1。

⑥ 《总会救护总队部工作简报》第8期（1940年5月份），贵阳市档案馆藏：《救护总队档案》，40-3-56。

人次，霍乱伤寒混合疫苗5864人次[①]。8月份，救护总队各医务队注射霍乱疫苗44150人次，霍乱伤寒混合疫苗14674人次[②]。总计救护总队在抗战期间共完成预防注射4632446人次[③]。

与此同时，救护总队还与其他卫生机关合作在各地实行预防注射，预防传染病的传播。如1941年江西光泽发生鼠疫，自4月12日至6月5日，发现患者34例，死亡28例，救护总队医疗队与光泽县卫生院、卫生署医疗防疫队第3队自4月19日至6月底注射鼠疫疫苗15537次，注射人数第一次为5818次，第二次为5671次，第三次为404人次，防治效果明显[④]；同年4月份，浙江衢县鼠疫流行，仅4月上旬死22人，救护总队所属医疗队会同当地卫生机关立即对疫区实施预防注射，第一次注射1062人，第二次注射293人，有效地遏制了疫情的蔓延[⑤]；1942年广西桂林霍乱盛行，5月下旬至7月中旬已死157例，该市卫生机构与救护总队所属医疗队实行预防注射人数已达80640人，对防治效果收益颇大[⑥]；1942年四川涪陵县霍乱盛行，实行预防注射者3万余人，约占全城人口三分之二[⑦]；在较大的城市内，实施预防注射是以各机关学校团体设检疫站，在疫区的旅店对来往舟车的旅客均施以强制性霍乱注射，并委托该市开业医师40人分设委托注射站，分别实施，到6月为止受注射人数已达81940人[⑧]。预防注射的程序是先由团体开始，再行普遍注射，在大城市内预防注射较普遍，在乡村外县市普及率则不如大城市。例如1942年贵州省霍乱盛行，贵阳市自4月1日起开始团体预防注射，5月15日市民亦开始注射，6月1日起即强制注射，至9月15日止，全市注射人数约8万余人，占全城人口之半，其他各县曾由救护总

---

① 《总会救护总队部工作简报》第10期（1940年7月份），贵阳市档案馆藏：《救护总队档案》，40-3-56。

② 《总会救护总队部工作简报》第11期（1940年8月份），贵阳市档案馆藏：《救护总队档案》，40-3-56。

③ 《中国红十字会》，第8页。

④ 《全国疫情》第四期（1941年10月），贵州省档案馆藏：《救护总队档案》，M116-289。

⑤ 《疫情旬报》第三十一号（1941年4月30日），中国第二历史档案馆藏：《红十字会档案》，476-195。

⑥ 《疫情旬报》第十四号（1942年7月上旬），中国第二历史档案馆藏：《红十字会档案》，476-198。

⑦ 《疫情旬报》第十八号（1942年8月下旬），中国第二历史档案馆藏：《红十字会档案》，476-198。

⑧ 《疫情旬报》第十九号（1942年9月上旬），中国第二历史档案馆藏：《红十字会档案》，476-198。

队部发出疫苗50万人用量，仅约占全省人口二十分之一[①]。重庆市亦是一例，1942年该市临嘉陵江之北碚地区霍乱一度流行，救护总队所属医疗队与该市卫生机关施行预防注射，除对舟车旅客实施外，并举行挨家挨户强制注射[②]。

防治流行病最根本的方法之一就是改善环境，使病菌无法生存。但当时国人生活条件差且缺乏卫生观念，常使传染病一发不可收拾，因而宣传教育的工作甚为重要。救护总队在推动各项防疫工作的同时，也通过各种方式，对大众和军队指挥官进行宣传，过去救护总会在其出版的刊物上，即已经常向民众介绍各种卫生常识[③]。抗战期间由于救护总队主要负责军队环境卫生的推广，故常须向各部队指挥官解释防疫措施的必要性[④]，因为部队军官的力量极大，在其认为某种工作重要时均能自动办理，所以救护总队在部队实施环境卫生工作时，必须取得部队军官的支持[⑤]。如白乐夫在湖南前线部队中实施救护工作及推广环境卫生工作时，因与师卫生处长沟通不够，事后，卫生处长给其医疗队开展工作制造了难以克服的困难。[⑥] 救护总队除向部队军官灌输防疫知识外，还向部队士兵演讲卫生常识[⑦]，因为部队环境卫生各项工作的管理及实施

---

① 《疫情旬报》第二十二号（1942年10月上旬），中国第二历史档案馆藏：《红十字会档案》，476-198。

② 参见巫仁恕：《战争与疾疫：抗战后期的疫情与疫政（1940—1945）》，《中华军史学会会刊》第三期（上册）（1997年12月），第357页。

③ 这种例子不胜枚举，如王培员：《卫生浅说：孕妇健康之获得、家庭处置传染病实用法》，《中国红十字会月刊》第1卷第1期（1935年5月），第13—17页；王培员：《时疫抉微》，《中国红十字会月刊》第2期（1935年8月），第2—3页；杨定泰：《霍乱预防注射之常识》，《会务通讯》第4期（1941年6月），第6—7页。

④ 许多工作人员的报告都指出，在各部队进行环境卫生工作时，首选必须获得该部队指挥官的认同与配合，而这往往需要一套说服的功夫。参见《环卫助视道员樊作东呈总队部报告》（1941年12月11日），贵州省档案馆藏：《救护总队档案》，M116-12，《河口第十一中队白乐夫呈总队部报告》（1941年12月16日），贵州省档案馆藏：《救护总队档案》，M116-12；《环卫助视道员李开物呈救护总队部报告》（1942年2月20日），贵州省档案馆藏：《救护总队档案》，M116-12。

⑤ 《赣北部队环境卫生推进概况》（1941年3月5日），贵阳市档案馆藏：《救护总队档案》，40-1-35。

⑥ ［德］白乐夫：《我在中国做医生》，见贵阳市人民政府新闻办公室编：《经霜的红叶——国际援华医疗队的故事》，第84页。

⑦ 《环卫助视道员赵启宇呈总队部报告》（1941年10月22日），贵州省档案馆藏：《救护总队档案》，M116-12；《河口第十一中队白乐夫呈总队部报告》（1941年12月16日），贵州省档案馆藏：《救护总队档案》，M116-12。

端赖大多数士兵，故必须使士兵明了其原因，方能获得军方的合作[1]。而且纠正军医人员对防疫的错误观念，亦应通过教育才能实现[2]。救护总队对军队与民间的饮水卫生事宜，也曾进行各种宣传工作，规劝军民勿饮生水[3]。不仅如此，救护总队还组织疫区学生及有关防疫单位组成巡回宣传队，定期举行宣传周，俾资家喻户晓。在抗战后期较大的一次宣传防疫活动，是在1942年9月由中国红十字会救护总队、教育部、社会部与中央宣传部等机关共组的委员会所推行之“民族健康运动”，其中最重要的主旨之一就是宣传预防传染病（以防治疟疾为主）[4]。此外，救护总队也特别注重对军医与部队看护兵展开各种卫生知识的短期训练，以提高对于防疫工作的自觉，促进各项防疫措施的推广[5]。

疫情调查是隔离与检疫的起步，也是所有流行病学研究的起点。有详细而正确的调查报告，才能适时地采取防疫措施。而当时的调查工作通常是在救护总队的指导下，应用县警察局与原有保甲组织，来调查疾病的死亡情形。当各地传出疫情后，救护总队人员便须立即前往当地进行检验调查，确认疫情规模，并且向上级通报。国民政府在1940年6月结合各单位，成立战时防疫联合办事处，随即成立一个全国疫情通报体系，总会救护总队所属各医疗队与大队正是此通报体系的基层之一[6]。一旦确定疫情后，不论军民，救护总队人员即将病患隔离予以治疗。通常在疫区救护总队所属医疗队会与各单位互相支援，但经常是救护总队担任隔离医院与防疫的主要工作[7]，有时对疫情的反应甚至比其他卫生

① 《赣北部队环境卫生推进概况》（1941年3月5日），贵阳市档案馆藏：《救护总队档案》，40-1-35。

② 《赣北部队环境卫生推进概况》（1941年3月5日），贵阳市档案馆藏：《救护总队档案》，40-1-35。

③ 《总会救护总队部第四次报告》，贵州省档案馆藏：《救护总队档案》，M116-15。

④ 《大公报》1942年8月29日。

⑤ 第四中队：《三十年度工作检讨》，《会务通讯》，第8期（1942年6月），第6—7页；吴宏宇：《记六十四医疗队》，《贵阳文史资料》第22辑，第147页；《环卫助道员赵启宇呈总队部报告》（1941年10月22日），贵州省档案馆藏：《救护总队档案》，M116-12。

⑥ 战时防疫联合办事处编：《疫情报告办法》，《总会临时救护委员会发救护总队电报》（1940年6月7日），附件，贵州省档案馆藏：《救护总队档案》，M116-324。

⑦ 参见巫仁恕：《战争与疾疫：抗战后期的疫情与疫政（1940—1945）》，《中华军史学会会刊》第三期（上册）（1997年12月），第358页；张建俅：《中国红十字会初期发展之研究》，第229页。

单位还要迅速[①]。总计抗战时期经救护总队检验的病例有 226593 个[②]。

为了减少感染源的传染力，防止病菌携带者移动而传播到别处，必须在各疫区附近的交通要冲或路口设立检疫站，严格执行交通检疫，凡是出入者皆需经过检疫检验，经检验确无染疫后才可放行。救护总队联合各单位与当地卫生医院等在疫区成立隔离医院、收容病人并加以隔离治疗，发现疫死尸体即行火葬。例如 1942 年广东霍乱流行，救护总队与其他防疫单位在车站码头分设水路检疫站，6 月份估计检疫人数已达 69249 人。原有省防疫医院扩充为病房，大量收容患者，除了原有医护人员 55 名外，并临时征召市内开业医师 28 人协助治疗工作[③]。在大城市因为医疗资源较丰富，所以在成立隔离医院时较其他县市要快[④]，例如 1942 年贵阳霍乱盛行时，自该市发现疫情后，救护总队即会同该市防疫机关组织成立临时防疫医院，未成立前则由贵州省立医院收治，至 9 月时已收容患者 958 例，其他各县虽也先后成立临时隔离医院，但较之贵阳市则在品质上较逊，在成立时间上也较迟[⑤]。

华北地区因为地形辽阔，而且疫情又有遍及乡村之情形，所以在隔离检疫上比起华南地区要困难。据报该地发生鼠疫后，救护总队所属医务队及协助当地卫生机关即施行紧急的隔离检疫措施，首先动员各地军民，彻底封锁疫区，不准人外出，以杜绝蔓延，并清查户籍，每日三次点名隔离；其次，无疫的村庄由部队会同地方组织一率与疫区断绝交通，绝不准人进入；第三，黄河两岸布置严密的封锁线，凡由疫区进出及河西来绥者一律封锁检查；第四，各机关均设立隔离所，凡疫区来人及无家可归者，一律收容；第五，疫区牲口一概不准放牧，死后焚化深埋；第六，在染疫房屋内铺置三尺厚的杂草，然后焚毁牛马粪及染疫房屋；第七，用煤油灌入疫毙尸体口内，彻底焚毁[⑥]。救护总队与其他卫生机关通过上述隔离措施，从而有效地控制了华北地区疫情的蔓延。

---

① 林竟成：《参加红会救护总队部工作的回忆》，《贵阳文史资料选辑》第 22 辑，第 66—67 页。

② 《中国红十字会》，第 8 页。

③ 《疫情旬报》第一十九号（1942 年 9 月上旬），中国第二历史档案馆藏：《红十字会档案》，476-198。

④ 参见巫仁恕：《战争与疾疫：抗战后期的疫情与疫政（1940—1945）》，《中华军史学会会刊》第三期（上册）（1997 年 12 月），第 354 页。

⑤ 《疫情旬报》第二十二号（1942 年 10 月上旬），中国第二历史档案馆藏：《红十字会档案》，476-198。

⑥ 《全国疫情》第六期（1942 年 6 月），贵州省档案馆藏：《救护总队档案》，M116-289。

抗战时期救护总队在开展防疫工作过程中，通过采取预防注射、促进环境卫生、宣传教育、疫情调查、隔离检疫等措施，在一定程度上有效地控制和扑灭了相关疫情的蔓延。但救护总队在实施防疫工作中，也面临诸多问题，使其防疫工作无法达到预期效果，或完全流产。当时救护总队防疫工作面临的最大问题就是战争本身。因为战争，部队调动频繁，难民也常迁移避难，往往使防疫工作中断而功亏一篑，如在1942年6—9月，浙赣战区霍乱盛行，适值浙赣战役开始，部队驻防随时变更，致使防治工作与疫情报告中断①。又如1942年2月因为第三次湘北会战开始而影响疟疾的防治，使防治工作中断②。隔离检疫措施常因部队调动而无法完全封锁病媒之传播。1942年常德鼠疫因再度流行时驻军曾协助封锁疫区隔离检疫，但至年底因军队突然调动，无形中又开放了疫区③。

民众防疫常识的缺乏是救护总队开展防疫工作面临的又一现实问题，如湖南常德在1942年时鼠疫再度流行，在未发现病例前即已有死鼠发现，惜民众未谙疫鼠死亡之先兆，致酿此流行惨剧④。有的民众缺乏疫情常识，如1943年秋季，浙江丽水一带鼠疫流行，疫情从吴吁、九龙一带，迅速延及碧湖镇、新合乡一带。新合乡保定村农民张通宝染上鼠疫病亡，数天之内，全家五口亦被鼠疫夺去了生命，张通宝的亲戚、邻居，仍按旧俗为死者吊丧殃葬，事后，不少参加丧事的亲朋邻居和超度亡灵的道士，亦被鼠疫吞噬了生命⑤。又如1943年邵武爆发鼠疫，部分老中医，不注意预防，挨家挨户去看病，结果做了无谓的牺牲⑥。一般边远的民众对于西医仍有畏惧的心理，因而影响防疫工作，如1942年广西南丹县霍乱盛行时，当医疗队赶到霍乱地区后，最初有些人不相信西医，不肯接受打点滴治疗及霍乱疫苗注射，后来他们看到

① 《疫情旬报》第二十四号（1942年10月下旬），中国第二历史档案馆藏：《红十字会档案》，474—198。

② 《全国疫情》第五期（1942年2月），贵州省档案馆藏：《救护总队档案》，M116-289。

③ 《疫情旬报》第二十七号（1942年12月中旬），中国第二历史档案馆藏：《红十字会档案》，476-198。

④ 《疫情旬报》第二十六号（1942年12月上旬），中国第二历史档案馆藏：《红十字会档案》，476-198。

⑤ 王琅：《在黑色恐怖的年月里——抗战后期鼠疫在碧湖流行纪实》，《丽水文史资料》第二辑（1985），第191页。

⑥ 吴钟：《邵武鼠疫记略》，《邵武文史资料》第一辑（1982），第51页。

注射疫苗的人都不死，才相信有效。每当医疗队转移别村时，他们仍尾随而来[1]。至为严重的问题是当时民众，因缺乏现代医学知识，仍延续传统对疾病的看法，以为疾病是瘟神作祟，于是大行迎神赛会，结果是劳民伤财，反而因为群众聚集而更增加了传染的机会[2]。如上述邵武鼠疫流行时，该地华严寺的和尚、热衷于搞迷信的人，说鼠疫是神的惩罚，求神拜佛，可以免疫。于是发起募缘建道场、设坛念咒、坐神台送瘟神等活动，劳民伤财，无济于事[3]。再如 1943 年福建建瓯县流行鼠疫，该地民众对疫情认识的态度：

正当人们谈鼠色变的时候，形形色色的迷信活动应时而兴。长街头作五天“普度”，请和尚念经，还发动仓长居民集体吃素。忠孝镇通仙社发起“消除瘟疫灾难大游行”，一夜开支达 30 万元。五帝列队出巡，神棍四出化缘，大捞一把。观音菩萨也当仁不让，在黄华山举行昼夜“燃灯大会”，霞抱剧团从数十里外赶来赞襄善举、亳栋路上日夜游人不断，更增加了传染的机会[4]。参议员也不提防疫议案了，好多人都跑去黄华山看平剧。

由于民众防疫常识的缺乏，增加了各种传染病传播的机会，救护总队的防疫工作时时处于被动的状态。当疫情暴发时，救护总队虽尽力予以防治，但民众由于缺乏现代医学常识，对疫病的认识还停留在传统的层面上，不予积极的配合预防，致使救护总队防疫工作效果事倍功半。

影响救护总队防疫工作效果的另一因素是环境卫生，当时部队或民间的环境卫生工作均不佳，极易生传染病。1940 年四川重庆磁器口区与大渡口区疟疾与痢疾流行，据调查，痢疾之所以发生与饮水有关，一因人民卫生常识不足，滥饮生水；一因该地四郊虽有若干地段划入市界，但迟迟未移交接受，警察也未能进驻，加上范围又广，对于环境卫生之改良至感困难，故疟蚊滋生，叮咬人血，因之疟疾两症自易流行[5]。再如周美玉回忆其在广西巡查兵站医院时，发现那里的病人几乎等于睡在

① 《潘宗武先生访问记录》，第 255 页，转引自巫仁恕：《战争与疾疫：抗战后期的疫情与疫政（1940—1945）》，《中华军史学会会刊》第三期（上册）（1997 年 12 月），第 359 页。

② 参见巫仁恕：《战争与疾疫：抗战后期的疫情与疫政（1940—1945）》，《中华军史学会会刊》第三期（上册）（1997 年 12 月），第 359 页。

③ 吴钟：《邵武鼠疫记略》，《邵武文史资料》第一辑（1982），第 51 页。

④ 潘芳：《战时建瓯另一灾祸——鼠疫》，《建瓯文史资料》第十一辑（1987），第 76—77 页。

⑤ 参见巫仁恕：《战争与疾疫：抗战后期的疫情与疫政（1940—1945）》，《中华军史学会会刊》第三期（上册）（1997 年 12 月），第 360 页。

地上，只是一层稻草而已。院长及准尉看护长告诉周美玉，该医院每天都要死100多名病人，死因多为痢疾、伤寒。由于这种病患泻肚时来不及上茅屋，许多人就躺在粪便之中，卫生状况极糟，以致死亡率高得惊人①。

护理人员及设备的阙如也致救护总队开展防疫工作困难重重。由于各种传染病在军队及民间蔓延，病者数目显著增加，防疫与护理工作亦日见繁重与困难。虽然救护总队派往疫区协助防疫的卫生队，每队有环境工程人员6人及环境助理员8人，然因有时疫情严重，经良好训练的卫生人员，不敷调用，故防疫工作，未能臻于完善②。在治疗上因为医疗人员素质参差不齐，常有误诊或治疗方法错误的例子发生。1944年日军在丽水散播鼠疫病菌，当地居民相继发生高热病症。但当时医生从未见过鼠疫病，开始误诊为恶性疟疾并为之治疗，以后才确诊为腺鼠疫。③又如周美玉回忆其在广西发现患伤寒病的病人因肠穿孔而死亡。一问之下，才知道，病人只要嚷饿，医院就给他们吃干饭，周美玉不禁叫了起来："这就难怪啰，人都给你们撑死了。"原来伤寒菌在肚子里之淋巴腺部分溃烂，第一周病人体温不高，第二周升高，第三周下降，这时肚子开始饿。但此时只能吃流质食物，而且必须多餐少量，一日六餐如果不可能，至少也要一日三餐。医院的看护兵及医院附近的村民喂以干饭，自然要坏事。经周美玉他们向医院解释，"不是我们不给病人饭吃，而是他们不能吃"，如此才改喂稀饭，护理方法正确后，死亡人数立即下降④。救护总队除确感防疫人员缺乏外，亦有设备不足之困难。即就被服一类物品而言，其数不敷日常洗换之用，若遇腹泻患者，屡需更换被服，则更求过于供。额外预备之毛毯、便盆、洗肠器及盐水注射器等病室器具，亦往往几付阙如。再者，救护总队的防疫经费，亦至为缺乏，按其预算经费，购备足量烧水之燃料及肥皂等物，费用亦感困难⑤。在防疫治疗的机构方面，即使在重庆市，红十字会总会及救护总队虽已有1个传染病医院、1个诊所、3个医防服务队，但仍有因缺少专收传染病

---

① 张朋园访问，罗久蓉记录：《周美玉先生访问记录》，第54页。

② 《总会救护总队部第四次报告》，贵州省档案馆藏：《救护总队档案》，M116-15。

③ 唐国俊、程溯本：《丽水城鼠疫流行的回忆》，《丽水文史资料》第二辑（1985年），第189页。

④ 张朋园访问，罗久蓉记录：《周美玉先生访问记录》，第54—55页。

⑤ 《总会救护总队部第四次报告》，贵州省档案馆藏：《救护总队档案》，M116-15。

病患的医院，使病人无人问津而致死的例子[1]。

疫苗与药品器材的短缺也是救护总队防疫工作不能达到效果的致命问题。例如救护总队在治疗回归热患者时，因各防疫队缺乏足够的显微镜，以致该病的诊断，仅根据患者的既往病历及临床之病症而定之[2]。又如1942年3—5月在四川璧山县城区的军队中发现回归热的病例21名，死亡1名，在防治上就面临了药品不足的困扰[3]。1942年9、10月间湖南辰溪与慈利二县发生霍乱，也陷入缺乏设备与医护人员的窘况。有时药品还来自敌后的走私品[4]。

军纪不佳也影响到救护总队防疫的成效，如1943年襄樊、保康、双河一带发生回归热、斑疹、伤寒，防疫中队当即派人前往防治。为彻底消灭虱蚤，普遍开展蒸煮衣服、被褥，进行消毒处理工作，使病情逐渐得到控制。但有的部队为防新兵逃跑，让新兵与有病的老兵挤住一室，病员不能隔离治疗，致有大批人员患病死亡。还有个别队员弄虚作假、虚造名册，将菌苗没掉；有的在为部队治疗疾病时，没有认真检查，滥发药品，造成极大的损失和事故；个别队员甚至趁机谎报疫情、倒卖药品，从中渔利，这也是传染病不能根除的原因之一[5]。

尽管救护总队在开展防疫工作、施行防疫措施的过程中，面临诸多无法解决的问题，如战争的影响，民众防疫常识的缺乏，环境卫生的糟糕，防疫人员与设备以及药品器材的匮乏，加上部队军纪不佳等现实问题，使其防疫工作与措施在效果上大打折扣，但救护总队在如此恶劣的环境下，从抗战军民的健康出发，致力于防治各种传染病，其在抗战中的防疫成绩与努力不容抹杀。从1938年1月—1939年6月共计注射天花疫苗160967人次，霍乱疫苗265181人次，伤寒霍乱混合疫苗157969人次，破伤风疫苗10622人次[6]。从上述数字中，我们可以窥见救护总队开展防疫工作的努力以及实施防疫措施所取得的效果。整体说来，救护总队在防疫工作方面的表现以抗战中后期最为突出，其医务队深入民

① 参见巫仁恕：《战争与疾疫：抗战后期的疫情与疫政（1940—1945）》，《中华军史学会会刊》第三期（上册）（1997年12月），第360页。

② 《总会救护总队部第四次报告》，贵州省档案馆藏：《救护总队档案》，M116-15。

③ 《疫情旬报》第十一号（1942年6月中旬），中国第二历史档案馆藏：《红十字会档案》，476-198。

④ 参见巫仁恕：《战争与疾疫：抗战后期的疫情与疫政（1940—1945）》，《中华军史学会会刊》第三期（上册）（1997年12月），第361页。

⑤ 文世方：《军政部第五防疫大队》，《襄樊文史资料》第六辑（1987），第28—29页。

⑥ 《总会救护总队部各医务队防疫工作统计》（1939年1月至6月），贵州省档案馆藏：《救护总队档案》，M116-15。

间及军队驻地，为民众及军人进行治疗，传播卫生知识，有效地维持并增强抗战力量，促进基层的公共卫生。救护总队在抗战时期的防疫工作对于抗战的胜利具有相当的贡献，特别是其注重预防的观念与作为，对防疫工作实有深远的影响。

（三）促进环境卫生

在传染病发生流行后，应加强媒介物的管理，像经由饮水、食物被污染所引起的疾病可借由食品的消毒灭菌、粪便垃圾的清洁处理、饮食业者的督导与取缔等方式，以达到预防感染的目的。所以，改善环境卫生是救护总队开展防疫工作的另一项防患于未然的方法。当时中国流行的传染病，主要的传染途径是以昆虫和饮水为主，例如霍乱、伤寒、痢疾常因饮水不洁所致，而鼠疫、斑疹伤寒、回归热、疟疾等则是借助跳虱、蚊子等传播。故如防疫单位可以有效消灭这些媒介，将可以达到预防或遏止传染病流行的功效[①]。

救护总队从 1938 年冬季起，就开始在部队中开展环境卫生工作[②]。总队长林可胜对于军队环境卫生工作寄予厚望，他认为部队驻在乡村里，“不单部队本身的环境卫生要办好，还要训练部队改善乡村的环境卫生。将来胜利复员，这大批士兵，回到自己的乡村，便可以把全国的乡村环境卫生做好了，这样也就是为将来建国时期的公共卫生打好一个基础”[③]。

在总队长林可胜的提倡与支持下，救护总队乃成为战时最早开始从事环境卫生工作的单位之一。救护总队在环境卫生工作方面，针对上述传染病传播的途径，拟定防治策略，首先是设立灭虱站。1938 年夏，救护总队医防队就担任环境卫生的主要工作，在难民收容所内改善环境卫生，以及负责饮水消毒与一般卫生的管理[④]。自是年冬季，救护总队开始在各军医院为伤病士兵实施灭虱、沐浴、治疥工作，由医防队及救护队推行之。此项工作乃救护总队防疫计划之一，灭虱原为防止斑疹伤寒与回归热的传染，但因部队中疥疮流行甚剧，而且其防治方法与灭虱相

① 参见巫仁恕：《战争与疾疫：抗战后期的疫情与疫政（1940—1945）》，《中华军史学会会刊》第三期（上册）（1997 年 12 月），第 356 页；张建俅：《中国红十字会初期发展之研究》，第 225 页。

② 《总会救护总队部第四次报告》，贵州省档案馆藏：《救护总队档案》，M116-15。

③ 刘永懋：《抗战八年追随林可胜先生的回忆》，《传记文学》16 卷第 1 期。

④ 《总会救护委员会第三次报告》，贵州省档案馆藏：《救护总队档案》，M116-14。

同，故灭虱治疥同时进行[①]。于是救护总队订购各项铅铁、铁管、汽筒等金属器材，开始制造灭虱器，修建沐浴所[②]。11月长沙二次大火后，伤病官兵如潮涌般被送进救护总队各医疗队服务的军医院，据时人回忆，“只见林先生经常独自在室里踱步，转圈子，一筹莫展，不知如何是好”[③]。后来救护总队迁至湖南祁阳，此时总队长林可胜乃与部属刘永懋商议，认为须要为大批伤病官兵做点事，首先是为他们灭虱洗澡。刘永懋在林可胜的指示下，找了两个卫生稽查人员，将53加仑空气油桶改装成锅炉，烧热水，布置了一个简单的灭虱沐浴治疥站，在56后方医院内，把较轻的伤病患者先行灭虱、洗澡、治疥甚至理发，再配合周美玉、孙秀德、吴琼芳等护士所进行的特别营养补充工作，据称这次实验获得伤病士兵的热烈欢迎。此后，林可胜与刘永懋一起草拟了一个灭虱治疥的大计划，预备在所有军区内，由救护总队设立灭虱治疥站，因灭虱站具有沐浴、去疥、灭虱三种功能，即取英文名为DBS（Delosing, Bathing and Scabies Treatment）Project[④]。由此开始，救护总队乃持续在各部队及军医院进行灭虱站的建设。直到1940年6月底为止，各军区经救护总队协助设立灭虱站共202个，经救护总队提倡后由军区自行建立者不计在内[⑤]。而26集团军在现有100多个灭虱站的基础上要求每一营建一灭虱站[⑥]。

救护总队在各部队设置的灭虱站，其布置大约有几个重点：脱衣室、灭虱室浴室、穿衣兼治疥室。治疗流程大致如下：士兵先进脱衣室脱去全部衣服，将衣物交入灭虱室，放在灭虱器上蒸烫消毒，去除虱子。与此同时，士兵进入浴室淋浴，淋浴完毕后进穿衣室，在穿衣之前如发现士兵身上有疥疮等皮肤病，要先由驻站人员敷以药膏，然后士兵可穿回经消毒灭虱后的清洁衣物离去[⑦]。

灭虱虽为战时防止虱传疾病及疥疮的方法，但救护总队开始所用的灭虱器，平均每日仅可处理77人，及其冬季的被服，工作效率并不高。

---

① 《总会救护总队部第四次报告》，贵州省档案馆藏：《救护总队档案》，M116-15。

② 《总会救护委员会第二次报告》，贵阳市档案馆藏：《救护总队档案》，40-3-60。

③ 刘永懋：《抗战八年追随林可胜先生的回忆》，《传记文学》16卷第1期，第60页。

④ 刘永懋：《抗战八年追随林可胜先生的回忆》，《传记文学》16卷第1期，第60页。

⑤ 刘永懋：《抗战八年追随林可胜先生的回忆》，《传记文学》第16卷第1期，第60页。

⑥ 《卫生顾问柯理格致辞》，贵阳市档案馆藏：《救护总队档案》，40-3-34。

⑦ 各地设置的灭虱站有时因地制宜，在格局与容量上有所差异，但基本布置的原则与应有的功能大致一样。《陆军第80师建立灭虱站报告表》（1940年5月9日），贵州省档案馆藏：《救护总队档案》，M116-53；《总会救护总队部第十五医防队荆门灭虱站平面图》（1940年3月），贵州省档案馆藏：《救护总队档案》，M116-53。

救护总队根据过去灭虱的经验，从 1939 年 1 月起，遂将灭虱器的容量增大，以每日工作 8 小时计，每套可处理 240 人，从而大大地提高了灭虱效率[①]。灭虱站可以有效地消灭虱子、跳蚤等传染病媒介，从而遏制传染病的流行，从另一个角度来看，也提供部队士兵淋浴的机会，必然对当时部队士气的提高有相当的帮助[②]。自 1939 年 1—6 月，救护总队先后派遣医防队 4 队，卫生队 7 队办理此项工作。共计完成者，在后方医院有 19 处，伤兵收容所 5 处，包括湖南（祁阳、衡阳、长沙、桃源、辰溪、芷江、晃县、零陵），广西（灵川、阳朔），江西（固江）与贵州（贵阳）数省。经救护总队灭虱的伤病士兵有 344762 人，被服 229409 件[③]。总计在抗战期间经救护总队灭虱站灭虱人数达 792148 人，灭虱衣物 3881176 件[④]。经救护总队设计并推广的灭虱站，究竟消灭了多少虫媒传染病，及增加多少作战力量，则是无法用数字来衡量的。

第二，饮水消毒。许多传染病与水污染相关。就以霍乱为例，在霍乱疫区饮水的消毒非常重要，例如 1942 年四川涪陵县霍乱盛行时，救护总队与其他防疫单位在沿江 40 余处水码头设立饮水消毒站，由该县之保甲长分别管理，负责一切。饮食摊贩也分别予以取缔及设立防蝇设备[⑤]。因此饮水消毒首先必须保护水源，但是保护水源在战时因经济、环境等原因很难办到。普通饮水消毒以煮沸为最适宜的办法，然而部队行军时，往往多有不便，即使煮亦不待沸而饮用。救护总队针对部队的实际情况，认为部队饮水消毒以化学消毒为佳，通用化学药品为漂白粉，漂白粉中含有氯，适合于对饮水消毒。饮水一经化学消毒后再煮沸，饮用则更为安全。因此，救护总队建议作战部队每一官兵口袋中应备有一饮水消毒小瓶（可利用竹筒代替），瓶内盛漂白粉[⑥]，在行军中可用来消毒饮水。

第三，粪便处理。部队中厕所大多不能建设完善，粪便处理对于改善部队环境而言显得非常重要。所以救护总队根据部队的实际情况总结了以下几种处理粪便的方法：一是掩埋法，“掘地为沟，倾粪其中，上

① 《总会救护总队部第四次报告》，贵州省档案馆藏：《救护总队档案》，M116-15。

② 参见张建俅：《中国红十字会初期发展之研究》，第 227 页。

③ 《总会救护总队部第四次报告》，贵州省档案馆藏：《救护总队档案》，M116-15。

④ 《中国红十字会》，第 8 页。

⑤ 《疫情旬报》第二号（1942 年 3 月中旬），中国第二历史档案馆藏：《红十字会档案》，476-198。

⑥ 《二十六集团军卫生工作会议发言稿》，贵阳市档案馆藏：《救护总队档案》，40-3-34。

覆以土，谓之掩埋法”，要求沟宽30余公分，深达40余公分，其长度则视粪量的多少而定，然后将粪倾入沟中，粪便离地面10公分，再用土掩埋，并立牌警告，以免行人坠落粪沟中。掩埋法是部队处理粪便最适宜的方法，但掩埋粪便的地方必须距离饮水区（如河井等）一百丈以外。二是焚化法，该方法是最彻底处理粪便的方法之一，焚化法要求将粪便中的水分过滤掉，再用易于燃烧的垃圾与粪便一起焚化。三是肥田法，此法须将粪便存储在有盖的缸坑中，历经10天，才能用来放入田中。四是消毒法，使用此方法处理粪便，通常应用的材料是石灰，因为石灰比较经济，而漂白粉比较贵，效果也没有石灰好，把石灰制成石灰乳，与等量的粪便和在一起，在两小时后即达到消毒的效果①。

第四，垃圾处理。垃圾的范围很广，如厨房废物、灰烬、厩肥、粪便、街道除物及死物遗体等均属于垃圾。处理垃圾的方法很多，但费用也不少，特别是在战时经济比较困难的情况下，要完全达到处理好垃圾的目的还是比较困难的。但救护总队在此情况下也采取了多种措施来处理垃圾：一是饲畜法，这种方法在部队施行比较少，原因是部队畜牧很少见，只喂有少量的猪、鸡用来补充军阵营养，也可以消耗一部分垃圾。二是焚化法，凡属易燃的垃圾都适宜用此方法。三是掩埋法，此法最为简易，一切垃圾都可用该法处理②。

救护总队在抗战期间特别是军队的环境卫生工作上，付出了极大的努力，取得了一定的效果。根据第4中队《三十年度工作检讨》可以知道，1941年湘北部队防疫工作，事实上已有显著效果，在该部队没有霍乱患者，痢疾患者比1940年大为减少，伤寒患者也甚少见，主要原因是部队环境卫生有了很大进步，普遍实施隔离、预防注射以及注意个人卫生③。以1944年为例，救护总队建设部队环境卫生设施共96处，检查部队环境卫生设施达501次，改善环境卫生379次，协助改善环境卫生416次，分发漂白粉200公斤，分发硫黄269公斤，公开演讲73次④。如第9大队在第三次湘北会战结束后，除在野战医院协助工作外，其工作重心着重于部队环境卫生的改善⑤，在改善部队环境卫生中，着重抓了：（1）改善饮水，要求先过滤再煮费，过滤因地制宜，设计了几种土

① 《二十六集团军卫生工作会议发言稿》，贵阳市档案馆藏：《救护总队档案》，40-3-34。
② 《二十六集团军卫生工作会议发言稿》，贵阳市档案馆藏：《救护总队档案》，40-3-34。
③ 第四中队：《三十年度工作检讨》，《会务通讯》（1942年6月10日）第8期，第5页。
④ 《三十三年医务工作择要发表统计数字》，《会务通讯》第34期（1945年8月），第19页。
⑤ 参见吴宏宇：《记第六十四医疗队》，《贵阳文史资料选辑》第22辑，第147—148页。

沙滤井或沙滤桶；沙滤后水质差的加漂白粉消毒，并测定氯。（2）改善厕所卫生，改进粪便处理方式，做到厕所无蝇无臭味，处理粪便及时、合理，厕所窗门有防蝇设施（一般用竹篾制成的土纱窗，门内有一条暗道）。（3）注意厨房卫生和食品卫生，要求厨房内无蝇，食品新鲜清洁。（4）注意营房卫生和个人卫生，保证有适当的通风、照明，清洁整齐等。方法是先在一个连队试点，并发动官兵献策，土法上马，在不花钱只出力的情况下使卫生状况得到改善；再通过组织参观，加以推广；然后以师为单位，组织检查评比，再由全军组织评比。检查时定出具体项目和标准要求，每项定出分数，依总分多寡分出高低。这项工作涉及各个队的荣誉，因此各队都愿积极开展，一般搞得较好的队，成绩也颇明显，部队的患病率有所下降。这个部队的环境卫生得到改善，经救护总队部的检查，邻近的第3大队（在江西）和一些医疗队前来参观，甚至在贵州安顺的国民党军医学校的教务长也闻讯而来，都给予好评①。1943年7月间，美国医药援华会主席柯尔波到湘北视察部队卫生工作，赞叹不已："愈到前线，部队环境卫生愈优良，印象之佳，是出乎意料的。"② 救护总队将预防医学及环境卫生工作，深入军中，遍及各战区，其对减少治疗工作，保持作战力量之贡献可想而知。

（四）注重医护工作

抗战相持阶段，各军医院因限于经费、编制，医护人员与护理设备均相当缺乏。虽然救护总队派往襄助各后方医院（有1000张病床）之医疗队，每队有医护员6人及医护助理员8人，但医院对于经良好训练之医务人员，仍然甚感缺乏（总计全国军医院共设病床25万张，而全国经登记之护士，为数不及5000人，其中服务于军医院者则不及1000人），故护病工作，犹未臻完善，加之病者数目增加，护病工作亦日见繁重与困难③。如各军医院多不整洁，伤病兵衣服及毛巾等物任意悬挂，漫无秩序，重伤病兵身体龌龊至极，指甲头发亦从未修剪，所用棉被多沾有虱子，且未得周密之护理，其情形非常可怜。如患疥疮者，为数众多，重者不能起床，有剧烈瘙痒及疼痛之苦，此外，营养不良，引起贫血及浮肿的伤病兵亦属不少④。

① 吴宏宇：《记六十四队》，《红会救护总队》，贵阳文史资料选辑第22辑，第147—148页。

② 林竟成：《第九大队与四次湘北会战》，中国第二历史档案馆藏；《红十字会档案》，476-1985。

③ 《总会救护总队部第四次报告》，贵州省档案馆藏：《救护总队档案》，M116-15。

④ 《周美玉、孙德秀医护报告》，贵州省档案馆藏：《救护总队档案》，M116-14。

各后方医院除感医护人员缺乏外，亦有设备不足之困难。如以被服一类物品而言，其数不敷日常洗换之用，若遇腹泻患者，屡需更换被服，则更求过于供。额外预备之毛毯、便盆、灌肠器及盐水注射器等病室器具，亦往往几付阙如①。因此，患者常用水桶作便盆用，当伤病兵需要时，即由看护兵将该只水桶置于病床之侧，患者无人搀扶，且室寒衣薄，甚易受凉，加以羸弱过甚，无力起坐，不得不即在床上大小便。因此，被褥污迹不堪，难以容身，每爬至邻床与其他患者共卧，易产生交叉感染，甚至在少数收容所与医院中，存在伤病兵死亡数小时后其尸体还未搬出的现象②。

军医院建筑颇为简陋，夏季则苍蝇群集，入冬又寒风透骨，其设备较为完善的医院，每床尚有草褥棉被各一条，但条件较差的医院，有时二三人共用一被。医护人员其数甚少，不敷分配，且多未经相当训练，其中尤以下级人员为最。关于饮食方面，每日两餐，除粥食以外，有蔬菜一碟，肉类稀少，不论伤病，一律相同，每人每日规定伙食费，连柴炭在内不过两角，其不敷可想而知。至于特别饮食更无从谈起③。抗战期间，要实施最简单之护病工作，其困难不言而喻。

在抗战救护实施过程中，训练现有医务人员，实为改善医务之首要任务。因此，救护总队决定在战时卫生人员训练班合作训练医护助理员。训练范围，除教授护病学之原则及实习外，包括如何使护病工作适合我国后方医院之经济状况及其他情形。其训练经过如下：将各学员分为若干组，派到医院实习，每组有规定工作，每隔5天，轮流替换。早晨在病房工作，如量体温，记录脉搏及呼吸次数，整理床铺，扫地，为重伤病兵洗脸，分送早餐与饮料，伤病兵不能自食者，则由学员喂之。早餐完后则升燃碳盆，为重伤病兵擦身体，剪指甲，更换污迹被单，不能起床大小便的伤病患者，学员乃在其臀部垫置草纸，以免污湿床褥，其他则司换药工作④。在下午仅有少数需要再换药的患者，所以大部分学员仍继续为伤病兵沐浴治疥、量体温、记录脉搏和呼吸次数等，又代伤病兵写信及喂送午饭，其他一部分学员则制备敷料、药膏、药水及学习用蒸汽锅消毒之法⑤。

---

① 《总会救护总队第四次报告》，贵州省档案馆藏：《救护总队档案》，M116-15。

② 《周美玉、孙德秀医护报告》，贵州省档案馆藏：《救护总队档案》，M116-14。

③ 《周美玉、孙德秀医护报告》，贵州省档案馆藏：《救护总队档案》，M116-14。

④ 《总会救护委员会第三次报告》，贵州省档案馆藏：《救护总队档案》，M116-14。

⑤ 《总会救护委员会第三次报告》，贵州省档案馆藏：《救护总队档案》，M116-14。

每个学员管理一两名重伤病兵作为看护之训练，同时与伤病兵作个别谈话，了解患者的身体及精神状态、家庭情况、受伤经过，以及治疗的步骤与护理之方法。这样做，不仅能引起各学员对于医学之兴趣，而且能激发其对患者的同情。此外，学员还要协助调制特别饮食，管理环境卫生、灭虱等①。

救护总队在各军医院派有医务队，亦派遣高级医护人员在各军医院担任医护指导员，在其服务之医院内，担任训练该院医务人员及实习学员等工作。学员实习期满，由救护总队在该院工作的医疗队队长或队员担任临时指导员或教员，视学员工作之成绩，决定其是否毕业②。救护总队各教学人员除担任指导学员外，还从事试验病室、手术室、储藏室、洗衣处、厨房的护病方法及所需物品的研究工作③。

自实习学员在医院工作后，伤病兵的护理大为改观，患者伤口能得到及时清洁处理，伤口亦能每日换药，70%以上的疥疮患者均被治愈，床铺被褥可免污湿之忧，患者营养大为改善，身体日渐强壮，精神亦大为振作④。

推行特别营养是救护总队开展医护工作的重要内容。抗战时期，士兵每日仅拨给一角五分的伙食费，与良好体格士兵对营养的要求差距非常之大，其每天所得具体食物的热量不过3000卡路里，仅为常人日常所需的最低限度的热量，加之维生素及其他营养物质缺乏，所以，战时士兵一天所得的食物远远不能满足前线战斗之需要。中国军队组织一向具有独立性，如果士兵一旦离队，势必几经周折，才能获得给养，至于伤病兵在未到收容所或医院以前，其给养之困难难以想象。然而，军医院的伙食费也不过两角，要充作重病兵特别营养不敷远甚。故伤病兵因缺乏蛋白质与维生素，患营养不良性浮肿及脚气病者比比皆是。此外，伤病兵食物中缺少构成红细胞的物质，加之其多患疟疾，所以贫血士兵随处可见，军医院的伤病兵中约有20%的患者多因营养缺乏产生各种病症⑤。因此，改善伤病兵饮食已成战时救护医务工作的重要内容。救护总队有鉴于此，在军医院协助院方设立特别营养厨房，作为院方护病工

① 《总会救护委员会第三次报告》，贵州省档案馆藏：《救护总队档案》，M116-14。

② 《总会救护委员会第三次报告》，贵州省档案馆藏：《救护总队档案》，M116-14。

③ 《总会救护委员会第三次报告》，贵州省档案馆藏：《救护总队档案》，M116-14；《总会救护总队第四次报告》，贵州省档案馆藏：《救护总队档案》，M116-15。

④ 《总会救护委员会第三次报告》，贵州省档案馆藏：《救护总队档案》，M116-14。

⑤ 《总会救护委员会第三次报告》，贵州省档案馆藏：《救护总队档案》，M116-14。

作的重要内容之一。特别营养厨房先后在祁阳第367后方医院、第170后方医院及第6陆军医院分别设立，然后分步在全军部队医院推广，由救护总队医护指导员负责管理工作，并由内科指导员担任技术指导[①]。

救护总队为使住院重伤病官兵食品搭配合理，用各军医院原给养费（官佐每人每日二角五分，士兵每人每日二角）采办较易消化食品，分5次给予伤病官兵食用：第一次是菠菜汤饭（由软饭配合菠菜烹调而成，约需四分钱）；第二次是热牛奶或豆浆300公撮，鸡蛋一个，饼干4块，白糖30公分（约需五分钱）；第三次是猪肝肉汤挂面（约需七分钱）；第四次是猪血肉汤饭（约需三分钱）；第五次是菠菜肉汤饭（由软饭配合菠菜猪肉烹调而成，约需五分钱）。除上述5项外，其余烹调，每种加猪油5公分。凡患脚气病的官兵，除给予以上5种食品外，另给予第二项或第三、四项特别食物，每日一次，以资补充[②]。

各院所需特别营养的经费，除在医院规定经费内支配应用外，不敷之数，由救护总队补贴。此外，救护总队还供给牛奶、饼干等食品。各种特别饮食给予标准则由主治医官应病人疾病之需要，加以选择。供给病人各种特别营养的目的，不仅在于使病人体力得以恢复，还在于供给患痢疾、肠病、营养缺乏性浮肿、维生素缺乏症及因慢性疟疾、慢性坏血病后出血等引起贫血的病人所需之营养[③]。

特别营养厨房每日给予病人的食品，所含热量平均在2500～3000卡路里。对于食品烹调，救护总队亦极注意，讲求味美可口，使病人得以热食。在实施特别营养的头3个月内，供给患者食品的数量以吨计算，次数达1287次之多[④]。

在战争相持阶段，病兵多于伤兵，病兵问题较伤兵严重，医疗问题成为抗战相持阶段医护工作的难题。医疗是否合理与军医本身的素质和技术有密切的关系，救护总队医护人员协助军医加强护理工作也只能起到局部协助之作用，而不能从根本上改进。护理工作在部队卫生机关原不受重视，救护总队医护人员在前方野战医院极力提倡与鼓吹护理工作的重要性，如提出“预防重于治疗，护理重于用药”的口号，亦不能有根本之成就，主要问题在于部队卫生作业中未有军护制度，只有医官而无护理人员（仅有少数训练过或无训练的看护兵而已），故部队卫生机

① 《总会救护委员会第三次报告》，贵州省档案馆藏：《救护总队档案》，M116-14。
② 《总会救护委员会第三次报告》，贵州省档案馆藏：《救护总队档案》，M116-14。
③ 《总会救护委员会第三次报告》，贵州省档案馆藏：《救护总队档案》，M116-14。
④ 《总会救护委员会第三次报告》，贵州省档案馆藏：《救护总队档案》，M116-14。

关如要有良好之护理工作，必须确定和建立军护制度，不然救护总队医护人员虽尽力介绍办法，但是结果却不能为卫生机关所吸收利用，那么救护总队所提倡办理的护理工作也有被排除的危险。部队中护理工作应该建立合乎现实环境、合乎部队需要的制度，不能以大医院的那一套勉强用于部队卫生机关，教材也应合乎实际，不能尽取之于护病学的教条①。

部队卫生作业落伍，最大原因在于部队卫生人员精神状态不佳及技术落伍。卫生人员素质及精神不佳，则虽有最好之计划，也不能收预期之效果，因其本身不能明了其使命，智识不足以负担所给予之计划，精神萎靡，缺乏进取心，肯定不能得到部队将士的信任。要改革部队卫生作业，首先应从训练部队卫生人员入手，再以部队严格命令推行。针对此种情况，救护总队应以协助训练与教育为主要目标，而非代替部队卫生人员工作。故救护总队各医疗队在各师工作时均协助设立短期军医训练班、看护兵班等，促进部队卫生人员提高技术，改善精神状态，颇有效果。此外，救护总队医护人员也应与部队卫生人员共同工作，共同研究，教育不限口讲，工作行动亦即教育。但此种医护临时训练班因设备及人才所限，令人不甚满意。每战区内应设立一个较大规模的部队卫生人员训练机关，作整体系统的训练，使“教学做”三位一体，则收获必倍之无疑。平时部队各级卫生机关的卫生作业应以教育与训练为主，对于看护兵以及担架士兵加强不间断的训练（注意急救、消毒、护理及精神训练）大为重要，军医本身的研究与讨论也很必要。对于部队下级干部，如对连排班长的卫生知识的灌输尤为重要，如果其对卫生作业有深切了解，自可有协助合作之功。救护总队对于部队军官及军士训练也非常重视，将其纳入卫生宣传对象，对其进行环境卫生示范，以给予他们深刻印象，使其回至各单位时能据此实施②。

连为部队最基本的单位，但无卫生人员，卫生工作到达不了连部，救护总队建议部队在每连设卫生兵 1 名，予以规定之训练，并给予急救箱及饮水消毒箱，使其负简易急救、环境卫生（饮水消毒）等简单卫生工作。于是，救护总队草拟卫生兵训练方案，并在第 4 军各师、99 军第 193 师以及 20 军各师试行训练，然后推广至全部队③，效果非常明显，

① 《第四中队中队长林竟成报告》，贵州省档案馆藏：《救护总队档案》，M116-1-5。

② 《第四中队中队长林竟成报告》，贵州省档案馆藏：《救护总队档案》，M116-1-5。

③ 《第四中队中队长林竟成报告》，贵州省档案馆藏：《救护总队档案》，M116-1-5。

深受部队基层士兵欢迎。

部队卫生作业是否成功，要靠每个士兵智识的提高，以及个人卫生的普遍注意，一切卫生作业如不能获得一般士兵的合作与支持，则不能有彻底之成功。故救护总队对于士兵卫生教育极为重视，与部队军医处一同按时编成各种最切要简单的卫生常识教材，发至各连，由各连长每周向士兵作一次卫生讲话，以团营军医协助之，并负随时抽查之责。此外，营医官负责向各连士兵作急救包正当使用法的演习，使每个士兵能作合理的第一次敷伤，这对于后期的创伤治疗至为重要。部队中最重要的创伤处理，不在外科手术医师手上，而在每个士兵手上，不在繁复的手术，而在简单的第一次敷伤①。

督促与比较竞争，是促进部队各单位卫生作业最重要的办法。救护总队在各军师单位设立卫生巡回视导队，由各主管卫生人员和救护总队工作人员巡回至各单位视察，颇收比较、改进、竞争、刺激之功。此外，各师自行组织视导队，不时至各单位抽查。以上两种组织普遍推行，促进了卫生工作的不断进步②。

在抗战相持阶段，部队卫生勤务应改革之处甚多。救护总队根据各医疗队的经验，认为各单位的联系合作最为重要，以战区为单位，适当增强司令长官部卫生处机构的实力，使其能统管全战区卫生作业，教育与命令全时并进③。这样，效果则更为明显。改进部队卫生作业，还要从基层做起，注意团营连卫生机构与作业，以及团营军医下级干部卫生人员的训练。救护总队在前方部队工作所收最显著的效果，是给予各部队长官以及卫生人员良好刺激与影响，使其对于部队卫生作业的重要性有较深的认识与了解，达到本身责任的觉醒，从而带动部队对于其卫生作业的主动努力与推进，使部队长官及卫生人员对部队卫生勤务具有信心。如此一来，部队卫生人员的地位因之提高，其工作积极性也能得到提高，部队卫生勤务亦能符合战地救护的实际，医护工作就能得到长效的推荐与发展。

（五）防御化学细菌武器

化学和细菌武器，是杀伤人畜及祸害农作物的大规模杀伤性武器。由于各国人民的反对，国际联盟大会在 1925 年 6 月 17 日于日内瓦通过

① 《第四中队中队长林竟成报告》，贵州省档案馆藏：《救护总队档案》，M116-1-5。

② 《第四中队中队长林竟成报告》，贵州省档案馆藏：《救护总队档案》，M116-1-5。

③ 《第四中队中队长林竟成报告》，贵州省档案馆藏：《救护总队档案》，M116-1-5。

了《关于战争中禁止使用化学与细菌武器的议定书》，当时日本、美国等38个国家签字。中国国民党政府于1929年加入该议定书。但日本与美国虽为签字国，却迟迟未交存批准书。日本于1931—1945年的侵华战争中，曾反复使用这两种大规模杀伤性武器，残杀我国军民。迄今，中国是世界上遭受化学武器和细菌战危害最久最深的国家①。

1. 化学武器防御

毒气战，又称化学战，是利用化学武器进行的战争。较之其他的常规战争，化学战具有不可比拟的优势。第一，它具有巨大的杀伤力；第二，它具有巨大的威慑力，可以动摇敌方的军心和士气；第三，它非常经济。因此，自化学战诞生后，它就一直受到战争狂人的追捧②。日军在侵华战争中使用毒气的暴行始于1934年，在我国东北用中国军民进行毒气实验、演习，残酷杀害无辜百姓。日军侵略军自1937年卢沟桥事变后，更在我国各战场频繁使用毒气。1945年8月25日，日军在山西汾阳向城墙地道内施放毒气，洞内埋伏的67名八路军指战员中毒牺牲③。

国民政府自1937年10月起，曾以各种传播媒介将日军在中国各地使用毒气的情况公布于世。1938年5月13日又向国际联盟行政院申诉日军使用毒气，呼吁国际社会制裁日本④。据不完全统计，1937—1944年，日军在我国14个省（市），77个县（镇），使用毒气1310次（在正面战场至少有860次以上），使中国军民伤亡36968人，中毒伤死率5.64%，1937年和1941年分别为28.6%、15.6%⑤。

日军不仅对国民党军队使用，也对八路军、新四军的各敌后根据地使用毒气。1944年7月15日，十八集团军参谋长叶剑英发表对日军在敌后抗日根据地使用毒气毒害我军民的严正声明，并列举了1939年4月—1944年3月的重大毒害事件⑥。

据缴获的日军“绝密”文件称“中国军民极为缺乏化学站的准备”，

---

① 参见朱克文等主编：《中国军事医学史》，人民军医出版社1996年版，第127页。

② 步平、荣维木：《中华民族抗日战争全史》，第291页。

③《日本帝国主义侵华档案资料选编　细菌战与毒气战　日军防毒大事记》，中华书局1989年版，第684—743页。

④《新华日报》1938年5月17日。

⑤ 刘传尧：《日军侵华战争使用毒气情况》，《防化杂志》1986年第4期，第42页。孙洪仁：《日军在侵华战争中大量使用化学武器》，《防化杂志》1987年第8期，第44—45页。

⑥《解放日报》（延安）1944年7月22日第1157号。

容易达成军事目的[①]。又据日本陆军志野学校编辑的《支那事变中化学战例征集》（1942 年底）一书说，日军认为中国军队既可能没有报复能力，也没有鉴定毒气并将之公诉于世界舆论的力量，所以大量使用了毒气[②]。日本帝国主义者虽在其投降时为了销毁罪证，烧掉了他们在中国的大部分档案资料，但是确证其罪行的实物仍大量存在。除抗战期间，我方缴获日方大量的化学炮弹、毒烟罐、抛射式毒气筒等外，1945 年日本投降后，曾在东北哈尔滨、齐齐哈尔、敦化、珲春等 16 个县市，发现并处理了日军遗留下来的各种毒气弹 200 多万发。新中国成立后，还陆续在原日军仓库旧址地下，多次挖出日制化学炮弹。如 1982 年 5 月，在石家庄原日军仓库旧址下，挖出 390 多发化学炮弹，其发射药包上有“昭 15 · 10 九四式山炮”字样，黄色弹头内装的毒剂经化验和红外光谱分析，证明是窒息性毒剂的光气[③]。

国民政府对于化学战争的防御，据王文宣（军政部军务司司长）1943 年著《最近十年军务纪要》称：1933 年春，军政部于兵工署内始设“学兵队”（在南京上清河花绿岗），“专负毒气使用与防毒的研究训练之责”。同年 10 月，兵工署在南京成立应用化学研究所，1936 年于河南巩县孝义镇建立化学兵工厂，仿制防毒面具，生产催泪弹、“喷嚏气”等化学武器，1937 年 11 月迁四川泸州，又有所扩充[④]。1937 年抗战军兴，军政部即以学兵队为基础，成立学兵管理处（后改称防毒处），并按战区设立防毒分处，军设防毒股、师设防毒组，有一防毒官，专负各部队防毒技术训练之责。1938 年底，学员队改为学员总队，直隶军政部，并增设气象教导区队和学兵医院各一。1938 年 2—9 月，救护总队协助军政部在武汉办过 13 期防毒军官集训。1939 年初，救护总队与防毒处又举办防毒训练班，根据当时“国共合作”的有关规定，八路军、新四军也派 6 人前往受训，学习一个月后，训练班发给 6 个排的防毒器材带回延安。当时学习内容是毒气性能与防护，战场防毒与消毒[⑤]。

1940 年春，学兵总队下辖的大队改称为团，迄 9 月共组建 4 个团，还另设气象测候队、通信队、消毒连、工兵连、军医院等。1942 年后得美军支援，学兵总队的编制与装备有所加强。1946 年夏，化学部队由联

① 葛春霖：《抗日三年余日寇毒气进攻》，《军事杂志》1940 年第 11 期，第 39—46 页。

② ［日］石岛纪之著，郑玉纯译：《中国抗日战争史》，吉林教育出版社 1990 年版，第 117 页。

③ 《化学杂志》1987 年第 8 期，第 44—45 页。

④ 库桂生、姜鲁鸣：《中国国防经济史》，军事科学出版社 1991 年版，第 253 页。

⑤ 欧阳挺：《摇篮中的防化兵》，《防化杂志》1990 年第 2 期，第 35 页。

合勤务总司令部兵工署化学兵司负责管理。

抗战期间防毒器材之制造，仍以民营为原则，如工商谊记橡胶厂长期承造防毒衣服，民营化学业设承制防毒面具（过滤式）及其零件，但量少质差。1937 年到 1938 年 10 月，由防毒处直接安排制作了 100 万件防毒口罩下发部队。1938 年 4 月至 1939 年 8 月，先后制作油布防毒衣 1 万件下发各部队。1940 年，制作测风仪 7000 套，下发部队供侦毒班用。此外，防毒处还组织研究试制了消毒筛、竹制消毒背篼、消毒桶、消毒喷壶、漂白粉消毒罐和防毒草垫等，向部队推广使用，曾起到了一定的作用。由于橡胶、活性炭等原材料缺乏、技术水平低，自制的防毒器材数量少、防效差。至于消毒用的主要材料漂白粉、重碳酸钠等亦感不足①。

救护总队办理的战时卫生人员训练所在 1939 年就开设“毒瓦斯”课程，讲授化学兵器伤之治疗与预防。前线军医对化学兵器伤的急救方式主要是：（1）救治人员进入毒区和接触中毒者，应穿戴完备的防毒着装；（2）速将中毒官兵，移出毒区；（3）应先治毒后救伤，但有剧烈出血危及生命者，应先止血；（4）应使一切中毒患者安静、温暖；（5）中毒患者之衣物染毒时，宜速脱去；（6）芥子气中毒患者皮肤已起泡时，切勿擦破，其皮肤可涂以漂白粉；（7）呼吸道中窒息性毒、刺激性毒者，宜置于空气新鲜流通之所，设法尽快给氧；（8）中毒昏迷者，须将头转向一侧，其呕吐物宜掩埋之；（9）肺中毒者，施行放血及静脉注射生理盐水、葡萄糖水等；（10）眼中毒者，以 2% 重碳酸钠液或单宁酸液热敷局部；（11）凡中毒者，最好速行入浴，以 3% ~5% 碱性浴料为佳②。

2. 细菌武器防护

据 1946 年苏联伯力远东军事法庭披露的《前日本陆军军人审判材料》（1950 年莫斯科版）显示，日本军队在 1930 年就开始了细菌武器的研制。

日军于 1931 年武力侵占我国东北以后，日本陆军部和陆军参谋部于 1933 年下令，以石井四郎中佐主持的东京“防疫实验室”为基础，在哈尔滨南岗成立“石井细菌研究所”。1934 年，石井在背荫河建立城堡式细菌工厂，研制细菌武器并用活人做实验，当时称“石井部队”或“东乡部队”。1936 年，日军在东北又建立两个细菌部队。一个在长春

① 卢辉编著：《核化生武器的历史与未来》，军事科学出版社 1991 年版，第 268 页。

② 《内军政部战时卫生人员联合训练所组织概况》，贵州省档案馆藏：《救护总队档案》，M116-15；刘玉书：《前方军医工作述要》，《军事杂志》1940 年第 5 期，第 43—49 页。

市南10公里处孟家屯附近，原称“关东军畜医防疫研究所”，1941年改称“关东军第一〇〇部队”，实系准备和进行畜疫细菌战的部队，生产炭疽杆菌、鼻疽菌等；另一个是建在哈尔滨以南20公里平房地区的所谓“关东军防疫给水部”，它霸占了6个村庄及良田6平方公里。1935年，“石井部队”从背荫河迁到平房，以扩大其细菌战研究实验活动。这就是1941年改名为“关东军第七三一部队”的本部。七三一部队的“平房”部分，下设细菌研究、试验、生产、防疫给水、总务、训练教育、器材供应和诊疗等8个部门，各部下设课，课下设班，其主要建筑有特设监狱（关押接受细菌试验人员）、各种细菌研究室、昆虫动物饲养室、解剖室、焚尸室、细菌弹装配室、材料室、兵器室、飞机场等。①七三一部队除平房外，还在黑龙江之林口、海林、孙吴与海拉尔分设支部，进行养鼠、养蚤、病原菌的培养与保存；在安达、城子沟等地设野外试验场；在大连设卫生研究所，主要研制疫苗和血清。七三一部队除用动物做实验外，还以活人作细菌试验，试验方法有30多种。他们发现鼠疫、霍乱最为有效，跳蚤为传播鼠疫最好的媒介昆虫。该部队在平房的细菌生产厂，可月生产300公斤鼠疫菌和霍乱菌，月产跳蚤45～200公斤（每公斤约含跳蚤300万只）。七三一部队于1941年制造出陶瓷（石井式）细菌炸弹和金属细菌炸弹，以后又研制过8种不同形式的细菌炸弹和炮弹，有撒布细菌气溶胶的，有将污染碎片供给人畜的，还有用瓷弹撒布跳蚤的，并作过野外试验②。

1937年七七事变日军大举侵华后，除有3000人的关东军第七三一部队外，日军在其占领区的大城市内，又先后建立其他细菌部队，计有两万人之众，依“就地生产、就近使用”的原则从事细菌战活动。“北支甲一八五五部队”（华北派遣军防疫给水部），其本部设于北京天坛，在天津、济南、徐州、保定、包头等地设有支部；“荣字第一六四四部队”（华东派遣军防疫给水部），其本部设于南京中央医院原址，在九江等地亦设有支部；设在广州的波字八六〇四部队（华南派遣军防疫给水部）则在华南地区使用细菌武器③。

日军“七三一”等细菌部队残酷地以活人作细菌实验，包括菌液注

---

① 《日本帝国主义侵华档案资料选编　细菌战与毒气战》，中华书局1989年版，第68页。

② 参见朱克文等主编：《中国军事医学史》，人民军医出版社1996年版，第129页。

③ 《细菌战与毒气战　日军细菌部队》；吴天威：《日本关东军七三一部队简介与研究概况》，（台北）《传记文学》1987年第7期，第50—55页；王汝一：《日寇侵华期间研究生物武器的罪证》，《防化杂志》1982年增刊第1期，第48页。

射、强灌菌液、弹片炸伤等实验。据《前日本陆军军人审判材料》中战犯的供词，1940—1945 年，仅平房的日军“七三一”部队，至少有 3000 名中国人、苏联人和蒙古人惨遭其细菌实验所杀害[①]。

抗日战争期间，日本细菌部队在中国所进行的细菌战，据《调查在朝鲜和中国的细菌战事实国际科学委员会报告书附件》一书中所列举被攻击的县城有 11 个。按照 1937—1945 年有关资料的不完全统计，日军在我国各抗日战场所进行的数十次细菌战，致我国居民死亡人数多达数十万[②]。

鉴于日军发动细菌战的危害性，为加强全国防范日军细菌战的组织指挥与应急能力，卫生署于 1940 年 5 月 2 日召开全国防疫会议，议决由行政院卫生署、军政部军医署、军事委员会后方勤务部卫生处与中国红十字会总会救护总队部等四机关联合组织“战时防疫联合办事处”，负责办理疫情传递、防疫设计及实地指导事项，俾便全国各防疫机构能有密切联系，杜绝各自为谋。战时防疫联合办事处于 5 月 7 日开始筹备，并于 6 月 1 日正式成立[③]。战时防疫联合办事处暂设于卫生署内，由卫生署防疫处处长、军医署第三处处长、后方勤务部卫生处副处长、中国红十字会总会救护总队部医防指导员及卫生署医疗防疫总队总队长分任委员，并由各合组机关调派人员按月拨给经费，开始办公[④]。

1940 年 10 月 22 日，日机在浙江宁波城内中心区散布麦、粟和染有鼠疫杆菌的跳蚤后，经一周即在敌投物区域引起腺鼠疫流行，自 1940 年 10 月 29 日至 12 月 1 日的 34 天，共发病 99 人，死亡 97 人。10 月 30 日上报鼠疫疫情后，浙江卫生处即派技正驰往调查防疫，随后救护总队医疗防疫队携带药械前往。11 月 6 日，会同宁波当局成立防疫处，进行疫区封锁，设立隔离病室，给民众注射鼠疫疫苗，并成立疫区善后委员会，办理疫区民众之救济及什物消毒工作，终于在 1941 年 2 月 7 日扑灭疫情[⑤]。

日军在宁波进行细菌战后，救护总队深感防御细菌战的重要性，乃组织专家编写了《霍乱防治实施办法》《鼠疫防治实施办法》等应对日

---

① 《前日本陆军军人审判材料》，（莫斯科）外国文书籍出版社 1950 年版。

② 参见朱克文等主编：《中国军事医学史》，人民军医出版社 1996 年版，第 130 页。

③ 《战时防疫联合办事处二十九年、三十年工作报告》，贵州省档案馆藏《救护总队档案》，M116-289。

④ 《战时防疫联合办事处二十九年、三十年工作报告》，贵州省档案馆藏《救护总队档案》，M116-289。

⑤ 容启荣：《浙江鼠疫调查报告书》，贵州省档案馆藏：《救护总队档案》，M116-289。

军细菌战的措施[1]。此外，救护总队还协调战时防疫联合办事处颁布了《防止敌机散播鼠疫菌实施方案》《衢县鼠疫再度流行防治办法》，其中以防止敌机散播鼠疫菌方案最受重视。1940 年 10 月 29 日，浙江鄞、衢两县发现鼠疫，其后者似与敌机散播鼠疫杆菌有关，救护总队联合战时防疫联合办事处于 12 月 5 日召开第六次会议讨论预防敌机施用细菌兵器各项问题，并征求专家意见，拟定了《防治敌机散播鼠疫菌实施方案》。该方案主要是预防敌人细菌战的准备工作，包括调查、制备预防用鼠疫疫苗与治疗用鼠疫血清，充实检验设备，准备捕鼠灭虱注射消毒器材以及印发刊物等等。1941 年 3 月 5 日浙江衢县鼠疫再度流行，该处又于 4 月拟定《衢县鼠疫再度流行之防治办法》，建议有关各合组机关通饬实施。1941 年 11 月敌机又在湖南常德、桃源一带掷下谷麦状碎布、纸片等物，未及数日常德即发生鼠疫病例，为预防敌机施用细菌兵器，合组机关拟定了《处置敌机掷下物品须知》《防治敌机散布鼠疫杆菌实施办法》《补充防治敌机散布鼠疫杆菌实施办法》三种防治方案，分别呈请行政院、军事委员会通饬施行。这三种计划书明定了实际防治的处理步骤与方法，包括设置地方机构、送交检体检验的方法与预防注射，等等[2]。

1942 年 1 月 26 日—3 月 12 日，绥远西部因日军施放疫菌，发生肺鼠疫流行，其传播快，患病 287 人，死亡率 100%。由第八战区司令长官部及地方行政长官于 3 月初组织长官司令部、军政部第六防疫大队、救护总队医务队、宁夏卫生处、蒙古卫生院及西北卫生专员办事处等组成绥宁防疫委员会，下设绥宁防疫处，负责绥宁鼠疫防治事宜。在绥远则由省政府集结党政军机关、团体、学校等单位，组设绥远省防疫委员会，负责计划并指导全盘防疫事宜。各县成立防疫委员会，为执行各单位防疫措施，编组防疫队（每队由军官一员、医务人员二员、行政人员一员、烧埋队十人组成），分赴疫区负责隔离、烧埋工作。由县区组织各乡村清洁大扫除，协助防疫队分区注射鼠疫血清。当时所采取的紧急措施是：（1）动员各地军民，彻底封锁疫区，不准人外出，并清查户籍，每日三次点名隔离；（2）无疫村庄由部队会同民众一律与疫区民众断绝交通，绝不准人进入；（3）黄河两岸布置严密封锁，……（4）机关均设隔离所，凡疫区来人及无家可归者，严予一律收容，为期一周；

① 《战时防疫联合办事处二十九年、三十年工作报告》，贵州省档案馆藏《救护总队档案》，M116-289。

② 《战时防疫联合办事处二十九年、三十年工作报告》，贵州省档案馆藏《救护总队档案》，M116-289。

(5) 疫区牲口一概不准放牧，死畜火化深埋；(6) 执行烧房，在屋内铺满三尺厚柴草及牛马粪盖上燃之；(7) 罹疫者死后，立即烧埋；(8) 各县区均有检疫所之设立；(9) 县长、区长及当地驻军高级军官须亲到疫区施行督导；(10) 发动军民合作，扩大防疫运动①。

抗日战争期间，救护总队及其他卫生机关对日军使用细菌武器袭击的防御，既无思想和物质技术准备，又缺乏统筹对策，致使对日本的细菌战始终处于被动状态，只能于遭受细菌武器袭击地区发生疫情后，才派出专业人员到现场作疫情调查、疫区处理和控制疫情与采取相应的措施。主要包括：(1) 专业人员到现场作疫情调查，检验、分析各种情况，判断疫情及与致"细菌攻势"的关系，并及时上报和组织防治。(2) 污染区或疫区封锁，主要采取监视措施，限制区内人员与区外人员接触。对污染区的消毒工作多被忽略，或无力彻底进行。(3) 疫区管理主要是对病人密切接触者的检疫，作医学观察和可能药物预防；发现病人的疫区，划分大小隔离室，设立隔离医院，就地收治②。

(六) 防治常德鼠疫

救护总队在防护日军细菌战方面做出了很多努力，其中，协助防治常德鼠疫就是一个明显的事例。

1. 鼠疫发现情形

1941 年 11 月 4 日晨，一架日机空袭湖南常德，当时雾气弥漫，敌机飞行甚低，并未投弹，但掷下谷麦、絮纸、毡棉及其他不明之颗粒状物多种，分别落于常德城内的鸡鸭巷、关庙街及东门一带。当日下午 5 时，警报解除后，防空指挥部警察局及镇公所收集敌机所散布的谷麦等物品送至广德医院（长老派教会医院）经陈文贵医师和检查技师汪正宇进行显微镜检查。③ 当时常德德医疗防疫机关，只有这座美国人办的教会医院——广德医院，和有门诊部而没有住院设施的县卫生院。此外，红十字会救护总队的第二中队驻在此地。谭文贵医师将谷麦等以无菌之生理盐水浸洗，经 15 分钟以速心沉淀器沉淀作涂抹标本，以革兰氏染色镜检发现有多数革兰氏阳性杆菌及少数两极染色杆菌。再将剩余之麦粒培养于盐水内（因一时无其他培养基）。同时向粮行另取麦粒作同样之培养，以资对照该培养之麦粒。经 24 小时后检视，由粮行取来麦粒

① 《全国疫情》第五期（1942 年 2 月），贵州省档案馆藏：《救护总队档案》，M116-289。
② 参见朱克文等主编：《中国军事医学史》，人民军医出版社 1996 年版，第 130 页。
③ 《全国疫情》第六期（1942 年 3 月），贵州省档案馆藏：《救护总队档案》，M116-289。

所培养之试管其液较清，而敌机散布之麦粒所培养者，其液较浊。取其浑浊液镜检发现，有多数革兰氏阳性杆菌及少数阴性两极染色杆菌，以测量镜量其长度，平均为1.5米克隆，宽度为0.5米克隆，再取对照培养液镜检，结果则无此种杆菌发现①。于是医护人员又将所制标本重新检视，当时在常德的医务人员均认为其类似鼠疫杆菌，因常德检验设备简陋，不能进行动物实验，未能确定有无毒菌（鼠疫菌经以革兰氏染色法为革兰氏阴性杆菌，在显微镜下检查常显两极染色，即菌体两端能染颜色，而菌体中部则清晰不染，只有其他细菌如大肠杆菌在适当物理情况下亦可检得相同现象，因此必须施行动物接种实验，如为鼠疫杆菌，动物在四五日内即行毙命，可由尸体解剖出各种特殊病态）②。尽管不能完全确定敌机所投之物有鼠疫杆菌，加之常德的医务人员大多为临床医师，所以，救护总队第二中队队长钱宝康为了在未证明以前事先预防，以不致酿成大错，于是派魏炳华视导员常驻常德卫生院作调查工作，另调第731队队长肯德医师至广德医院研究此项事件③。

8日，常德县政府召开防疫会议，救护总队第二中队即派魏炳华出席，决议成立防疫委员会，预先成立隔离医院及准备捕鼠宣传等各项要案④。

11日下午，有民众谣传：城郊附近有因急病而死亡者，于是救护总队第2中队传告警察局，如有急性可疑病者或死鼠发现，立即送广德医院留验。当时救护总队第2中队部各队均派在各部队服务，距离常德较近的区队是472队，在181兵站医院，因该院伤兵众多，一时无法派来协助防疫工作⑤。

11月12日晨，患者蔡桃儿由其家属送赴常德广德医院求治，第2中队得知后，队长常保康与肯德队长前往该院检视，并将患者病历详细摘录下来："该患者为女性，12岁，住常德关庙街洪胜炭行内，具其母亲口述：患者于11日晚饭前尚觉平常，至8时许忽然发生寒战继则高热

① 《救护总队第二中队民国三十年十一月份工作报告》，贵阳市档案馆藏：《救护总队档案》，40-3-34。

② 《全国疫情》第五期（1942年2月），贵州省档案馆藏：《救护总队档案》，M116-289。

③ 《救护总队第二中队民国三十年十一月份工作报告》，贵阳市档案馆藏：《救护总队档案》，40-3-34。

④ 《救护总队第二中队民国三十年十一月份工作报告》，贵阳市档案馆藏：《救护总队档案》，40-3-34。

⑤ 《救护总队第二中队民国三十年十一月份工作报告》，贵阳市档案馆藏：《救护总队档案》，40-3-34。

头痛、周身不适及神志不安等症，但无呕吐腹泻及四肢痉挛等现状。体格检查其发育正常，营养尚佳，惟面带愁容，神志不清但并非昏迷。皮肤干燥而带灰色，但无紫斑及黄疸，两耳患湿疹，左耳下腺肿大及有触痛外，其他各部之淋巴腺均无特殊变化，肺音清晰，心脏较弱，脉搏细速每分钟115次，脾脏肿大离肋缘约2指宽，肝脏也能摸及颈项不强直，匿格氏征为阴性白血球数增至12050，噬中性细胞为88%，淋巴细胞8%，单核细胞4%，无疟疾原虫及其他血内寄生虫，但发现少数两级染色杆菌。将患者严密隔离入院时，其体温为华氏105度，脉搏每分钟112次，呼吸每分钟36次。除给以大量饮水及液体食物和用冷敷法以退热外，并每4小时给以口服磺胺0.5克、碳酸纳1克。1日3次及无菌1%红汞10公撮由静脉注射。”[①] 以上各种症状均为败血症之症候，因钱保康队长无其他助手，于是命令魏炳华加紧在城区调查有无类似病人，并令472队队长刘伦偕卫生员刘善荣前来常德协助调查[②]。

13日晨，该患者病情加剧，皮肤发现紫斑，神志昏迷，只有体温稍降至华氏103度。此时在其静脉血液内检得两极染色杆菌甚多，与鼠疫杆菌图谱相同。患者于是日上午8时因心脏衰弱而死，自起病至死亡仅相隔36小时[③]。

在此种情况下，只有对患者进行尸体解剖，以确定是否为感染鼠疫细菌而死。13日下午4时，实行尸体剖验，由救护总队第2中队队长钱保康、第731队队长肯德（外籍医生）和常德广德医院医生谭学华会同做尸体解剖。通过尸解所见：“尸体皮肤带灰暗色，外视无特殊现象，仅左耳下腺稍肿大外，其他淋巴尚无变化。在腹中线部位至脐下部剖开皮肤及皮下组织，腹膜均呈光辉色，切开腹膜，腹腔内无渗出液潴留，惟稍有瘀血存在于肠系膜间，肠呈暗红色，微鼓，肝脏肿大。约在肋下三指有间质变，惟及瘀血血斑，胆囊肿大如鸡蛋，脾脏肿大约二倍于正常者。软表面有出血点，脾髓如稀糜，肾脏有水肿状态，肾盂内含出血点。关于淋巴腺未见其肿大现状，即将脾内血液出少许放入琼脂基培养并作血液涂抹片，在此涂片上又见有多数之两极染色杆菌与静脉血内所

① 《救护总队第二中队民国三十年十一月份工作报告》，贵阳市档案馆藏：《救护总队档案》，40-3-34。

② 《救护总队第二中队民国三十年十一月份工作报告》，贵阳市档案馆藏：《救护总队档案》，40-3-34。

③ 《救护总队第二中队民国三十年十一月份工作报告》，贵阳市档案馆藏：《救护总队档案》，40-3-34。

见者完全相同。”根据上述病状及谷种检验结果为败血型鼠疫[①]。

2. 流行概况

常德自11月11日发现疑似鼠疫病例后，13日晚，派往调查的魏炳华视导员在启明镇四保三甲一户发现可疑病人。据魏氏调查，患者聂述生，男性，58岁，于12日发病，有高热等症，13日，鼠蹊淋巴腺肿大，于是魏炳华抽取淋巴液以作涂抹片用途，由于魏氏对于标本涂抹及消毒手术都很熟练，魏氏即将其涂片镜检，发现疑似鼠疫杆菌甚多，于是第2中队立即通知速将患者隔离，但患者即于是日下午7时40分死亡[②]。14日晨，第2中队队长钱保康与731队队长肯德在德山总司令部时，得卫兵转报，有死者棺材抬过，查询始知是由常德送回之急性病者死亡。于是，钱保康与肯德前往葬地查询，得知死者蔡玉珍，女性，27岁，于11日发病，有高热等病状，其他情形不明，于13日晚抬送德山时死亡，通过开棺验尸，抽取肝脏血液少许，镜检发现少数两极染色杆菌[③]。14日下午，钱保康到广德医院时，又得知早晨在门诊部又发现一患者徐老三，经抽取淋巴液检验，再将徐老三脾脏血液之琼脂培养作涂抹镜检，所有两极杆菌均为革兰氏染色阴性[④]。

以上各种检验工作虽不能十分详尽，但在3日内发现同样病例4人均于同等情况下死亡，且涂片检验均为革兰氏阴性两极染色杆菌。第五病例于11月18日发现，有高热，鼠蹊肿大等病象，19日病故，虽经尸体解剖，但未发现有特殊病理变化。11月23日，常德关庙街发现第六例患者，于23日晚骤发高热，四肢无力，继有鼠蹊肿大现象，24日晚死亡，经救护总队检验指导员兼军政部战时卫生人员训练所检验学组主任陈文贵医师于当日做尸体解剖、细菌培养及动物接种等实验，各种检查结果均证实常德流行鼠疫殆无可疑。至12月19日已有8名病例。在此情况下，钱保康分别电告救护总队及大队派遣专家协助防疫[⑤]。

---

① 《救护总队第二中队民国三十年十一月份工作报告》，贵阳市档案馆藏：《救护总队档案》，40-3-34。

② 《救护总队第二中队民国三十年十一月份工作报告》，贵阳市档案馆藏：《救护总队档案》，40-3-34。

③ 《救护总队第二中队民国三十年十一月份工作报告》，贵阳市档案馆藏：《救护总队档案》，40-3-34

④ 《救护总队第二中队民国三十年十一月份工作报告》，贵阳市档案馆藏：《救护总队档案》，40-3-34。

⑤ 《救护总队第二中队民国三十年十一月份工作报告》，贵阳市档案馆藏：《救护总队档案》，40-3-34。

3. 防治经过

日机散布细菌的次日早上，即11月5日，常德卫生院、防护团、国民党军警机关、广德医院以及救护总队第2中队召开联席会议。会上，谭学华医师提出意见：病例可能是鼠疫，必须采取控制措施。他还提出如下建议：（1）必须收集并销毁日机投下的粮食；（2）必须致电省政府，请求派来鼠疫专家；（3）必须加强鼠疫防疫措施；（4）必须准备鼠疫患者用的隔离医院。“此次会议结束后，虽然向设在耒阳的省卫生处进行了传达，但没有得到答复。”① 直至11日发现疑似鼠疫病例后，各方纷电报告。湖南省政府、湖南省卫生处、中国红十字会救护总队、广德医院均向战时防疫联合办事处报告常德发生鼠疫疫情。救护总队派遣检验指导员陈文贵医师率队携带大批鼠疫疫苗及治疗鼠疫化学药品前往常德协助防治鼠疫，同时，救护总队还会同卫生署、军医署详细商讨防治办法，制定了《防治敌机散布鼠疫杆菌实施办法》、《补充防治敌机散布鼠疫杆菌实施办法》及《处理敌机掷下物品须知》等文件②。

14日，第六战区长官部卫生处陈立楷处长抵达常德。是日会同总司令部刘毓奇主任、军委会俄籍卫生顾问威巴克及肯德医师等商讨防疫纲要，决议成立常德临时防疫处，由湖南省第四区督察专员欧冠兼处长，第六、九两战区兵站卫生处长、卫生署及中国红十字会救护总队等派在常德防治鼠疫的主管人员分任委员。该处设总务、财物、宣传、情报、纠察、补给及防疫七股，由当地各有关机关负责主持，另设留验所及隔离医院一所，隔离医院设病床50张③。由于常德医护人员甚少，为迅速扑灭疫病起见，救护总队决定先将第2中队各队暂予调回常德，令111队设置北站，472队设置西站，642队设置南站，731队设置东站，522队协助隔离医院工作④。

在常德临时防疫处中，救护总队医务队主要担任搜集病例、隔离治疗、检疫等工作。其中救护总队医务队三队与卫生署第14医疗防疫队担任诊治工作，在常德四城门设置免费诊疗所搜集鼠疫病例；一个医务队负责遇有鼠疫病例，即收容于隔离医院内予以治疗的任务；四个医务

---

① ［日］松村高夫：《1941年湖南常德的细菌作战》，《浙江学刊》1997年第4期，第78页。

② 《全国疫情》第五期（1942年2月），贵州省档案馆藏：《救护总队档案》，M116-289。

③ 《全国疫情》第五期（1942年2月），贵州省档案馆藏：《救护总队档案》，M116-289。

④ 《救护总队第二中队民国三十年十一月份工作报告》，贵阳市档案馆藏：《救护总队档案》，40-3-34。

队在交通要道设置检疫站办理来往旅客的检疫事项[1]。

自从日机在常德上空掷谷麦等物 7 天后，常德首次发现鼠疫，其流行期间系自 1941 年 11 月 11 日至 1942 年 1 月 13 日，染疫者仅有 8 人。经救护总队及其他卫生机关多方调查，患者确实是曾经直接为日机掷下的染疫鼠蚤所咬，同时该项染疫鼠蚤侵入当地鼠族，经若干时后，始形成鼠族流行，借鼠蚤而再度传染于人，是以常德从 1942 年 1 月 13 日至 2 月 23 日虽无鼠疫患者，但染疫之鼠，日有增加。因此自 3 月 24 日起又开始发现鼠疫病人，继续流行数月，计 3 月份 3 例，4 月份 19 例，5 月份 6 例，6 月份 2 例，7 月份 1 例，前后总共 31 例。5—6 月，传播至桃源县，疫死 16 人。经救护总队医务队与其他卫生机关的合作，至年底才将疫势扑灭[2]。

救护总队在抗战相持阶段除深入战地抢救负伤官兵外，还把各医务队推进野战区，协助部队卫生机构，从事手术、绷带、检伤、急救、防疫等工作，并指导办理灭虱、治疥、抗疟、改进环境卫生、加强特别营养以及对日军生化武器的防护等军阵卫生工作，配合全国长期抗战的需要，实现战时救兵、平时养兵的目标。

在相持阶段的 1939 年，救护总队就施行手术 12145 次，骨折复位 3938 次，X 光透视 10131 次，敷伤 1408861 次，内科诊治 10481 次，门诊 225510 次，预防接种天花疫苗 68865 次，霍乱疫苗 410138 次，特别营养 107638 次，灭虱 680118 人次，灭虱衣物 363804 件[3]。

我们再看 1940 年救护总队抗战救护情况。3 月份，外科方面，手术 1659 人，骨折 270 人，敷伤 29269 人，X 光检查 1007 人；内科方面，计治疗法定传染病 1121 人，其他传染病 11803 人，门诊 43463 人，特别营养 14445 人[4]。

5 月份，外科方面，计实施手术 15078 人，骨折治疗 346 人，X 光检查 516 人，敷伤 97835 次；内科方面，治疗法定传染病例 2809 人，其他病例 51002 人，门诊 31192 人，特别营养 23658 人；卫生防疫工作方

---

① 《全国疫情》第五期（1942 年 2 月），贵州省档案馆藏：《救护总队档案》，M116－289。

② 容启荣：《防治湘西鼠疫经过报告书》，中央档案馆等编：《细菌战与毒气战》，中华书局 1989 年版，第 283—289 页。

③ 《中华民国红十字会总会救护总队部工作简报》第 4 期，贵州省档案馆藏：《救护总队档案》，M116-3-55。

④ 《中华民国红十字会总会救护总队部工作简报》第 7 期，贵州省档案馆藏：《救护总队档案》，M116-3-55。

面，种痘140778人，零乱注射149816人，伤寒霍乱混合注射3347人，沐浴人数10906人，治疥8770人，灭虱衣物39505件①。

7月份，外科方面，计实施手术1559人，骨折517人，X光检查722人；内科方面，计治疗法定传染病22179人，门诊11574人，其他34158人；特别营养19723人；卫生及防疫方面，计种痘2020人，霍乱注射196147人，伤寒霍乱混合注射5864人，沐浴28848人，治疥21790人，灭虱衣物74859件②。

8月份，外科方面，计手术1477人，骨折483人，敷伤83892人，X光检查438人；内科方面，法定传染病16696人，特别营养17651人，霍乱注射42159人，霍乱与伤寒注射14674人；灭虱及治疥方面，沐浴7302人，灭虱衣物18507人，治疥6373人③。

第四节　为了胜利：挺进野战区的战地红十字

1943年初，苏联红军取得斯大林格勒战役的最后胜利，第二次世界大战开始朝着有利于反法西斯人民的方向发展；同年秋，太平洋战场的形势也发生了根本性的变化，日军被迫转为守势；在印缅战场，盟军也正积极反攻缅甸。在抗战反攻阶段，中国军队与日军相继进行了常德、豫湘桂、豫西鄂北、湘西、桂柳战役以及中国驻印军的缅北反攻、中国远征军的滇西反攻，最后取得了抗日战争的伟大胜利。救护总队在此阶段的工作重心在于协助部队从事防疫等卫生工作，但也积极参与各大战役的救护，为维持国家抗战力量及抗战胜利做出了突出的贡献。

一、救护总队战地救护工作剪影

随着战争形势的变化发展，为配合中国军队各战场作战，及时开展战地救护工作，救护总队派第3大队驻福建邵武，第4大队驻广西柳州，第5大队驻湖北均县，第6大队驻湖北恩施，第7大队驻广东曲江，第8大队驻四川重庆，第9大队驻湖南长沙，第10大队驻云南昆明，预备

① 《中华民国红十字会总会救护总队部工作简报》第8期，贵州省档案馆藏：《救护总队档案》，M116-3-55。

② 《中华民国红十字会总会救护总队部工作简报》第10期，贵州省档案馆藏：《救护总队档案》，M116-3-55。

③ 《中华民国红十字会总会救护总队部工作简报》第11期，贵州省档案馆藏：《救护总队档案》，M116-3-55。

大队驻贵州贵阳，在昆明设办事处，指挥各战区的救护作业[①]。

（一）常德会战救护

常德的战略地位十分重要，属于湘西重镇，川贵门户，历来为兵家必争之地。武汉失守后，这里更成为重庆大后方的唯一物质补给线。1943 年 11 月，日军为了策应太平洋战场和印缅作战，牵制中国军队南下，发动了常德会战，这次会战，其规模之大，双方投入的兵力之多，战线之长，仅次于台儿庄会战，因而在中国抗战史上具有重要地位。

11 月初，日军分数路进犯湘西，至 11 月 22 日，常德东南之沧港、麻石桥、牛鹿滩、薛家铺、石门桥与隆街、放羊坪、斗姥镇及镇山间各要点相继被日军占领，救护总队九大队第 923 队随第 10 军在 11 月 19 日奉令由衡山驻地向资江北岸前进，经 8 天强行军，于 26 日抵达松江县，是日该军各师分至向家冲、牛鹿滩、麻石桥的日军发动进攻。923 区队为便于开展战地救护起见，决定跟随第 10 军行动，于 27 日推进至软桥。此时，前线伤兵纷纷运至，该队遂积极实施战地救护行动，收容伤兵，予以裹扎医治后，将其转送至卫生大队继续接受治疗，当日就收容伤兵 22 人。28 日，前线战事甚为猛烈，日军用炮施放催泪毒气，该队即派员前往救护，颇收功效，收容伤兵 26 人。29 日，前线各师节节推进，一部分攻抵德山，该队随军部仍在仙宫殿，收容伤兵 21 人。30 日，前线中国军队攻势猛烈，数日来连克薛家铺与隆街等要点多处，该队继续随军部前进至唐家铺，收容伤兵 18 人。12 月 1 日，战争进入胶着状态，该队仍驻唐家铺，收容伤兵 20 人。2 日，收容伤兵 32 人。3 日，该队随军进至余家坝，收容伤兵 23 人。4 日，收容伤兵 8 人。5 日，收容伤兵 19 人。6—9 日，收容伤兵 62 人[②]。此次会战中，第 923 区队共收容伤兵 243 名。事后，该队继续会同长官部 14 卫生大队及卫生所收容各部队落伍受伤官兵，并设立门诊，医治一般病人，11—15 日，陆续收容伤兵 43 名，病人 28 名[③]。

在中国军队实施局部反攻的 1943 年，救护总队除参加常德会战救护外，在全国各地亦积极参与战地救护工作，其救护成绩从下列数字中可见：外科，手术 14194 次，骨折复位 918 次，敷伤 989882 次；内科，

① 《救护总队部业务概况》，贵州省档案馆藏：《救护总队档案》，M116-1-293。

② 《第九大队第 923 区队随 10 军参加常德会战战斗经过实录》，贵阳市档案馆藏：《救护总队档案》，40-3-158。

③ 《第九大队第 923 区队随 10 军参加常德会战战斗经过实录》，贵阳市档案馆藏：《救护总队档案》，40-3-158。

住院人数达 1320086 人次，门诊军人 531511 人，门诊平民 1119735 人，预防接种 671994 人；照相 20 次，透视 2509 次，灭虱 20152 人次，灭虱物品 47170 件，检验工作 36350 次，特别营养 104088 次①。

（二）豫湘桂战役救护

1944 年初，反法西斯战争在世界各主要战场节节胜利，日本侵略者被动挨打，处境困难。在太平洋战场，美军对日本的反攻不断增强，日本与南洋的海上交通线被切断，它在中国的长江补给线在中美空军的监视下也受到严重的威胁。日本帝国主义为了挽救覆灭的命运，决定在中国战场上打通平汉、粤汉和湘桂铁路，以连接从中国东北，经北平、郑州、武汉、南宁通往东南亚的交通线，摧毁中国南部的中美空军基地。

救护总队根据战时救护工作需要，指挥现有医疗队组织，协助作战部队做医疗防疫等技术工作，以求达到其卫生勤务完善之发展；充实原有战区医院人员设备，加强战区医药建设，协助兵站区后方卫生机关技术工作，联络后方重要城市各有关社团组织诊疗所，实施地方空袭疫患及其非常灾变之救护②，随时应对各战场作战救护的需要，并在各战区随军进行野战救护作业。豫湘桂战役爆发前 3 个月，救护总队共实施外科手术 3433 次，骨折复位 303 次，敷伤 198807 次；治疗住院人数 118133 人，门诊军人 116868 人，门诊平民 83769 人，预防接种 86882 人次；X 光透视 342 次，灭虱人数达 9462 人次，灭虱物品 34664 件，检验 17674 人次，实行特别营养 39615 人次③。

4 月初，日军从关东抽调军队集结华中，准备发动新的进攻，救护总队命令第 4、6、7、8 四个大队，密切注意敌情，严密部署，遂行战地救护任务。在湘鄂区，救护总队 9 大队第 911、912、931、932、121、122 医疗区队，均集中于长沙，第 951、952 医疗区队驻衡山，第 941、942 医疗区队驻衡阳，第 921、第 922 医疗区队设东安。第 6 大队第 641、642 医疗区队驻湖南芷江，第 651、652 医疗区队驻湖北秭归，第 211、212 医疗区队设长阳，第 632、241、242 医疗区队设恩施。在湘桂区，救护总队将第 4 大队第 411、412 医疗区队派驻南宁，第 421、422 医疗区队驻桂林，第 431、432 医疗区队驻桂林；第 7 大队第 251 医疗区队驻广东英德，第 252 医疗区队驻佛冈，第 731、732 医疗区队驻新丰，

① 《救护总队部业务概况》，贵州省档案馆藏：《救护总队档案》，M116-1-293。

② 《救护总队部业务概况》，贵州省档案馆藏：《救护总队档案》，M116-1-293。

③ 《救护总队部业务概况》，贵州省档案馆藏：《救护总队档案》，M116-1-293。

第751医疗区队驻四会，第721、722医疗区队设曲江，第711、712医疗区队驻乐昌[①]。4月下旬，日军在中原发起进攻，救护总队饬第6大队第61医疗中队进驻河南洛阳，第631医疗区队进驻南阳[②]，随军进行战地救护。5月上旬，豫湘桂战役非常激烈，救护总队派驻第一战区的各医疗队，奋勇随军进行战地救护，6大队第622医疗区队，一度随军转移至安徽界首，密视战事推演，遂行战地救护任务；第611、612医疗区队在洛阳区域随军进行战地救护；驻湖北均县的第511、512、521、522医疗区队，密切关注中原战情，准备各种医疗器材，准备战地救护；第6大队所属各部在河南前线互相协同，配合作战部队以应救护之需要[③]。5月下旬，中国军队与日军在洛阳城郊进行浴血奋战，第611、612医疗区队在战争前线遂行战地救护任务，因我军在河南地区军事失利，遂转移至西安后方医院进行治疗工作。与此同时，湘鄂激战期间，第6、9大队亦密视战事进展，所属各医疗区队，在前线配合作战部队，善尽救护任务[④]。

6月，中原战场、第四次湘北会战激烈进行，第611、612医疗区队随军担任豫西方面的战地救护工作；631医疗区队，不畏艰险，随军驻在邓县，担任豫中方面救护工作；622医疗区队随军移设河南西峡口，担任豫东方面救护任务；第731、732、751、752、251等医疗区队，随军准备野战救护；第721、722、711、712、252等医疗区队接替粤北方面救护工作；第9大队进驻衡阳，在湘潭设置前进指挥站，负责湘北前线救护事宜[⑤]。

7月，湘北前线，第911、912、941、942、951、121、122等医疗区队，随军转移至祁阳、零陵、东安及广西全县之线，负责野战并协助兵站线上的救护工作；第931、932医疗区队转至邵阳，负责湘西方面兵站救护；第921、922医疗区队转至广西柳州，第9大队部转移至柳州，在湖南东安设前进指挥站，督导前方战地救护工作；第4大队部仍设柳州，指挥救护器材之供应，并协助处理湘桂线上的救护事宜。黔桂线，自第四次湘北会战爆发后，前方难民陆续撤至贵州境内者为数众多，救护总队派遣441、442医疗区队赴独山开展难民义诊活动，因难

① 《救护总队部业务概况》，贵州省档案馆藏：《救护总队档案》，M116-1-293。
② 《救护总队部业务概况》，贵州省档案馆藏：《救护总队档案》，M116-1-293。
③ 《救护总队部业务概况》，贵州省档案馆藏：《救护总队档案》，M116-1-293。
④ 《救护总队部业务概况》，贵州省档案馆藏：《救护总队档案》，M116-1-293。
⑤ 《救护总队部业务概况》，贵州省档案馆藏：《救护总队档案》，M116-1-293。

民数量巨大，此项工作异常繁复，单凭区区两队无法应对，救护总队遂加派 291、292 医疗区队进驻马场坪，积极进行难民医药救济[①]。

8 月，湘北方面，衡阳血战，中国军队发挥极大力量，缠斗日军，空军也协力合击，敌我伤亡均重；粤北方面，日军毫无进展，又移兵窥伺桂南。救护总队派赴各战区负责救护工作的医疗队，多在进行兵站手术工作，一般医疗防疫工作，仍极繁重。救护总队第 9 大队部为便于衡阳外线救护，由柳州推进至湖南东安，部署湘西方面救护设施。第 121、122 医疗区队随军移至洞庭湖以南的新化，负责长沙之野战救护；第 941、942 医疗区队，配设于卫生列车，负责湘桂线上转运途中之救护，第 951、952 医疗区队，原在广西全县，负责湘桂线上兵站救护，此时由桂穗路向湖南新晃移动，往湘西集中；第 931、932 医疗区队负责湘西方面兵站救护，以应湘西方面整个救护设施之需要；第 4 大队驻广西柳州，所属各医疗队侧重南宁、柳州、宜山与独山等线战地救护；第 7 大队驻广东曲江，所属各医疗队仍在粤东粤北一带，开展救护工作[②]。

9 月上旬，湘桂战线呈扩大之趋势，救护总队第 4、9 两大队所属医疗队，密切注意战事发展，推行战地救护，第 4 大队在柳州指挥桂南方面战地救护，第 9 大队在桂林指挥湘桂路正面及湘西方面战地救护，第 911、912、921、922、941、942、951、952 医疗区队集结湘桂铁路沿线从事战地救护，第 931、932 医疗区队则向湖南洞口转移，负责湘西方面兵站救护，第 411、421、422、431、432 医疗区队集中于桂南一线，参与随军战地救护[③]。第 291、292 医疗区队在独山协助第 441、442 医疗区队，开展救济难民和伤病兵工作。与此同时，救护总队为扩大对黔桂线难胞医药救护，在独山、都匀、马场坪、贵阳等地开设灭虱站，担任难民灭虱工作[④]。9 月下旬以来，由于国内战事重心，渐集中于湘桂线，救护总队第 9 大队所属各医疗队，自湘北战事发生后，即参加战斗序列，积极参与前线的战地救护。第 911、912 医疗区队负责湘桂线兵站救护，第 921、922 医疗区队，原设东安，配合军政部战时卫生人员训练所第五分所训练工作，遂随该所向广西怀远转移；第 941、942 医疗区队在黔桂线参加卫生列车工作，负责该线伤运途中救护工作；第 121、122 医疗区队转至安化、新化，随军负责长沙外线会战救护工作。

① 《救护总队部业务概况》，贵州省档案馆藏：《救护总队档案》，M116-1-293。
② 《救护总队部业务概况》，贵州省档案馆藏：《救护总队档案》，M116-1-293。
③ 《救护总队部业务概况》，贵州省档案馆藏：《救护总队档案》，M116-1-293。
④ 《救护总队部业务概况》，贵州省档案馆藏：《救护总队档案》，M116-1-293。

此外，救护总队在贵阳设置较大规模灭虱站一所，开展新兵灭虱工作①。

11 月下旬，战事渐向贵州境内推移，日军攻陷宜山以后，又占领南丹。救护总队所属医疗队，为适应战局之进退，在黔桂线作机动部署，进行战地救护及难胞救济，计划在湘黔线扩大救护工作领域。黔桂线：第 4 大队部驻贵州独山，指挥黔桂线战地救护及难胞救济；第 441、第 442 医疗区队仍挺立在独山；第 412 医疗区队驻墨冲（独山都匀间）；第 431 医疗队驻都匀；第 32 医疗区队驻麻江；第 421、第 422 医疗区队驻贵定；第 161、第 162 医疗区队驻龙里，负责沿线的伤兵及难民救助。湘黔线：原设独山的第 9 大队，原计划拟移驻湖南芷江，因考虑策应黔桂线战地救护及难胞救济，仍挺立原地，遂准备往镇远转移，续向湘西挺进；原设湘桂线卫生列车第 941、第 942 医疗区队，原计划移至三穗，但在广西怀远作最后撤离时，遭遇空袭，遂向贵州境内转移；原设独山的第 911、第 912、第 951、第 952 医疗区队，计划移至湘黔线参与战地救护，因黔桂线工作繁忙，仍暂驻原地，待工作告一段落后，再分别移至黔属镇远、玉屏及湘属晃县；第 921、922 医疗区队驻马场坪；第 111、第 112、第 931、第 932 医疗区队仍驻安江②。

12 月上旬，湘桂战争局势发生逆转，中国军队发动反攻，收复独山、六寨、南丹，攻抵河池，当此一进一退之间，救护总队派在黔桂线上从事战地救护的第 4、9 大队所属医疗队，始终随军进退，进行极为艰苦的战地救护及难民救助，从未离岗一步，损失虽惨，然精神尤佳。第 9 大队部始终驻马场坪；第 4 大队部一度被迫退至贵阳，复又进至马场坪，会同第 9 大队部指挥黔桂线战地救护及难民救助。原计划第 9 大队所属医疗队开往湘黔线工作，因黔桂线战地救护工作紧张，仍留在黔桂线参与战地救护工作③。

此次会战，湘桂难胞，为数众多，滞留黔桂道上，患病者多，且无医药救济。救护总队遂于 9 月 26 日派医疗队 3 队，携带药械 150 多件，棉背心 600 件，旧大衣 50 件，旧制服 260 套，军毯 250 条，分在独山、都匀、马场坪一带开设诊所，救济难胞，每日在 2000 人以上，除诊治外，并派车抢运内迁④。

---

① 《救护总队部业务概况》，贵州省档案馆藏：《救护总队档案》，M116-1-293。

② 《救护总队部业务概况》，贵州省档案馆藏：《救护总队档案》，M116-1-293。

③ 《救护总队部业务概况》，贵州省档案馆藏：《救护总队档案》，M116-1-293。

④ 《蒋会长赴美出席太平洋会议，携带本会三十三年工作概况》，《会务通讯》第 31 期（1945 年 5 月），第 10 页。

救护总队在豫湘桂会战中，主要是从事战地救护和救济难民等工作。黔桂线难胞医药救济工作，以黔桂线为主，初设医疗队 11 个于铁路沿线，由第46 队统帅，第9 大队所属各医疗队，正自湘桂后撤，原向湘黔线移动，乃因黔桂线工作繁重，遂由第 9 大队率领医疗队 8 个，参加此线工作，充实医疗力量，其配合之绵密，工作之艰苦，咸能发挥红十字会博爱牺牲之精神，“后人而退”“先人而进”，后退前进均在工作。

“博爱恤兵”“救死扶伤”是救护总队医护人员的信条，他们在红十字旗帜下，坚守岗位，埋头苦干，尤其是战地救护人员，为官兵敷伤，为难民医疗，发扬了红十字会赈济与救护的精神，其奉献精神尤为可嘉。在豫湘桂战役中，救护总队医疗队的战地工作人员随着战争的演变，凭着自己苦干的精神，前进是工作，转移还是工作，始终没有脱离战场，确实做到了“一切为了前方”。湘桂战局剧变时，救护总队医疗队有的随军在战地继续执行救护任务，有的在湘黔公路上，担负难民医药救济工作，他们的工作生活和前线的将士一样紧张艰苦。由于内迁的难民许多患有霍乱、赤痢、回归热等流行性疾病，救护总队医疗队除了担负战地救护与难民医药救济工作外，还兼办防疫。自 1944 年 9 月至 12 月止，共计医治难胞 166606 人，为难民灭虱 693 人，灭虱物件计 1923 件，预防接种 3152 人①。湘黔线方面，由于湘西方面军事较为和缓，难胞前往湘黔边境者为数较少，原计划于湘黔公路配属设医疗队 16 个，由第 9 大队统帅，嗣以黔桂线工作繁重，一半留在黔桂线工作，仅于湘黔线边境设医疗队 8 个，以湖南安江为集中地，自 1944 年 9 月—12 月止，共医治难胞 153790 人，为难民灭虱 621 人，灭虱物件计 1182 件，预防接种 2830 人②。在整个豫湘桂会战期间，救护总队共实施外科手术 15082 次，骨折复位 1851 次，敷伤 1034582 次，治疗住院人数 321842 次，门诊军人 67234 人，门诊平民 323153 人，预防接种 718536 人次，X 光透视 1513 人次，灭虱人数 38421 人次，灭虱物数 38421 件，检验工作 52385 次，特别营养 183764 人次③。

（三）豫南鄂北战役救护

1945 年初，日本军进行南部粤汉铁路作战，打通粤汉线后，又接连发动老河口和芷江作战，向豫西鄂北和湘西地区发动进攻，即豫西鄂北

① 《救护总队部业务概况》，贵州省档案馆藏：《救护总队档案》，M116-1-293。

② 《救护总队部业务概况》，贵州省档案馆藏：《救护总队档案》，M116-1-293。

③ 《救护总队部业务概况》，贵州省档案馆藏：《救护总队档案》，M116-1-293。

和湘西战役。驻此区域之救护总队第5、第6所属医疗队积极随军进退，实施战地救护工作。

1945年3月下旬，豫南鄂北展开激烈战斗，救护总队配设第5大队所属各医疗队，已积极展开战地救护工作，并于鄂北方面由第6大队就近抽派医疗队协助工作。第5大队部设鄂属均县，指挥豫南鄂北方面战地救护；第511、第512医疗区队设鄂属均县准；第521、第522医疗区队控制鄂属均县，随军挺进；第631医疗队设鄂属南漳[①]。1944年5月，湘鄂激战又起，第6、9大队密视战争进展，所属各医疗队，配合作战任务，善尽救护任务[②]。长江线：第211、212医疗区队驻湖北香溪，第651、652医疗区队驻湖北巴东，第241、242医疗区队驻湖北施恩；滨湖线：第642医疗区队驻湖南临澧，第641医疗区队驻湖南桃源；铁路线：第122医疗区队驻湖南岳阳，第121、911、912医疗区队驻长沙，第922医疗区队驻湘阴，第932医疗区队驻衡山，第941医疗区队驻衡阳，配合前线作战部队执行战地救护任务。

第6大队部原驻四川黔江，1942年5月为业务计，移至第六战区长官部所在地湖北恩施，此乃湖北战时之省会。第6大队所属医疗队中队计有7中队，分布第6、第10两战区，即河南黄河线洛阳为61中队。陕西渭水线宝鸡为第621队，中原区河南叶县为622队，南阳为63中队，湖北长江线香溪为第21中队，巴东为65中队，恩施本部战区医院为24中队，湖南滨湖线醴县为642队，临澧为641队。以省区论之，第6大队分布在河南、湖北、陕西、湖南四省。以业务分类，则各属于野战区之业务，后方区则为协助陆军医院，如第621队则配属军政部××陆军医院[③]。

鄂西为入川门户，陪都之外围，乃江防要衢。长江线战地救护工作，责任重大，尤以鄂西会战时为然。第6大队应第6战区长官部的邀请，赴前方××军驻地防治回归热，由恩施出发，作鄂西各队业务之视导，乃将各队略加部署：第65中队、第21中队及第24中队配属军政部所属兵站医院工作，第64中队则随军进驻湖南醴县临澧等地[④]。

鄂西会战之际，日军尚未完全被驱逐，江南仍有星散日军据守。医护人员充分发扬救死扶伤之精神，冒着炮火，奔驰于战地，以胞与为怀

① 《豫南鄂北剧烈战斗，五六两队活跃前线》，《会务通讯》第34期（1945年8月），第14页。

② 《救护总队部业务概况》，贵州省档案馆藏：《救护总队档案》，M116-1-293。

③ 《第六大队与豫西战役》，《会务通讯》第30期（1945年4月），第45页。

④ 《第六大队与豫西战役》，《会务通讯》第30期（1945年4月），第45页。

之情怀，救治伤患，日夜不懈。是时，第641队、第642队在兵站医院，救治受伤患病之将士。此外，第6大队还安排医护人员在战火沿线，救护在空战中被日机击落之美军人员，并给予良好的医务护理①。

二、第9大队与四次湘北会战②

以广州、武汉失守为标志，中国抗日战争从战略防御阶段进入战略相持阶段。国民政府根据战略形势和战局的变化，相应调整了作战方针和部署，准备长期抗战。而侵华日军根据其“持久战略”和“不企图扩大占领地区”的方针，以主力向华北、华中敌后抗日根据地进行大规模“扫荡”的同时，对正面战场采取以攻为守、先发制人、各个击破的方针，不断实施有限目标的局部性进攻，重点打击国民党嫡系主力兵团，以动摇国民党军的抗战意志，促使国民政府妥协屈服。因此，侵华日军在南昌会战结束后不久，遂发动“湘赣会战”，打击中国第九战区军队主力，以确保武汉地区的安定，并促进汪伪中央政权出台。1939年9月1日，日军第11集团军司令官冈村宁次下达了作战命令，第一次湘北会战开始③。

第一次湘北会战前夕，救护总队第49医防队在队长林竟成的带领下，正在祁阳为伤兵防治斑疹、伤寒、回归热和做灭虱工作，开设特别营养厨房救治病人，以及到邵阳扑灭壮丁队霍乱疫情。由于第49医防队救护成绩显著，获得救护总队明令嘉奖，队长林竟成被提升为救护总队第4中队队长，仍兼49医防队队长④。湘北会战爆发后，第49医防队救护人员要求上前方到第一线工作，队长林竟成向救护总队申请，总队部批准其请求，把49医防队作为第一个开往湘北前方无路区（公路全部破坏）工作的医务队⑤。8月，医防队到达长沙，救护总队把49医防队分成两个分队，一队由张祺副队长率领到湘阴新市收容所工作；另

---

① 《第六大队与豫西战役》，《会务通讯》第30期（1945年4月），第45页。

② 湘北会战即为长沙会战，前三次湘北会战发生在抗战相持阶段，第四次湘北会战发生在抗战反攻阶段，考虑到行文的连贯性与历史事件的统一性，将此四次会战战地救护放在一起进行论述，特此说明。

③ 参见中国抗日战争史学会、中国人民抗日战争纪念馆编：《中国抗战军事史》，第372—396页。

④ 林竟成：《参见红会救护总队部工作的回忆》，《贵阳文史资料选辑》第22辑（1987年），第67页。

⑤ 林竟成：《参见红会救护总队部工作的回忆》，《贵阳文史资料选辑》第22辑（1987年），第68页。

一队由队长林竟成带领渡过汨罗江到岳阳罗内 195 师野战医院工作[①]。当 4 中队的救护队员初次推进到湘北最前方部队工作时，部队官兵初次看到戴歪帽子的医师和护士小姐，“认为无限的新奇”。官兵们带着疑问问救护队员：“你们跟我们走吗？”救护队员骄傲地回答：“中国部队所能到的地方，我们中国红十字会救护人员也应该能到的；你们到哪儿，我们也跟到哪儿去！”[②] 9 月 14 日，第一次长沙会战开始，湘北是日军的主攻方向，战事很激烈，伤亡官兵人数众多。救护总队为了加强湘北前线救护力量，特派波兰籍医师甘理安（曾参见过马德里保卫战，对前方救护工作很有经验）到 49 医防队工作。从九一八国耻日开始，日军向我军阵地炮击两天，并向我方进攻，天上敌机盘旋轰炸，医疗队所在师部十分紧张，但医疗队全体救护人员仍然照常紧张地开展救护工作[③]。

次日，师部下令撤出罗内，救护队与该师卫生队同行，随军进退。他们由岳阳经平江、浏阳到达醴陵。医护人员一边撤退，一边抢救伤病官兵，在行军途中还常常遇到敌机低空扫射，有时可以看清敌机上的驾驶员，低飞的飞机一闻其声即到面前，想躲都躲不及。就这样，救护队员冒着生命危险，队长队员挑担子，推小车往安全地区撤离。由于救护人员没有军事上的经验，吃尽了苦头，公私财物损失殆尽，沿途挨饿受冻，脚上磨出水泡，步行 10 多天，行程 800 余里，终于摆脱险境，到达攸县。这次行军对救护人员是一次“严峻的考验”，也是一次很好的锻炼[④]。

湘北第一次会战爆发不久，日军攻至长沙后被迫后撤。4 中队第 49 医疗队与 33 医疗队等随即赶回长沙，积极开展民众炸伤救护、预防霍乱注射、伤病兵灭虱及重伤员的医疗手术工作。其时 4 中队部驻长沙卫生实验处；33 医疗队（队长唐文铭）协助湘雅医院为重伤员实施手术；64 队（队长刘廷杰）驻湘阴 99 军野战医院工作；53 队（队长贾宗舆）驻平江 19 集团军野战医院工作；中队长林竟成率领 49 医防队到湘北花

---

① 林竟成：《参见红会救护总队部工作的回忆》，《贵阳文史资料选辑》第 22 辑（1987 年），第 68 页。

② 林竟成：《第九大队与四次湘北会战》，《会务通讯》第 30 期（1944 年 12 月 1 日），第 47 页。

③ 林竟成：《参见红会救护总队部工作的回忆》，《贵阳文史资料选辑》第 22 辑（1987 年），第 68 页。

④ 林竟成：《第九大队与四次湘北会战》，《会务通讯》第 30 期（1944 年 12 月 1 日），第 47 页；林竟成：《参加红会救护总队部工作的回忆》，《贵阳文史资料选辑》，第 22 辑（1987 年），第 68—69 页。

桥第4军野战医院工作，主要开军医训练班，训练军医、军护人员[①]。

第一次长沙会战，中国军队以运动战与阵地战相结合的方针，极大地消耗了敌人的有生力量，粉碎了日军的战略企图，同时，又保存了自己的主力，空间也未丧失，因此在抗战史上算是一次胜利的战役。为了进一步消耗日军，中国军队于12月上旬至次年2月，先后开始作战行动，在鄂北、豫南、粤北及鲁苏敌后广泛出击。[②]救护总队为配合前线作战需要，派遣医疗队深入战区，积极执行战地救护任务。在湘北方面，前线各师野战医院的伤兵多数已后送，79军各师野战医院的伤兵较第4军各师野战医院为多。由于战事着重在通城大沙坪一带，18师野战医院有伤兵300余名，140师野战医院约有五六十名，82师野战医院约有100余名，第4军方面102师野战医院约有100余名，90师野战医院约有100余名，59师野战医院约有五六十名。前方患者输送队及收容所转运伤病兵甚忙，平江线之收容所较新市线收容所的伤兵多。长沙方面伤兵比以往增多，浏阳方面的伤兵有时亦经长沙转运，96兵站医院与96收容所均有伤病兵数百名。因卫生船舶运力不足，转送困难，伤病兵先送湘潭56收容所，其中能步行者则送至邵阳，不能行动者则由卫生船舶送至渌口经火车转至衡阳，湘潭仅有56收容所，收容量不敷足，渌口120兵站医院收容伤兵较多，衡阳方面各院收容的伤病兵较邵阳为多[③]。第4中队49队在98收容所、第4军野战医院协助手术、敷伤等工作。53队分别在80收容所，79军野战医院，98、140、82师野战医院从事检伤、医疗工作，实施手术、灭虱治疥等工作。33队、32、59队分别在湘雅医院、62兵站医院、144后方医院从事收容与转运重伤兵、敷伤、检验、手术和推进环境卫生等工作[④]。

1941年9月7日，日军集结四五千人，进攻大云山，被中国军队击退。17日，日军又集结15万余人的兵力，在飞机大炮的配合下，分兵三路大举进攻，强渡新墙河，遭到中国军队的顽强抵抗。双方旋即在捞刀河一带展开激战，是日日军突破新墙河，28日一度攻占长沙。中国军队组织反击，在敌后"大施活动"，截断日军的补给线。30日夜，日军

---

① 林竟成：《参加红会救护总队部工作的回忆》，《贵阳文史资料选辑》第22辑（1987年），第69页。

② 步平、荣维木主编：《中华民族抗日战争全史》，中国青年出版社2010年版，第183页。

③ 《第四中队所属各医务队二十九年一月份工作报告》，贵州省档案馆藏：《救护中队档案》，M116-1-8。

④ 《第四中队所属各医务队二十九年一月份工作报告》，贵州省档案馆藏：《救护中队档案》，M116-1-8。

开始撤退，中国军队乘胜追击，予敌重创。10 月 7 日，日军完全溃退至新墙河以北地区，第二次湘北会战到此告一段落①。会战中，救护总队所属第 1、6、9 大队均开往前线实施战地救护。其中分布在衡阳、衡山、湘潭、长沙、益阳等地的第 9 大队所属各队“最先推进前方部队工作”。这次各队配有运输兵，救护经验比上次要丰富得多，地理环境也熟悉多了。然而，这次敌机的狂轰乱炸给救护工作带来极大的困难，日机沿要道低飞狂轰，救护队员险象环生，但无丝毫退却。“这时出了一位女英雄畅革新小姐，一个人于敌机狂炸中俘了两匹日本马和救了一位同志，冲出重围。”② 在会战中，第 4 中队在林竟成队长率领下，随军工作，至为努力，救护成绩突出。其实际情况如下表：

表 2－1　救护总队第 4 中队各医疗队第二次湘北会战救护工作情况表

队别	工作情况
四中队部	1941 年 9 月 19 日晨，敌机狂炸长沙，前方战事紧张，队长林竟成派队员四处募船，结果只雇到大船 3 艘，于是该中队部医务人员连夜将重要器材、药品装运上船。先由两艘船将重要器材在第二天早上运往衡阳，一艘则留待紧急时启行。而当时留在长沙的各医疗队均作好移动准备，但仍旧照常工作。24 日日军进攻高桥时，船于空袭中离开长沙。10 月 7 日，日军撤离长沙，林竟成率领 331 及 332 队兼程返回长沙，于 8 日到达，除部队外，红会救护总队医疗队为最先到达长沙的团体。
531 队	该队始终随部队工作，进退与俱。从 9 月 20 日起，退回平江至大桥等处，到 10 月 5 日仍随部队实施救护工作，队员输卒都能历险吃苦，三日不眠。由于人少物多，该队仅带重要公物撤离。9 日该队队员顾道清带输卒 5 名，由平江南下，掩埋遗尸 180 余具、死马 101 具。
533 队	该队驻在平江、南江桥一带开展救护工作，于 9 日奉令往通城防治疟疾。战争发生后，该队曾分两部工作，一部在君子堂，一部在板江。于 21 日移往浏阳，旋调醴陵设立门诊部，为伤兵难民诊疗伤病。后在某后方医院工作，为伤兵敷伤，成绩较佳。

① 林竟成：《本会第四中队最近工作一斑》，《会务通讯》第 7 期（1942 年 4 月 1 日出版），第 3 页。

② 林竟成：《第九大队与四次湘北会战》，《会务通讯》第 30 期（1944 年 12 月 1 日出版），第 48 页。

（续表）

队别	工作情况
022 队	该队与某师野战医院同进退，于 18 日夜起向福塘铺、杨林桥、石子岭、三姐桥、霞凝港、乔口等地移动，随时随地协助野战医院工作，并设换药站，为过往伤兵换药。10 月 15 日，该队迁回白水原驻地，在此次撤离中，重要物品均无损失，后在驻地设门诊部，为民众治疗伤病。
491 队	当日军进攻大云山时，该队派队员赵卓文等至某军部军医处设裹伤所，不久该队在高桥一带也设立裹伤站，积极为受伤官兵服务。
492 队	该队于 9 月 19 日随某师野战医院推进至脱甲桥工作，三日间共计裹伤 670 余名，23 日情况变化，暂避山中，夜间与野战医院循山径小路摸索前进，经羊古滩、石头岭、焦溪岭，一路遭敌机轰炸，随地工作。应该师野战医院的请求，该队移至泗汾设立敷伤站，共换药三日两晚，裹伤人数 800 余名。在此次会战中，该队行程八百里，两次突围，历尽艰险。
641 队	该队于 9 月 18 日在敌机狂炸中，先遣女队员杨革新、王万馨、姜惠莲等三人到长沙，该队在当晚随某野战医院涉水过河，黑夜行军，经梧口向平江进发，随时实施救护工作。
643 队	该队于 9 月 17 日在洞庭湖、长沙危急之时，将全队分成两组工作，一组由队长率领四队员，随某师至沅江、甘溪港设立裹伤所，以及协助益阳野战医院从事医疗工作；另一组由队员刘裕寿、吴汉均等随某军野战医院至湘阴一带，担任救护医伤工作，该组并曾于 10 月 6 日趁日军迁徙湘阴撤退之时，到城内抢救负伤将士，经彻夜工作，将伤者悉数救出，运回乔口，并在途中与敌哨兵相遇，致使一伤兵与一民夫遇难，而其他人员脱离危险，完成任务。
493 队	该队于长沙紧急时，奉令与某兵站医院移动，于 24 日步行至湘潭，在某兵站医院工作。旋于 10 月 8 日奉令开回长沙，此时长沙伤兵颇多，而收容所多缺乏敷料，在此情况下，协助收容所敷伤，并在收容所内设立免费军民诊疗所，每日治疗伤兵军民。

（续表）

队别	工作情况
331 队及 332 队	24 日下午，该两队奉令离开长沙，开赴衡阳，派在某军后方医院协助 081 队工作。10 月 7 日由唐铭文队长率领该两队驰回长沙，在中队部设立免费军民诊疗所，并往某收容所协助敷伤，后又商借主堂医院，设立红会重伤医院，于 13 日开始收容伤兵，实施手术治疗，计有病床 70 张，工作极为紧张。
321 队及 322 队	该两队于 9 月 26 日随某兵站医院退往湘阴，于 10 月 9 日达湘潭，继续开展救护工作。
081 队	该队驻衡阳，为 4 中队此次唯一没有移动的医疗队，但衡阳为伤病兵必经之路，该队救护工作亦非常紧张，该队杨焕文队长主持红十字会衡阳办事处事宜，对于后方调度联络以及招待红十字会过往人员，贡献尤多。

资料来源：《本会第四中队最近工作一斑》，《会务通讯》第 7 期（1942 年 4 月 1 日），第 4—6 页。

1941 年 12 月 8 日，日军发动了太平洋战争，中国派遣军驻广州的第 23 集团军，由广州进攻香港。为了配合英、美积极打击日军，国民政府军事委员会于 9 日命令各战区全面发起攻击，牵制日军，策应友邦作战。日军第 11 集团军为策应其第 23 集团军及南方军作战，牵制中国军队向广东转用，遂决定再对长江以南发起进攻①。

这次会战，中国军队以薛岳指挥的第九战区部队为主，先后参加会战的有第 10 军、第 20 军、第 37 军等 14 个军，约 50 万人②。

12 月 14 日，日军开始进攻，从罗家霞至八仙渡分 8 路强渡新墙河向南侵犯。27 日，日军分途渡过汨罗江。31 日，日军一部渡过浏阳河，对长沙实行包围。1942 年 1 月 1 日，日军开始猛攻长沙，守军英勇抵抗。4 日，敌全线猛攻，并以 10 余架飞机助攻。中国军队英勇奋战，反复肉搏，岳麓山重炮集中袭击敌军阵地，阻敌前进。日军因对

① 参见中国抗日战争史学会、中国人民抗日战争纪念馆编：《中国抗战军事史》，第 407 页。

② 参见李世平主编：《中国现代史》，西南师范大学出版社 1995 年版，第 536 页。

外联络被迫切断，补给不继，伤亡很大，即于当天下午开始从长沙向北撤退[①]。

第九战区司令部于4日命令全线反攻。南面各军向北追击，东南各军向西侧击，北面各军向南迎头截击。日军在撤退途中，连续受到中国军队包围阻击，人困马乏，弹尽粮绝，狼狈不堪。直到15日夜间，日军残部才撤到新墙河以北阵地[②]。日军死伤5万多人，这是“我国自抗战以来第一次能按预定计划作战，为抗战以来空前之胜利”，给了敌人以沉重打击[③]。

在如此“空前的胜利”中，救护总队驻九战区医疗队也有突出的表现。相比较而言，第三次湘北会战中各卫生机关均较第二次湘北会战配备合理，前方野战医院均随军工作，无一脱离部队。兵战区各卫生机关事前早经布置与准备，日军一渡新墙河，伤兵运输路线由湘阴、长沙线改为平江、长沙线。日军渡汨罗江后，又将平江、长沙线改为平江、浏阳线，“不如上次失去联络之纷乱情形”[④]。此次会战共约3000名伤兵经平江、浏阳线往后方转移，6000余名伤兵经过平江及湘阴、长沙线输送到安全区域，总共运输伤兵8000余人，大部分伤兵被运到长沙接受治疗[⑤]。救护总队在第三次湘北会战取得如此大的救护成绩，是与全体救护人员的努力分不开的。

在这次会战救护中，第4中队全体救护人员“历险吃苦，表现高度勇敢”[⑥]，“随军进退，配合作战，没有一个落伍，没有一队不照命令动作，而且知道什么地方为伤兵必经之路，而设裹伤站于何地。这一次工作最有效，最痛快，他们穿着草鞋长途跋涉，而脚上永远不会发生水泡了，他们知道怎样将无法携带公私物件，埋在于土埋内，而相信不久回去会原封不动的”[⑦]。当日军一退出长沙，第4中队医护人

① 参见李世平主编：《中国现代史》，第536—537页。

② 参见李世平主编：《中国现代史》，第536—537页。

③ 《第三次湘北会战四中队各医务队工作报告》（1942年2月9日），贵阳市档案馆藏：《救护总队档案》，40-3-195。

④ 《第三次湘北会战四中队各医务队工作报告》（1942年2月9日），贵阳市档案馆藏：《救护总队档案》，40-3-195。

⑤ 《第三次湘北会战四中队各医务队工作报告》（1942年2月9日），贵阳市档案馆藏：《救护总队档案》，40-3-195。

⑥ 《第三次湘北会战四中队各医务队工作报告》（1942年2月9日），贵阳市档案馆藏：《救护总队档案》，40-3-195。

⑦ 林竟成：《第九大队与四次湘北会战》，《会务通讯》第7期（1942年4月1日），第49页。

员不顾湘江布有水雷的危险，乘汽船回长沙开展伤兵医疗手术及民众防疫工作。三次湘北会战后敌人退出长沙，救护总队各医疗队都是首先赶回长沙，连湖南省卫生处处长张维都对救护总队各队动作之神速表示钦佩①。至于各队救护工作的具体情况，从下表可以得到比较全面的认识。

表 2－2　救护总队第 4 中队各医疗队第三次湘北会战救护工作情况表

队别	移动及工作情形
4 中队部	救护总队第四中队在第二次湘北会战后，来不及休整。日军开始第三次进犯长沙，队长林竟成为鼓励士气起见，亲往前线巡视各线医疗队。当日军于 23 日开始在湘北准备进攻时，林竟成恰好在平江，于是留在 493 队。在此情况下，林氏立即与第九战区长官司令部取得联系，一面急电长沙中队部唐文铭、贾宗舆二医疗队长，要求其依照原定计划转移眷属、公物，在必要时可先将眷属、公物运往衡阳，但救护人员必须在紧急情况下方可离开长沙。当长沙强迫疏散人口时，531 医疗队因按预定计划调往贵阳服务，故于 23 日先由船运送衡阳，25 日，林竟成命令林春熙等押运两船将眷属 30 余人及公物 300 余件运往衡阳。29 日，日军抵达福林铺，长沙各机关均先他移，长官部冯处长劝救护总队第 4 中队撤离，于是第 4 中队于该日下午 4 时用船载中队部及 331 队职员和公物渡江至新江河，暂住民众家。31 日，敌机轮流轰炸长沙，该中队遂于 31 日下午 5 时离开长沙，夜间步行至湘潭，3 月早晨步行至茶园铺，乘红十字会由衡阳派来接运的汽车，于晚 7 时到达衡阳，在衡阳临时办事处休整。6 日，日军前线崩溃，被国民党部队包围歼灭于捞刀河及浏阳河附近。7 日，中队部及 331 队人员由唐铭文队长率领，携带急需器材，乘汽车前往长沙，9 日到达，是日长沙方准人民入城，“除部队外，本会实为最先到达长沙之机关”。

① 林竟成：《参加红会救护总队部工作的回忆》，《贵阳文史资料选辑》，第 22 辑（1987 年），第 71 页。

（续表）

队别	移动及工作情形
022 队	该队自 1941 年 12 月 25 日随 99 军 399 师参战，负责救护工作，共计 20 天，在冰天雪地里奔走，全队人员备尝艰苦，然终以极坚忍的意志，克服各种困难，始终追随该师，完成此次救护任务。此次战事发生颇为急速，该队于 22 日夜接 399 师师部通知，敌人准备 26 日进攻该师阵地，命令速做撤离准备，该队救护人员当即清理物件，于 23 日派输卒及雇佣民夫 3 人将救护器材送往长沙。为减轻输卒负担，救护人员每人仅留带棉被 1 条，24 日夜，该队又接通知命令向前推进至白水站西地区。随后，022 队又随该师野战医院至塘口设立师收容所。当日军渡过汨罗江时，该队复随野战医院至梅林桥，在冰天雪地中行军，极为艰难，队员时常滑倒于水中，输卒负担极重，均能忍着前进，午夜 13 分，接命令复移至三姐桥，此时日军迫近不足 10 里，枪弹由头上飞过，加之道路狭窄，有些地方简直不能行走，又无月亮，摸黑向前行军，地面高低不平，人马时有摔倒，公私物品损失一部分。到达三姐桥时，被包围的敌人四处乱窜，局势极为危险，于是接令随野战医院饿肚于午后 3 时移樟树港，以小萝卜充饥，天明方到樟树港。此时刘队长及刘象兴队员均患病，忍苦行军。1 月 2 日复接令向前推进至白鹤洞收容所，伤兵夜登高山，腹饿力竭，天明遇敌机低飞轰炸。3 日越上下 30 里大山，输卒走不动，遂在白鹤洞停两天，为伤兵敷伤、骨拆固定（削竹为夹板）及注射破伤风抗毒素，6 日出发至樟木洞，次日又移至南临，此时日军已溃退，伤兵陆续运至野战医院，担架兵人员紧张，遂命令输卒协助运送伤兵。该师围攻麻石山。该队在樟木洞共计敷药 180 余人，实施手术 20 余人，于 14 日接令又随野战医院返回原址，15 日即开始门诊诊治附近受伤民众。该队此次随军担任救护工作，共计有 22 天在冰天雪地中行走，冒险吃苦，扶病行军，以最坚苦的意志，克服各种困难，始终追随该师野战医院完成任务，且重要公物均无损失，殊为难能可贵。
643 队	该队于战役开始时，全队人员即开往益阳 99 军野战医院，移至前方第 197 师野战医院工作，分别协助救护卫生、运输等项工作，始终随该院共进退。计收容官兵伤兵 30 余名，并协助该师军医处在前方极力为推行浅坑厕所、饮水消毒活动，或制作行军锅、灭虱器等器材，此项工作对作战部队颇有裨益。该队公私物件均无损失，战争结束后，该队继续在 197 师工作。

（续表）

队别	移动及工作情形
493 队	该队原在平江队师部工作，于20日接师部通告，嘱其携带贵重器材等先后移，并指定大桥或思村为驻地，遂于21日收集重、次要器材及食粮等，一部分先运大桥，暂存。27日日军沿铁路直扑长沙时，即于29日先派该队员2人与输卒再将一部分器材行李及寄存大桥物件一并运往思村，并预择驻扎地点，其余人员仍留野战医院，照常工作，随时预备移动。至1月2日晨，因部队长官于是日出发，亲往前线督战，令该队随该部所属单位移思村，晚8时，到达思村，3日起开始门诊，每日就诊军民平均七八十人。4日又接师部通知，因恐敌溃退乱窜，督该队收集贵重物件再运往白水存放，以防意外。于是该队派队员2人押运重要物件至白水保管，其余仍留思村工作，15日奉令迁回甲山，于16日、17日分批移回甲山，沿途军民求诊者共有100余人，18日在甲山开始工作，并为该师特务营参战回来士兵灭虱。
492 队	该队原驻李家墩37军第95师野战医院工作，于12月27日随野战医院转进至麻分嘴的飘风山。当时国民党部队已四面受敌，一度转迁，与日军争夺高山，互相包围，似小儿捉迷藏，迂回旋转，如走马灯。是时，大雪纷飞，北风怒号，扑面如割，当时敌机9架偷袭。战事非常激烈，敌我双手开始白刃战，下午阵地转移，救护队员涉水前进，敌机低飞侦察时，人们将衣白翻转护体以作掩护目标，进至石洞青云山，天色昏黑，继续行走10余里，衣履尽湿，民房十室九空，天寒地冻，冷不可耐，不久又前行，山道崎岖，辎重在前一步一停，夜寒更是如此，只得放慢速度，行至白林洞，万山丛中，鸟道纵横，遂与野战医院失去联络，方向不明，遂撤回蒲塘第95收容所联络，又改道往思村与473队联络，另派一部分人员与师联络，复在蒲塘95收容所协助敷伤工作，最后赶回李家墩，仍在95师野战医院工作。从1941年12月25日起开始敷伤，计共敷伤530余名，在95收容所敷伤700余名，该队输卒跌伤3名，内有木工1名跌入蒲塘的鱼塘内，险遭灭顶之灾。该队经过三次会战，以此次为最险，但幸人员均无恙，公物无损失。

（续表）

队别	移动及工作情形
322 队	该队原在岳阳小湄58 军的新11 师工作，于12 月24 日深夜奉令随该师野战医院至战地从事救护工作，经小湄、饶村、朱公岭、岑川、龙蟠、张家坡、于公桥等地，然后渡江至龙洞、福林铺、白沙桥、新市、长乐街、黄沙街等地从事战地救护工作，最后到达抗日的最前线——新墙河边从事战地救护。整个行程，均随军工作，绝未脱离部队，协助军医从事敷伤，医疗队各医务人员均备尝艰难，昼夜奔驰，常在敌机弹雨下工作。3 日夜在与敌遭遇时，由31 团掩护，紧随野战医院，曾一度从敌人阵地突过，在行军时蔬菜难以购得，只有以重价购置炒米、红薯、大饼等充饥，每日均在步行与工作中，该师轻重伤兵皆经敷伤或施行手术及往后方传送，共计敷伤500 余名。1 月1 日在岑川正值施行手术快完之际，敌人便衣队已逐追前来，各员工于仓促中只得抢救公物转移，不幸私人行李及一部分医药器材来不及转移，尽落敌手，医疗队队员只得以稻草取暖度夜。新11 师奉令调醴陵整训，故医疗队随军至醴陵陈官庄。于1 月26 日到达，计前后徒步行走33 日，行程1000 余里，队员尝尽艰险，毫不畏惧，奋勇工作，对于救护器材尤极爱护，仅丢弃行李数件，精神极佳，并沿途获得敌手枪1 支，湘北详明作战图两大幅，红十字帆布硬背袋一个，外科手术器械一盒（共18 件）等战利品。
491 队及64 队	该两队原在平江大桥第四军工作，12 月9 日第四军奉令调粤，该两队未便随往，暂留大桥以待接防部队，并拟开至26 军工作，正在洽商时，日军于12 月23 日发动三次攻势，当时第4 中队队长林竟成恰在该两队中。是时，敌骑已越汨罗江，攻陷浯口，回麻江，且已超越平江，居民逃难一空，旋接部队通知，嘱即速转移，于是12 月29 日在敌机威胁下向浏阳进发。该两队都经过前两次湘北会战，经验丰富，深觉浏阳为历次强战时运伤路线。上次会战，伤兵经浏阳者约6000 人，并且当时中国红十字会救护总队没有把较强的医疗队驻扎在浏阳工作，引为遗憾。因此，第4 中队事前已预定湘北三次会战时派队驻浏阳工作，故林竟成队长亲率两队赴浏阳，全队工作人员多已身经两次会战，均能沉着应变。各项准备工作完成后立即出发，第1 日至花桥时，因输卒不敷，于是将队中一部分笨重物件埋存于花桥山上，为防敌军阻击，遂以两昼夜行军，兼程驰往，山路崎岖，时值雪后，山路泥

（续表）

队别	移动及工作情形
	泞不堪，历尽艰险，方于31日到达浏阳。是时，浏阳民众迁徙殆尽，127兵站整院迁醴陵，143队与其同往，时172收容所新开至浏阳，该所因运输困难，卫生材料均感缺乏，而卫生人员缺少，故两队均派该所协助敷伤（特别注意骨拆之固定，由木工特制大量夹板以供需要）及手术工作。前方伤兵源源运到，每日约数百人，该两队在该所工作近1月，除该所之敷药及手术完全由该两队负责外，并修建浏阳灭虱站，为伤病兵及驻军灭虱治疥，计共3332例，敷伤计4584次，骨拆固定385例，施行手术34例，灭虱980人。
331队及332队	该两队原在长沙145兵站医院工作，因日军进犯长沙，该两队随兵站医院撤退，31日下午5时至湘潭，次日至举围铺，然后乘红会木炭车至衡阳，与081队同在衡阳134后方医院工作。7日当日军溃退后，由唐铭文队长率领与中队部同回长沙，于9日到达，即在湖南卫生实验处原址开设免费军民诊疗所以救济伤民军民，并在22卫生大队设重伤室，为重伤患者敷伤及施行手术，计裹伤2667例5514次，骨拆固定277例，手术120例。
081队	该队在衡阳134后方医院工作，此次伤兵运往衡阳者约9000人。该队担任敷伤及手术工作，因衡阳多警报，故多于早晨3时开始工作，甚为紧张，计共敷伤2296例，计6993次，骨拆固定64例，手术30例。
53队	战争结束后，乱尸遍野，有鉴于此，第53医务队队长贾宗兴于1942年1月9日派队员顾道清率领输卒5名，到战场上掩埋尸体和消毒。当日在双江口掩埋尸体31具，焚化马尸37具。10日在金井一带掩埋尸体39具、马尸33具。11日到铁板桥，因该地驻有第九战区长官司令部掩埋大队，故将该地遗尸交由该大队掩埋。12日在潮家巷掩埋尸体13具、马尸6具。14日在浯口五星牌一带掩埋尸体32具、马尸8具。15日在大塘铺、小塘铺一带掩埋尸体23具、马尸5具。该队掩埋队往返共计七日，总共掩埋尸体184具，马尸101具。

资料来源：林竟成：《第三次湘北会战四中队各医务队工作报告》（1942年2月9日）；《总会救护总队第022医务队报告》（1942年1月2日）；贾宗兴：《呈报湘北大战后掩埋尸体》（1942年2月14日）；《总会救护总队081队报告》（1942年2月9日）；《总会救护总队331队报告》（1942年1月9日）；《总会救护总队322队报告》（1942年2月9日）；《总会救护总队643队报告》（1942年2月9日）；《总

会救护总队 492 队报告》（1942 年 2 月 9 日）；《总会救护总队 491 队报告》（1942 年 2 月 9 日）；《总会救护总队 64 队报告》（1942 年 2 月 9 日）；《总会救护总队 331 队报告》（1942 年 2 月 9 日）；《总会救护总队 332 队报告》（1942 年 2 月 9 日）。以上档案均见贵阳市档案馆藏：《救护总队档案》，40-3-195。另，《各单位工作报告——第四中队》，《会务通讯》第 8 期（1942 年 6 月 10 日），第 17—19 页。

综观此次会战救护工作，救护总队第 4 中队各医疗队在战事发生前，就已预料敌人肯定会发动第三次攻势，“一切早作准备，均依预定计划进行”①。因此各医疗队在此次会战中所取得的工作成绩比第二次湘北会战要进步得多。前方各队均服从命令，随军进退，在最危险、最紧张、最困难的情形下协助救护工作，完成任务，无一人擅自离开部队撤退至后方。不仅各队随军日夜奔驰，在冰天雪地或敌机轰炸之下，在敌兵的包围之中，跋山涉水，历尽艰险，长途转徙，而且还能在最困难的情况下保存救护器材和医疗设施。种种情形表明，救护总队各医疗队“已能于战时与部队配合工作毫无疑义矣”②。驻长沙中队部的各医务救护人员也都能镇静沉着应对，在长沙最危急时向后撤退，并且及时抢运公物，使医疗救护器材无一损失。日军从长沙退出后，各医疗队再次返回长沙，积极开展各项救护工作，“针对需要，随时随地协助伤兵院所敷伤及手术工作”③。此次会战由救护总队各队敷伤者总计 10200 余例，共 21000 余次，至少 4000 余名伤病官兵曾往救护总队医疗队敷伤，占此次全体官兵 8000 余名中的二分之一④。

第 4 中队在第三次湘北会战中出色的救护表现，受到救护总队部的通令嘉奖。救护总队发给参战人员慰劳金 8000 元，并核销一部分私人

① 《第三次湘北会战四中队各医务队工作报告》（1942 年 2 月 9 日），贵阳市档案馆藏：《救护总队档案》，40-3-195。

② 《第三次湘北会战四中队各医务队工作报告》（1942 年 2 月 9 日），贵阳市档案馆藏：《救护总队档案》，40-3-195。

③ 《第三次湘北会战四中队各医务队工作报告》（1942 年 2 月 9 日），贵阳市档案馆藏：《救护总队档案》，40-3-195。

④ 《第三次湘北会战四中队各医务队工作报告》（1942 年 2 月 9 日），贵阳市档案馆藏：《救护总队档案》，40-3-195。

物件损失[①]。1942 年 1 月 1 日，救护总队撤销第二大队副大队长办公处[②]，改设第 9 大队部，第 4 中队长兼第 2 大队副队长林竟成调任第 9 大队大队长[③]，第 9 大队被誉为“模范大队”[④]。这一荣誉是各队[⑤]全体人员通过长期锻炼，团结合作，共同努力，不断克服困难，发扬救死扶伤精神的创造性成果，同时也与救护总队部的指导、支援密不可分。救护总队不仅源源不断地供给医药物质和其他救护物质，并且派出周美玉、周寿恺、郭绍宗、戴根法等各科指导员、视导员到湘北前线指导救护工作，周美玉还亲自参与第 4 中队在长沙设立的重病室的指导工作，连总队长林可胜也多次前往视察，给予鼓励与指导[⑥]。

这次会战救护也得到战区民众的大力支持。三次湘北会战中，湖南省湘南、湘北、湘东、湘西如衡阳、衡山、湘潭、长沙、益阳、湘阴、平江、岳阳、浏阳、醴陵、安江等地都驻有救护总队第 4 中队各医疗队。各队每到一地，都是住在民众家里，为民众免费医疗和预防接种，深受民众欢迎。各队队员与湖南老百姓建立了牢固的友谊。据时为大队长的林竟成回忆[⑦]：

敌人来了，他们就帮助我们把药品器材等埋在地下，他们自己带着粮食、牲畜上山躲避。在湖南，我到过四十多个县，湖南是我的第二故乡，我对湖南人民有着深厚的感情。湖南人民朴素、诚实、直率、肯干、勇敢、富有革命斗争精神，抗日情绪强烈而顽强。敌人在湖南吃了很大苦头。湖南的妇女热情大方，特别是湘北妇女。我们曾经住在一个农民家里，我问一位年青姑娘：“你们为什么待我们这样好?”她说：“我哥哥出外当兵抗日，我希望人家同样待他好。”一个不识字的姑娘回

---

① 《总会救护委员会发救护总队部电》(1942 年 5 月 20 日)，贵阳市档案馆藏：《救护总队档案》，40-3-195。

② 当时派驻第九战区各队的工作人员，全部由第 2 大队副大队长林竟成指挥，根据救护总队的解释，组建第 9 大队是为推进工作，健全组织，而不是因为林竟成率领的第 4 中队在历次湘北会战中所取得的救护业绩，特意提升。参见《林竟成、王元一调任大队长》，《会务通讯》第 8 期（1942 年 6 月 10 日），第 12 页。

③ 《林竟成、王元一调任大队长》，《会务通讯》第 8 期（1942 年 6 月 10 日），第 12 页。

④ 林竟成：《参见红会救护总队部工作的回忆》，《贵阳文史资料选辑》第 22 辑（1987 年），第 72 页。

⑤ 当时九大队共辖 4、5 两个中队，10 多个区队，第 5 中队在赣北铜鼓，中队长是罗盛昭。

⑥ 林竟成：《参加红会救护总队部工作的回忆》，《贵阳文史资料选辑》第 22 辑（1987 年），第 69—72 页。

⑦ 林竟成：《参加红会救护总队部工作的回忆》，《贵阳文史资料选辑》第 22 辑（1987 年），第 71—72 页。

答的多好啊！湘北前方民间小饭店的女主人，总是给我们许多照顾，热情让位，给我们吃瘦肉不放大辣椒。

这次会战救护工作也存在一些问题。据林竟成的总结主要有如下几点：（1）各队均感经费缺乏，差旅费毫无剩余，“一遇战事，邮寄不通，贷借为难，正至钱尽粮绝，时遭断炊之苦”[①]。（2）按救护总队所定的编制，各医疗队配属输卒 10 名，根据前两次会战的经验，输卒“深感不敷”，一遇战事，为了保存医疗救护器材，势必要抛弃一部分私人行李及不重要的公物，医疗队移动时至少须带两个 DI，否则即使随军移动也不能正常工作，因此，每队应增加输卒 5 名，“方能应付需要”[②]。（3）伤兵输送能力仍感不足，每连只有担架 10 余副，收容所能出担架 20 余副，加之担架兵均系老弱病者，不能很好地完成输送任务。若要更好地完成救护任务，必须改变轻视担架兵及看护兵的观念，“勿以羸弱老病者添补为担架兵或看护兵”[③]。（4）按照整个战局发展的事实需要，应将两个兵站医院驻于长沙及浏阳附近，在日军溃退时即可推进至长沙及浏阳一带工作。然而，当战局紧急时，长沙及浏阳的兵站医院均奉令后移，而当敌人溃退时，不能迅速移回长沙、浏阳工作。尽管两地设有收容所或卫生大队，但对于伤兵来说，接受治疗实感不便[④]。（5）收容所等卫生机关每因运输困难，且为避免遗失负责赔偿起见，对于伤兵携带被服不予办理。故前线医疗队时有被服堆积，而后方须应用时，极感缺乏。伤兵因无被服被冻死的现象时有发生，收容所等卫生机关的这种作风极不合理，应督责各伤兵卫生主管人员负起责任，切实维护伤兵的利益[⑤]。（6）兵站区各卫生单位移动过于频繁，往返奔驰顾此失彼，反而不能实际开展救护工作[⑥]。（7）多数兵站卫生机关对伤兵诊疗及护理

① 《第三次湘北会战四中队各医务队工作报告》（1942 年 2 月 9 日），贵阳市档案馆藏：《救护总队档案》，40-3-195。

② 《第三次湘北会战四中队各医务队工作报告》（1942 年 2 月 9 日），贵阳市档案馆藏：《救护总队档案》，40-3-195。

③ 《第三次湘北会战四中队各医务队工作报告》（1942 年 2 月 9 日），贵阳市档案馆藏：《救护总队档案》，40-3-195。

④ 《第三次湘北会战四中队各医务队工作报告》（1942 年 2 月 9 日），贵阳市档案馆藏：《救护总队档案》，40-3-195。

⑤ 《第三次湘北会战四中队各医务队工作报告》（1942 年 2 月 9 日），贵阳市档案馆藏：《救护总队档案》，40-3-195。

⑥ 《第三次湘北会战四中队各医务队工作报告》（1942 年 2 月 9 日），贵阳市档案馆藏：《救护总队档案》，40-3-195。

工作很少重视，个别医护人员漠视自身职责，加之卫生器材缺乏，致使伤病兵的衣食问题非常严重，此种现象在部队卫生机关中尤为突出①。

1944年初，反法西斯战争在世界各主要战场节节胜利，日本侵略者被动挨打，处境困难。在太平洋战场上，美国对日本的反攻不断增强，日本与南洋的海上交通线已被切断，它在中国的长江补给线在美军的监视下也受到严重的威胁。日本帝国主义为了挽救覆灭的命运，决定发动豫、湘、桂战役，打通平汉、粤汉铁路，掌握一条陆上交通线。4月中旬，日军首先发动了打通平汉铁路的豫中战役，到5月底，日军打通平汉铁路后，紧接着向湖南进攻，发动了第四次湘北战役。日军调动10余万兵力集结岳阳附近，兵分一线、二线。一线兵力分驻湘东、湘西。5月25—28日，一线部队先后出击，我国守军的总兵力有二三十万，但他们各自为战，节节阻敌，没有集中优势兵力围歼进犯之敌。因而当敌军发起全面进攻时，各守军被击破，次第败退，沅江、湘阴、湘潭、浏阳、株洲等地失陷，长沙处在敌人的围困之中。6月18日，长沙失守，守军突围，赴永丰收容②。

救护总队第9大队经过前三次长沙会战的磨砺，医护人员“已学会了怎样没有钱能过日子，和饿得、冻得、晒得和走得四大看家的本领了”③。面对恶劣形势，他们镇定自若，由于没有移动经费，救护队员将旧车胎卖掉，借以筹款来充作移动经费。凭借运输队、材料库以及各部门的通力合作，第9大队将存放在衡阳、邵阳两个材料库中价值一万万元的医疗卫生器材全部抢运出来，在最短的时间内把无法发动的汽车全部修好，差不多每隔一天修好一辆汽车，这在战火纷飞的年代是一个惊人的奇迹。正如大队长林竟成所言：“我不客气地说，因为过去公路上所受一些痛苦的经验，对于司机先生印象不是顶好的，然而这次使我另眼相看了，司机和技工们日夜赶修汽车，日夜搬运，他们工作每日在十五个小时以上。说也奇怪，各库队人员会自动知道怎样做，士兵昼夜不息地在搬运，长沙紧急疏散，他们在四十八小时内，找到三艘船撤退公

① 《第三次湘北会战四中队各医务队工作报告》（1942年2月9日），贵阳市档案馆藏：《救护总队档案》，40-3-195。

② 参见张宪文主编：《中华民国史纲》，郑州：河南人民出版社1985年版，第608—609页。

③ 林竟成：《第九大队与四次湘北会战》，《会务通讯》第7期（1942年4月1日），第50页。

物和眷属。他们知道到哪里可以找到本会汽车，而汽车也明白在哪儿接运。"[①] 在衡阳，第9大队还专门组织了手术组和换药队，直到衡阳疏散已变空城，救护队员还在工作[②]。在东安，9大队全体医护人员通宵将三个医疗中队的公物器材100余件，食米8000余斤，抢运至车站。日军占领东安后，9大队部于9月8日抵达桂林，而身为大队长的林竟成却仍在大溶江安排战地救护工作。11日退至桂林，此时黄沙河失守，桂林强迫疏散，时要危急，在无款、无油、无零件且轮胎破烂之下，9大队部驾驶5辆汽车长途奔袭，16日到达柳州，17日至宜山附近的怀远镇。9大队部从长沙、湘潭、衡山、祁阳、零陵、全县、东安至大溶江、桂林，无不在最紧急的时候，从容不迫地退出，公私物件均无损失，确实做到"临难不急"的地步[③]。在第四次湘北会战的整个过程中，第9大队"各队都是自动地热情紧张地工作着，有的是在到处找重伤将士施行手术；有的在卫生列车上工作，随车奔驰，日夜不息，雨淋日晒是够辛苦的了。他们除了本身工作外，还附带协助运输本会器材公物及通讯的使命；有的在陆院内为千百万受伤将士忙着裹伤，并且还开设诊所，忙着为军人、难民治疗和预防注射；有的在负责保管及供应药品公物和照料职员眷属；有的在前方随军工作，和部队同进退，作七百里长途的跋涉"。总而言之，"他们都遵守一个原则，就是各尽所能，随国（战）局发展，随时随地工作"[④]。博爱恤兵、救死扶伤的信条是救护总队医护人员的工作指针，救护人员英勇地工作，为伤兵服务，不怕冒险吃苦，不避酷暑严寒，表现出高度的献身精神。

952队原在湖南东安协助卫训所第5分所工作。第四次湘北会战爆发，东安为九战区兵站后方，前方各队及大队部公私物件眷属，皆运至东安，交952队负责保管，后衡阳为第一线时，该队乃开始随军事转移。7月5日开始转移，历经13天到达怀远。本拟迁赴独山，因当时交通工具缺乏，随即在怀远下车，展开工作，分"医院""门诊"二部。后因鉴于事实之需要，在怀远火车站设立分诊所，为边境军民诊疗疾病，衡桂相继失守后，难民日渐后移者更多，乃在六甲又设分诊所，给

① 林竟成：《第九大队与四次湘北会战》，《会务通讯》第7期（1942年4月1日），第50页。

② 林竟成：《第九大队与四次湘北会战》，《会务通讯》第7期（1942年4月1日），第50页。

③ 林竟成：《湘桂前线通讯——别了大溶江》，《救护通讯》第34期（1945年1月），第7页。

④ 林竟成：《第九大队与四次湘北会战》，《会务通讯》第7期（1942年4月），第50页。

予难民医药救济。柳州失陷，宜山告急，怀远变成最前方。该队一直工作到11日夜间才后撤至宜山，与第1及第8卫生列车上第9、第41及第942队联络。根据大队长林竟成的命令，该队于12日重返怀远执行战地救护任务[①]。怀远于15日沦陷，该队经河池六寨，于18日到达独山，随即奉令在火车站设立门诊，每日求诊者约200人。由于日军紧逼独山，30日，该队乃携带重要器械药品，后撤贵阳[②]。

在历次湘北会战中，“湘北各队是救护总队部中最先推进前方部队工作的，军邮局和红十字会救护队在前方部队中是最受欢迎的。他们首先将环境卫生工作介绍到前方部队每一个连部去，他们首先将灭虱站设立在最前方和游击区里，为着灭虱工作，他们好几人患了回归热，或斑疹伤寒；他们首先将特别营养工作实施到野战医院去。他们是参加了最多次数的会战之救护工作”[③]。大队长林竟成不无感叹地说：“这些可纪念的历史里面，有着他们的眼泪和血汗，喜悦和苦难，融合在一起。所以他们不禁爱好他们的历史了，那是和四次会战有密切联系的。所以每一个同志都以参加第四次湘北会战救护工作为荣，他们如果失去这样机会，就好像失去了一次中头奖的机会一样难过。”在四次湘北会战中，女救护队员的表现也令人钦佩，在敌人逼近的时候，时为大队长的林竟成命令一位女队长率领女队员先行转移，但他们拒绝了林氏的命令。因为她们认为和男同志共同工作，这是她们的权利。“她们有足够的勇气，她们愿意吃苦，她们何故要先后退呢?”[④] 正因为救护队员具备精湛的医疗技术和良好的心理素质，加之具有茹苦含辛、百死不辞的殉道精神，第9大队在历次湘北会战救护中，劳绩甚著。

三、印缅战场飘扬的红十字旗帜

滇缅公路是中国为适应抗战的需要而开辟的一条重要国际交通干线，东至昆明，西至缅甸境内的腊戍，与仰（光）曼（德勒）铁路相连接。为了保持中国唯一的国际通道滇缅公路的畅通，以利持久抗战，1941年2月，中国应英国的邀请，派出“中国缅印军事考察团”前往缅甸、印度、马来西亚进行军事考察。考察结束，国民政府提出让中国军队及早入缅布防的意见，但遭到英国拒绝。1941年12月8日，太平洋

① 许信刚：《千山万水到贵阳》，《会务通讯》第31期（1945年2月），第45页。

② 许信刚：《千山万水到贵阳》，《会务通讯》第31期（1945年2月），第45页。

③ 林竟成：《第九大队与四次湘北会战》，《会务通讯》第7期（1942年4月），第52页。

④ 林竟成：《第九大队与四次湘北会战》，《会务通讯》第7期（1942年4月），第53页。

战争爆发，英、美对日宣战。23 日，由蒋介石主持召开的中、英、美东亚联合军事会议在重庆举行，中英双方于 23 日签订了《中英共同防御滇缅路协定》，成立了中英军事同盟。早在 11 月滇缅边境情况紧急时，国民政府军事委员会即令第 5 军等部，分由贵州境内向云南开进。12 月 11 日，中国应英方之请求，以第 93 师第 277 团进入缅甸的景栋地区，接替英军对泰北、越南边境的防务。1942 年 3 月 16 日，中国正式组织远征军，下辖第 5 军（军长杜聿明，辖第 96、第 200、新编第 22 师）、第 6 军（军长甘丽初，辖第 49、第 93、暂编第 55）和第 66 军（军长张轸，辖新编 28、新编第 29、新编第 38 师）及直属部队，在杜聿明（后改派罗卓英）的统帅下，由云南进入缅甸，先后在同古、仁安羌、腊戍等地对日作战①。

西南战区为反攻滇缅以通国际路线的基地，其任务非常重要，除设第 10 大队外，又成立昆明办事处负责指挥联络。救护总队对滇缅前线救护工作，极为重视，开赴昆保一带者 30 余队。还于客冬与卫生署合组手术队 6 队，与军医学校合组手术队 1 队，又就所辖各队，择其擅长手术者，扩充其设备，组织了 2 个手术队，担任外科工作。为使工作便利，指挥统一，驻滇新运医疗队、美国公使馆救护队、英国红十字会医疗队，均拨归救护总队昆明办事处指挥。参加救护总队员工，内有医师、药师、工程师、机械师、护士、助产士、技工、司机（华侨甚多）及行政人员等等，并有外籍医师数十位参加。

1942 年 4 月初，国民政府应盟国的请求，派遣中国远征军赴缅甸、印度作战。救护总队奉命抽调医护人员，新编医疗队 3 队，以计苏华、严家贵和龚念慈为队长，经短期训练后，由总队长林可胜亲自率领，携带大批药物器材，并配有救护车 5 辆，于 3 月 22 日由贵阳出发，经昆明入缅甸，随军服务②。于 4 月 1 日抵达腊戍后，总队长林可胜命令 071、072、073 等三队即速于 5 日至眉苗美国军事代表团中国战区参谋长史迪威将军处受命。该命令为："第 072 队去曼德勒、伊洛瓦底江上的洋船阿山姆号准备收容伤兵，071 队去曼城南八英里的闵既第 176 收容所协助工作，073 队则同去该所，将所有伤病兵护送后行。"③ 071 与 073 队

① 参见中国抗日战争史学会、中国人民抗日战争纪念馆编：《中国抗战军事史》，第 456—457 页。

② 《本会医疗队入缅工作》，《会务通讯》第 8 期（1942 年 6 月 10 日），第 13 页。

③ 《救护总队第 073 队在缅工作及自缅撤退情况报告》，贵阳市档案馆藏：《救护总队档案》，40-3-34。

受命后，当即启程前行，于6日晚到达该所，发现负伤官兵秩序非常紊乱，轻伤官兵胡乱抢换药品及食品，并殴打看护兵，重伤患者则数日不得一餐，换药更所不易[①]。曼城天气炎热，因缺水重伤患者死亡人数颇多，该所官兵有160余人，除看护兵及担架兵外，其余均不入病房。此外，还有中缅救护队在该所服务，该队除注射防疫针外，亦不进病室担负治疗任务。救护总队两医疗区队鉴于上述情况，立即取得自来水，加以漂白粉消毒分予50名受伤官兵饮用。7日，该两队为500余名受伤官兵换药，为13名骨折患者敷上石膏，立即组织输送力量将563名受伤官兵往后方转移。其他救护队抵达缅境之时，前方战事日烈，医护人员兼程驰往，迅速投入战地开始工作[②]。入缅军队与日军展开激烈战斗，伤亡惨重，急需医疗救护人员。在此情况下，林可胜急电救护总队部，嘱咐急需派队前往[③]。救护总队又新组第14医务队，加上第192、193、531等3支医务队，由中队长贾宦舆，区队长熊荣超、施善堃、贺擒舆等分别率领，又派第253汽车队1队，配车5辆，由杨天保领队，携带X光器材两套，检验器具1套以及各项医疗器材，于3月29日入缅为中国远征军服务。另外，由外科指导员汪凯熙率领外籍医师4人，救护车5辆，入缅实施救护工作[④]。

当时我国派遣3个军在缅甸协助同盟军防守仰光至曼德拉（瓦城）一线，由于日军行动迅速，战局变化很快，远征军在3月中旬便与日军开始交火。最初，我军作战很顺利，当时远征军有数十万人之众，而参加救护的机构却很薄弱，往往极少数的人，须担负救护几百个受伤将士的任务。而且当时的物质条件，也很缺乏。救护总队救护人员大多分配在广大的战场上，并且还组织医院，把前方受伤的将士，运送到后方治疗，又把药品从后方输送到前方，“可是所有担任救护工作者，他们都异常勇敢，不怕吃苦，不怕敌人的轰炸，他们始终坚决而勇敢地执行着唯一的任务，一直工作到最后战局的转变”。由于救护队员忘我的工作热情和奉献精神，“所以此次留在缅甸的伤兵很少很少”。当日军突破盟军阵地后，总队长林可胜率领一部分救护人员，设法把伤兵从曼德拉向密支那一带护送。当时没有船只作运输工具，只得利用铁路运输。因沿

① 《救护总队第073队在缅工作及自缅撤退情况报告》，贵阳市档案馆藏：《救护总队档案》，40-3-34。

② 《红十字会半年工作概况》，《新华日报》1942年10月2日。

③ 王正廷：《最近本会对于抗战之贡献》，《会务通讯》（1942年10月1日），第2页。

④ 《医疗队续派入缅》，《会务通讯》第8期（1942年6月10日），第13页。

途铁路上的桥梁受损，用铁路运送伤员已不可能。于是，救护队员在总队长林可胜的率领下，在开泰找到一条船，救护队员自己当水手，把伤兵自开泰向八莫输送，途中多次遭遇敌机的轰炸。抵达八莫之后，又换乘火车，因为找不到开火车的司机，总队长林可胜亲自充当司机，并设法寻找水和燃料。5 月 5 日抵达莫干时，前后都有敌人，而随行的伤兵和难民很多，林氏将 3000 名难民向山中疏散后，率队向印度边境前进①。经过 26 天的艰难跋涉，风餐露宿，医疗队穿越了被日军封锁、无路可循的缅甸丛林，到达印度阿萨姆省的利多火车站②。这次出色的转移，完好保存了入缅的 3 支医疗队，使之继续为战场服务，林可胜也因此获得了美军高级勋章③。

在远征军救护中，除救护总队医疗外，新运第 6 医疗队的救护成绩值得称道。新运第 6 医疗队原驻江西，后调至云南驿，亦随军赴缅甸前线救护医疗，是最早出国参加战地救护的医疗队之一。入缅后，派在野战医院协同工作，恰逢东瓜战事紧张，伤胞后运时，该队医护人员在火车站为其敷伤换药，并至前线施行急救，在救护过程中，深受伤兵欢迎。此外，该队还在滇缅路保山、芒市、腊戍等据点设置医疗站，为过往军人、交通人员、归国侨胞、边疆民众服务④。其医疗站具体情形如下：楚雄站，5 月 14 日最先成立，驻在新运服务所，得到该所主任张曾荫的多方协助，在楚雄未设后方医院以前，归国侨胞换药诊病多集中于此，服务所供给饮食，俨然形成伤兵收容所。及后方医院成立，该队乃专注于防疫医疗，共计注射 743 人，其患疾者门诊每日 50～200 人，病卧所中者加以经常医治，共计诊病 3260 人⑤。云南驿站，位于空军医院，1942 年该队移驻于此，即开始民众医疗工作，每日来诊者，常达 300 人，总注射达 8000 余次⑥。下关站，5 月 16 日，新运第 6 医疗队队

---

① 《林总队长报告词》，《会务通讯》第 10 期（1942 年 9 月 1 日），第 27 页。

② 参见汪犹春：《难忘的岁月——记中国红十字会贵阳医疗队在缅甸》，《贵阳文史资料选辑》第 22 辑，第 179—182 页。

③ 参见曹育：《中国现代生理学奠基人林可胜博士》，《中国科技史料》1998 年第 1 期，第 35 页。

④ 《新运第 6 医疗队 1942 年 3 月份工作报告》，贵阳市档案馆藏：《救护总队档案》，40-3-30。

⑤ 《新运第 6 医疗队滇缅路各医疗站 1942 年 5 月至 7 月中工作总报告》，贵阳市档案馆藏：《救护总队档案》，40-3-30。

⑥ 《新运第 6 医疗队滇缅路各医疗站 1942 年 5 月至 7 月中工作总报告》，贵阳市档案馆藏：《救护总队档案》，40-3-30。

员多人有云南驿至下关驻于新运服务所，设立医疗站，医疗队在检查站作普遍注射，分发疫苗给大理福音医院，以协助大理防疫工作[①]。永平站，5 月 28 日正式成立，最先在第 197 兵站医院为重伤患者换药，每日计 80 人，设立门诊部，共诊治内科 778 号，外科 456 号，城乡注射 9600 人[②]。瓦窑站，5 月 29 日成立，此时八莫腾冲相继沦陷。我国在缅远征军、工作人员、侨胞、盟友，多取道密支那高黎贡山步行而至，过境者最多时每日 3000 人，该队对远征军归来伤病者，亦协助换药诊治，月余共诊军民内外科计 3090 号[③]。

中国远征军在缅作战失利后，一部分由司令官罗卓英与中国远征军最高统帅部参谋长史笛威将军带领，于 1942 年 5 月 23 日到达印度英帕尔[④]。是年秋，中国驻印军成立。为了提高中国军队的素质，反攻北缅，给中国重建一条国际通道并配合盟军的总战略，史迪威遂在印度加尔各答的蓝迦（兰姆加）建立中国军队训练营。蓝迦成为中国驻印军的训练基地[⑤]。其中，军医的训练一半由中国人负责。为此，林可胜虽身在印度，却电令抽调图云关卫生训练总所的马安权和戴根法工程师率医疗环境卫生工程队 20 多人飞往蓝迦，开设短期军医训练班，培训驻印军医护卫生人员，传授丛林作战救护和防疫知识[⑥]。同时，林可胜又派以杨文达医师为首的包括虞颂庭、刘庆东、孔庆德等医护环境卫生工程人员 30 多人，在昆明黑林铺成立军医训练班。不久增派汪凯熙、李庆杰等医师以及从印度兰姆迦调回国内的戴根法工程师多人，充实黑林铺师资，组训以卫立煌为统帅在云南二次组成的远征军的医护人员[⑦]。由于中国教官的参加，大大提高了教学质量和效率，弥补了西方教官的不足，为中国军队缅北、滇西反攻作战准备了必要的医护人员。

远征军救护工作因战事复起而重新启动。1943 年 10 月，中国驻印军由卡拉奇一线向南挺进，进击拉班、沙都苏、虎关盆地，取得重要进

① 《新运第 6 医疗队滇缅路各医疗站 1942 年 5 月至 7 月中工作总报告》，贵阳市档案馆藏：《救护总队档案》，40-3-30。

② 《新运第 6 医疗队滇缅路各医疗站 1942 年 5 月至 7 月中工作总报告》，贵阳市档案馆藏：《救护总队档案》，40-3-30。

③ 《新运第 6 医疗队滇缅路各医疗站 1942 年 5 月至 7 月中工作总报告》，贵阳市档案馆藏：《救护总队档案》，40-3-30。

④ 参见中国抗日战争史学会、中国人民抗日战争纪念馆编：《中国抗战军事史》，第 476 页。

⑤ 参见池子华：《红十字与近代中国》，第 364 页。

⑥ 薛庆煜：《在贵阳图云关的红会救护总队》，《贵阳文史资料选辑》第 22 辑，第 46 页。

⑦ 薛庆煜：《在贵阳图云关的红会救护总队》，《贵阳文史资料选辑》第 22 辑，第 46—47 页。

展。同时抽出新38师、50师之一部与美军两个营合组中美联军，于1944年4月进攻密支那。在中国驻印军发动缅北战役时，中国政府又重组中国远征军，由滇西出击缅北，并于5月西渡怒江，对日军形成夹攻之势。由于林可胜未雨绸缪，军医培训到位，驻印新军战事救护有条不紊地展开。救护总队积极配合远征军部署，在昆明设立办事处，并增设第10大队，联络卫生署、军医署、军政部战时卫生人员训练所、新运医疗队、公谊救护队、英国红十字会医疗队等，合力共谋滇缅、滇越两线救护作业的完善与发展①。

1943年11月下旬，卫生署应前方战地救护的需要，由中央医院、市民医院选派6个手术队参加远征军救护工作。每队由一个高级住院外科医生带队，由两名医生、三四个护士及医助组成。在救护总队各医务队昆明办事处的协调部署下，第10大队部及052医疗区队驻昆明，滇越线第042医疗队驻河苷，第031医疗队驻见水，第012医疗区队设开远，第一、二手术队驻云南文山，第三手术队驻云南砚山，滇缅线第011医疗区队设保山，第022医疗区队驻康镇，第041医疗区队设顺宁，第021医疗区队设楚雄，第012医疗区队设安宁，第4、5、6手术队分设云南康镇及顺宁②。救护总队各医疗队积极进行出征前的各项救护设施准备，做好随时参与战地救护的工作。

1944年4、5月间，救护总队第10大队所属011、012、121、022、031、032、041、042、051等9个支队及附属英国公谊3、4队、新运第6队第1分队、第7队到达前线；英国红十字会医疗队也同时到达指定位置③。救护总队1942年冬派往印度工作的外籍医师陶维曼等10人，配属在中美联军，出入丛林担负战地救护任务④。当滇西中国军队强渡怒江，攻克龙陵时，第4、5、6、7手术队分别随军跟进，担负怒江西岸野战救护任务，第1手术队，第011、012、022等医疗队，计公谊第3、4、5等救护队均集中于保山，准备渡江，随军进行野战救护；第4、5、6、8手术队、第041、031、052医疗区队担负滇缅路伤员之救护工作⑤。

11月，第1至第6手术队全部到达指定位置。12月，021队改编为

① 汤蠡舟：《一年来之救护工作》，《会务通讯》第26期（1944年3月），第4页。
② 《救护总队部业务概况》，贵州省档案馆藏：《救护总队档案》，M116-1-293。
③ 徐崇恩：《远征军救护概况》，《会务通讯》第26期（1944年3月），第31页。
④ 《救护总队部业务概况》，贵州省档案馆藏：《救护总队档案》，M116-1-293
⑤ 《救护总队部业务概况》，贵州省档案馆藏：《救护总队档案》，M116-1-293。

第8手术队，第7手术队亦到前线[1]，随军开展野战救护。当时救护总队对远征军救护的配属情形是：（1）第10大队部及052医疗区队设昆明；（2）滇越线，第042医疗区队设河口，第031医疗区队设建水，第012医疗区队设开远，第1、2手术队设文山，第3手术队设砚山；（3）滇缅线，第011医疗区队设保山，第022医疗区队设镇康，第041医疗区队设顺宁，第021医疗区队设楚雄，第012医疗区队设绥宁，第4、6手术队均暂设顺宁；（4）军医学校志愿参加救护总队远征救护的手术队，经救护总队编为第7手术队，配给装备，于12月11日开赴昆明；（5）其他协助救护总队远征救护医疗队，还有新运第6医疗队分设保山及云南驿，新运第7医疗队设砚山，公谊第3医疗队设下关，公谊第4医疗队设文山，英国红十字会医疗队设漕涧[2]。

远征军的野战医院，都设在距前线较近的地带，目的是使伤兵便于愈合再战。按照预定计划，远征军全部医疗队应于9月中旬全部到达任务地点，应有队数64队，救护总队派遣医务队24队。至12月底，至滇区所报到的队数除救护总队24队全部到齐外，其余机关到达救护区域的医疗队不足10队。救护总队先派9队及附属7队均在4、5月间就开始工作，行动迅速可喜，其余机关所派各医疗队，迟迟未能到达救护区域。在战事紧张时期，参与战地救护工作的除军师部原有军医人员外，只有救护总队人员协助工作，以致救护总队承担的救护任务特别繁重[3]。当时药品消耗量亦大，“往往超出预算应用量，其间数度因运输困难，接济不及，常有捉襟见肘之感”。第10大队所属第6材料分库尽量供给，仍“有十日九空之慨”，幸得美国红十字会及美军供应局拔助，救护工作得以顺利展开。业务方面，虽医务队分为手术队和医疗队，配备各有任务，但救护总队各医务队在战地救护任务繁忙时，尽其所有时间发挥医务人员的个人技能，手术队也推行预防注射工作，医疗队也从事裁肢去骨等外科手术[4]。由于救护总队第10大队各医疗队全体救护人员的努力，在短短数月中，取得了比较突出的工作业绩：内科住院52058人，外科住院86936人，门诊106266人，手术1140人，化验13544例，特别营养44414例，预防接种18300人，X光检查176人次[5]。

---

① 徐崇恩：《远征军救护概况》，《会务通讯》第26期（1944年3月），第31页。

② 《救护总队部业务概况》，贵州省档案馆藏：《救护总队档案》，M116-1-293。

③ 徐崇恩：《远征军救护概况》，《会务通讯》第26期（1944年3月），第31页。

④ 徐崇恩：《远征军救护概况》，《会务通讯》第26期（1944年3月），第31页。

⑤ 《第十大队在远征军服务工作统计》，《会务通讯》第27期（1944年4月），第7页。

在整个滇缅战场救护中，救护总队各队医护人员充分发扬救死扶伤的人道主义精神，冒着枪林弹雨，战斗在火线的边缘，救治负伤将士。以第7手术队为例，第7手术队是1943年12月从贵州安顺出发抵昆明的。1944年1月，奉命开赴楚雄远征军长官部报到，听候差遣。不久进驻弥渡，配属第20集团军总部工作，协助第80兵站医院工作。该队医师负责指导全院医疗，该队驻院期间，专任外科诊疗，兼治内科疑难病症，且各划分病室，以便管理治疗[①]。此外，该队在院内曾增添锅炉，设灭虱间，严密施行灭虱工作，以及推行特别营养，加强饮水消毒等工作，并于每日下午2时至4时，开设门诊，为该地居民义务诊病，并在该地创设模范厕所，开展环境卫生工作，该队在80兵站医院工作期间实施外科手术158起，治疗内科547例，门诊385例，大小手术112次。5月初，远征军出击滇西，该队奉命随总部检诊所推进，进驻保山老营街，时值滇西雨季之始，患病官兵剧增，到达之初，即为开设门诊，以应急需，仅半月，就诊治患者计外科184例，内科384例，小手术46次[②]。5月下旬，该队进驻杨柳坝，配属23伤运线站工作，赞助集团军军医业务。6月底，该队配属第23伤运站，为时月余，计先后诊治伤兵357例，病兵187例，大小手术108次，门诊154例[③]。8月初，该队奉令随总司令部迁驻蒲缥，配属军政部第100陆军医院工作。9月间第80兵站医院开到，又复与之合作。蒲缥位于惠仁桥与保山之间，前线伤兵多集中于此治疗。该队达此时，正值后运高峰之际，该队队长以工作繁忙和总部与院相隔甚近为由乃请准返队主持治疗伤病工作。当时伤病官兵积聚甚多，急需治疗者亦众，乃辟手术室二间，同时实行两组手术。此外更赶造灭虱装置，以阻回归热及斑疹、伤寒之流行，其他饮水消毒、特别营养、护理值班之规定，以及环境卫生之设施。皆与该院协议，协力建设改造[④]。半月之内，伤兵嚣嚣之声遂绝。此时后运伤兵，亦千百倍于往昔，伤流拥挤时，整日忙于手术治疗，竟无进餐及稍息之时间。伤流稍过，该队乃应当地百姓之请求，及过境部队患者之需要，在院侧开设门诊部，每日来诊者四五十人。由于腾冲、龙陵先后攻克，远征军抵八莫，蒲缥运线奉命撤移，该队在此运伤线医治受伤官兵670

① 于少卿：《第七手术队的一年》，《会务通讯》总第33期（1945年），第24—26页。
② 于少卿：《第七手术队的一年》，《会务通讯》总第33期（1945年5月），第24—26页。
③ 于少卿：《第七手术队的一年》，《会务通讯》总第33期（1945年5月），第24—26页。
④ 于少卿：《第七手术队的一年》，《会务通讯》总第33期（1945年5月），第24—26页。

例，门诊1008次，大小手术共540次[①]。

在中国军队打通中印公路的战斗中，救护总队医护人员也付出了艰辛的劳动和血汗。在保山至遮放一线的进攻中，第9手术队在外籍医生肯德的领导下，随五十三军进行战地救护。五十三军打了大塘子、遮放、芒市三个大胜仗，第9手术队协助五十三军完成几百公里的战地救护任务。五十三军最初出动的时候，第9手术队便随军实施战地救护，战斗兵到前线，救护人员也上了前线。在实施战地救护任务中，第9手术队利用美军接济的帐篷，负责野战区的卫生勤务、前线裹伤所工作、轻伤留治、重伤后运，使轻伤的很快得以重返前线。后来，因为输力的不够，重伤患者也常常留在那里治疗。工作的繁忙，不言而喻。由于补给困难，有时飞机的输送不够，便以苞谷充饥。队员们常常"三月不知肉味"，最苦的是不但无肉，而且无盐。住宿是"露宿风餐"，尤其是在行军时，瘴气蔽天，疟疾流行，其困难难以想象[②]。第9手术队在中印公路战斗中，对于伤兵极有贡献：第一，伤兵初期治疗的机会，从没有失去，往往数小时内，即获得手术处置；第二，药品充足，像防治疟疾及消炎类药品，未曾缺乏；第三，伤病的特别营养，恐淞沪会战期间也不及。因此，伤病易愈，继续杀敌，不能不归功于第9手术队。

第10大队是此次滇西反攻任务中救护工作的指挥者，救护任务非常艰巨，不仅要冒兵戈之险，在生死线上穿梭，而且还得备尝行军之苦。滇西前线，地广人稀，丛林密布，救护队涉川渡江，翻越崇山峻岭，遂行救护任务，是常有之事，而其中遇到的困难超乎想象[③]。第10大队队长徐崇恩不无感慨地记述道："怒江两岸的交通困难，到了陆地上，只有步行，一脉的高山崇岭，常常会遇到大雨滂沱，一个不小心，就会跌而堕崖去。在路上，很容易发现驮马堕崖的惨剧。英国公谊救护第3队和我们红十字会051医疗队有一次在雨中跋涉，深晚还投不到宿处，便在敌人放弃的工事中睡过一宵，全体队员全身浸在水中，一夜不能安眠。随军工作的'吃'的问题，在美军中他们有标准的给养，携带方便，当然不成问题。我们就很难了。我们'吃'的是原始式的埋锅造'饭'，有时给养中的'米'运济不及，常常早上一顿，一天空肚，要挨到晚上，也许才得到果腹，但是伤兵拥来，就是要'吃'这晚上一顿，也只好放弃。"救护人员在这样艰苦的环境中紧张地工作，他们将生死

① 于少卿：《第七手术队的一年》，《会务通讯》总第33期（1945年5月），第24—26页。
② 徐崇恩：《中印公路一滴血》，《会务通讯》总第32期（1945年4月），第25页。
③ 参见池子华：《红十字与近代中国》，第366页。

置之度外。第051医疗队队长甘理安医师，在黎贡山施行手术时，对面的排炮飞来，几遭不测，“虽知道危险，而他仍在危险中完成手术”①。救护队员最怕的就是在前方与部队失去联系。如公谊救护第3队有一次在行军时和配属部队脱了节，达两天之久，只听到炮声，分不出敌人在哪里？我军在哪里？凭借指南针的方向摸索前进，走了许多迂回曲折的路，最后才与部队联系上，差一点绕到敌人阵地，做了俘虏②。

远征军救护持续到1945年滇缅反攻胜利时才结束。在此战地救护中，救护总队医护人员始终秉持“具丰富情感，抱牺牲志愿，本博爱襟怀，献科学身手，作精密准备，求迅速效率，保伤兵安全，增人类幸福”的救护信条，在滇西、缅北反攻作战的战地救护中放出异彩。

中国远征军的卫生勤务在整个抗日战场的战地救护中是比较完善的，有一套行之有效的救护体系，部队官兵也经历严格的自救常识训练，其卫生勤务智识亦较其他部队为优。如士兵在火线受轻伤，自己立刻可以用随身携带的急救包打开包扎，回到指挥所，找医师上好防腐消毒的药品，再到营医务所治疗；受重伤的，由营指挥所派担架抬到营医务所，施以简单的紧急治疗，再迅速送到团医务所。由团医务所检视伤口，加以改正，注射吗啡，防治疼痛。等到团医务所治疗完毕后，再由师卫生队的担架，抬到救护总队配属在师部的手术组，由救护总队医师施以初步手术治疗，然后再送到师野战医院或兵站医院，如果医师认为伤兵在短期不能愈合，救护总队则将其护送到后方医院③。

在胡康河谷一带作战的时候，38师的野战医院曾经收容负伤官兵300名左右，可是在短期内就有250人归队，重上前线杀敌。中国远征军作战半年时间，所负伤官兵，有75%是重上前线的，而且还有3次负伤归队的。再从救护治疗的时间来说，远征军的伤兵，最快是在3小时内，就从火线运到后方医院，最慢亦不超过六七个小时。这与世界上任何一个战场相比，也毫不逊色④。

远征军的卫生勤务能有如此优良的成绩，主要是有如下原因：第一，救护总队医务人员接近第一线，争取时间；第二，运送力量集中，运输力量加强——担架、汽车——全为伤兵的运送服务；第三，医务人员具有精湛高超的医术以及良好的职业道德。第四，医药器材充裕，在

① 徐崇恩：《第十大队与缅反攻》，《会务通讯》总第30期（1944年），第55—56页。
② 徐崇恩：《第十大队与缅反攻》，《会务通讯》总第30期（1944年），第56页。
③ 《在缅北的伤兵》，贵州省档案馆藏：《救护总队档案》，M116-1-478。
④ 《在缅北的伤兵》，贵州省档案馆藏：《救护总队档案》，M116-1-478。

治疗方面，不仅用医药，而且还用输血来救治伤兵。在后方的部队，每人在一定时期，要抽出 300 毫升至 500 毫升的血液，制成血浆或血粉，运到前方，供伤兵动手术时应用。因输血而伤愈的官兵，也占极大比例。第五，参与战地救护的医护人员众多也是不可或缺的因素。以兵站及后方沿线配属的手术队及医疗队而论，亦远较其他战区或战役为众。但远征军救护也有不少遗憾，如手术队除军政部原有的外，其他都是各方集合而成的，数目虽可观，但对战地救护作业，未必专业；运伤方面，因滇缅多高山，地势险要，远征军多系高山作战，任务艰难，卫生大队以及其他运伤机构，虽尽其最大努力，但部队输力有限，兵站单位之抢运伤兵，往往直达火线，担架兵亦有伤亡，且因兵站机关的待遇不及部队，遂多所逃亡，运伤作业亦大为减色。

兵器之进步，战争之残酷，在中国抗日战争中所演变之种种事实，令人不寒而栗，不论前方军队还是后方民众，随时随地，其身体及生命，皆有被杀伤之危险。被杀伤之后方民众、前方将士，必赖救护人员之救护，始能治其伤，而增加国家战斗力量，则救护之重要，与其关系之重大，不言而喻。然而抗日战争的影响、战役的成败，一直成为史家津津乐道的话题，而对于战争中伤病问题如何处理，部队卫生勤务如何有效运作，战时公共卫生突发事件如何应对，战时救护体系如何健全等问题，却很难进入当局及民众的视野，这反映的是所谓“一将功成万骨枯”的心态，也就是生命与身体在战争中，不过是消耗品或消费品。众所周知，战时，人力是决胜的基础，任何新式的武器，仍需人力来生产，也需要人力来掌握和使用，任何国家进入战争状态，都要动员人力，但动员人力只是一个方面，另一方面应该保全人力。在战时救活一个伤兵，即等于为军队保持一份战斗力量。在战区内，救出一个难民，即等于为国家增添一份生产力量。救护总队的抗战救护就是在做这样意义重大的工作。

救护总队自始至终按照“国家至上”“军事第一”的目标执行抗战救护任务。尤其是能秉着“博爱恤兵”“救死扶伤”的宗旨，解除因战争给伤兵和民众所带来的痛苦。8 年抗战，救护总队工作人员遍驰南北各战场，昼夜未息，与抗战军人同进退，与后方卫生人员同比肩，为政府人士所嘉许而倚重，为抗战官兵所爱戴而称道，为爱国侨胞所钦颂而乐输，为盟邦友人所赞许而资助。抗战将士哪里需要救护总队，其救护的重点亦转移到哪里，医疗队所到之处，成为所在地伤病兵和民众的福音。自 1937 年全面抗战爆发后，中国红十字会积极整合社会医疗资源，参与平津战场、淞沪会战和南京保卫战的战地救护，派遣救护队深入前线，广设医院，集中汽车、器材和人员勇敢地担起战地救护的重任。那时战事的重点在淞沪，国际的视线集中在淞沪，而红十字会的工作重心也集中在淞沪。自从京沪撤守以后，战线已从长江流域延伸到珠江流域。因抗战是一场持久艰苦的战争，红十字会审时度势，为了配合战略原则，便在1937年12月，把救护重心转到长期抗战。因此，在汉口成立了救护总队部，组织了机动性的医疗、医防、医护、急救、X光等队，遍设于全国各战区，并设汽车队、材料库、分司运输补给，从事兵站区和野战区的救护。经过几次会战，纯以医药的技术，协助战区内的兵站和后方卫生机关，完成了相当完满的救护任务。1938年后，前方的病兵多于伤兵，尤以野战区的救护需要加强，乃综合医疗、医护、医防、急救各队的性能，一律改编为医务队，尽可能推进野战区，协助部队卫生机关，从事手术、绷带、检伤、急救、防疫工作，并指导办理灭虱、治疥、抗疟、改进环境卫生及兵食特别营养等军队卫生工作，救护总队工作重心的转移，是从配合长期抗战的需要出发，协助军医改善军队卫生，不但在战时救兵，还在平时养兵。换句话说，这一转变显然是要从配合抗战的工作，转到配合国家复兴的轨道上。1942年初，救护总队选派医务队，开进印缅，协助盟军担起远征救护的新任务。至1942年冬天，救护总队根据历来的救护经验，为适应战时的一切需要，修订了医务队的编制，全部改编成医疗队，把前方的工作，一部分移到后方，把救护军队的工作，一部分移到民众，把病侨的救济和俘虏新生的工作结合起来，切实依据红十字万国公约，尽心护养俘虏，为世界和平充当“国际卫生员”和“国际服务员”的角色。

救护总队流动医疗队是抗战时期战地救护的基本单位，其流动救护的理念被军方、卫生署等相关机构所接受并予以仿照推广。救护总队是抗战时期整个救护体系中最有系统、最具规模、分布区域最广、技术功能最强的战地救护组织，整个组织体系在人事、训练、运输、材料供应及战地救护执行等各层面进行分工，通过医务、运输、材料、总务等各部门之间的协同，组织运作比较合理得宜。相较军医等其他卫生机构而言，救护总队具备三大优势：（1）医务人员的业务水平高，特别是各医疗队队员大都是国内外名牌大学毕业生，有的还是国内外有名的专家学者；（2）药品、器械丰富，不仅国外大力支援，总队自己也可以制造一些药品、配料及器械；（3）运输力量强，总队运输部门有200多辆救护车及各种辅助车辆，有效地保障了伤病员及药品物质的输送。救护总队可以说有效地将当时可用的医疗资源动员起来，构建起比较完善的战地救护体系，这不论从抗战时期战地救护还是卫生勤务层面来看，都可以说是空前的成就。

救护总队在林可胜的领导下，众多的爱国医务工作者不畏艰苦的条件，不计待遇，主动参加，从而发展成为各战场不可或缺的急救、医疗卫生乃至运输力量。医务队由最初的37队发展到最多时的178队，工作人员最多时高达两三千人，以中、高级医务人员为主，其中医生500人左右，他们当中有不少是当时国内外各科著名专家；护士数百人，多系高级护士；还有药剂师、检验员等各种卫生及后勤工作人员1000多人，甚至还有外籍人士参与，规模之盛达于极点。救护总队的工作重点是在前线救护伤病员，其行动口号是“救死扶伤，博爱恤兵”，并对所有工作人员订立8条救护信条：（1）具丰富感情；（2）抱牺牲精神；（3）本博爱襟怀；（4）献科学身手；（5）作精密准备；（6）求迅速效率；（7）保伤病安全；（8）增人类幸福。根据上述信条，救护总队各级工作人员奋战在救治抗日将士及平民的最前沿，真正实现其“平时有备，战时有能”的救护信念，进而彰显人道主义和民族主义两项诉求。

救护总队配属在各战区的医疗大队负责配合所在战区的医护勤务工作，向前线部队或医疗单位派遣医疗队，协助作战部队的兵站医院和后方医院做战地救护和防疫工作。也有的医疗大队深入部队野战医院、伤兵转运站、前线裹伤所工作。服务范围包括裹伤、包扎、固定、清创、手术及短期治疗等。医疗中队为其基本单位，分驻在前线地区，担负着伤病兵的急救、裹伤、外科手术及各种疾病的防治工作，同时也协助治疗前线和后方医院收容的重伤病员。绝大部分的医疗区队被派往前线部队的医疗部门担负医疗救护工作，或者在前线单独承担战地救护工作以及后方医院指导工作。抗战时期，救护总队医护人员的足迹几乎遍及全国各地，除国民党正面战场的各个战区以外，还遍布延安、太行山、江西、皖南等共产党领导的敌后抗日根据地，协助八路军、新四军医疗卫生部门，为伤病员及民众服务。这在某种程度上表明，救护总队的抗战救护，就国家生存的意义言，是为保卫国家生存而救护；就人类生存的意义言，是为保卫人类生存而救护，体现了救护总队“博爱恤兵，救死扶伤”的人道主义精神，其影响的范围，远远超过以往任何卫生机关。

救护总队工作时间基本横跨整个抗战期间，工作区域遍及整个中国战区乃至印缅战场，自组建到抗战胜利时止，参与了多次战役的救护，所属各队散布在各战区，帮助各战区军队促进卫生工作，为维持国家力量，争取抗战胜利做出不可磨灭的贡献。其对抗战的贡献可自下列战地救护成绩中窥见一斑。自1938年1月起至1942年6月总队长林可胜去职前夕，经救护总队执行的战地救护工作，总计外科手术数70489人，骨折复位34143人，换药6021237人，治伤兵6125869人、病兵1014740人、平民1473676人，总计伤病军民8614285人。[①] 仅1939年救护总队医务部门就实施外科手术12145次，骨折复位3938次，X光透视10131次，换药1408861次，治疗病兵224873人，平民225560人，预防接种天花68565人次，霍乱410138人次，补充特别营养107632人次，灭虱680118人次，灭虱衣物363504件[②]。

从1938年1月至1945年9月，总计外科手术有119856人，骨折复位35522人，内科门诊军人2481685人次，门诊平民2002996人次，预防接种4632446人，敷伤有8784731人，另外消毒灭虱792148人，灭虱衣物3881176件，检验有226593人，X光透视52798人，X光照相5631人，补充特别营养934833人[③]。

数字虽然只能是数字，但数字能说明救护总队的救护工作，在抗战方面，是辅助军医加强了战时卫生勤务，它的影响是直接加速了抗战的胜利；在军医方面，是帮助卫生勤务部门做好健军养兵工作，增强了国家抗战力量；在公共卫生方面，的确帮助了一部分公共卫生部门做到公医公药的境界，促进了公共卫生的现代化。其为抗战胜利做出的丰功伟绩，将为历史所铭记。

① 《总会救护总队部业务报告》（1942年11月），中国第二历史档案馆藏：《红十字会档案》，476-2000。

② 《总会救护总队部工作简报》第4期（1940年1月），贵阳市档案馆藏：《救护总队档案》，40-3-56。

③ 《中国红十字会》，第8—9页；中华民国红十字会总会编：《中华民国红十字会战时工作概要》（1946年5月内部印行），第8页。

第三章 抗战时期贵州红十字运动的历史断面

第一节 战时卫生人员训练所

救护总队在抗战时对部队的医疗救护做了大量的工作。对各战区军医院或部队普遍派遣救护队执行救护任务，但还是无法从根本上解决问题。部队的医疗、卫生、防疫、救护等工作，终归要靠部队本身解决。当时中国的军医系统很不健全，一缺合格的医护人员，二缺充足的医疗卫生设备，三是军事领导人又不重视，一切穷凑合。抗战军兴，军队大量扩编，合格医务人员本来就少，自然更难招募，只好以不合格人员补充，滥竽充数。结果，影响伤病员的有效治疗和康复。但战争的需要，刻不容缓。以林可胜为主的医界精英在筹组救护总队的同时，认为必须从速训练大批的医护人员，最应急的办法是征调在职的原有医护人员，给以短期快速补充训练，以提高他们的业务水平，满足战时的需要①。于是林氏乃建议中央支持成立训练机构，一方面培养救护总队所需基层医护人员；一方面收训各级军医及战区卫生人员，此外又可招收后方的流亡青年，加以技术训练。故此内政部卫生署训令中国红十字会总会驻汉办事处筹组战时卫生人员训练班，卫生勤务部乃委托林氏在长沙丝茅冲筹设该训练班，分批予以战时医护防疫训练，并就地编组防疫大队分驻各战区，执行防疫工作②。战时卫生人员训练班从1938年5月奉令筹备，即于6月1日正式上课，从事训练医师、医护人员及医护助理员③。

① 参见薛庆煜：《记中国红十字会救护总队与战时卫生人员训练所》，《中国科技史料》第20卷第2期（1999年），第166页。

② 《内政部卫生署训令第0001081号》，贵阳市档案馆藏：《救护总队档案》，40-3-22。

③ 《总会救护委员会第二次报告》，贵阳市档案馆藏：《救护总队档案》，40-3-60；《内、军政部战时卫生人员联合训练所组织概况》，贵州省档案馆藏：《救护总队档案》，M116-15。

军医署为方便战时卫生人员训练班受训人员实习，乃指定第167后方医院为实习医院，使受训学员有见习战时外科及护理的机会。此后，凡有救护总队医疗医护队服务的军医院，都能充当医务人员的实习地点。战时卫生人员训练班成立不久，林可胜奉宋美龄电召赴武汉，宋氏希望林氏能积极推进医务人员的训练，扩充救护事业。林可胜认为要扩充战时卫生人员训练班培训医务人员，“故当增聘人员，添置设备，一切经常费用亦须增加”。于是宋美龄决定筹募训练费20万，并立即支付林氏82000元，使训练计划能即时进行，将每期受训人数由200人增至500人①。战时卫生人员训练班既得到军医署、卫生署、救护总队的技术与政策支持，又得到宋美龄经济上的资助，军事医务人员的训练乃逐步迈向正轨。

当时蒋介石也意识到军事医务人员的缺乏不利于战地救护工作的开展，遂于1938年8月7日第418号代电喻示中国红十字会总会派遣各种医务队前往军医院襄助工作并训练医师，尤注意于外科医师②。因抗战以来，院所激增，而各院所军医由正式学校出身者不过28%③，加之医师、医护人员非短期所能养成，所以必须着重医护助理员的训练，“使现役医师得有多数人员协助以谋增进工作之数量”④。于是经有关部署商定，将训练班改组。在训练班之上另设一训练委员会，督导一切训练事宜。而训练班的名称亦于1939年1月改为内、军政部战时卫生人员联合训练所。其训练委员会则由内政、军政两部会聘，训练委员会由卫生署长颜福庆、军医署长胡兰生、救护总队总队长林可胜、后方勤务部卫生处处长卢致德、军医署驻黔办事处处长吴云庵、军医学校教育长张建、卫生署公共卫生人员训练所所长朱章赓等人组成，由林可胜担任训练所主任，卢致德为副主任⑤。

战时卫生人员训练班设立的原旨是专事卫生署医疗防疫队人员的训练，由庚款委员会资助国币4万元办理2个月。为使战时卫生人员训练班能继续训练军医及红十字会的人员，林可胜乃经卫生署向罗氏基金社

① 《总会救护委员会第二次报告》，贵阳市档案馆藏：《救护总队档案》，40-3-60。

② 《总会救护委员会第二次报告》，贵阳市档案馆藏：《救护总队档案》，40-3-60。

③ 《内、军政部战时卫生人员联合训练所组织概况》，贵州省档案馆藏：《救护总队档案》，M116-15。

④ 《总会救护委员会第二次报告》，贵阳市档案馆藏：《救护总队档案》，40-3-60。

⑤ 《内、军政部战时卫生人员联合训练所组织概况》，贵州省档案馆藏：《救护总队档案》，M116-15。

请领13000元，向农村建设协进会请领45000元，以充继续办理之经费[①]。而战时卫生人员训练所教官的薪金系由卫生署、军医署、红十字会总会救护总队及中国农村建设促进会等机关拨付[②]。

训练所在成立时隶属内政部，1939年1月改由内政部和军政部合办，到了图云关后改为军政部战时卫生人员训练所，1940年又改隶军政部，改组为军事机关，成立分所后，又改称总所，在抗战胜利前夕又改名为陆军卫生勤务训练所[③]。训练所由林可胜任主任，副主任初为卢致德，后改为张先林担任，陈韬为大队长兼总务主任，其他骨干均由救护总队指导员调兼。组织学组（相当于教务处），主任先是由马家骥担任，后改为协和医学院1934年毕业的汪凯熙担任；内科学组主任由协和医学院1933年毕业的周寿恺担任，主要教官有陶桓乐、曾享能、吴国兴。外科学组主任为张先林，主要教官有华侨王贵恒、协和医学院1937年毕业的刘庆东、周金华和中央大学医学院毕业的张涤生等。妇产科学组主任为协和医学院1937年毕业的熊荣超担任，主要教官有协和医学院1937年毕业的徐湘莲和香港的何绮华。儿科学组主任为协和医学院1936年毕业的聂重恩，主要教官陶滐。防疫学组主任先由容启荣担任，后由英国留学归来的施正信担任，不久，由协和医学院毕业的薛庆煜代理，主要教官有王申望、方铨等。矫形外科学组由德国留学归来的屠开元负责，主要教官有王桂生。X射线学组由容启荣兼任组长，主要教官有曾在协和医学院进修的林伯元、石顺起、龙名扬等人。护理学组由协和医学院护理学校1930年毕业的周美玉负责，主要教官有齐鲁大学的孙秀德和协和医院1932年护校毕业的龚棣珍。眼耳鼻喉学组主任为李泰钧，教官有董民生。理疗学组主任为张天民。物理学组主任为钱家骐，教官顾菊珍。生物学组主任为康奈尔大学出身的林绍先，后由曾在华盛顿大学进修的梁序穆担任，高级教官有许织云。生理学组主任柳安昌，高级教官吕运明。生化学组主任由曾在协和医学院进修的李冠华担任。环境卫生学组主任为戴根法，后改由哈佛毕业的刘永懋担任，交通大学毕业的倪世槐和戴根法为高级教官。微生物学组主任陈文贵，高级教官有协和医学院1932年毕业的林飞卿、叶天星以及史敏言。复健学组主任为

① 《总会救护委员会第二次报告》，贵阳市档案馆藏：《救护总队档案》，40-3-60。

② 《内、军政部战时卫生人员联合训练所组织概况》，贵州省档案馆藏：《救护总队档案》，M116-15。

③ 陈韬：《近五十年来几位军医先进》，（台北）《传记文学》第14卷第2期，第92页。

邹玉阶[①]。

训练所设大队部、总务科、军阵内科学组、军阵防疫学组、卫生工程学组、护病学组、组织科、卫生用具制备科等组织。大队部属训育范围，军阵内科学组以次各学组则属于教务范围。总务科计分文书、军需与副官三室。文书室专司文稿之撰拟，电信档案之保管及稿件之缮写事宜。军需室掌理预算决算之编制、款项与单据之审核及保管事宜。副官室则管理学员之军风纪、夫役之支配及其他一切庶务事宜。为加强各科组之联络及提高效率，另设教务会议，由训练所正副主任、大队长、各科组主任暨各高级教官组织而成。凡训练计划之拟定，各科规程之编撰，各学员兵成绩之考核以及其他教务上一切事宜，均须依照教务会议之决议施行[②]。

各教学组教学课程及方法系由教务会议拟定，以实习为主，辅之以讲授。教学方式系合讲与实习融为一体，使学员兵能遵循自然之途径，渐次接受各种必要之实际知识。军政内科学组分两班教育：内科一，为看护士兵而设，主要讲授简易生理解剖学、简易细菌学、寄生虫学、简易内科学、简易防疫学，讲授及示教各 12 小时；内科二，为军医正及军医佐而设，主要讲述流行传染病及营养不良病。军政外科学组讲授战时外科学，依照实际需要及战地物质条件而实施。防疫学组讲授各军医院、收容所、各兵站等实际防疫问题，注重教授一般实用的防疫工作。卫生工程学组讲授战地环境卫生之实际工作。护病学组讲授分为两班，以看护士兵为一班，军医佐为一班。看护士兵侧重医院实习，军医正则仅参加听讲及示范，军医佐则负责数病床或小病室之各种内外科及医护工作，看护士负责病室医护工作。卫生勤务组教授军医正及军医佐关于我国陆军卫生勤务及辅助陆军卫生机关之组织及任务，并讲述军医学史及阵地战与游击战时如何发挥卫生勤务工作[③]。

为了有效地从事战时军医军护的培训工作，统一教学和提高战地医疗救护作业，林可胜又制定战时急需的简单明了的教学规程，责成专家撰写。《内科学规程》由周寿恺执笔，《外科学规程》由张先林执笔，《护理学规程》由周美玉、孙秀德执笔，《防疫学规程》由容启荣、施正

---

① 参见薛庆煜：《记中国红十字会救护总队与战时卫生人员训练所》，《中国科技史料》第 20 卷第 2 期（1999 年），第 166—167 页。

② 《内军政部战时卫生人员联合训练所组织概况》，贵州省档案馆藏：《救护总队档案》，M116-15。

③ 《内军政部战时卫生人员联合训练所组织概况》，贵州省档案馆藏：《救护总队档案》，M116-15。

信执笔，《环境卫生学规程》由过祖源、刘永懋和倪世槐执笔。所有规程，系由各科专家10余人，针对战时及战地医治军民伤患所需要，受训学员能负荷者，细心研讨，列举必要的诊视或规定及处理程序与方法，写成后再经各科增删，译成英文[①]。这些规程全由林可胜亲自审定后，再译成中文，送香港付印。出版后，空运回贵阳，分发给总所、分所各学组，以求教学上的统一。又分发给红十字会各救护医疗队，以达到医疗、防疫和救护措施的统一。根据申请也发给部队和地方医疗卫生单位[②]。这部教学规程，适合短期培训者使用，其绩效非常高，不愧为集专家智慧之大成。例如针对发高烧的病人，应采取下列措施：（1）禁即服退烧剂；（2）取血片；（3）送附近医疗队检验；（4）送灭虱站沐浴灭虱；（5）听候医疗队医师指示处理。战时因体虱传染斑疹伤寒及回归热的死亡率与传染率均较低，与环境卫生规程不无关系。战时部队的饮水消毒、深浅坑厕所、互沐浴站、十字焚火炉、砖砌焚火炉，成为部队传播术语，部队中防止流行病的措施，使传染病获得相对控制，也应归功于环境卫生规程的教导[③]。所以，林氏主编的教学规程在战地医疗救护实践中，起了指导性的作用。此外，军医署把167后方医院配属给战时卫生人员训练所充作教学医院，而救护总队为了充实训练所的教学力量，特配属学术实力雄厚的第18救护队为该医院的教学班子[④]。

战时卫生人员训练所学员由各兵站医院和后方医院征调，训练期一般为3个月。训练班班次分卫生防疫、医疗队、初级医护助理员及救护担架等四班[⑤]。训练所改组后，各训练班次随即变更。由原来的四班改为甲、乙、丙、丁、戊五班，甲班为医正外科班；乙班为医正内科及防疫科班；丙班为医佐班；丁班为护士班；戊班为看护兵班[⑥]。各班次的名额也不尽相同，计甲班40名，乙班20名，丙班60名，戊班200名[⑦]。

---

① 陈韬：《近五十年来几位军医先进》，（台北）《传记文学》第14卷第2期，第93页。

② 薛庆煜：《记中国红十字会救护总队与战时卫生人员训练所》，《中国科技史料》第20卷第2期（1999年），第167页。

③ 陈韬：《近五十年来几位军医先进》，（台北）《传记文学》第14卷第2期，第93页。

④ 参见薛庆煜：《记中国红十字会救护总队与战时卫生人员训练所》，《中国科技史料》第20卷第2期（1999年），第167页。

⑤ 《内、军政部战时卫生人员联合训练所组织概况》，贵州省档案馆藏：《救护总队档案》，M116-15。

⑥ 《内、军政部战时卫生人员联合训练所组织概况》，贵州省档案馆藏：《救护总队档案》，M116-15。

⑦ 《内、军政部战时卫生人员联合训练所组织概况》，贵州省档案馆藏：《救护总队档案》，M116-15。

据后人回忆，到抗战后期训练所的班次分军医和军护两类。军医班又分为高级班（校级军医）和初级班（尉级军医）。此外还设有临床检验班、X射线技术员班和环境卫生工程技术员班。据说还办过一期防疫进修班，为期半年[①]。为便于战区军医训练，战时卫生人员训练所于1939年秋奉命在陕西汉中成立分所，就近训练西北一带各军医院及部队中的医务人员[②]。后根据战地救护的事实需要，陆续在江西弋阳[③]、湖北老河口[④]、四川黔江[⑤]、湖南东安[⑥]等地设立训练分所[⑦]。各分所均驻有救护总队的大队部，师资与战时卫生人员训练所及5个分所设备均可交互协助，故各分所医护教官十分健全。以第一分所为例，外科、内科、骨科、眼科则由协和毕业的万福恩、汤泽光、袁印光、潘作新分任主任，辽宁医学院毕业的外科医生孙大光、马志千、支永振为高级教官，内科医生孙文正、杨枫为内科高级教官，谢景奎为内科教官。护理部主任以曾任协和医院护士李秉芳担任，清华毕业曾任北京卫生局第四科科长卫生工程师的王树芳为卫生工程组组长，工程师陈贻谋为教官。有关教学成员，各分所相似。例如四分所外科范乐成、内科朱文思，均系协和毕业而学术有造诣者[⑧]。这些人在抗战期间，激于爱国热情，及响应林氏之号召，不问待遇，不计处境，尽忠职守，热心服务。据统计，战时卫生人员训练班组建初期训练医护人员1432名，组成卫生署医疗防疫队25队，军医医师2组，救护总队救护队7队，医疗队3队，医护队2队，医防队1队[⑨]。至1939年6月止，战时卫生人员训练所训练医护人

① 参见薛庆煜：《记中国红十字会救护总队与战时卫生人员训练所》，《中国科技史料》第20卷第2期（1999年），第167页。

② 《内、军政部战时卫生人员联合训练所组织概况》，贵州省档案馆藏：《救护总队档案》，M116-15；第一分所，由严智钟任主任，两年后，因其受伤，改由陈韬任主任，其外科主任为协和医学院1928年毕业的万福恩，内科主任为协和医学院1929年毕业的汤泽光，骨科主任为协和医学院1932年毕业的袁印光，眼科主任是协和医学院1930年毕业的潘作新。

③ 第二分所，主任何鸣九，何鸣九自杀后，改由湘雅毕业的刘经邦任主任。

④ 第三分所，主任马家骥。

⑤ 第四分所，主任彭达谋，其外科学组主任是协和医学院1936年毕业的范乐成，主要教官是协和医学院1940年毕业的高景星。

⑥ 第五分所，主任林竟成，其外科学组主任为齐鲁大学毕业的王兴国，内科学组主任吴国兴，妇产科学组主任为上海同德医学院1933年毕业的盛梅卿；环境卫生科学组主任为林寿梧工程师。

⑦ 陈韬：《近五十年来几位军医先进》，（台北）《传记文学》第14卷第2期，第93页。

⑧ 陈韬：《近五十年来几位军医先进》，（台北）《传记文学》第14卷第2期，第93页。

⑨ 《总会救护委员会第二次报告》，贵阳市档案馆藏：《救护总队档案》，40-3-60。

员1735名，连同训练班期内的1432人，合计共3167人[1]。另据估计，战时卫生人员训练所连同5个分所在抗战期间共训练人员达2万余人，"泰半服务于前方，深入部队，具有图云关旺盛服务精神，再配合救护总队各医务队技术支援，形成一种新生力量"，为抗战期间军护人员的培养做出很大贡献[2]。

第二节　经霜的红叶——国际援华医疗队

中国的抗日战争，得到许多国际友好人士的同情，他们曾在道义上、政治上和物质上给予中国无私的援助。他们之中既有政府官员，也有社会知名人士；既有教育工作者，也有作家；既有医务工作者，也有实业界、宗教界人士。[3] 其中有不少医界人士志愿来华，参加中国的战地救护工作。早在抗战发生初期即有外国人协助中国红十字会工作，但工作时间以短期为主。如1938年初，德国红十字会派遣医生和包扎专家共4人，携带40辆卡车，价值国币约50万的医疗用品来华，协助救护总队的战地救护工作[4]。同年9月，印度国大党派遣以安得华·阿尔特（Madan Mohhanlal Atal，即爱德华）医生为首的印度援华医疗队，携带54箱药品、器械，1辆救护车和1辆卡车来华，队员有卓克华（M. R. Cholkal）、巴苏华（B. K. Basu）、柯棣华（P. S. Kotnis）、木克华（D. Mukeiji）[5]。他们名字中的"华"字是为表示对中国人民的友谊而加上的。他们于9月29日到达武汉，先后在第64陆军医院、第87陆军医院工作。11月1日，医疗队抵重庆。1939年2月医疗队离开重庆赴延安，爱德华、柯棣华和巴苏华在延安八路军医院工作，卓克华、木克华在卫生学校任教。1939年11月，爱德华、柯棣华、巴苏华和德国医生米勒一起去华北前线，白求恩大夫牺牲后，柯棣华继任晋察冀国际和平医院院长。1942年12月9日，他病逝于晋察冀边区的唐县。其他几位成员分别于1939年夏、1940年初和1943年初返回印度[6]。

---

① 《内、军政部战时卫生人员联合训练所组织概况》，贵州省档案馆藏：《救护总队档案》，M116-15。

② 陈韬：《近五十年来几位军医先进》，（台北）《传记文学》第14卷第2期，第93页。

③ 参见沈庆林著：《中国抗战时期的国际援助》，上海人民出版社2000年版，第223页。

④ 参见张建俅：《中国红十字会初期发展之研究》，第252页。

⑤ 《印度医药队抵汉开始救护工作》，《中国红十字会月刊》第41期（1938年11月），第13—14页。

⑥ 参见沈庆林著：《中国抗战时期的国际援助》，第116页。

参与救护总队工作时间最长，人数最多的外籍医护人员，就是我们通常所说的“西班牙大夫”。这批医生其实全都不是西班牙籍，论国籍，他们当中，有波兰人、德国人、奥地利人、罗马尼亚人，还有保加利亚人、匈牙利人、捷克人和苏联人，偏偏没有一个西班牙人。之所以如此称呼，事情还要从“西班牙内战”开始说起。1931 年西班牙发生革命，推翻了君主制度，建立了共和国。在此后的几年中，政治风云变幻，民主派与保皇派之间发生了剧烈冲突。政权时有更替，最后于 1936 年爆发西班牙内战，以佛朗哥为首的西班牙法西斯分子在希特勒和墨索里尼的支持下，用武力颠覆了民主选举产生的西班牙共和国。此事激起世界人民的公愤，53 个国家的反法西斯人士，志愿组成一支大约 3.5 万人的“国际纵队”，开往西班牙，与西班牙人民并肩作战，后因敌我力量悬殊，“国际纵队”惨痛失败。半数以上的国际纵队成员长眠在西班牙低矮的橄榄树下，幸存者越过比利牛斯山进入法国，被法国政府关在法国南部地中海边的古尔德等集中营。1939 年英国进步人士组织了“国际医药援华会”，招募到中国支援抗日战争的志愿者，但在英国响应的人不多。他们到集中营招募，法国政府以“离开法国”为条件，签约者便可获得释放。有 20 多位医务工作者与国际医药援华会签约，组成了“国际援华医疗队”。1939 年 9 月，其先遣队到达香港，保卫中国同盟主席宋庆龄接见了他们。此事在香港引起轰动，报纸上把他们称为“西班牙医生”。此后陆续到来的几批外籍医生，也都被冠以“西班牙医生”的称号。这就是“西班牙医生”的来历①。值得一提的是，当时中国方面颁发给他们的某些证件，在国籍一栏中往往写着“西班牙”的字样②。

通常所说的“国际援华医疗队”，主要是指由英国“国际医药援华会”组织和资助来中国的外籍医生。虽然有“国际援华医疗队”的名誉，实际上并没有建立正式组织，而是分几批，从不同的地点来到中国。第一批来华的只有 3 人，他们是德国的罗·贝克尔医生（后取名白乐夫）、奥地利的弗·严森医生（后取名严斐德）、捷克的弗·基什医生（后取名纪瑞德），任务是运送援华物质，并作为先遣队。他们于 1939 年 5 月 20 日从英国利物浦出发，乘的是“蓝烟囱航运公司”的“奥伊

① 参见贵阳市人民政府新闻办公室编：《经霜的红叶——国际援华医疗队的故事》，第 7—8 页。

② 《救护总队部发尹亦声医师电报》（1940 年 6 月 9 日），贵阳市档案馆藏《救护总队档案》，40-3-143。

毛依斯”号轮船，于1939年11月到达救护总队总部所在地贵阳[①]。第二批从英国来的究竟有哪些人，目前还不太清楚。据顾泰尔的回忆，有保加利亚的杨·卡内蒂医生（后取名甘扬道）、罗马尼亚的戴·杨库医生（后取名杨固）、奥地利的沃·弗雷德曼医生（后取名富华德）、德国的赫伯特·贝尔医生（后取名白尔）、奥地利的亨·肯特医生（后取名肯德）、德国的卡·考泰勒医生（后取名顾泰尔）[②]。据顾泰尔的回忆，还有一批人是“由挪威委员会派往中国去的”，他们大都是东欧国家的人，有波兰的塞缪尔·傅拉托医生（后取名傅拉都）、沃·云格尔曼医生（后取名戎格曼）、维·陶本弗利盖医生（后取名陶维德）、列·卡梅涅茨基医生（后取名甘里安）和他的夫人玛利娅·卡梅涅茨基夫人（后取名甘曼妮），有德国的艾·玛库斯小姐（后仍用玛库斯之名），有苏联的亚·沃罗金医生（后取名何乐经），有匈牙利的捷·金恩医生（后改名沈恩），有罗马尼亚的约苏尔·克兰兹多尔夫医生（后取名柯让道）和他的妻子玛·克兰兹多尔夫人（后取名柯芝兰），还有生于波兰的捷克人弗·克里格尔医生（后取名柯理格）[③]。这些人到达贵阳图云关后，都统一纳入中国红十字会救护总队，与中国医务人员混编，没有单独的建制。

国际援华医疗队的成员到底有哪些人，目前还没有一个统一的说法。根据中国人民对外友好协会提供的资料，贵阳图云关“国际援华医疗队纪念碑”上列有21人，他们是：波兰的傅拉都、陶维德、柯理格、戎格曼、甘理安、甘曼妮，罗马尼亚的克兰兹多尔夫（柯列然），克兰兹多尔夫人、杨固，德国的玛库斯小姐、贝尔、顾泰尔、白乐夫，匈牙利的沈恩，保加利亚的甘扬道，奥地利的富华德、肯德、严斐德、王道，捷克的基什，苏联的何乐经[④]。1989年，英国友人克莱格出版了《支援中国》一书，提到援华医疗队的一些人员。根据德国顾泰尔的回忆，援华医疗队当时有20人[⑤]。史沫特莱在《中国的战歌》中提到：

① 参见贵阳市人民政府新闻办公室编：《经霜的红叶——国际援华医疗队的故事》，第29页。

② 参见贵阳市人民政府新闻办公室编：《经霜的红叶——国际援华医疗队的故事》，第29—30页。

③ 参见贵阳市人民政府新闻办公室编：《经霜的红叶——国际援华医疗队的故事》，第31页。

④ 《国际援华医疗队名单》，《贵阳文史资料选辑》第22辑，第36—37页。

⑤ 参见贵阳市人民政府新闻办公室编：《经霜的红叶——国际援华医疗队的故事》，第12—13页。

“这时救护总队已有16位欧洲医生，他们已工作了将近9个月。”① 有的学者指出，国际援华医疗队的成员应为26人，其中波兰3人，德国7人，奥地利3人，罗马尼亚3人，捷克、保加利亚、苏联、匈牙利各1人，另有2人国籍不明②。李发耀认为，国际援华医疗队人员应为30位，分别来自12个国家，其依据是贵州省档案馆藏《救护总队档案》第2530号档案资料③。史继忠则认为，国际援华医疗队人员共有27人，其中波兰6人，德国7人，奥地利3人，罗马尼亚3人，捷克2人，保加利亚、匈牙利、苏联、英国各1人，另有两人国籍不明④。其根据是贵阳市档案馆藏《救护总队档案》中“薪津通知单”，以及申办护照的报告等资料。而台湾张建俅先生则认为救护总队共有32名外籍人员⑤。笔者把各种资料汇总起来，逐一查对相关资料，截至1942年1月止，认为救护总队共有34名外籍医护人员，详见表3-1。

由表3-1可知，到目前所掌握的资料来看，救护总队有34名外籍医务人员，其中8名女性，26名男性；其中有3对夫妇，分别是柯让道与柯芝兰、甘理安与甘曼妮、王道与王苏珊。依据其所持护照统计，德国籍最多11人，波兰6人，奥地利、英国4人，罗马尼亚3人，保加利亚、捷克、匈牙利、苏联、美国、新西兰等各1人。罗益与玛库斯的年龄因资料缺失没有查到，其他人员的年龄分布为：50岁以上只有2人，40~49岁3人，30~39岁17人，20~29岁10人，基本上都是年轻人。从其教育背景看，有29人受过高等医学教育，2人受过中等医学教育，且大多数毕业于世界著名学府，有较为深厚的理论基础，而其中有21位参加过西班牙内战，具有丰富的战地救护实践经验。这些外籍医护人员中的许多人都能深入各战区，或充当各中队、医疗队队长，医师、护士等角色，在战地前线从事医疗救护和防疫工作，或者充当救护总队战地救护顾问、卫生勤务指导员、外科指导员、内科指导员，从事各种卫生勤务、医疗技术的实地演练与教学示范，在救护总队中充当技术骨干的角色。

---

① 艾格尼丝·史沫特莱：《中国的战歌》（江枫译），北京：作家出版社1986年版，第126页。

② 傅宏：《国际援华医疗队新探》，《贵州社会科学》2005年第6期，第143—145页。

③ 李发耀：《国际援华医疗队在贵州》，《贵州文史丛刊》1999年第1期，第83—85页。

④ 贵阳市人民政府新闻办公室编：《经霜的红叶——国际援华医疗队的故事》，第15页。

⑤ 张建俅：《抗战时期救护总队外籍医护人员名单考证》，（台北）“中央研究院”近代史研究所编：《近代中国史研究通讯》第32期（2001年9月），第102—107页。

表3－1 国际援华医疗队人员表

英文姓名	中文姓名	性别	年龄	国籍	毕业学校	加入救护总队时间	职务	驻地
Flato Szmel—Moysze	傅拉都★	男	31	波兰	University of Paris	1939 年 10 月	卫生勤务指导员	贵阳
Janto Kaneti	甘扬道★	男	31	保加利亚	University of Sofia	同上	卫生勤务指导员	贵阳
Franz Kriegel	柯理格★	男	33	波兰	University of Prague		卫生勤务指导员	贵阳
Herbert Baer	贝尔或白尔★	男	43	德国	University of Berlin		第 8 中队长兼卫生勤务指导员	蒙自
Rolf Becker	白乐夫★	男	34	德国	University of Hamburg	1939 年 7 月	第 11 中队长兼卫生勤务指导员	老河口
Erioh Mamlok	孟乐克	男	28	德国	University of Basle		第 82 队队长	衡阳
Paul Dohan	杜翰	男	29	奥地利	University of Vienna		第 121 队队长	陕西
Davia Lancu	杨固★	男	31	罗马尼亚	University of Yassy	1939 年 10 月	第 151 队队长	蒙自
Waiter Freudmann	傅华德★	男	30	奥地利	University of Vienna	同上	第 171 队队长	田东
Aiexander Volokhine	何乐经★	男	34	苏联	University of Stasbourg	1939 年 10 月	第 172 队队长	芷村
Edith Marcus	马绮迪★	女	32	德国	University of Vienna	同上	本部医师	贵阳
Jacob Kranzdorf	柯让道★	男	37	罗马尼亚	University of Bologna	同上	本部内科视导员兼第 383 队长	乐昌

（续表）

英文姓名	中文姓名	性别	年龄	国籍	毕业学校	加入救护总队时间	职务	驻地
Gisela Kransdorf	柯芝兰★	女	36	罗马尼亚		1941 年 6 月	本部服务员派 383 队工作	乐昌
Wictor Taubenfligel	陶维德★	男	32	波兰	University of Padova	1939 年 10 月	第 432 队队长	建水
Leon Kamienecka	甘理安★	男	29	波兰	University of Nacy	1939 年 10 月	第 571 队队长	宜昌
Maria Kamienecka	甘曼妮★	女	28	波兰	University of Nacy	同上	本部检验技士派第三中队工作	宜昌
George Schoen	沈恩★	男	29	匈牙利	University of Bologna	同上	第 573 队队长	宜昌
Henryk Kent	肯德★	男	32	奥地利	University of Vienna	同上	第 731 队队长	安乡
Wantoch	王道★	男	28	德国	University of Vienna		第一大队部医师	褒城
Wolf Jungermann	戎格曼★	男	32	波兰	University of Beograd	1939 年 10 月	卫生勤务视导员兼第七中队长	曲江
Frederik Kisch	纪瑞德★	男	47	捷克	University of Prague	1939 年 9 月	本部外科指导员	贵阳
Carl Coutelle	顾泰尔★	女	33	德国	University of Freiburg	1940 年 10 月	693 医务队队长	南阳
Barara Guy Courtney	高宜田	男	30	英国	London School of Medicine for woman		本部医师	贵阳
Susanne Wantoch	王苏珊	女	29	德国	Reagymnasinm Vienna		第一大队部医务助理	褒城

（续表）

英文姓名	中文姓名	性别	年龄	国籍	毕业学校	加入救护总队时间	职务	驻地
Michael Sullivan	书利文	男	24	英国	Cambridge University			贵阳
Wilhelm Mann	孟威廉	男	23	德国	University of Heidelberg	1939 年 10 月	材料总库化验员	贵阳
Karl G. Ayres	艾逸士	男	63	美国	Ohio Northern University		材料股药剂师	贵阳
Joan Staniforth	唐莉华	女	26	英国	London University		干事室英文秘书	贵阳
Arthur Frank Bryson	贝雅德	男	31	英国	Cambridge University		外科指导员	吉安
Katherine Hall	何明清	女	45	新西兰	The Lady's College		护士	
Fritz Jenson	严斐德★	男	37	奥地利	University of Vienna			
Walter Lujie		男	50	德国	University of Freiburg			
W. Lurje	罗益	男		德国				
Edith Markus	玛库斯	女		德国				

注：带★为曾参加西班牙战地救护工作者。

资料来源：贵州省档案馆藏：《救护总队档案》，M116-2530，M116-1080；中国第二历史档案馆藏：《红十字会档案》，476-535；贵阳市档案馆藏：《救护总队档案》，40-2-181，40-2-397，40-3-143，40-2-354，40-2-200，40-2-352，40-2-183；张建俅：《抗战时期救护总队外籍医护人员名单考证》，（台北）“中央研究院”近代史研究所：《近代中国史研究通讯》，第 32 期，第 102—107 页；李发耀《国籍援华医疗队在贵州》，《贵州文史丛刊》1999 年第 1 期，第 83—85 页；《国际援华医疗队名单》，《贵阳文史资料选辑》第 22 辑，第 36—37 页；傅宏：《国际援华医疗队新探》，《贵州社会科学》2006 年第 6 期；贵阳市人民政府新闻办公室编：《经霜的红叶——国际援华医疗队的故事》，五洲传播出版社 2007 年版，第 15 页、24 页。

国际援华医疗队的外籍医护人员，大部分是1939年到达中国，坚持到抗战胜利的。他们与中国人民一起，经受了战争的煎熬和磨炼，在艰苦的环境中度过了6年血与火的岁月。在6年时间里，国际援华医疗队的外籍医护人员不计个人得失，均能忍受低微的待遇。他们来到中国时最初工资由国际援华会支付，自1940年9月以后由救护总队发给[①]。但在1939年一般医护人员平均月薪只有120元[②]，1940年后，担任队长职务者才225～250元，一般医生为200元，技师为180元，护士只有60～80元，只有柯让道一人是300元[③]。这与国外薪金差距很大。生活环境恶劣也是外籍医护人员经常面临的问题。抗战时期的国统区，民生凋敝，物质匮乏，吏治腐败，这些外籍医护人员所在的救护总队只是一个非官方的民间救护组织，得不到政府的重视和资助。在这种条件下，具有不同文化背景和生活习惯的外国人，适应生活环境，生活下去就是第一个难题。他们学中国人拿筷子，吃糙米饭。他们住在茅草屋里，没有洗澡间和厕所，而且苍蝇、蚊子多，老鼠也使他们经常不能入睡，有时老鼠还会咬伤他们的耳朵[④]。语言不通，也给他们的生活和工作带来诸多不便。他们刚到贵阳，救护总队中就流传着对他们不利的风言风语。他们不懂中国语言，很难同普通中国人交流，起初，他们用手势表达或请翻译，但工作起来十分不便，不能和病人直接交谈，所以不得不刻苦学习汉语，打破语言的障碍。工作条件方面，当时各战区连救护工作所需的病房、手术室、药品架等基本设施都不具备。他们就建议就地取材，用南方盛产竹子的优势来修建。救护总队的药品医疗器具依靠国际友人和爱国华侨的捐赠，在当时的救护机构中算是充足的，但要完全满足前线救护工作的需要，还是入不敷出，一些药剂救护用品仍需要中队、分队自己动手制作解决，诸如此类困难，外籍医务人员与中国同行协力合作，均能解决。最困难也是最关键的是在部队推行合理的救护工作，必须取得各级军官的同意，有时为了一个合理化的建议，外籍医护

① 《救护总队部发杜翰等人工资通知单》（1940年9月1日），贵阳市档案馆藏：《救护总队档案》，40－2－562。

② 《救护总队部领款通知单》（1939年12月），贵州省档案馆藏：《救护总队档案》，M116－1080。

③ 《救护总队部通知》（1940年5月7日），贵阳市档案馆藏：《救护总队档案》，40－2－183。

④ 参见贵阳市人民政府新闻办公室编：《经霜的红叶——国际援华医疗队的故事》，第26页；傅宏：《国际援华医疗队新探》，《贵州社会科学》2005年第6期，第143—145页。

人员必须与部队军官进行沟通和解释，但许多建议仍然不能实现[①]。不仅如此，有时外籍医师因与部队军官的人际关系没有处理好也使工作陷入尴尬境地，如白乐夫因未与某师卫生处长“干杯”，在后来的工作中，卫生处长给白氏制造了“难以克服的困难”，最后迫使救护总队医疗队不得不从该师撤走[②]。救护总队内部人员有时也对外籍医生有诸多的不满，如143队队长赵梦华向救护总队报告称：“外籍医师柯理格工作成绩虽努力可佳，奈性情暴躁，难以长事，队员均与之不和，实有碍本队工作之推进，长此以往恐生异变。”[③] 外籍医师中部分人员根据本身经验与西方标准对救护总队的工作方式也有所批评[④]。

尽管外籍医护人员在中国遇到这样或那样的困难，但他们为了坚持医学良心的理念，仍然在红十字旗帜下坚持在救护第一线工作，为中国抗战做出贡献。如他们从当时中国医疗条件很差的现实考量，因陋就简地创造了“太阳沐浴器”，在部队中建立“灭虱站”，防治斑疹伤寒、回归热、疥疮等传染病。肯德根据自己在中国参与战地救护工作的经验，在视察部队卫生情况后，写就了《军医业务简评及改进之我见》的报告，指出当时部队军医业务存在的问题，并提出了合理化的改进意见[⑤]。1941年，日本在湖南常德投掷鼠疫细菌弹，肯德等外籍医师立即奔赴现场，冒着生命危险，开棺验尸，确定鼠疫在常德流行，并与第六战区长官署军医处长商讨防疫纲要，论及管理、预防、隔离、检疫、治疗、宣传、器材等事项，经过努力，扑灭了鼠疫[⑥]，同时肯德利用新闻媒体，向世界揭露日本军国主义的罪行[⑦]。在与细菌战作斗争中，高宜田以身殉职，柯芝兰也因参加防疫，受到感染，不幸在昆明去世。王道医师因积劳成疾病逝于重庆。总之，外籍医护人员在救护总队中扮演着相当重要的角色，为中国抗战做出了相当的贡献，这是不争的事实。

---

① 参见富华德著，张至善译：《起来，中国胜利了》，北京师范大学出版社1994年版，第2—10页。

② ［德国］白乐夫著，刘祺宝译：《我在中国做医师》，《经霜的红叶——国际援华医疗队的故事》，附录十，第78—90页。

③ 《第143队队长赵梦华发总队长林可胜电报》，贵阳市档案馆藏：《救护总队档案》，40-2-200。

④ 富华德著，张至善译：《起来，中国胜利了》，第2—3页。

⑤ 肯德著，温新华译：《军医业务简评及改进之我见》，贵阳市档案馆藏：《救护总队档案》，40-3-34。

⑥ 《救护总队部第二中队三十年十一月份工作报告》，贵阳市档案馆藏：《救护总队档案》，40-3-34。

⑦ 肯德：《鼠疫横行在常德》，贵阳市档案棺藏：《救护总队档案》，40-3-34。

外籍医护人员不仅在中国战区协助救护总队从事战地救护，而且远赴印缅参与盟军战地救护工作。太平洋战争爆发后，美国军事代表团中国战区参谋长史迪威将军致函中国军方，要求中国红十字会派遣外援志愿医师 8～10 人至印度兰姆加医院服务①，军政部军医署随即电令救护总队执行史迪威的指令②。救护总队接电后决定派白尔、杨固、傅华德、顾泰尔、孟乐克、白尔、杨固、傅华德、顾泰尔、孟乐克等外籍医生 10 人前往印度，"听候史迪威将军及罗副总指挥卓英分配工作"③。这批外籍医生于 1942 年 12 月 26 日离开中国，30 日抵达加尔各答。翌年 1 月 4 日，救护总队忽接中国驻加尔各答总领事馆函电，称赴印 10 名外籍医生中，有半数系敌国人民，其过去身份来历无从探究，要求彻底查明这批外籍医生的身份，否则英国驻印当局不容许他们入境④。陶维德、纪瑞德、何乐经、柯理格、傅拉都等 5 人属于同盟国人士，顺利通过加尔各答，1 月 7 日抵达兰姆加中国军队训练基地，当即被分派工作。白尔、杨固、傅华德、顾泰尔、孟乐克等 5 人因系敌对国人士，被英国当局扣留审问。救护总队接电后迅速将上述人员履历寄往印度，英方查明其身份来历后遂予放行，并于 1 月 22 日抵达兰姆加医院⑤。接着，救护总队准备继续安排甘理安、甘曼妮、戎格曼、马绮迪、甘杨道、柯让道、柯芝兰、沈恩、肯德、白乐夫等人赴印⑥，因战局形势变化，未能成行⑦，后留在救护总队直到抗战胜利为止⑧。

傅拉都等 10 名外籍医生，在印度、缅甸前线工作一年零八个月，直到 1945 年 8 月 15 日日本投降。他们先后在兰姆加医院工作，在训练

---

① 《总会救护委员会代电》（1942 年 11 月 22 日），贵阳市档案馆藏：《救护总队档案》，40-2-397。

② 《军医署发救护总队电报》（1942 年 12 月 11 日），贵阳市档案馆藏：《救护总队档案》，40-2-397。

③ 《总会救护委员会训令第 32 次第 7 号》（1942 年 12 月 17 日），贵阳市档案馆藏：《救护总队档案》，40-2-397。

④ 《总会救护委员会训令第 32 字第 8 号》（1943 年 1 月 4 日），贵阳市档案馆藏：《救护总队档案》，40-2-397。

⑤ 《傅拉都发救护总队部电报》（1943 年 2 月 4 日），贵阳市档案馆藏：《救护总队档案》，40-2-397。

⑥ 《总会昆明办事处发救护总队部电报》（1943 年 2 月 2 日），贵阳市档案馆藏：《救护总队档案》，40-2-397。

⑦ 《军医署发救护总队部代电》（1943 年 3 月 1 日），贵阳市档案馆藏：《救护总队档案》，40-2-397。

⑧ 施正信：《回忆图云关》，《贵阳文史资料选辑》第 22 辑（1987 年），第 81 页；张朋园访问，罗久蓉记录：《周美玉先生访问记录》，第 101 页。

营里担任教官，负责培训中国军队的医护人员。1944 年，有一批中国军队乘飞机越过喜马拉雅山脉到达印度，在印度东北边境和缅甸北部与日军进行殊死战斗。外籍医生被派往作战单位服务，他们冒着敌人的炮火，把重伤员送到后方的野战医院治疗。他们还担负着一项重要任务，就是作为中国和美国医疗队之间的“联络医生”①。日本投降后，这批外籍医生完成了其在印度的历史使命后，踏上归途，回到自己的祖国。

第三节　贵阳图云关红十字小学

1939 年 2 月，抗战烽火正浓，在艰苦偏僻的贵阳市图云关，迁来了中国红十字会救护总队部及军政部战时卫生人员训练所。在救护工作之余，救护总队和卫训所的干部们还投入大量精力、时间、财力，为救济失学儿童而创办了图云关小学。这种对教育事业的重视，对国家、社会的赤诚，体现出很强的民族精神，具有相当的借鉴和启发意义②。

图云关小学的创建发起于民间，采取了校董会的组织管理形式。救护总队总务股的张祖棻医师等人为骨干，联系了一批救护总队及卫训所的干部担任校董。救护总队队长林可胜担任了该校的名誉校董，张祖棻（即发起者之一）担任主席校董，救护总队事业会计课课长陈朝俊、运输股主任胡会林等 18 人担任了名誉校董或校董③。

他们的兴教热忱在校董会章程中得以体现。如第二条“宗旨”规定：本会以救济失学儿童，普及义务教育为宗旨。第三条“组织”规定：本会董事，概尽义务，不支月薪及车马费。

创建学校所需土地，由张祖棻医师、过祖源卫生工程师等经几日奔走，在图云山山坡上觅得土地三亩，每年付租金 15 元。

在校舍建筑上，校董会制定了详细严格的标准，并不因战争期间条件艰苦紧张而敷衍。校舍包括教室二、会客室及教员预备室一、教员寝室二、工友寝室及储藏室一、厨房一、厕所一、操场一（包括运动器具六件）。

建筑工艺也做了详细规定，在与承包商签订的合同书中写道：“本工程……全部木料概用上等杉木，坚实不澀，四面围壁用松板钉上，每块咬

① 参见贵阳市人民政府新闻办公室编：《经霜的红叶——国际援华医疗队的故事》，第 155 页。

② 徐适：《图云关小学的创办始末》，《贵阳文史》2004 年第 6 期。

③ 徐适：《图云关小学的创办始末》，《贵阳文史》2004 年第 6 期。

板一寸用方木撑妥，不使动摇，内墙刨光，该项木板均须上品……”

因为是私立学校，政府不拨款，所以校董会采用募捐资金的方法。《在设为创设图云关小学校募捐宣言》中，他们发出号召：“望机关同仁及各界热心人士……慷慨解囊，以襄义举，则民族精神之发扬、科学意识之提倡、伟大创造之毅力、抗战建国之重负，有所期望也。”募捐活动取得了成功，学校得以顺利开办。

当学校建筑一一落实，实施教育的物质基础具备以后，创校首要便在其宗旨。让我们读一读当年创建者写下的文字：“自红会及卫训所迁来贵阳图云关后……感于全体职工子弟弦歌久辍……而图云关乃一极小市集，距城遥远，向无小学校之设立……二机关负责人士，毅然发起设立图云关小学校之创议，期于立国百年大计，有所靖献，使失学儿童有所救济，义务教育得以普及……”由上述材料，可以看出当时当地的教育状况是处在蒙昧状态的。

教育的重要性，毋庸多叙，“何以明聪教战，聚才为用，披荆斩棘，为国家民族负此重任”？创建者们疾呼：“国家兴替，繁于文化；民族盛衰，端赖教育……盖教育为国家之基础，为政之大本，古今中外皆然。”这些话不仅表现了这些知识分子对教育的重视，也表现出他们所具有的强烈的民族意识。教育之目的乃在于为完成“抗战建国之重任”，满足“明聪教战”的要求，踏实国家之基础，他们的教育方向是明确的，即强烈的民族使命感。

为了切实培养人才，校董会非常重视师资配备。“学校师资问题可说最属重要，因有优良之师资，始能教育儿童担负未来建设国家之重任”，他们选择的老师都毕业于高中或师范，曾担任过苏、浙、京、沪等地小学校的校长或为从教多年的老师，从学历、经验来看都很称职，甚至优秀。

对教育目的的认识和规划，均从课目安排中体现出来。根据档案记录的课目安排，可以得到一些对其教育方向、内容的初步印象。在《私立图云关小学校廿八年度下学期教学时数表》中，国语是最重要的科目，算术作为自然科学的基础，并未给予突出地位，说明教育者们的意识还有一定的不足。美术、体育、音乐等学时较多，体现当时学习西方、“西学东渐”风气对于教育行业的影响①。

课本选择、学级学时分配等等，也都妥善安置。尤值称道者，是校

① 徐适：《图云关小学的创办始末》，《贵阳文史》2004年第6期。

董会还制定了详细的卫生健康检查条例，反映出这批管理者较为先进的办学思想和对学生个体健康的重视。如学校所制订的卫生工作计划大纲中规定："1. 清洁检查：每日晨九时或十一时；2. 门诊：每日下午一时至二时；3. 测量身长体重：每月一次；4. 卫生教育：一、二年级每周二小时，三、四、五年级每周四小时；5. 体格检查：学期始终各一次；6. 缺点矫治：于门诊时间内施行之；7. 传染病调查：随时行之；8. 环境卫生管理：每日晨行之；9. 环境卫生视察：每星期一次；10. 家庭视察：每星期二次；11. 卫生队训练：每星期一次；12. 儿童营养问题调查：于家庭访视时施行之；13. 开面亲会：于学期终时举行之。"由这些细节，可以看出当时对学生健康的关怀和重视。

因为有了这样一批怀着强烈教育意识、忧患意识与国家意识的教职员工的艰苦努力，一批与国家一起受难，同时又担负着国家未来责任的少年儿童（主要是红会及卫训所子弟，少部分是附近居民的孩子），得以进入知识的殿堂与宝库中汲取营养，开发身心，培养立身立国的智慧与力量①。

第四节　红十字会与镇远"和平村"

抗日战争时期，原国民政府军政部在我国设有两个日本俘虏收容所。设在西安的称第一日本俘虏收容所。设在贵州镇远的称第二日本俘虏收容所。日本反战作家鹿地亘等人将镇远日俘所称为"和平村"，将设在重庆南岸的分所称为"博爱村"。

第二日本俘虏收容所于1937年开始设于湖南常德盐关，后迁湖南辰溪，当年年底由辰溪迁到贵州镇远。和平村，位于镇远县卫城和平街南侧，五云山脚下，是一组四周用高大石墙垒砌圈围的建筑群。建筑面积2382平方米，占地面积为5985平方米。整体建筑坐南向北背靠五云山，前临公路。从北向南依次建有拱券大门、米库哨兵室、哑子室平房，一楼一底的办公楼。办公楼为7间砖木结构、底层明间为通道，与正门相对，楼房里设有办公室、会客室、职员室、审讯室等。楼上设有"反战同盟"训练班、研究班、新生班、女俘住所等。楼东有一小型运动场，楼西有监禁室、厕所等。办公楼后有一长条隔墙，把整体建筑分为前院、后院。要进入后院，必须从办公楼的明间通过。后院的礼堂正

① 徐适：《图云关小学的创办始末》，《贵阳文史》2004年第6期。

对办公楼。在后院围墙的四角设有哨兵监视塔、厨房、卫生所、洗澡间、运动场、防空洞等建筑①。

在这里，战争与和平、人性与兽性进行了激烈较量，展开了一场灵魂大搏斗，其间有许多正义与邪恶搏斗、爱与恨交织的故事。有良知的日本战俘，经感化后，组织起“在华日本人民反战同盟和平村工作队”，参加的有150余人，队长是长各川敏。但有些冥顽不化的战俘兽性不改，不断制造“绝食”“升旗”“刺杀”“割舌”“暴尸”等事端。“哑巴室”里住的就是那些坚决与中国人民为敌而自割舌头的战俘。正义终于战胜了邪恶，人性终于战胜兽性，这个艰苦的过程集中展现在“和平村”。它是世界反法西斯战争中的一份厚重的历史档案，是第二次世界大战留下的一个重要的遗迹②。

收容所管理人员有国民党和共产党，共产党员康大川化名康天顺，公开身份是中校主任管理员，许多动人的故事就在他身上发生。他冒着生命危险，和战俘同吃同住，以真诚的爱心和他们交朋友，化解敌意，开导他们认识日本军国主义的凶恶面目。沉闷的气氛渐渐打破，战俘们开始了新的生活。为了改善生活，战俘们上山采蕨菜，下河捞鱼虾，自己磨豆腐。他们开始感到和平生活的乐趣，闲暇时制作工艺品，有的用木头雕刻汽车、火车、轮船、飞机，有的用牛角雕成人像，还制作月琴、小提琴、夏威夷四弦琴和“麻雀牌”（麻将）③。

此间，国际红十字总会派了一个瑞士记者来“和平村”考察，他写道：“中国镇远日本战俘收容所的中校主任管理员，跟日本战俘关系融洽，跟日本战俘住在一起。”和平村被视为战俘们起死回生之地。“我走遍了全世界，几乎看了所有的俘虏收容所，没有见过这样好、这样有秩序的收容所。”④

救护总队所属的各医疗队，根据《日内瓦公约》和人道主义原则，在战地救护时对俘虏的日军伤病员给予救护。1942年5月，救护总队曾派出一支医疗队到“军政部第二俘虏收容所”（即“和平村”），对该所收容的700多名战俘进行医疗防疫工作。1944年底，该队随俘虏收容所迁往重庆。此后，救护总队又派出一支医疗队到重庆南温泉集中营，为

① 参见林春聚、谢林：《第二日俘收容所——镇远“和平村”概况》，《贵阳市委党校学报》1999年第2期。

② 参见史继忠：《镇远“和平村”》，《当代贵州》2008年15期。

③ 参见史继忠：《镇远“和平村”》，《当代贵州》2008年15期。

④ 参见史继忠：《镇远“和平村”》，《当代贵州》2008年15期。

收容在那里的200多人进行医防工作。根据救护总队工作报告称："自本队担任此项工作以来，营、所卫生，一致显有改进，死亡率因之锐减。"①

除国际红十字总会与救护总队对镇远"和平村"战俘医疗卫生关注外，1942年6月5日，中国红十字会总会蒋梦麟会长偕救护总队副总队长汤蠡舟、科长马玉汝、视察袁松人等一行访视镇远"和平村"，得到日俘的热烈欢迎，日俘特为蒋会长一行举行欢迎会及游艺会。

日俘代表村上在欢迎会上致欢迎词，对红十字会在"和平村"的医疗与防疫工作表示充分的肯定。以兹作证，现将村上的欢迎词②摘录如下：

今日为中国红十字会会长蒋先生和中国红十字会救护总队部副总队长汤先生举行欢迎会，我以年长的资格，代表我们全体村民敬致欢迎之词。蒋先生和汤先生带了视察各地队务的重大使命，百忙之中为了要想视察我们的生活和卫生情况，特地到和平村来，我们得亲聆教益，深为庆幸！

当次炎夏，有时候很热，有时候连续下雨，而且在这交通不便的地方，两先生连日跋涉一定异常辛劳。

我们第一不能不向中国红十字会至敬意，为什么呢？因为从前五月中国红十字会救护队派医疗队陈队长、蒋医师以及各位队员驻在村里，专心致力于治疗和卫生方面，直接间接增进我们的健康的缘故。

人生最感不安和不幸的事情是患病，我们现在的处境，尤觉病痛为最大之威胁，从前年起陈队长以及各位常常很熟诚很亲切地来替我们治疗，因不待言，尤其在恶疫流行的时候，替我们施行预防，还替我们请求其他适当的处置，使我们大感心安，此较各位救护员没驻此前，死亡率锐减，这完全要感谢中国红十字会之所赐，我们特别对蒋先生和汤先生致满腔的感谢与敬意。另外我趁这个机会对陈队长及各位队员和霍医官也表示谢意！至于衣食住等日常生活问题，自莫所长以及各位管理员常以理解的态度对我们，在物价很贵的今天，还竭其不断的努力，我们也深感厚意！

我们不忽视自己身体的健康和精神的调整，并遵守和平村的规则，

① 贵阳市档案馆编：《抗日战争中的中国红十字会总会救护总队概述》，《战地红十字——中国红十字会救护总队抗战实录》，贵州人民出版社2009年版。

② 马玉汝记：《蒋会长访视和平村心影记》，《战地红十字——中国红十字会救护总队抗战实录》，贵州人民出版社2009年版，第53—54页。

这不必说，同时我们以被收容者的身份，一方面要尽我们的本分，一方面在自信为正当的信念下，度着我们安闲的、优美的、舒适的生活，好像我们这和平村的村名一样，使全世界也成为一个和平乡，使全人类都能享受安宁的幸福，深盼这一天能早日来临。古来中日两国，同文同种，被称为兄弟之邦，我们在现在固不必说，在将来我们当觉悟到中日两民族要以心理上结合起来，完成“融合亲善”这个使命。我想这个使命实现的时候快到了，到那时候我们中国的官兵，对中国红十字会更应该诚恳地感谢！

我们今天在这里举行这个小的欢迎会，同时还有一点余兴，单单想给蒋会长、汤副总队长一行在旅途的一些慰安，这不过是我们的一些小意思。

最后祝福中国红十字会会长蒋先生、救护总队副总队长汤先生一行，并祝各位来宾健康！

中国红十字会总会蒋梦麟会长在欢迎会上发表了热情洋溢的演讲，表达了中国人民渴望和平、憎恨战争的立场，阐述了中国红十字会始终坚持“救死扶伤，博爱恤兵”的宗旨，认为慈善救济事业，无分畛域，红十字会在慈善的立场上，更无彼此敌我之分，无论友军和敌军都一视同仁。与侵华日军公然违背《日内瓦公约》，侵害红十字的战争罪行形成了鲜明的对比。谁是正义的，谁是邪恶的，公理自在人心，不言而喻。现将其演讲词①实录如下：

诸位，本人因视察队伍，到此地来，蒙诸位欢迎，并且要演剧助兴，心里边非常的感动。

慈善救济事业，无分畛域，红十字会在慈善的立场，更无彼此敌我之分，所以无论友军和敌军都同等对待。

刚才那代表讲到中日亲善问题，引起我无穷的感忧。

我们要看中国唐朝的文化，可以在日本看得出，因为日本自中国唐时吸取了我们的文化，所以风俗习惯都仍相仿。

后来西洋文化的怒涛，流到了东亚，日本因为地方小，人口少，接受文化比较易，你们又很快的吸收，好像吸收中国文化一样；中国虽看见西洋文化而狃于固有的文化，不能很快地接收，甚至于还看不起，所以吸收得很慢，但日本因为吸收得快而强大起来，中国则日渐落伍而衰

① 马玉汝记：《蒋会长访视和平村心影记》，《战地红十字——中国红十字会救护总队抗战实录》，贵阳：贵州人民出版社2009年版，第54—55页。

弱下去。

甲午之后，中国战败，才明白不能吸收的原因，所以有仿效日本去吸收文化。故中日第一次战后，我们不惟不对日本分恒而视之为敌还觉得你们的精神可佩而视之为师，所以甲午战后，我们的警察、军事、教育等都学自日本。那时候我们中国和日本确是很好的朋友，我的先生就是一个日本人。

后来为什么从朋友变为仇敌呢？这是政治负责人的眼光太近，因为在欧战时，列强锐意争霸，无暇顾及东亚的问题，你们的二十一条竟送到中国，我们因忍无可忍，遂尔割席，面向西洋，从此以后，道义似绝，你们无论讲什么话，我们似不敢相信，你们无论是如何行动，我们觉得怀疑。

我在北平时，有一个日本朋友问我："为什么不同我们亲善？"我就说："爱不是指挥刀可以指挥的，一方面爱，一方面挥着刀，如何的爱呢！"

日本人我最佩服的是忠心，是对国际忠心，但是只忠心地求自己的生存，而不想到人家活否，这叫忠而不恕，有己无人，所以闹出乱子来。

忠而不恕，一方面我们不要打仗，我们的一切都没有准备，你们虽然知道，而正好要打我们，所以一直到现在我们不得不抵抗。美国也不要打，你们也因他们无准备而去打他，他也就打起来了。还有你们的政治家要讲东亚共荣圈，你们想想东亚没有了，西洋在任何方面都是缺了一环，如何的共荣呢？

我想此后战后全世界一定可觉悟，我个人觉得，中日亲善，要是根据世界性的，只有中日两国，是不能亲善的。

今天蒙诸位欢迎并要我说话，仅就五十年的经验贡献诸位。

中国红十字会总会蒋梦麟会长在镇远"和平村"演讲完后，目光遍照全场，所有人都被感动了。当蒋会长步下讲台，找得几位听讲的日俘，问他们的感想时，没有一个不说："我们希望蒋先生这样的大学问家，常来指引我们的出路！"[①] 在"和平村"，蒋会长看完游艺会后，应"和平村"主持人莫所长的要求，挑选了几位不同身份的日俘，有和尚、医师、农人、商人、研究政治的学者，进行了一次个别谈话。日俘代表都承认日本不能征服中国，也不能只有一个"大东亚共存共荣"的观

① 袁松人：《蒋会长随员日记之一》，《战地红十字——中国红十字会救护总队抗战实录》，贵州人民出版社2009年版，第60页。

念，日本必须跟随着世界和平运动的步伐而革命[1]。为保存历史记忆，我们将个别谈话的场景复原如下：

村上××——他是一位年在五十以上，面容丰腴，颇有礼貌的老者，据查：他是个和尚，同时也是一个间谍。在所尚未接受感经。

（问）你是和尚么?

（答）我是京都的和尚，战事起后因中国普陀山庙宇一部分为日本僧人所建，特携带粮食前往该山救济僧众，并劝阻海军登陆，保护此种古迹，后因出游，为中国游击队所捕。

（问）对此战争之胜败如何看法?

（答）对局势不甚明了，无法推定，惟望早日结束。

（问）日本对珍珠港之行的，你的看法如何?

（答）该项事变发生，本人业已被俘在此，情形亦不明了，惟觉日本亦感有不得已之苦衷，不得不作如此举动。

（问）日本胜败如何?

（答）日本政治家与军人确有甚大之野心，但把中国并吞下去亦不可能。

（问）然则败后如何?

（答）战争之胜败为不可定，但日本即尔亡国亦不可能，盖日本到了相对严重局面，或可以政治外交手段，相当地解决。我站在僧人的立场，甚望此次战后，中日僧徒可以相互往来，作一部分情谊的联系，而为亲善的肇基，盖中国有许多庙宇为日僧所建，日本也有许多庙宇为华僧所建也。余更甚望有生之年努力于此。

（问）此意甚好，但枪炮同时恁藉乎?

（答）任何事都不能用武力解决。

（问）在欢迎会上我所讲的话，关于中日问题，你有什么意见?

（答）甚表同情。且前此亦未听到如此的讲演，颇盼此后能常有硕彦给予相对的指示!

（蒋）以前我在北平曾与特务机关长松村君闲谈，谓日本若打中国，即令中国败到汉口，亦未必屈服，但日本于太平洋问题，则甚危险，甚望我两人不要互抱痛哭，以伤两国之悲境!

（村）频频点首，似有无限伤感。

---

① 袁松人：《蒋会长随员日记之一》，《战地红十字——中国红十字会救护总队抗战实录》，贵州人民出版社2009年版，第61页。

（问）适才你所说的政治外交方式，朝鲜、台湾、琉球、东三省如何处理？

（答）日本必败，当然全部归还给中国。

（蒋）台湾、琉球、东三省我们是要的，朝鲜应扶掖其独立，盖我们素无领土野心，扶助弱小民族更为我人一向的主张。

（村）不论胜败，双方均属不幸，且有甚大之损失，此后两方彻底了，我以为中日两国的语言界能互相通晓，必有进步，本人来此三年，华语仍不会说，甚望先生转告当局，致力及此。

（蒋）可以建议。谢君之问答。

园田××——是一个高大的汉子，形状甚凶，但外表很不自然地有雌伏的态度，据说是汉治华公司的职员，家住汉口，未受感化。

（问）对于中日战争感想如何？

（答）中日为兄弟国，此次战争最为遗憾，但战争业已发生，事实上，无法可想，此后惟尽最大努力，设法避免。

（问）你认为打珍珠港如何？

（答）照我的理想，美国必打日本的，我是久已被俘在此，不知究竟。

（蒋）系日本先派飞机往炸，美国措不及防，损失甚大，你想想，日本的敌人愈多，不是愈觉不利吗？

（园）是的，中日必须联合起来始有办法。

（问）中日战争，原因何在？

（答）详细情形虽不可知，但白色人种到中国来，日本总觉心有不忍。

（蒋）我们是知道白人没有什么野心的，日本何必多管闲事，更何必发动战争呢？

（园）俯首并稍点首。

安田××——戴一副黑边的圆眼镜，态度甚安闲，像有一点学问，据说他是日本东京帝国大学医科毕业，受任上尉军医被俘，他在所里帮助我们看耳鼻喉科，是接受感化，并对政治问题颇有兴趣的。

（问）医生是相信科学的，你以科学的眼光，解剖时局如何？

（答）日本果用帝国主义的方法必归失败。

（问）日本科学进步甚快，且能以近世应用科学应用于战场，但只知道“应用科学”，而忽视了思想的科学化，故只知“物”而不知“心”，战胜未必可能，但也许我是看错了，你以为如何？

（答）日本之大学政治教育颇不自由，先生当亦知道，故研究政治及经济，均在有色的镜头下面，当然不能正确。我来此处对政治经济问题的研究，倒反觉自由，且任何书籍都可以看，深觉安慰，且有兴趣，惟因中文基础差，四年来仅稍通门径。

（蒋）经此战后，日本人的思想当可稍有进步。

（安）战后日人之政治思想，必有改革，否则帝国主义的思想仍然抬头，第二次不幸事件又会发生。

（蒋）日本的自然科学近五十年颇有进步，中国则思想颇有进步，精神极觉振奋，故能抗战七八年，仍然始终不馁。

（安）思想的力量甚大，但日本除军队外，似无旁事，故陷国家于悲哀！

（问）日军出发，携带神符，在科学兴盛的今日，日本军队是否还相信有神？

（答）日军非尽相信而带神符，但此多为亲友所送，谈科学当然不能谈及。

（蒋）历史会有记载忽必烈征日及日俄战役，日军受神佑。

（安）以前确有人相信及此，政府亦常以此欺骗军民，甚至军部方面，有时出发之前发神符佩带，谓此可以致胜，藉作麻醉，实则带有此符打死的很多，不带也未见得被打死。

（蒋）曾听见说日人告诉外国人，日本之胜，确系神符保护。

（安）此为无知识者的口吻，就像所谓千人针也是迷信和麻醉的代表物，有什么用！

（问）你的家庭如何？

（答）我弟亦学医，妻在家未通信，我被征任军医，初战时药材很多，现在听说不行了。

红十字会的工作，确实在战争上有光荣的贡献，日本方面，则红会没有参加前方的工作，现在也行推进前方了。

长川谷××——东京帝国大学政治系毕业，任《和平先路》编辑部长，是特务工作人员。他的面孔很瘦，态度很沉静，不住地抽香烟，是受了感化的。

（问）日本此战你的胜利信心如何？

（答）此次事件日人确负戎首的责任，无论胜败，都不能辞其咎，故有识之士，均甚焦心。

（问）战败后如何？

（答）日本虽名为现代国家，但仅具外形，而无民权的改进，明治维新亦不过略具皮毛，有识分子，都知如此，但不能改进者实受军阀之压迫及利用，更致生此不幸事件，深觉惭愧！战争的胜败与武器有关系，但亦与主其事者有关系，故日本失败，非全国人民之失败而为军阀的失败。

（问）你对于我上午的讲演有何感想？

（答）日本的知识分子皆知如此，不能阻挠军阀行为为憾，我受军阀之利用，更觉无地自容。

（问）我看日本此战，将归失败，盖欧洲战场登陆成功，不久将可移师东指，加之中国的军队日本必难抗衡，如此失败，则对中国之残暴，当能原谅不究，但失已得之地君之观感如何？

（答）单以军火制造方面来说，日本的力量非常薄弱，如何能不失败，然此失败，军阀应负全责，故战败后，日本人民必有革命的和平政府出现，而不至以失地为辱苦，以努力求和平的将来。

（问）君之眼光远大，但战败后天皇如何处置。

（答）天皇为封建制度之残渣而被军阀利用，将来天皇制度，当必废除，但果皇室顺从民意，为民族谋幸福，而成立爱好和平的政府，或能存在。惟日本皇室与英国皇室不同，日本皇室现在全由军阀及财阀支持，将来恐仍属崩溃也。

（问）如此则日本果胜又如何？

（答）果日本战胜则人民更苦，且不堪收拾，故我人将如何将军阀及财阀打倒而奠立日本安全的基石，实为急不可缓之图。

（蒋）日本果早如此，则无此次不幸矣。

（长）日本当局果有我同样意见，则此次不幸事件确或可以避免，兹我人正努力致此，但我人或于此企图未成功之先，或已牺牲。

说到这里，他深深地抽了几口烟，蹙着眉头，仰首用力地吹出。烟成云雾，在他的头上旋转，大家都在默默地无言，最后蒋会长又以熟诚的希望的口气说下去。

（蒋）我甚希望中日两方眼光远大的人们常有联络。

（长）果需革命，则所有民族革命的历史都需要参考，更需要有革命认识的人士大家携手，大家相助。

（蒋）是的，我国革命贵国人民帮助我们的很多。

（长）中国革命之初，宫川等确实加以援助，但军阀方面则是极力地阻挠，力量亦大，日本革命则甚希望贵国全体人士相助，更希望全世界的人们都能相助。

末次×——他是九州的农民，年纪很轻，在瓦甸驻防，新被俘虏解来，他很局促不安，当蒋会长问到他的住家的时候，他的眼泪在眼里滚，几乎说不出话来。

（问）战事以来日本的农业如何？

（答）农业采分配制，每人每年分配八十点。

（问）缅甸空军如何？

（答）日机总不常见，而英国的飞机很多，常常空袭警报。

（问）在缅甸生活较优于日本否？

（答）缅甸粮食不足，不如国内好。

因为末次是一个农民，知识水平较低，而且他所说的飞机，实为美机他都不知道，实在是一个可怜虫，也没有什么谈头。[①]

第五节　第四届红十字周在贵阳举办

抗日战争爆发后，中国红十字会担负了战场救护和难民救济等多项工作，任务更加繁重，所费甚巨。为使工作顺利开展，急需号召更多的民众积极参与，出钱出力。对于宣传工作，国外红十字会是有成功经验的。“世界各国红十字会，常有红十字日或红十字周的规定，目的是在推进会务，福利人群，所以深得万国红十字联合会的赞许。”[②] 因此，中国红十字会应现实的需要，借鉴了世界各国红十字会的经验，于1941年开始举办红十字周，至1948年共办7届。

一、举办红十字周的目的

举办红十字周的意义，如时人所述，“是在宣传该会的工作，并扩大征求会员和进行募捐”[③]。这也是举办红十字周的最终目的所在。

首先，扩大宣传。红十字会希望通过红十字周扩大宣传，“以期加

① 马玉汝记：《蒋会长访视和平村心影记》，《战地红十字——中国红十字会救护总队抗战实录》，贵州人民出版社2009年版，第55—59页。

② 王正廷：《为是要举办红十字周》，《大公报》1941年1月13日。

③ 《红十字周今天开幕》，《新华日报》1943年10月1日。

强社会人士对于红十字会之认识，并增进对于红十字会之同情，俾红十字会之服务普及社会”①。在红十字周举办前，红十字会已在中国落地生根30多年。该会为救护伤兵难民、赈济被难灾民都做出了较大贡献，尤其是抗战初期所从事的前线救护、后方防疫都深得好评。中国红十字会的组织和影响在逐渐扩大，但相比于其他国家的红十字会，力量还非常薄弱，还有相当数量的民众并不了解红十字会是怎样的组织。因此，红十字会需要进行宣传，“我们要使全国民众，对于红十字会有深切的认识，对于红十字会所办的事业，有彻底的了解，要使全国民众，为红十字会会员，人人为红十字会服务，人人输财输力，来协助红十字会的事业”②。

其次，征集会员。红十字会在宣传的同时，也把红十字周作为集中征集会员的时间，以宣传带动征募活动的开展。抗战爆发后，“中国红十字会的职责，一天一天加重。事业一天一天扩充，救护伤兵而外，还要顾到各地方难民的给养与安置”③。任务的繁重扩大了对人力物力的需求，因此要号召更多的人加入红会的队伍。在1942年第二届红十字周开幕式上，许世英致开幕词：“红十字会事业，为一种救世救人的新事业，唯吾国红十字会员人数比国外少，抗战以来，援助我国红十字会者亦为友邦人士居多数，今天举行红十字会周即是希望全国同胞能加入会员，以增强力量。”④

再次，募集捐款。红十字会从事的人道主义救助事业，需要大量的经费来维持运转。红十字会的一个重要经费来源是会员的会费。会员增多了，自然会费收入就提高了，“但会费的收入，仅能是为红十字会服务经费的一部分，我们还要领请有钱而愿意捐钱的人多多捐输。我们红十字会的服务事业，不但需要经常费去维持发展，同时尚需为意外灾难储备基金。为此之故红十字会常常利用征求会员的机会举行募款运动”⑤。募捐是红十字会的另一重要资金来源。抗战初期，大量海外侨胞向红十字会捐款捐物，为支持祖国抗战做出了很大的贡献。国外一些红十字会也以款物援助了中国人民的抗战事业。“不过自太平洋战事发生

① 蒋梦麟：《第七届中国红十字周献词》，《红十字月刊》1948年第34期，第1页。

② 王正廷：《为是要举办红十字周》，《大公报》1941年1月13日。

③ 许世英：《抗战以来中国红十字会的工作及举行红十字周的意义》，《大公报》1941年1月13日。

④ 朱子会：《中国红十字周史话》，《红十字月刊》1947年第20期，第10页。

⑤ 陈履平：《征募和宣传》，《红十字月刊》1947年第15期，第25页。

以后，侨捐已濒断绝，我们要配合长期抗战的需要，唯有借这一年一度的红十字周运动。”① 红十字会希望通过红十字周的扩大宣传，号召国人输财捐物，以支持救助救护工作。

扩大宣传与征集会员、募集基金互为表里，宣传为基础，征募为目的。宣传工作做好了，自然征募效果会更上一个台阶。总之，红十字会举办红十字周，“就是希望我国各地同胞，对红十字会的意义加强认识，都能够参加这个博爱恤兵的工作，有钱者出钱，有力者出力，福利国家，嘉惠人群”②。

二、贵阳举办红十字周盛况

在贵阳方面，中国红十字周由中国红十字会救护总队举办，因筹办不及时，延迟至1月30日在图云关开幕并举行工作展览。事先曾印制大量海报、横联及纸质标语，在贵阳城内外张贴，并假《中央日报》制印特刊，以广宣传③。

第一日，招待党政军学各界领袖，计有贵州省政府吴主席、民政厅厅长谭克敏、建设厅厅长叶纪元、财政厅厅长周贻春、教育厅厅长殿元怀、省党部委员徐德风、省政府委员何辑五、严慎子、卫生署副署长沈克非、卫生委员会委员姚寻源、妇女工作委员会主席委员陈适云、省立科学馆长监春池、大夏大学校长王伯华等百余人，由救护总队部各主任陪同参观各项展览，计有展览室、陈列室、汽车场、引擎室、修车间、电机间、零件间、材料总库、药品系、敷料系、第一病室、手术室、门诊处、特别营养部、第六病室、野战医院、第一课堂、护病学组、内科学组、检验学组、实验场、环境卫生实验场、假肢工场、卫生用具制造科、翻沙场、矫形外壳中心、灭蚤站、动物室等30余处。

上午10时，在救护总队部俱乐部举行开幕典礼，红十字会监事周贻春主席致欢迎词：“今日为中国红十字会总会红十字周之第一日。依照总会规定，红十字周为每年一月一日至十日举行，贵阳方面，因展览品迟到，故迟至今日始得欢迎各位前来参观，红十字会在世界史上有八十多年，在中国历史上亦有三十多年。其工作不论平时战时，不断的为人类服务，拯救天灾人祸。一年一度之红十字周，即本会工作之总检讨，深愿接

① 杜镛：《红十字周的展望》，《大公报》1942年10月1日。

② 王正廷：《为是要举办红十字周》，《大公报》1941年1月13日。

③ 丁白：《红十字周在贵阳》，《中国红十字会会务通讯》1941年第3期，第6页。

受社会各界人士的指教，今日蒙各位拨冗光临，非常感谢!”①

在开幕式上，贵州省主席吴鼎昌也发表讲话，“中国红十字会已有三十七年历史，办理救护事业，已有相当成绩，各国红十字会会员，大都以人口为比例，逐年增加。人口较多国家，如美国一千一百余万，会员六百余万，乃换有四万万五千万人口之中国，经三十七年之久，会员仅为十六万人，实为一大民主不应有之现象。本人今天藉这个机会，一面盼望红十字会服务同仁，更加努力，勿虑群众之不认识；一面盼望贵州省全体同胞，多加认识，更藉以促进红十字会服务人员之努力。我愿我们贵州的同胞，人人都将红十字标记佩带起来，实现这个希望。”②

当场加入红十字会会员有：计特别会员邵仲和等5人、正会员监春池等30人、普通会员50余人③。

第二日，招待各界民众参观，该总队部以图云关距离城区较远，乃在大十字口备有交通车，招待迎送。前往参观民众，极为踊跃，大十字口，万人空巷，为从来未有之盛况。足见民众对于红十字会事业之关注。汽车往返达40余次，至下午5时许，仍拥挤不堪，因时间关系，未能尽量迎送。观众先后抵图云关后，即有招待人员引至各展览室及各部分工作室参观。他们对于红十字会各项战时救护工作图标统计、照片模型及矫形外科用品，异常注视，反复察觉，加之红会人员详细解说，尤感兴趣。……见有各类标准材料之陈列与配备，汽车构造之分拆与试验，完备充实……其余各部分，为引起观众极大兴趣，综计每一次参观，需时良久，方可告毕。是日图云关道上，观众络绎不绝，在签名簿上签名者，达2000余人。填写入会书，志愿加入红十字会为会员者，亦达500余人。并有未及填写，表示继续填送者甚众，可见民众对红会事业热烈赞助之心情。至6时许，始陆续离去④。

中国红十字会救护总队因观众如此踊跃，至感兴奋，特于2月1日延期一天，仍派车辆迎送。而参观民众，仍极拥挤，争先恐后，均以一睹为快，汽车于上午8时起开行，直至下午3时，尚未能将站候观众数百人，全数送往图云关。计是日前往参观者达4000人，对于各项工作设施，咸加赞美。至6时许，尚有观众徘徊路途，几只乐而忘返⑤。

---

① 丁白：《红十字周在贵阳》，《中国红十字会会务通讯》1941年第3期，第6页。

② 丁白：《红十字周在贵阳》，《中国红十字会会务通讯》，1941年第3期，第6页。

③ 丁白：《红十字周在贵阳》，《中国红十字会会务通讯》，1941年第3期，第6页。

④ 丁白：《红十字周在贵阳》，《中国红十字会会务通讯》，1941年第3期，第6页。

⑤ 丁白：《红十字周在贵阳》，《中国红十字会会务通讯》1941年第3期，第6页。

贵阳红十字周除救护展览外，同时为一般公务人员、学生、工人进行健康检查，并试行健康保险制度，赠送每个新入会会员健康福利券1张，在1年内可享受健康检查或疾病诊治。前往科学馆参观救护展览者每日达2000人，自动加入为会员者极多，成绩颇佳。[①]

三、记者眼中的贵阳红十字周

下面是一位当时亲历现场的记者感受到的贵阳红十字周场景[②]，我们将其报道记录在案，跟随记者的文思感受当时贵阳红十字周的点点滴滴。

昨天很冷，在高耸的图云关，阴森森的杉林，朔风掠过，地上卷起枯枝落叶，记者坐汽车到图云关，手冻得发抖，汽车停在路边，由一位招待员领到招待室，已到了很多人，室中悬挂地图和各种彩纸，五光十色，来宾们谈笑自若。的确，在这烽火连天的世界里，人类生命常遭狂暴的伤害，来到这救护总队的所在地，目睹着护士长同志们艰苦奋斗的工作，当然得到无限的安慰。

吴主席昨天在红十字周开幕时演讲，有云美国大总统罗斯福说："在目前一片纷扰的世界中，红十字标记，确给我们唯一的一种希望。我愿我们贵州的同胞，人人都将红十字标记佩带起来，实现这个希望。"

当记者走出招待室时，被领到隔壁一间展览室，一架爱克司光，摆在门首，旁边上挂着几幅照片，分明印着一条足给一颗尖尖的弹丸钉在足机上，一条足，几个弹丸陷在皮肉里，还有头部受着伤害的照片，更有日寇的残暴和我军英勇抵抗的功绩，记着这战场上的天使——红十字会救护总队怎样把英勇的将士救活过来。

壁上挂着很多统计的图标，分明统计抗战士们所害的疾病种类。一眼望去，可以看出疥疮和疟疾的两栏的总条，另一地图标上表示诊治回归热和斑疹伤寒的情形，红十字会的提示，散布西北各省，敌人后方也有，据说疟疾疥疮等病，是因为虱子的关系，红十字会为治本计，各部队的所在地，也都先后建立了灭虱站，现在疟疾疥疮回归热，都有了特效的药品，至于疟疾伤寒，还没有研究出来。

特别营养部，用碗碟装着许多菠菜、米糖、牛骨、鸡蛋和麦粉及各种豆类、鸡肉、菜蔬等，放在桌上，用挂图以表示其营养价值的高低和

① 朱子会：《中国红十字周史话》，《红十字月刊》1947年第20期，第10页。

② 李菲：《图云关去参观红十字周》，《中国红十字会会务通讯》1941年第3期，第10页。

含生命素的多寡，图中说明菠菜含生命素最多，米糖最富生命素乙，营养价值方面，奶粉则富蛋白质，据招待员说：“现在疾病的战士，很多是起于营养不足的。”

走到修车间、电机器械间，里面有很多零件，有几辆汽车已去外壳，由招待员说怎么发动和如何驾驶，停车场上的汽车几辆并排的摆着，红十字会陈大队长向记者说：“这就是救护车”，你由左边数过去，数到最后，却一辆是最好。”原来救护车是讲求如何装得最多的，怎么样才使受伤同志躺得舒服，他们便从这两点上去研究，最后那一辆车中，隔音层，每层结绳替代板，上放棉被，最为妥善。

病室里，负伤的战士们躺在洁白的床单上，有的时候睡去，醒着就看书，手术室里有时候可以听到病者的呻吟，有时也听到“打倒鬼子”的呼声。

……被盖是草绿色的，枕头，只好一束稻草，就算了事，病室一隔，也是一层草装，走到里面，宛如置身战地。

细菌制造床，用牛骨汤，和其他什物来养育，虎列拉抗霉素的细菌，因而工友们忙于切肉，几位牧师们静静坐在室里做工作，据说里面空气不致污染，开门关门都要讲究。

卫生用具部，陈列着很多荣誉军人的手工，其中有两个小钢盂，是他们以敌机掷下炸弹的弹片制成，作“血的纪念”。

一个工厂里面分篾器、鞋、木、缝纫和制肥皂五种，伤愈的战士们，每人埋头工作，制成的竹篮，用来装盛药品，缝的衣服，样式很好，可以卖肥皂盒鞋机也是一样，这既解决负伤同志的医药问题，同时也解决了职业问题，假肢为专门断臂和断腿的同志配用的，以便行动，里面工作很忙。

寄语英雄的战士们，你们坚强地立在解放斗争的前线，你们是英雄，有几百万人在瞻仰你们战场受伤，红十字会是大时代的慈母，他是保护你们，安慰你们，在每年举行红十字周的那一天，让你们和在后方的同胞一致恭祝这位慈母的健康。

下　　篇

（1984—2013）

第四章　贵州红十字会组织建设与发展

贵州省红十字会的前身是中国红十字会贵阳分会，于1916年6月在贵阳市慈善巷38号成立。是年6月27日午后1时，中国红十字会贵阳分会召开会议，举行正副会长、总经理暨干事等受职礼。正会长张彭年以要务烦冗辞职，该会即以得票数最多之全庶熙担任正会长职，并由正会长推定康敬山为文牍员，罗守一为会计员，王佩绅为庶务员①。贵阳分会理事会共9人，张彭年、全庶熙、熊静安、王彝玖先后任会长，孟翼卿、乔筱衢先后任理事长；姚廷荣、孟翼卿先后任副会长。内设储计、防灾、救济、慈善及国际等股，有正式会员36人。随着贵阳分会的成立，中国红十字会在贵州省先后组建赤水分会、安顺分会、镇远分会。至新中国成立前，中国红十字会在贵州仅存镇远分会，会员亦很少，工作影响力不大。新中国成立后，1956年10月9日，贵州省人民委员会通知贵阳市人民委员会，同意建立贵阳市红十字会，编制4人，与贵阳市卫生局合署办公。1956年12月29日，贵阳市红十字会成立，选举贺培真、张宝元、秦克夫等37人为常务委员，余捷为秘书长。“文化大革命”期间，红十字会停止工作。

第一节　组建与发展

一、贵州红十字会的组建

1984年7月，经贵州省编制委员会批准，贵州省红十字会建立，与贵州省卫生厅合署办公。

① 《贵州通信》，《申报》1916年7月1日。

二、会员代表大会

贵州省红十字会恢复建会以后，在中国红十字总会的关心和指导下，在省委省政府的领导下，在历届会长、副会长、常务理事及理事会的带领下，沿着依法建会、依法治会的轨道，先后召开了第一次、第二次和第三次会员代表大会。贵州省红十字会会员代表大会是贵州省红十字会的最高权力机关，代表大会闭会期间，由理事会领导工作。理事会由政府及有关部门的领导、社会团体的负责人和社会知名人士组成。理事会下设常务理事会，负责主持日常事务。

（一）第一次会员代表大会

1986 年 6 月 11 日，贵州省红十字会第一次全省会员代表大会在贵阳市召开，出席会议的代表 30 人，选举理事 16 人，常务理事 7 人，王振江、袁家玑担任名誉会长，贵州省人民政府副省长张玉芹任会长，赵松任常务副会长。

（二）第二次会员代表大会

1994 年 7 月 12 日—13 日，贵州省红十字会第二次全省会员代表大会召开，出席会议代表 100 人、理事 41 人、常务理事 7 人，刘方仁、陈士能、吴亦侠、钱运录先后任名誉会长，张玉芹继任会长。1996 年下半年以后，因工作变动，龚贤永、马文骏先后当选为会长，赵松任常务副会长。

（三）第三次会员代表大会

2003 年 12 月 29 日，贵州省红十字会第三次全省会员代表大会在贵阳市召开。罗治雄受省红十字会第二届理事会的委托，向大会做《立足新起点、开创新局面，为加快发展我省红十字事业作贡献》的工作报告。《报告》对省红十字会“二大”以来的工作进行了总体评价。自省红十字会“二大”以来，我国改革开放不断深入，国民经济快速发展，各项社会事业全面进步。在省委、省政府的领导下，在中国红十字会总会的指导下，我省各级红十字会以邓小平理论和党的基本路线为指导，深入宣传贯彻《中华人民共和国红十字会法》（以下简称《红十字会法》）和中国红十字会第六次、第七次全国会员代表大会精神，坚持依法建会、依法治会、依法兴会，认真履行《红十字会法》赋予的各项职责，较好地完成了各项任务，为贵州省两个文明的建设做出了积极贡献。

会议聘请中共贵州省委书记钱运录，省委副书记、省长石秀诗为名誉会长，贵州省人大常委会副主任司徒桂美、省政协副主席李嘉琥为名誉副会长，贵州省副省长刘鸿庥当选为会长，罗治雄当选为常务副会长。

三、理顺管理体制

就贵州红十字运动而言，进入21世纪后的第一个具有全局意义的重大变化就是2000年底管理体制的理顺，这是贵州红十字会在组织结构和管理机制方面的全方位转变，对其发展具有举足轻重的重要意义，标志着贵州红十字运动进入一个全新的时代。

2000年12月29日，贵州省编制委员会下发了《关于理顺贵州省红十字会管理体制的通知》，明确贵州省红十字会由省政府领导联系，机关党的工作由省直工委领导，干部按省委组织部有关规定管理，列入参照试行国家公务员制度，经费单列。

在理顺红十字会管理体制的工作中，贵州省红十字会得到了总会及总会领导的热情帮助和大力支持，中国红十字会总会常务副会长王立忠同志一行2000年4月深入我省各地调研，并就贯彻实施红十字会法，理顺红十字会管理体制，加强红十字会组织建设，提高红十字会工作人员素质等问题提出了明确的意见，从而直接推进了贵州省红十字会理顺管理体制的进程。在省委、省政府的领导和关心下，2001年贵州省红十字会理顺管理体制的工作取得实质性进展，省委省政府以“黔委厅字〔2001〕36号”文件明确了省红十字会是从事人道主义工作的社会救助团体，由省政府领导、联系，副厅级建制。其主要工作任务是：(1) 贯彻执行中国红十字会工作的方针、政策和法律、法规，制定全省红十字工作计划并组织实施，指导全省各级红十字会的工作；(2) 组织开展备灾救灾工作，在自然灾害和突发事件中，对伤病员和其他受害者实施救助；(3) 开展人道主义领域内的服务和公益活动，参与输血献血工作，宣传动员和推动无偿献血；(4) 进行群众性初级卫生救护训练和现场救护工作，普及群众性卫生救护知识；(5) 会同有关部门组织开展红十字青少年活动，进行爱国主义、人道主义和国际主义教育，促进青少年德、智、体、美、劳全面发展；(6) 负责同国内外红十字会组织的联系，开展人道主义方面的往来、交流与合作；(7) 加强同台湾红十字会组织和两岸同胞的联系，负责寻人转信和协助对台部门处理探亲衍生等工作；(8) 承办省委、省政府和中国红十字总会交办的其他工作。

根据上述工作任务，省红十字会机关设三个职能处室：(一) 办公室：负责机关文秘、会务、机要、保密、财务、机构编制、干部人事、档案、信访、公产管理、社会治安治理、后期管理服务和目标管理工作；起草重要文稿；负责红十字会活动的宣传和表彰工作。（二）业务一处：负责自然灾害和突发事件的情况调查、收集汇报、指导救助、组织募捐、呼吁援助工作；负责救灾款物的计划、购置、分发、运输和监督检查工作；开展和指导卫生救护训练，普及卫生救护知识；参与输血献血工作，宣传动员无偿献血；组织开展人道主义社会服务活动。（三）业务二处：监督检查《中华人民共和国红十字会法》和《红十字会章程》的贯彻实施，拟定相应的章程、措施；负责同省内外红十字会、台湾红十字事务的联系工作；负责红十字会的组织建设、会务知识的宣传教育及会费的收缴、管理工作。

《通知》确立了省红十字会机关事业编制及领导职数。机关事业编制16名；领导职数：会长1名（兼），副会长6名（其中兼职副会长5名；专职副会长1名，副厅级）；秘书长（正处级）1名，正副处长（主任）5名，调研员或助理调研员2名。

这是贵州省贯彻落实《红十字会法》的一个实在举措，标志着贵州省红十字事业进入了一个新的起点。

2002年6月，重组后的省红十字会机关正式开始独立运作。在贵州省政府的有力支持下，尽管重组后的省红十字会机关面临诸多困难和亟须理顺的各种关系，但红十字全体干部职工同心同德，团结一致，在机关着重抓了五个方面的工作：一是建章立制，制订了一整套工作规范和工作管理制度，做到凡事有章可循，形成按制度办事，用制度管人的机制；二是顺利完成了机关机构改革工作；三是强化了机关目标管理；四是建立健全了机关党的基层组织和工会组织；五是加强了干部职工的学习和培训，使省红十字会机关的工作迅速进入了正常、平稳、规范的运行状态。

至2003年“三大”召开前，全省有4个市（州、地）、11个县依法理顺了管理体制，实现独立建制、独立运作。

2009年8月19日，省红十字会机关事业编制由16名增至21名，处级领导职数由6名增至7名（含副秘书长职数1名）；内设机关由3个增至4个，新组建筹资与财务部。筹资与财务部的主要职责是：负责拟订全省红十字会系统筹资规章制度和省红十字会筹资规划、计划及组织实施；统筹管理红十字会机关各类资金和资产，对重大财务实行审核、检查和监督；开展筹资业务国际交流与合作；负责省内捐赠项目的洽商、签署协议及实施；指导地方各级红十字会的筹资工作；对口联系总会筹资与财务部相关工作；完成会党组及领导交办的其他工作。原业务一处更名为赈济救护部（应急工作办公室）；原业务二处更名为组织宣传部[①]。

贵州省红十字会为进一步加强对外联络协调工作，于2010年5月27日在会机关设置联络部，省红十字会机关内设机构由4个增至5个。联络部的主要职责是：负责拟订全省红十字会系统外事工作相关规定和计划，开展外事工作调研和信息的收集、分析及汇总工作；开展与境内外台港澳红十字组织及国际红十字会组织的联系、交流和合作；负责省红十字会机关、下属单位的外事联系与合作；承担国际国内红十字组织有关跨国、跨地区的查人转信工作；协助政府开展民间外交和对外及台港澳地区的交往，执行政府指定或委派的人道主义工作，具体实施对外人道救援工作等。机关事业编制由21人增至24人，处级领导职数由7名增至8名（含副秘书长职数1名）[②]。

贵州省红十字会经过上述多次调整，形成了目前结构合理、职能明确、分工合作、运作高效的机构体制，会机关现有办公室、赈济救护部、组织宣传部、筹资财务部四个职能处室，下辖贵州省红十字会救护培训指导中心、中国造血干细胞捐献者资料库贵州省分库管理中心和贵州省红十字会备灾救助服务中心等3个正处级直属事业单位。

2012年底，全省9个市（州）、88个县（市、区）全部理顺红十字会管理体制，总共编制475人；全省共建有红十字基层组织2901个，现有红十字会员667743名、团体会员1925个，其中红十字青少年会员46133名，招募红十字志愿者48695名，冠名红十字（会）医疗机构38个。

四、颁布《贵州红十字会条例》

2004年5月28日，贵州省第十届人民代表大会常务委员会第八次会议通过了《贵州省红十字会条例》，《条例》自2004年7月1日起施行。《贵州省红十字会条例》的出台，是贵州红十字运动史上的一件大事，标志着贵州红十字运动在依法治会的轨道上迈向蓬勃发展的良性循

---

① 贵州省机构编制委员会办公室：《关于省红十字会机关增加事业编制等事项的批复》（省编办发〔2009〕133号）。

② 贵州省机构编制委员会办公室：《关于省红十字会机关设置联络部等事项的批复》（省编办发〔2010〕89号）。

环时期。

五、省红十字会党组成立

2004 年 10 月 29 日，中共贵州省委批准成立中共贵州省红十字会党组。常务副会长罗治雄任党组书记，秘书长肖莉、副秘书长朱正群任党组成员。

六、编制中长期发展规划

贵州省红十字会着眼红十字事业长远发展，编制了《贵州省红十字事业 2005—2009 年发展规划》和《贵州省红十字事业 2010—2014 年发展规划》，为贵州红十字事业的发展规划了总体目标，指明了发展方向，开创了贵州红十字事业新局面。

第二节　基层组织建设

1986 年 6 月，贵州省红十字会建会以来，一直把红十字会基层组织建设作为一项重要的工作来抓，先后在医疗卫生单位、学校、工厂、企业、街道、社区、乡镇、村发展红十字会组织，使红十字组织不断发展壮大。

一、基层组织与会员发展

2003 年，全省已有地方和行业红十字会 99 个，基层红十字组织 2939 个，会员 50 余万人。

2005 年，全省 9 个市（州、地）、88 个县（市、区）中已有 4 个地级红十字会（占 44.4%）、19 个县级红十字会（占 21.6%）依法理顺管理体制，共建立地方和行业红十字会 99 个，基层组织 3200 个，团体会员 1300 个，会员 48 万名。

2006 年底，全省共有红十字基层组织 3675 个，团体会员 1743 个，会员 512357 名（青少年会员 258193 名），全省已有 5 个市（州、地）、21 个县（市、区）红十字会依法理顺了管理体制。

2007 年底，全省共有红十字基层组织 3371 个，团体会员 3597 个，会员 610431 名，其中青少年会员 327244 名。全省已有 5 个市（州、地）、21 个县（市、区）依法理顺了红十字会管理体制。

2008 年，全省共有红十字基层组织 4352 个，团体会员 3768 个，会员 833125 名（含青少年会员 382176 名）。全省已有 6 个市（州、地）和 25 个县（市、区）红十字会完全理顺管理体制、3 个市（州、地）和 12 个县（市、区）出台红十字会“三定”方案。

2009 年，我省共有红十字会基层组织 4300 多个、会员 83 万多名。其中，贵阳市有红十字会员 7 万余人。

2011 年底，全省 9 个市（州）、88 个县（市、区）红十字会共建有红十字基层组织 1837 个，现有红十字会员 431363 名、团体会员 1374 个，其中红十字青少年会员 300722 名。

2012 年底，全省 9 个市（州）、88 个县（市、区）全部理顺红十字会管理体制，总共编制 475 人；全省共建有红十字基层组织 2901 个，现有红十字会员 667743 名、团体会员 1925 个，其中红十字青少年会员 46133 名，冠名红十字（会）医疗机构 38 个。

红十字会基层组织建立后，所在单位党政、工会、妇女组织、共青团的主要负责人分别担任会长、副会长和理事职务，保证红十字会领导机构充分发挥效能，正常开展活动。

二、志愿者建设与管理

志愿服务是红十字会七项基本原则之一。红十字志愿者，是指不为物质报酬，热心红十字事业，自愿为社会和他人提供服务和帮助的人。红十字志愿者的基本条件：中外人士，不分职业、种族、宗教，遵守中国法律、法规，志愿提供人道服务，不计报酬，均可成为红十字志愿工作者；红十字志愿工作者应遵循红十字会宗旨，发扬红十字精神，参与红十字会的活动，提供志愿服务。贵州省红十字会自建会以来，非常重视志愿者征募与管理。目前，全省共有各类红十字志愿者 30000 余人，建立红十字服务站（点）405 个，各类红十字服务队（组）260 余个，开展志愿服务项目达 12 项之多。

（一）建立健全红十字志愿服务机制

2009 年，贵州省红十字志愿服务工作委员会成立，加强对全省红十字志愿服务工作的指导。随着各基层红十字会不断理顺管理体制，也相继成立了红十字志愿服务工作委员会，形成了自上而下的三级红十字志愿服务组织，即省红十字志愿服务工作委员会、市（州、地）红十字志愿服务工作委员会、县（市、区）红十字志愿服务工作委员会。省、市两级红十字会的志愿服务工作基本实现“四有”目标，即有稳定的志愿服务队伍，有规范的管理制度，有特色的志愿服务品牌，有固定的志愿服务基地。各红十字志愿者服务工作委员会及服务站、服务队、服务基地组成的四级红十字志愿者服务网络，初步形成了体系健全、覆盖广泛、活动多样、管理有效的良好局面。

（二）不同业务工作领域志愿服务队伍建设

贵州省红十字会重点在应急救援、卫生救护、人道救助、捐献造血干细胞、遗体捐献、宣传无偿献血、宣传预防艾滋病、红十字精神传播、筹资劝募等方面组建志愿服务队。2009 年“5·8 红十字博爱周”期间，省红十字会率先组建了红十字义工队、应急救护志愿服务队、青少年同伴教育志愿服务队、无偿献血志愿服务队、捐献造血干细胞志愿服务队、红十字青少年志愿服务队、冠名红十字（会）医疗机构紧急救援志愿服务队、遗体器官捐献志愿服务队、心理咨询志愿服务队、卫生关怀志愿服务队等 17 支志愿服务队。其中全省依托冠名红十字（会）医院组建紧急救援队 15 支。

（三）不同社会工作领域志愿服务队伍建设

全省各级红十字会重点在学校、社区、乡村和企事业单位建立红十字志愿服务队伍，积极探索开展红十字志愿服务的有效形式。如在已建或待建的红十字健康新村、博爱卫生院（站）、博爱小学、社区（村、镇）红十字服务站以及博爱超市、冠名红十字会的医疗机构、献血屋等率先成立红十字志愿者服务小分队，作为人们关爱他人、奉献社会的服务平台。

（四）规范志愿服务管理

2009 年，贵州省红十字会结合全省红十字志愿服务工作，制定了《贵州省红十字志愿服务实施办法》，加强对全省红十字志愿服务工作的管理。出台了《贵州省冠名红十字（会）医院紧急救援队管理办法》。在“5·12 全国防灾减灾日”期间与贵州省人民医院、贵州省红十字会医院、贵州省红十字会妇女儿童医院分别签订了紧急救援志愿服务合作协议。在志愿者登记注册管理上，省红十字会将统一全省志愿服务标识、证件、服饰等。

第五章　救援工程

危情就是命令，时间就是生命，有备方能无患。为有效做好灾害救援工作，贵州省红十字会从做好防灾、备灾、救灾体系建设入手，不断建立健全突发事件应急救援处置机制，完善应急预案，开展应急宣传、教育、培训、演练活动，建立物质储备，救援行动卓有成效，大放异彩。

第一节　本省备灾救灾

贵州省是一个灾情多发地区，每年都不同程序遭受各种自然灾害的侵袭。面对各种自然灾害和突发事件，全省各级红十字会认真实施《中国红十字会自然灾害与突发事件救助规则》，深入灾区及时了解情况、迅速上报灾情、积极开展救援工作。据不完全统计，二大以来，全省各级红十字会共募集救灾款物折合人民币 3600 多万元，为保护人民群众的生命、帮助灾民恢复生活和生产做出了积极贡献。

2002 年 6 月以后，面对省内大部分地区发生水灾，贵州省红十字会及时了解情况，报告灾情，募集款物，共争取到位各方援助款物近 800 万元。

2003 年，省内部分地区遭受水灾，贵州省红十字会争取到位 300 多万元援助。

2005 年入夏，全省出现大范围持续灾害性天气，造成 83 个县（市、区）不同程度遭受干旱、洪涝、风雹等自然灾害。灾情发生后，省红十字会视灾情为“命令”，积极行动，深入灾区，考察灾情，慰问安抚灾民，始终坚持了解灾情到一线、慰问灾民到一线、发送物资到一线的工作原则，及时采取四条措施，弘扬了“人道、博爱、奉献”的红十字精神。一是及时深入灾区，考察灾情。针对机关人少、事杂、任务重的实际，始终把备灾救助作为当前工作的首要任务，在第一时间内做出最快反应，先后6次组织11个工作组深入松桃、清镇、镇宁、织金、纳雍、汇川、六枝、镇远、望谟、平塘、关岭、万山等9个地区25个县（市、区）39个受灾点，考察受灾情况，慰问受灾群众。二是多渠道宣传，多方面求援。在掌握第一手资料后，积极发起呼吁，通过向总会和各有关省（区）红十字会求援，并利用“省红十字会网站”、《中国红十字报》等多种渠道，及时向社会通报了全省的受灾情况，积极呼吁社会救助，共发出相关信息260多份、图片290多张，起到了较好的动员宣传效果。此外，贵州省红十字会还积极争取国际联合会、美国驻华大使馆、中国红十字会总会、香港和天津、青岛红十字会及部分社会人士的支持，收到救助款物价值人民币460余万元。三是启动应急机制，分发救助物资。在争取外援的同时，及时向全省各灾区发送了6批救助物资。在争取外援的同时，贵州省红十字会及时向全省各灾区发送了14批救助物资，先后组织的20多个工作组到全省9个市（州、地）的40多个受灾点慰问灾民，发放大米720吨、衣物13500套、棉被11093床、净水剂369箱、消毒剂300箱、帐篷5顶等价值460多万元的救助款物，深受灾区群众的赞誉。四是筹建组织机构，强化备灾救助工作。根据贵州省历来洪涝、干旱、冰雹、冻雨、山体滑坡和泥石流等自然灾害发生较为频繁的实际，为促进全省备灾救助工作的长足发展，积极做好备灾救灾专门机构的筹建工作，省红十字会及时向省委、省政府呈交了成立“贵州省红十字会备灾救助服务中心”的请示。省领导高度重视，石秀诗省长亲自批示：“对省红十字会的备灾救灾成绩要给予充分肯定，对他们成立‘备灾救助服务中心’的建议要认真研究。”2005年12月，省编办正式同意建立“贵州省红十字会备灾救助服务中心”，明确了“中心”的宗旨、编制和业务范围，为全省备灾救助工作的长足发展创造了条件。

2006年，根据《中国红十字会自然灾害与突发事件救助规则》的要求，全省各级红十字会通过新闻媒体、网络和信息简报向社会发布灾情、向上级报告灾况，开通社会救助热线，公布网上捐助方式，广泛呼吁社会救灾，全年共争取中国红十字会总会，日本红十字会，澳门、香港、上海等红十字会和社会各界捐助救灾款物574.91万元，总共为灾区群众发送大米175吨、衣物12000件（套）、棉被5000床、常用药品3000箱、净水剂369箱、消毒剂300箱和部分帐篷、毛巾被、水桶等常用生活物资，累计受益群众达12.2万人。尤其是6月13日，贵州省望谟、兴仁、贞丰等遭受百年未遇的洪涝灾害后，省红十字会救灾小组及时组织救灾物资赶赴灾区，使灾区人民得到首批外来救援物资。贵阳市和黔西南州红十字会还专门发起募捐活动，为帮助灾区群众渡过难关、恢复生产、重建家园解决了一些实际问题。

按照省委、省政府应急管理工作有关部署，省红十字会始终把备灾救灾当作首要任务，针对全省历来“无灾不成年”，旱、涝、雹、滑坡、泥石流等自然灾害频发的特点，及时研究制定《贵州省红十字会自然灾害等突发公共事件应急预案》，成立了应急工作领导小组，明确责任分工，初步建立起红十字会应急机制，使全省红十字会备灾救灾工作更加规范。

2007 年，按照省政府应急管理工作有关部署，认真贯彻《中国红十字会灾害救助规则》，及时修订和完善省、地、县三级红十字会自然灾害等突发公共事件应急预案，将 5 个地区、46 个县纳入当地政府应急预案体系。落实“贵州省红十字会备灾救助服务中心和备灾救灾仓库”项目资金及建设用地，争取到总会项目资金在贵阳、安顺、六盘水、黔东南、铜仁等 5 个市（州、地）及兴义、仁怀、德江 3 个县（市）启动了红十字备灾救灾仓库建设项目，初步建立起全省红十字会系统应急工作体系。2007 年以来，针对省内凝冻、洪涝等自然灾害，共争取各类救灾款物 5362. 69 万元，先后组织 146 个救灾组深入全省 67 个受灾县开展救援慰问活动，累计受益群众达 17. 3 万余人。在 47 个县（市、区）落实灾后重建项目资金 3019 万元。

2008 年，在年初低温雨雪冰冻灾害发生后，省红十字会迅速启动《贵州省红十字会自然灾害等突发公共事件应急预案》二级响应，在第一时间组织了 17 个救援与慰问组踏雪破冰，用 28 台军民运输车将 212. 43 万元的救援物资分送到 21 个重灾县。在“抗凝冻、保民生”取得阶段性胜利的基础上，又进一步拓展救助工作思路，将物资救助与振奋精神融为一体、把传送温暖与鼓舞斗志有机结合，创新救助工作思路，在短时间内认真筹划并推出了“情系灾区——红十字博爱送万家”系列大型巡回慰问活动，组织省内文艺界的红十字志愿者 80 多名，先后走进独山、丹寨、麻江、湄潭、六枝、贞丰、沿河等 17 个重灾县（市），既现场发放救灾款物又献出精彩的文艺节目，每场慰问演出活动参与的群众少则几千、多则上万。每次演出完毕，慰问团的志愿者们都会肩扛手提，将一件件慰问物资分别送到受灾农户手中，让他们切身感受到党和政府的温暖、红十字会的关爱。系列活动为灾区送去了近千万元的救灾款物和 17 台激励灾区群众战胜困难、生产自救的文艺节目，受到灾区群众的一致称赞。2008 年 4 月 30 日，在贵州省“抗凝冻、保民生”工作总结表彰大会上，中共贵州省委、贵州省人民政府为贵州省红十字会荣记“集体一等功”。在全国红十字会应急工作会议上，贵州省红十字会被评为“全国红十字救灾工作先进集体”。

5 月 26 日，贵州省部分地区遭受严重的洪涝风雹灾害后，省红十字会迅速组织首批价值 175.41 万元的慰问款物，分派 3 个救灾小组赶赴望谟、紫云、长顺等重灾县，开展考察、慰问工作，向受灾县发送款物 317.66 万元，并启动了“绿色家园行动”之“红十字健康新村”建设项目。值得一提的是“5·26 洪灾”发生后，从四川灾区前来贵州省治疗的伤病员自发捐款 10440 元，这笔特殊善款通过省红十字会作为“红十字博爱助学金”，送到了望谟县乐宽村小学 20 名灾区学生的手中，来自汶川地震灾区伤员的爱心彰显了人道主义的力量，也使贵州省灾区干部群众深受感动和鼓舞。

2009 年，贵州省红十字会借助香港红十字会项目援助，举办红十字救灾骨干与社区备灾项目培训班 160 期 7645 人。争取政府和总会支持，正式启动省红十字会备灾救助服务中心及仓库共 11950 平方米的建设项目，同时贵阳、安顺、六盘水、黔东南、黔西南、铜仁等 6 个市（州、地）及兴义、仁怀、德江 3 个县（市）红十字会备灾仓库项目有的已投入使用，全省红十字备灾救灾服务网络初步形成。在汛期省内洪涝灾害发生后，及时呼吁救灾，积极争取社会捐款捐物 1250 多万元，尤其 4 月 18 日洪涝灾害发生以来，第一时间派出工作组深入灾区，及时将募集款物送达水城、普安、思南、长顺、威宁、雷山、赫章、黄平等全省 7 个市（州、地）的 12 个重灾县（市、区），全省约 23.3 万群众直接受益。同时，主动参与省内凝冻灾害灾后恢复重建工作，先后援建的民房、学校、卫生院（站）等 400 多个项目全部完工并投入使用。在汶川地震灾后恢复重建阶段，先后援助四川德阳、绵阳、自贡、雅安、成都、都江堰以及甘肃、云南、陕西、宁夏等灾区重建资金 9070.96 万元，实施重建项目资金 5398.85 万元，落实红十字爱心福利院 14 所、博爱新居 299 户、博爱学校 3 所、博爱卫生院（站）14 所、备灾仓库 1 个及部分医疗设备和扶孤助学专项救助金。

2010 年，贵州省红十字会恪守首要任务、第一时间、一线救灾的原则，积极应对省内外重大自然灾害，通过呼吁社会救灾，共募集各类救灾款物 9151.44 万元。尤其是在贵州省特大旱灾发生后，按照省委、省政府统一安排部署，各级红十字会及时启动应急预案，深入开展“抗旱救灾——送水、送粮、送温暖、助春耕”等相关系列活动，通过省、地、县三级红十字会共同努力，募集到专项抗旱救灾款物6727万元，受益家庭达11.3万户。与此同时，省红十字会奠基启动了备灾救助服务中心及仓库共11950平方米的建设项目，完成汶川地震援建项目93个。在此，特别要提到在贵州省各地并不富裕的情况下，面对青海玉树地震、舟曲泥石流、关岭滑坡等外地自然灾害，贵阳市、遵义市等红十字会及时发出赈灾倡议，积极募集援助款物，收到较好效果，并获得中国红十字会“青海玉树抗震救灾先进集体”及“先进个人”等相关表彰。

2011年，在救灾工作中，为全省遭受严重旱灾的26个县（市、区）筹集并发送救灾款物600余万元，向望谟特大洪涝灾区派出红十字志愿服务队72人、分3批送达紧急救灾物资176万元，向湄潭洪灾区送达救灾物资11万元等，还派出救灾小组前往云南盈江地震灾区送达救灾物资16.3万元。其抗旱工作受到省内外媒体的密切关注，香港凤凰卫视专门前来采播制作了35分钟的专题片《干旱——红十字会》，安顺市红会的救灾工作在贵州“新闻频道”有相关报道；黔西南州红会利用微博的影响力，积极推进了望谟洪灾救援工作，并收到贵阳市红会真情援助的47万多元。在灾后恢复重建方面，结合省内旱灾连年的实情，为全省45个县105个乡镇引进并落实人饮工程、小水窖、农田灌溉等旱灾小水利项目147个，总共投入资金2225.8万元，有效加强了部分灾区群众防灾减灾的基础设施建设。在减灾备灾方面，针对贵州省历来“无灾不成年”、各种自然灾害频发的特点，引进中国红十字会欧盟社区减灾项目，香港“农村社区减灾项目”，为长顺、贞丰、玉屏落实项目援助资金401万元，既在基层传播了国际先进的防灾减灾理念，又有力提升了当地红十字会应急救援能力。此外，六盘水市红十字会还专门成立了备灾救灾中心，启动了备灾仓库建设项目。

第二节　救援兄弟灾区

1998年，我国长江、嫩江、松花江流域遭遇特大洪涝灾害期间，贵州省红十字会向全省发出呼吁，争取到社会各界捐款捐物共计558万多元，支援了湖北、江西、安徽、黑龙江、吉林等重灾区。河北发生地震、新疆遭遇雪灾，1999年台湾地震和2002年新疆地震后，我省红十字会都尽其所能，略尽微薄之力，体现了“一方有难，八方支援”的传统美德。

贵州、四川是两个守望相邻、唇齿相依的省份，“5·12 汶川地震”发生后，举国震惊，世人悲痛。地震灾害发生后，全省各级红十字会根据党中央、国务院和省委、省政府统一部署，按照中国红十字会总会“应急预案一级响应”的要求，迅速开展大规模的募捐救援活动，积极动员社会各界捐款、捐物、捐血，组织了“携手人道、抗震救灾”系列救援行动。5 月 13 日，在捐款捐物捐血现场，省红十字会现场动员并启运 15 台专车，将首批紧急援助款物 209 万元（其中款 80 万元、物资 129 万元）发往灾区，在灾区余震不断、险情未解的情况下，救援车队于 14 日 16 时抵达四川都江堰市，现场将救援物资发送给受灾群众和当地医院，成为全国红十字会最先进入灾区的外援。同时，主动携手省电视台、省人民广播电台、贵阳电视台及有关单位，相继举办“关注四川大地震·爱心献灾区”“伸援手·献爱心——募捐 500 万为灾区援建 10 所爱心福利院”“同一片天空下——爱心慈善晚会”“大爱无疆、扶孤助学——汶川地震专项人道救助金大型募捐活动”等大型募捐、义演或捐赠活动。全省各级红十字会通过爱心互动、媒体推动、现场发动，激发起社会各界空前高涨的救灾热情，截至 10 月底，总共接受社会各界捐赠款物价值 13536. 17 万元，其中现金 10347. 25 万元，物资 3188. 92 万元；先后向四川、甘肃灾区发送援助款物 4860. 38 万元，在紧急救援阶段分 7 批直接向四川都江堰、德阳、什邡、绵阳、青川、安县、江油等灾区一线发送急需物资 850 余吨，价值 3104. 73 万元，拨款 1205. 65 万元，恢复重建阶段援助项目资金 550 万元，在德阳、绵阳、雅安、广元等灾区启动“红十字爱心福利院”项目 10 个；相继向灾区派出救援慰问组、医疗救护队、心理援助队 26 次，出动工作人员及志愿者 1609 人次、车辆 760 台次，并真情慰问了来黔住院治疗的 300 多名灾区伤员。对此，省委书记、省红十字会名誉会长石宗源同志先后两次专门批示：“感谢省红十字会在这次赈灾工作中的贡献和积极作为。”“发扬中华民族的优良传统，彰显人道主义精神。”7 月 25 日，省红十字会荣获中国红十字会“抗震救灾组织奖”。

为进一步缓解灾区人民痛苦，协助政府做好灾后重建工作，贵州省红十字会迅速召开专题会议研究，如何在做好我省雪凝灾区灾后重建工作的同时抓好四川灾区灾后重建工作，并对机关所有人员工作进行重新分工，明确各自职责，完成工作时限，达到预期效果。贵州省红十字会援助四川灾后的灾后重建项目有序开展。截至2009 年8 月底，贵州省红十字会共计接收捐赠款物11478.53万元，确定项目共计20个，援助项目资金1508.5万元（不包括项目支持费）。其中，红十字爱心福利院10个，援助金额500万元，每个50万元；红十字博爱卫生院1个，援助金额400万元；红十字博爱卫生站8个，援助金额160万元，每个20万元；博爱新居299户，援助金额448.5万元。

2010年是青海玉树遭受震灾之年，也是贵州遭遇历史少有的大旱之年。在这个多灾多难的时期，更加彰显出贵州省红十字会的人道使命和贵州人民的博爱情怀。贵州省红会动员全省各界为玉树地震灾区募集捐款1238.96万元。实际上，贵州是一个贫困多灾的西部欠发达省份，但在大灾大难面前，贵州人民却可以从善如流、患难相恤，捐献出更加难能可贵的上千万元善款，彰显出贵州人民的浓浓爱心与真情。事实表明，在全省面临人道需求大、可动员资源少的严峻形势下，贵州省红会却可以迎难而上、勇挑重担，却可以用实际行动践行红十字会的人道救助使命，谱写一曲曲感天地、泣鬼神的动人篇章。

玉树地震发生前，贵州省红十字会正在紧锣密鼓地应对省内的特大旱情，按照贵州省减灾委应对旱灾应急救助I级响应要求，全力以赴地开展着一系列抗旱救灾活动。玉树地震发生后，贵州省红十字会及时转发民政部门和中国红十字会总会关于做好玉树地震抗震救灾捐赠工作的通知，并迅速开通社会救助热线、公布捐赠账号，广泛呼吁社会各界踊跃捐款援助玉树地震灾区。在全省各级红十字会的广泛动员下，广大企业、团体、机构和爱心人士心系灾区、情系灾民、无私奉献、踊跃捐款捐物，积极投入到玉树地震抗震救灾和各地抗旱救灾工作中，迅速掀起了一场大规模的抗灾救灾募捐活动。

“灾难无情人有情，一方有难八方援。”截至2010年9月，全省红十字会总共接受社会各界捐助玉树地震救灾款12389570.27元，其中各地红会募集上交9648172.70元，接受个人捐赠2458478.27元、企事业单位捐赠282919.30元。在贵州全省大范围遭受特大旱灾的极端困难的情况下，这些善款充分体现了并不富裕的贵州人民的一份沉甸甸的爱心，充分展现了贵州儿女患难相恤、爱心奉献、共克时艰的博大胸怀。

第三节　印度洋海啸救援

2004年12月26日，印度洋海啸引发重大灾难后，省红十字会积极响应中国红十字会总会的号召，向全省发出紧急募捐呼吁，开通捐赠热线电话，公布募捐账号，设置募捐站（点），成立了临时指挥所，实行24小时值班，在政府的支持和新闻媒体的积极配合下，掀起了全省有史以来最大一次国际人道主义援助募捐活动。省红十字会通过及时、有效、适度的募捐工作，共募集并上交捐款329万元，为印度洋海啸地震灾区的紧急救援和灾后重建工作做出了较大的贡献，成为我省捐款金额最大、群众参与人数最多的全民性国际人道主义救助活动，收到了较好的社会综合效益。

第六章　生命接力工程

人人享关爱，时时可救治。为切实提高灾害发生时公民自救、互救能力，贵州省红十字会致力于挽救生命，积极开展救护行动，广泛普及全民自救互救知识和技能。成立了贵州省红十字会救护培训指导中心及各地救护培训工作站，着力推进以机动车驾驶员为主要对象的“红十字救护”培训工作，并逐步将培训领域向安监、煤监、旅游等10多个高危服务行业延伸。积极参与和推动无偿献血工作，大力实施献血宣传与推动项目，倡导更多的人为自己、为亲人、为他人参与自愿献血活动。积极参与推动中华骨髓库建设，成立中国造血干细胞捐献者资料贵州管理分库，动员采集并入库志愿捐献者血样资料，挽救他人生命。

第一节　应急救护培训

开展应急救护培训是红十字会法赋予各级红十字会的重要职责，也是红十字会与红新月国际联合会的四项核心任务之一。贵州省红十字会救护培训工作自2003年8月启动，2004年全面实施至今历时10年。10年来，贵州省红十字会结合省情因地制宜，不断探索救护培训新路子，不断创新救护培训新模式，不断完善救护培训新机制。全省应急救护工作取得明显绩效，服务人群数量稳固增长、培训质量不断提高、服务网络日益完善、救护队伍逐渐成熟，为构建全省性的、以红十字会为主导的全民应急救护网络打下了良好的基础。

10年来，贵州省红十字会已建起了人员齐备、运行良好、设施完善的省、市（州、地）、县（区、市）三级培训网络。全省9个市（州、地）、67个县（区、市）建立了培训基地，每年经过培训并取得“红十字救护员”证书的学员都稳定在12万人以上。培训范围已普及机动车驾驶员、安监、煤监、铁路、旅游、交警、教育、社区居民、机关干部职工以及农民工等20多个行业和群体。

10年来，贵州省红十字会累计举办“红十字救护员”培训班29256期，1744951人通过18学时学习，经考试考核取得了“贵州省红十字会救护员资格证”。全省红十字救护员人数占全省总人口的5.02%，超过了中国红十字会2010—2014年发展规划中1.5%以上的总体目标。

10年来，贵州省红十字会共培训专兼职师资共1821人。举办公益性初级救护培训及讲座34000余次，普及培训达160万余人。

2006年，在中国红十字会总会与卫生部联合召开的全国首届卫生救护大会上，贵州省红十字会被表彰为“全国红十字救护工作先进集体”。2009年，在中国红十字会第九次全国会员代表大会上，贵州省红十字会救护培训指导中心被表彰为“全国红十字会系统先进集体”，受到胡锦涛等党和国家领导同志的接见和颁奖。10年来，先后有28个省外红十字会组织到贵州省开展救护工作学习与交流活动。

一、机制实现社会化运作

贵州省红十字会在政府没有任何经费投入的情况下，结合省情实际，坚持“以训养训、以训促训、以训强训”的工作思路，积极服务社会，有力推动了全省初级救护工作的全面深入开展。

一是坚持以训养训，以机驾行业为主导，以高危行业、服务行业为重点，稳固开展救护员资格培训。在市场经济条件下，贵州省红十字会积极寻求市场化与公益性的结合点，把市场化运作与公益性服务有机结合起来，使机驾、高危、服务行业的救护培训工作步入规范化轨道。从推广理念、求得理解到争取支持，先后得到交管、运管、物价、税务和政府相关部门的有力支持，在机动车驾驶员、消防、公安、建筑、电力、矿山、旅游、民航、教育、烟草、安保等11个行业中开展救护员资格培训，并严格实行主动上门授课、18课时教学和每人72元收费制。截至2014年12月，全省共计培训持证“红十字会救护员”1744951人。

二是坚持以训促训，以培训骨干队伍为抓手，以开展各类活动为契机，广泛开展普及性初级救护培训。按照“凡有意外伤害发生的地方，就有经过培训的红十字会救护员参与救护”的目标，贵州省红十字会有针对性地在重点行业、社区、学校培训骨干力量，建立多层次、多形式的志愿救护组织，通过他们向本单位、本地区群众开展普及性初级救护培训。同时，利用学生实践锻炼、社区公益活动和单位专题培训等时机，组织和协调各地师资力量深入社区、学校、机关、工矿企业等单位，采取专业讲授和现场演示相结合、互动参与和赠送资料相结合的形式，直接面向广大群众传授初级救护知识和技能。10年来，建立救护培训志愿队伍省级5支，县级10支，举办公益性初级救护培训及讲座34000余次，普及培训达160万余人。在全省8所高校建立红十字紧急救助系统，推广救护培训工作，投放了100多个急救箱，培训发展了1000名救护员。

三是坚持以训强训，以加强自身建设为核心，以改善教学条件为重点，不断优化救护培训工作环境。为改善初级救护培训相关设施和条件，贵州省红十字会不断加大投入，完成了救护培训信息管理系统建设，该系统除直接集中对救护师资培训和救护员培训进行网络化管理外，还涵盖了救护员及救护师资信息查询、各地区数据汇总统计等8个主要模块，以及救护培训理论知识网络考核系统、救护培训网上报名登记、救护培训理论知识网络教学3个子系统。该系统的正式启用，为救护培训信息管理及服务工作提供了一个快捷、安全、方便的服务平台。全省救护培训工作环境也不断得到改善，目前，共有固定教学场地100多个，拥有专用教学设备、办公设备等固定资产300多万元。同时，我们还对各教学站点统一挂牌、统一服装，使教学环境更加规范和完善。10年来，累计上缴利税700多万元，为社会提供就业岗位220多个。

二、组织体系实现系统化结构

为加强对红十字救护培训工作的领导，贵州省红十字会成立了救护培训工作领导小组，制定救护工作规划，完善工作制度，形成经常化的工作机制。2003年成立省红十字会救护培训指导中心专抓此项工作，并先后在全省9个地（州、市）、67个县（区、市）建立了培训基地，在重要地区和公路沿线建129个教学点，形成了省、地（州、市）、县（区、市）三级红十字救护培训网络。

在培训师资队伍建设上，贵州省红十字会坚持从建立健全救护培训队伍入手，注重在提高各项服务能力上下功夫，积极打造一个爱红会、懂业务、善运作的专业型救护培训团队。通过在高校应届毕业生中“考”、在有关企事业单位中“聘”、在社会及人才市场中“招”等办法，积极网罗和培养专家型的师资人员和优秀的管理人才。在内部采取等级管理办法，努力营造“能者上、平者让、庸者下”的人才培养机制，重点打造了“三支队伍”，即一支“爱本职、业务精”的专职师资队伍、一支“高学历、懂管理”的行政管理队伍和一支“有爱心、乐奉献”的兼职师资队伍。10年来，先后8次召开全省性救护培训工作会议。利用国家彩票公益金项目举办师资培训班25期、复训班5期，对1232名师资人员进行了培训和复训。为解决师资的流动性和专业化问题，我们还自筹经费举办了24期师资培训班，对508名师资进行了培训和复训，并先后选派了81人参加总会师资培训及复训。10年来，我会通过送出去学、请进来教和以会代训等多种途径，共对1821名师资进行了培训和复训。目前，我会救护培训指导中心内设办公室、教务部、培训部三个部门，均实行严格的目标管理，现在册人员112名，其中专职培训师50余名，拥有完备的教学设施和丰富的现场教学经验。

三、教学实现规范化管理

为加强管理，明确职责，贵州省红十字会先后制定和完善了《贵州省红十字会初级救护培训教学工作制度》《贵州省红十字会救护培训指导中心管理制度》等相关制度12项。坚持做到“教学计划、培训教材、质量标准、考核发证”四统一。为规范救护培训工作，专门聘请省内外知名专家、学者和教授，先后编写了两个版本的全省统一救护培训教材。2007年新编印出版的《救护员手册》，增加了救护新概念，内容更加丰富、合理、通俗易懂，更为贴近人们的生产生活，更具权威性、普及性和实用性。为配合新教材启用，贵州省红十字会还统一印制了《救护员手册教学大纲》，并组织专业师资力量，针对各个行业和领域的特点，制作了具有针对性的多媒体教学课件。定期或不定期对教学站进行培训督检，从教学规范、教学效果、教学设备、师德师风等方面进行检查，通过向培训师了解、向学员发放调查表、到教学站实地调查及听课等对教学工作进行考核，全面掌握教务工作情况，实施有效的教学质量管理。

四、服务实现品牌化战略

构建救护培训网络是救护培训的关键，固定行业的培训对象是贵州省红十字会“以训养训”的“衣食父母”，没有这些固定行业的培训对象，救护培训工作不可能做强、做大。因此贵州省红十字会在培训工作中实施“三步走”，即“先稳定、后巩固、再拓展”。一是把机驾等行业作为长期固定培训对象的核心网，主动沟通与联系，采取定期培训、分段培训、集中培训、送课上门等多种形式的培训方式，建立长期稳定培训合作关系。二是不断提升服务质量，巩固培训合作单位和培训服务对象，提高相关行业和单位对开展救护培训的重要性和必要性的认同度和支持率，提高培训服务对象自救互救的意识和能力，并宣传引导对红十字精神的认同，使其主动动员身边人参加培训。三是主动出击，加强与相关行业及单位的沟通与联系，并根据行业和单位特点，不断拓展培训领域。

贵州省红十字会坚持把应急救护培训当作一个品牌来运作，当作一个品牌来维护，创新提出了救护培训“三位一体”的工作模式，即把学习掌握初级救护知识与技能、传播红十字运动基本知识、发展红十字会会员与志愿者相结合。利用广泛覆盖的救护培训网络传播红十字知识，发展红十字会会员，动员更多的社会人群加入红十字志愿者队伍，不断扩大了红十字会的社会影响，提升红十字会的公信力和美誉度，使救护培训逐渐成为一个群众称赞、社会好评的品牌。

五、全民普及实现科学化发展

贵州省红十字会坚持整合资源、强化能力、服务社会的原则，积极动员社会力量，不断整合社会资源，在人、财、物等方面做到优势互补，切实推进救护培训工作。把救护培训工作与备灾救灾、社区服务、青少年工作等业务工作相结合，将传播红十字精神、发展红十字会员与壮大红十字志愿者队伍相结合，在社区、乡村、学校、企事业单位及行政机关广泛开展救护培训，提高了广大干部群众自救互救的能力。10 年来，各行业、各阶层、各类人群中经培训合格的救护员活跃在自然灾害和突发公共事件的现场，积极发挥作用，受到社会和广大民众的认可。如“5·12”抗震救灾期间，贵州省红十字会对贵阳铁路办事处近 500 名乘务员的培训，直接为四川伤员转运贵州发挥了积极的作用。再如 2010 年贵州省关岭“6·28”山体垮塌地质灾害中，省红十字会救护志愿服务队第一时间赶赴现场进行救援，引起了良好的社会反响，中央电视台《新闻联播》进行了报道。

第二节　推动公民无偿献血

贵州省各地红十字会认真贯彻落实《中华人民共和国献血法》和《贵州省献血条例》，积极参与无偿献血的组织宣传工作，使群众对无偿献血的认识大为提高。自 1994 年以来，先后有贵阳、遵义、安顺荣获全国无偿献血先进城市奖。2000 年 9 月，贵州省红十字会与卫生行政部门对无偿献血成绩突出的贵州铝厂等 62 个先进集体、98 名无偿献血先进个人（1000 毫升）和 131 名无偿献血先进工作者进行了表彰。2002 年，全省 9 个地、州、市实现了临床用血 100% 来自无偿献血，有效保障了医疗用血的需要和安全。2003 年 2 月，省红十字会和省卫生厅对在无偿献血工作中做出贡献的 474 个先进集体、28 户先进家庭、921 名先进个人进行了表彰，其中有红十字会系统的 12 个单位获先进集体称号。

2004 年，贵州省红十字会独立运行以后，为推进无偿献血工作的开展，全省各级红十字会坚持一手抓服务、一手抓宣传。一方面，积极着手“贵州省红十字无偿献血志愿者协会”“无偿献血者联谊会”等组织的筹建工作，努力为红十字工作打造新的“抓手”，也为红十字志愿者队伍的发展壮大和无偿献血工作的不断拓展奠定了基础；另一方面，各级红十字会以纪念“世界献血者日”活动为契机，坚持深入动员、带头捐献、热情服务、广泛宣传，积极开展“五个一活动”，即召开一次座谈会、设立一个宣传站、组织一次干细胞捐献志愿者招募、举办一次知识讲座、带头献一次血。6 月 14 日，省红十字会组织全省无偿献血的代表近 200 人召开了“纪念‘世界无偿献血者日’座谈会”，同时还安排红十字信息传播员到贵阳中医学院、贵阳医学院等高校及社区进行了有关知识讲座 7 次，使 3000 余人了解了“红十字基础知识暨无偿献血、造血干细胞知识”；各级红十字会共设置服务宣传站（点）15 个，先后向人民群众发送有关宣传资料 8 万余份，直接解答群众关于无偿献血、献干细胞等问题咨询数百人次；省红十字会、遵义及六盘水市红十字会的干部职工纷纷带头献血、抽取干细胞血样，较好地弘扬了红十字精神。与此同时，省内外 20 余家大众媒体进行了及时宣传、同步报道，起到了较好的宣传效果，受到人民群众的广泛好评。

2005 年，贵州省红十字会充分利用“5·8 世界红十字日”、“6·14 世界献血者日”和“世界急救日”等时机，广泛开展“五个一”活动，即召开一次“纪念‘世界无偿献血者日’座谈会”；在街道和人群聚集的广场设置一个红十字会无偿献血服务宣传站；在高校和社区举办一次有关无偿献血、捐献造血干细胞知识讲座；红十字会的干部职工带头献一次血；组织各地抽取一次造血干细胞血样，并寄送实验室进行 HLA 分型检测。12 月 5 日，以“国际志愿者日”为契机，与省血液中心联合召开了全省无偿献血志愿者座谈会，并提出建立“贵州省红十字无偿献血志愿者协会”的构想，这为无偿献血工作的拓展打造了新的平台，一年来，各级红十字会共举办无偿献血知识讲座 70 余场，听讲者达 6 万余人次，发送有关宣传资料50多万份。

2006年，积极参与和推动无偿献血工作，以讲座咨询、电视专访、电话热线、手机短信等形式大力开展宣传活动。“6·14世界献血者日”期间，各级红十字会按照宣传动员、服务咨询、带头捐献的要求，广泛组织“召开一次工作座谈会、设立一个服务宣传站、举办一场知识讲座、发送一份宣传资料”等“四个一”活动，广大红十字会员和志愿工作者主动带头自愿无偿献血，各地无偿献血工作都有了新进展。由香港红十字会在黔东南、铜仁资助的自愿无偿献血宣传与推动项目，获得捐资86.7万元，黔东南州的自愿无偿献血占无偿献血比例由上年度的25%提升到48.4%、铜仁地区由上年度的30%提升到61.3%，均超过预期目标7至9个百分点。

2007年，通过争取香港红十字会专项资助，贵州省红十字会顺利完成在黔东南州、铜仁地区连续4年实施的自愿无偿献血宣传与推动项目，两地年采血数较项目实施前增长300%以上，临床用血均实现100%来自自愿无偿献血。

2009年，贵州省红十字会积极参与和推动无偿献血工作，在“5·8红十字博爱周”“6·14世界献血者日”期间，全省各级红十字会通过成立无偿献血志愿服务队伍、发送宣传资料、举办专题讲座等形式，普遍开展相关系列宣传活动，有力推动了全省无偿献血工作。

2011年，“6·14世界献血者日”期间，贵州省各级红十字会借助电视、报刊、网络等媒体，广泛开展了无偿献血宣传与咨询服务活动，及时发放了相关宣传资料和宣传品，总共招募无偿献血志愿者5000余人（其中省级稀有血型应急服务队达到50人）。

第三节　开展造血干细胞捐献活动

自2003年理顺管理体制、独立运作以来，贵州省红十字会按照国家和总会的统一部署，始终把造血干细胞捐献者资料库建设作为红十字会一项重要的特色工作，立足省情、着眼发展，高标准建库、高效率管库、高水平兴库，着力推进以“一库二率三服务”（即建设一个地方分库，突出库容有效率和使用率，开展宣传动员、配型检索、志愿服务等三项服务活动）为重点的各项工作，一个服务型、质量型、效益型的地方分库初具雏形，呈现出“库容资料不多、捐献移植不少、社会评价称好”的良好势头。

自2005年贵州分库成立9年来，库容达38957人，其中少数民族志愿捐献者占1/4，实现成功捐献108人。尤其是2014年取得了较大突破，贵州分库全年实现成功捐献28人，捐献人数位列全国第12位，库容使用率位列全国第3位，库容使用率为0.592‰，超过总库提出的各分库“万分之四”的目标。

一、高标准建设造血干细胞资料库点

专业队伍、专门机构和专项设施，是推进社会事业、开展专项服务活动的必要保证。在贵州分库建设中，贵州省红十字会从工作机构、专职队伍和技术设施建设入手，坚持“花小钱、办大事、办好事”，重点抓了三件事。

（一）建立专门的工作机构

2004年12月，省编办正式发文批准建立“中国造血干细胞捐献者资料库贵州省管理中心”。2005年5月，“贵州分库”正式挂牌，是省红十字会直属正县级差额拨款事业单位，下设办公室、宣传与服务部等2个业务部门，人员编制8名。建立专门的机构并组织专职人员来开展这项工作，使贵州省造血干细胞捐献工作既有完善的组织机构抓管理，又有具体的专业人员抓落实。

（二）建立专职的人员队伍

贵州省红十字会始终把建专业化的人才队伍作为分库建设的重中之重，着眼于打造高素质的专职队伍，严把分库选人、育人、用人三道“关口”。分库现有专职人员8人，主要来源于三部分：接受军转人员（作风扎实、进入角色快），招录大学生（年轻、有活力、中坚力量），选调人员（有一定技术专长），他们多数参加过中华骨髓库、党校及机关业务培训或下乡挂职锻炼，按照量才适用的原则，每个人都能在自己的岗位上发挥作用。几年来，分库已培养出业务骨干6名，基本形成“能力梯次搭配、学历结构合理、年龄新老结合”的专职队伍，为我省造血干细胞捐献工作提供了有力支撑。

（三）建立专业化的技术设施

在分库建设中，省领导曾多次出席相关重大活动并做出重要指示；中华骨髓库及时配备相关硬件设施并给予了必要的技术支持；省财政厅累计下拨相关专项工作经费118万元；会党组专题研究解决分库办公用房和人员、经费、车辆等实际困难和问题，有效保障了分库的正常运行。

二、突出库容使用的高效率

在分库运行管理中，贵州省红十字会结合发展滞后、观念落后的省情，根据每年的库容配额，坚持走“小库容、精品化”的发展策略，从完善工作服务机制入手，着力提升入库资料有效率和库容资料使用率，有效控制了库容流失率和反悔率。

（一）打造“精品库”

产品质量是企业的生命，多产“正品”、少造“次品”也是公益社会组织应该遵循的生存法则。为保证分库“产品”质量，提高入库资料的有效率，贵州省红十字会严把资料入库关，力争“入库一人、合格一个”。一方面，在志愿捐献者报名登记时，要求准确填写《志愿捐献者同意书》，按程序做好血样采集、核查发证、资料入库等工作，并为每一位志愿捐献者提供服务联系方式，提醒他们在个人重要信息发生变化时及时反馈；另一方面，坚持定期回访，通过定期的电话回访、不定时走访可能流失的志愿捐献者，及时更新相关个人住址、通讯等信息资料。规范志愿捐献者招募工作流程，既有效控制了志愿捐献者的反悔率，又在服务模式上减少了入库资料的流失率。

2009 年 6 月，备受关注的中央电视台著名播音员罗京，因患淋巴癌，需要做干细胞移植手术，与他成功配对的就是我们分库的志愿捐献者王丽娟。小王是几年前在读大学时申请入库的，在她毕业后个人通讯方式和住址改变，一时无法同她取得直接联系，但从入库资料中我们查询到她远在修文县六广河镇的老家，几经周折找到小王，经动员，她义无反顾地赶到北京准备捐献。虽然最后因为罗京的病情恶化、失去生的希望，但这件事曾在社会上引起良好反响，印证了分库入库资料的长期性和有效性。

（二）建设“勘用库”

动员供者向患者捐献“配型相合”的造血干细胞，是分库的核心职能。库容资料只有随时处于“勘用”状态，才能具有真正使用价值。在分库运行中，只要患者有需求，贵州省红十字会就想方设法地进行再动员，主要通过面谈交心、视频观教、事例叙感受、告知讲过程、捐献听意见，切实了解志愿捐献者家庭、工作、生活等各方面的情况，对捐献可能做出理性评估后，重点从思想上保障、消除捐献顾虑，并有针对性地做好其家属、单位的配合工作，力争配型一对、动员一人、成功一例。

2005 年 5 月 25 日，原贵州省副省长、省红十字会会长刘鸿庥同志亲自宣告成立“管理中心和贵州分库”。同一天，贵州分库志愿捐献者白学友（省水利电力学校学生）在成都向一名患者捐献了造血干细胞，实现首例成功捐献，一度引起新闻宣传的轰动效应，为分库随后的捐献移植工作起到良好的示范作用。几年来，分库 108 名成功捐献者全部获得卫生部、中国红十字总会、解放军总后勤部共同授予的“无偿捐献造血干细胞奉献奖”；首例志愿捐献者白学友获得省文明办等单位联合颁发的联通杯“都市年度人物”奖；捐献者王志鑫有幸成为 2008 年北京奥运会火炬手（贵州段传递），并荣获“全国道德模范提名奖”，受到党和国家领导人的亲切接见。一个个成功捐献的鲜活事例，不仅为贵州分库赢得良好社会声誉，也无形中触动着捐献热情，提升了库容使用率。

三、提供全程优质服务

“服务患者、拯救生命”是分库建设的使命所系、价值所在，也是红十字会“关爱人的生命”宗旨的直接体现。围绕分库的核心职能，贵州省红十字会始终坚持面向社会、服务群众，不断提高服务质量和水平。

（一）构筑“宣传平台”

作为红十字会工作的重要内容，每年“5·8 博爱周”“6·14 世界献血者日”等重要活动日期间，贵州省红十字会都以传播造血干细胞捐献知识为重要内容，依托全省各级红十字会开展丰富多彩的宣传活动，使捐献造血干细胞成为一项有影响力的活动。同时，积极借助报纸、电视、广播、网络等大众媒体及广告传媒，深度报道每一例成功捐献者的感人事迹，深入开展造血干细胞捐献知识进学校、进机关、进企事业单位、进社区、进农村等系列活动，切实让广大群众认同“捐献造血干细胞无损自身健康，却能挽救他人生命”的精神理念，学习感悟志愿捐献者的崇高善举，启发动员更多的人加入志愿捐献者队伍。

（二）打造“服务平台”

为供者服务，贵州红十字会携手各地红十字会，建立了实地、网上、电话等报名登记服务网点，挂牌成立了志愿捐献者血样采集定点医院，并与省血液中心、省疾控中心门诊部等签订采集协议，增设了多个血样采集点，保证了全省志愿捐献者“随时报名、随地采样、随需捐献”。同时，积极服务患者，主动提供免费优质服务。

（三）推进“爱心事业”

志愿服务是红十字运动的基本原则，也是分库建设必不可少的重要组成部分。近年来，贵州红十字会以成立“贵州省红十字会捐献造血干细胞志愿服务队”为契机，积极完善服务工作机制，设立管理机构，招募志愿者并培训骨干人员，逐步建立起相对稳定的志愿服务体系。至2013 年，贵州分库志愿服务队已有注册志愿者 158 名，举办志愿者培训班和“造血干细胞捐献知识进校园”“志愿服务联谊活动”等相关培训及服务活动40 余次，为推进志愿捐献者资料录入、再动员、体检、捐献、随访、回访等各项工作发挥了积极作用，有力推进分库工作进一步实现常态化、规范化和社会化。捐献造血干细胞这一爱心事业正在贵州发展壮大。

第七章 爱心救助工程

贵州省红十字会致力于改善最易受损人员境况，切实做好政府在人道救助领域的重要助手。贵州省红十字会积极推进以社区卫生关怀、减灾防灾教育、疾病预防、人道救助等为主要内容的救助行动，创新社区救助内容与服务方式，持续开展红十字“博爱送万家”“关爱进社区”“送医进乡村”活动，积极为贫困地区群众募集发放款物，为医疗机构捐赠医疗器械，援建卫生服务站点，培训乡村医生。此外，还在协助政府发放有关救助补偿金等方面，做了大量工作。

第一节 红十字关爱进社区

社区红十字服务是红十字会与红新月国际联合会“2010 年战略”中确定的四项核心工作之一，也是中国红十字会的重点工作。为贯彻中国红十字总会与民政部关于开展社区红十字服务工作的精神，2003 年 3 月贵州省红十字会与省民政厅联合下发了《关于开展社区红十字会服务工作的通知》，确定了全省社区红十字服务工作的指导思想、基本原则、目标和任务、措施和要求，并选择了部分试点开展工作，积累经验①。

贵州省红十字会坚持开展对易受损人群和弱势群体的人道主义服务工作，每年元旦、春节期间，各级红十字会都广泛开展以“红十字博爱送万家”为主题的社会服务活动。2001 年元月，中国红十字总会苏菊香秘书长一行带着价值 20 万元的慰问物品到贵州开展送温暖活动。她们头顶毛毛细雨，脚踏泥泞山路，走访贫困家庭，慰问困难群众，受到当地党政领导和群众的称赞。2002 年 12 月，省红十字会专门筹集了价值 10 多万元的衣物、食品在贵阳市云岩区普陀办事处开展红十字博爱进社

① 罗治雄：《立足新起点、开创新局面，为加快发展我省红十字事业作贡献——在贵州省红十字会第三次会员代表大会上的工作报告》（2003 年 12 月 30 日）。

区慰问活动，惠及该办事处5个社区的低保人员、下岗职工、残疾和孤寡人员等弱势群体共619户，深受各界好评[①]。

贵州省红十字会始终坚持把关爱人的生命和健康，帮助孤、老、病、残、困等脆弱群体解决实际困难作为义不容辞的职责，始终扎根基层、服务群众，广泛开展“红十字关爱进社区”活动。2005年，全省各级红十字会在省红十字会开展沃尔玛红十字社区站试点工作的基础上，先后新建“社区红十字服务站”58个[②]。贵阳市红十字会制定了社区红十字服务工作的规划，安顺市红十字会组织了社区红十字会工作专题调研，省红十字会通过组织目标管理考核，按照省级社区红十字服务示范标准，对各地红十字示范市区的工作进行了初步检查，为争创全国社区红十字服务示范市区奠定了基础[③]。2005年6月14日，省红十字会全体机关干部职工在蟠桃宫社区举行了“做时代先锋、让群众满意，机关党员干部‘一帮一’博爱助学活动”启动仪式，会机关18名干部职工每人捐出近500元的工资，并将购买的书包和学习用具会同下一学年的学费一一送到19名贫困中小学生手中，同时还与受助学生建立了“博爱助学结对卡”，确保结对资助长期坚持。同年，8月19日，省红十字会与省红十字会医院在省政府大院隆重举行了“红十字关爱进社区——送医送药献真情活动”启动仪式，向贵阳市两城区12个社区1000名困难群众赠送价值50万元的“爱心救助卡”，为全面推进“红十字关爱进社区”采取了具体措施，为贯彻“三个代表”重要思想和构建和谐社会拿出了具体行动。与此同时，还积极推进红十字示范社区建设，在贵阳市5个沃尔玛红十字社区分别建立了“红十字社区服务站”，为社区内生活不便利的老、弱、病、残人员直接提供购物或各种志愿服务活动[④]。

2005年下半年，贵州省红十字会先后启动了“红十字关爱进社区——送医送药献真情”和“关爱女性健康、呵护儿童成长”两个大型公益活动，先后向贵阳市1100户困难群众赠送价值60万元的“医疗救助卡”，同时开展向300名贫困妇女和儿童提供免费医疗的活动，受到社区群众的欢迎。12月9日至11日，该会还与中国红十字会常务副会

① 罗治雄：《立足新起点、开创新局面，为加快发展我省红十字事业作贡献——在贵州省红十字会第三次会员代表大会上的工作报告》（2003年12月30日）。

② 罗治雄：《在贵州省红十字会第三届三次会议上的工作报告》（2006年1月10日）。

③ 罗治雄：《在贵州省红十字会第三届三次会议上的工作报告》（2006年1月10日）。

④ 罗治雄：《在贵州省红十字会第三届三次常务理事会上的工作报告》（2005年8月25日）。

长江亦曼和国家民委、财政部有关领导组成慰问组，深入独山、惠水、平塘等地，向人口较少民族——毛南族的1000户同胞送去了价值20万元的大米、棉衣、糖果等慰问物资。元旦、春节期间，各级红十字会都广泛开展了“红十字博爱送万家”活动，直接为社区内生活不便利的老、弱、病、残人员提供各种志愿服务，为提高社区群众的生活质量，维护社会稳定，在扶危济困、救助弱势群体方面做了力所能及的工作，深受各社区群众欢迎①。

2006年，贵州省红十字会按照与省民政厅联合下发的《关于开展社区红十字服务工作的通知》要求，各级红十字会始终坚持扎根基层、服务群众，积极构建社区红十字服务网络，大力推进红十字示范社区建设，广泛开展健康咨询、预防禽流感、关爱麻风病人和普及初级救护知识等活动，先后建立健全“社区红十字服务站”142个，并以此为依托，面向生活不便利的老、弱、病、残、孤、困等脆弱群体提供各种志愿服务活动。同年，省红十字会通过争取外援，在息烽、紫云等地参与新农合及医疗救助试点工作，发送新农合救助款及有关医疗器具和药品价值73.3万元。在“温暖中国——贫困肿瘤患者救治行动”中，省红十字会获中国红十字基金会捐赠高科技肿瘤治疗设备一套，价值980万元，目前已由遵义市红十字会转赠给该市人民医院并安装调试成功②。

2007年元旦、春节期间，各级红十字会以“红十字博爱送万家”活动为载体，通过书画义卖、无偿捐助等形式，共募集款物、药品及医疗设施187.68万元。其中，以新农合“参合费”的方式资助贫困农民17350人，先后对26人进行大病医疗救助。通过“‘红十字关爱进社区’——送衣送粮送真情”活动向贵阳市两城区500户困难群众赠送棉衣、棉被、大米、糖果等慰问物资，价值10万元，同时为全省9个市（州、地）3000多户贫困农民发送慰问物资，价值140多万元。通过组织开展“红十字示范社区”评选活动，安顺市关岭县成为全省红十字示范社区，贵阳市云岩区还获得中国红十字会总会、民政部联合授予的“全国社区红十字服务示范区”的殊荣③。

贵州省红十字会为大力推进社区红十字服务工作，通过制定《贵州省社区红十字服务工作规范》，召开全省首届社区红十字服务工作培训

① 罗治雄：《在贵州省红十字会第三届三次常务理事会上的工作报告》（2005年8月25日）。

② 罗治雄：《在贵州省红十字会第三届三次会议上的工作报告》（2006年1月10日）。

③ 罗治雄：《在贵州省红十字会第三届理事会第四次会员上的报告》（2007年4月9日）。

暨现场会，加大规范化建设的力度，总结推广了贵阳云岩区、乌当区和安顺关岭县红十字社区工作经验，先后建立健全“社区红十字服务站”258个。为探索适合贵州“两欠”省情的救助帮扶新路径，2008年9月17日，省红十字会借助联合承办省委宣传部“天高海阔、根在故乡——明星回家祝福贵州大型公益晚会”之机，以“营造爱心世界、共建绿色家园”为主题，精心策划推出了贵州省红十字会“绿色家园行动”，积极动员和吸引社会各界广泛参与以灾后重建（家园重建、旅游重建、环境重建）、生态文明、励业帮扶、扶弱助困等为重点的绿色家园建设，聘请了邹市明、黄明、阿幼朵等黔籍明星担任“爱心大使”和“形象大使”，发起现场爱心劝募活动，现已收到来自企业、团体、机构及各界爱心人士的捐赠及晚会票房收入共500余万元，这项工作将采取项目运作和专项基金的形式延续和发展，力图实现人道、慈善、公益事业的社会化、规模化、持久化①。

认真贯彻落实中国红十字会志愿服务工作会议精神，贵州省红十字会积极完善红十字志愿服务管理制度、细化管理办法，培养红十字志愿者骨干，并依托“社区红十字服务站”，普遍成立各级红十字志愿服务队，广泛开展了针对老、弱、病、残、孤、困等脆弱群体的各种志愿服务活动。2007年，省红十字会以元旦、春节期间的“红十字博爱送万家活动”为载体，面向边远地区的贫困户、受灾户、移民搬迁户、五保户和遗老遗孤等脆弱群体发送急需的生活用品978万余元，黔西、剑河、麻江、金沙、晴隆等37个县（市、区）的3.7万户农村及社区困难群众直接受益，同时捐建“博爱卫生院（站）”21所，新增新农合及医疗救助试点县6个；各级红十字会以无偿捐助、书画义卖、争取外援和兴办实体等形式积极筹集善款，累计为广大困难群众发送衣物、药品、医疗救助卡和大病医疗救助金、新农合“参合费”等各类捐赠款物总价值2450多万元；省红十字会医院、省红十字会妇女儿童医院等红十字医疗机构充分利用自身资源优势，先后启动了“百万助医困、博爱在筑城”“关爱女职工健康快车”等多项大型公益活动，为近10万群众提供免费体检及医疗服务②。

2009年，贵州省红十字会始终坚持情系民生、服务民众，抓活动、

① 罗治雄：《在贵州省红十字会第三届理事会第五次会议上的工作报告》（2008年12月11日）。

② 罗治雄：《在贵州省红十字会第三届理事会第五次会议上的工作报告》（2008年12月11日）。

建队伍，红十字社区与志愿工作初见成效。贵州省红十字志愿服务工作委员会正式成立，并积极推行志愿者登记注册管理，制定出台了红十字志愿服务实施办法、冠名《红十字（会）医院紧急救援队管理办法》，各级红十字会重点在应急救援、卫生救护、人道救助、捐献造血干细胞、遗体捐献、宣传无偿献血、宣传预防艾滋病、红十字精神传播、筹资劝募等9方面组建志愿服务队，全省新招募红十字志愿者5000余名，红十字志愿服务工作进一步规范。一年来，全省共新建社区红十字服务站86个，联合省民政厅评审表彰贵阳南明区、安顺紫云县、黔东南黄平县、黔西南贞丰县等为“全省红十字示范市（区）”，通过“红十字关爱进社区”“红十字援助进农家”“一帮一——红十字博爱助学”和元旦春节期间的“科学发展、情系民生——红十字博爱送万家”等活动，先后向全省37个县28700多户困难群众发送生活物资526.17万元、慰问金10.6万元，并将省人民医院设立成贫困肿瘤病患者免费医疗救治定点医院培训基地，每年为30名贫困患者提供免费服务。[①]

2010年，各级红十字会依托基层红十字服务网络，建立健全社区红十字服务站（点），积极组织开展关爱空巢老人、留守儿童、贫病人群等各类志愿服务活动。尤其是贵阳市红会借助志愿服务工作委员会，组建相对稳定的志愿服务队伍，注册志愿者1646名，有效保证了红十字社区工作与志愿服务活动的经常化、有形化。铜仁地区红会通过开展“博爱在铜仁”大型募捐活动，募集救助资金100多万元，为各地红会开展常态筹资募捐作了一些有益的新尝试。同时，贵州省红十字会也争取到建设银行贵州分行捐资750万元，启动贵州省“少数民族地区大学生成才计划”，并向首批500名贫困大学生发送助学金150万元。在元旦春节期间的“红十字博爱送万家”活动中，各级红十字会直接发送慰问款物，价值605万元[②]。

2011年，贵州省红十字会通过建立健全农村社区红十字服务站（点），各级红十字会积极向农村社区老、弱、病、残、困群众直接提供了相关服务活动，总共发送人道救助款物1089万多元，其中元旦春节期间，以“红十字博爱送万家”为活动载体，以“送温暖、送欢乐、心连心、手拉手”为主题，向全省5万多名困难群众发送大米、衣被、食用油等慰问款物760万元，让省内困难群众切身感受到了党和政府的关

① 罗治雄：《在省红十字会2010年工作会议上的讲话》（2010年2月4日）。
② 罗治雄：《在省红十字会2011年工作会议上的讲话》（2011年2月25日）。

心及全社会的关爱与温暖；通过“小天使基金”和“爱佑童心”项目，先后向省内12名白血病患儿、85名先天性心脏病患儿提供人道救助金和手术治疗补偿金236万元；通过落实建设银行“少数民族地区大学生成才计划”、香港孟氏基金博爱助学、西部儿童“小餐桌”活动、机关“一帮一”博爱助学活动等，向全省580名贫困大中小学生提供相关助学经费175.2万元；通过引进贫困地区卫生健康项目，在水城、龙里、长顺等3个县落实项目资金58万元；通过“全球基金疟疾项目”，为罗甸等7个县的农村老百姓发送价值1435762元的蚊帐45915顶。黔南州红会通过开展“爱心育苗行动”，实施了爱心助残、生命接力、营养快餐等系列人道救助计划。在承办第九届全国少数民族传统体育运动会期间，积极筹措专项资金、招募和培训志愿者，并携手贵阳市红会在6个比赛场地设置了红十字急救志愿服务站点，实现了民族盛会与红十字生命关怀的有机融合。尤其是连续4年来，通过持续推进实施“氟砷麻”项目工作，2010年9月，贵州省红十字会荣获了由卫生部、省政府授予的“贵州省消除燃煤污染型氟中毒危害先进集体”的荣誉称号①。

第二节　“氟砷麻”项目

氟中毒、砷中毒和麻风病，简称“氟砷麻”，是严重危害人体健康的慢性地方病，在贵州省局部地区发病率较高。据不完全统计，贵州省目前氟骨症病人107万余例（占全国氟骨症病例数的1/3以上）、砷中毒病人近3000例、麻风病人6000多例。经流行病学调查证实，贵州省煤氟（砷）含量普遍较高，当地村民因敞灶燃烧高氟（砷）煤，造成室内空气和食物污染，人摄入后导致砷中毒。患病群众主要分布在黔西南、黔南、安顺、黔东南、六盘水、毕节等6个市（州、地），地氟（砷）病主要流行在广大贫困的农村地区。目前，虽然全省“氟砷麻”的流行总体上得到基本控制，但是麻风病仍属全国高流行省份之一，地氟（砷）病区已进入癌症高发期，砷致癌的问题将是病区今后较长时期存在的突出公共卫生问题。为此，“氟砷麻”防治工作历来是各级党委、政府重视、社会关注和群众关注的一项重要工作。多年来，贵州省红十字会充分发挥人道主义社会救助团体和政府助手的桥梁作用，结合实际，坚持以事件化、项目化和社会化的运作方式，组织开展了一系列涉

① 罗治雄：《在省红十字会2011年工作会议上的讲话》（2011年2月25日）。

及“氟砷麻”病区、病人的相关工作，取得了成效。

一、“氟砷麻”项目概况

作为从事人道主义工作的社会救助团体，贵州省红十字会在“氟砷麻”病区救助方面做了大量工作，取得了一定的社会效益。该会自2003年理顺管理体制、独立开展工作以来，一直关注“氟砷麻”病人，每年都以“红十字关爱进农家”等形式，深入“氟砷麻”病区开展对重症特困家庭的人道关爱活动。全省各级红十字会组织、红十字志愿服务队伍也以不同形式，开展对“氟砷麻”病区重症特困家庭的人道关爱活动。

2007年5月29日，时任贵州省委书记的石宗源同志针对一些境外有军方和宗教背景的组织和机构在我省“氟砷麻”病区开展活动的情况，在有关材料上专门批示：“请我省红十字会拓展工作空间，强化工作职能，扩大工作覆盖面，增强工作影响力和实效性。各级人民政府应当理解和积极支持红十字会的工作，给他们创造必要的工作条件。”同年6月，省红十字会以事件化、项目化的方式，正式启动了“氟砷麻”项目工作。为顺利实施项目，省红十字会成立以常务副会长任组长的“氟砷麻”项目工作领导小组，并组建了项目工作办公室。全省各市（州）及县（市、区）红十字会也由主要领导负责，层层落实，实现了省、市、县红十字会“氟砷麻”项目工作三级联动。

贵州省红十字会开展“氟砷麻”项目工作引起了社会各方面的积极反响。新华社、中央电视台等媒体先后对“氟砷麻”项目工作做了专题报道。2007年8月10日，中共中央总书记、国家主席、中国红十字会名誉会长胡锦涛同志在反映贵州这方面情况的有关材料上做了重要批示，明确要求中国红十字会要积极主动参与此项工作。8月13日，原国务院副总理吴仪同志也做出了批示。中国红十字总会为此成立了“贵州‘氟砷麻’项目”工作组及办公室。同年9月，原中国红十字会会长彭珮云同志、常务副会长江亦曼同志亲自率工作组来贵州专题调研“氟砷麻”项目工作，对项目工作予以及时指导，并带来价值1166万元款物。“氟砷麻”项目工作的全面开展，引起了社会各方面的积极反响。

项目实施以来，贵州省红十字会按照“募集专款、关爱病区，引进项目、资助病区，深入村寨、服务病区，整合力量、帮扶病区”（即“四到病区”）的工作思路，精心组织开展了一系列人道关爱活动。全省各级红十字会共筹集救助金、专项宣传教育经费等4536万余元，派出慰问与志愿服务人员1200多人次，为群众义诊服务15000多人次，为病区群众送去大病救助金、生活物资等1000多万元，为200多户重症患者建档立卡并开展帮扶工作；为病区援建“红十字健康新村”25个，编印并发送相关宣传资料100多万份，举办定向医疗培训班13期，共计330人；相继在实施项目的病区建立了基层红十字会组织。连同“氟砷麻”项目实施前3年，我省红十字会7年多来，累计共帮扶救助病区重症特困家庭3000多户。省红十字会开创“氟砷麻”项目工作后，经过4年多努力，荣获了由卫生部、省政府授予的“贵州省消除燃煤污染型氟中毒危害先进集体”的荣誉称号。

表7-1 项目实施概况表（2007—2011年）

时　间	项目实施概况
2007	(1) 6月14日成立全省红十字会“氟砷麻”项目工作领导小组，并设立办公室。 (2) 7月制订出《贵州省红十字会“氟砷麻”项目办职责》《贵州省红十字会“氟砷麻”项目管理制度》《贵州省红十字会新闻发布制度》《贵州省红十字会医疗志愿服务制度》《贵州省红十字会志愿者招募制度》等5项制度。 (3) 7月7日发布关注地方病——《红十字志愿者招募公告》。 (4) 7月8日—9日在安顺市普定县坪上乡、六盘水市六枝特区中寨乡，开展“关注地方病　共建和谐社会——红十字健康援助进农家”系列活动，正式拉开了贵州省红十字会参与贵州省地方病防治工作的序幕。 (5) 7月12日安顺市红十字会行动迅速，利用在乡（镇）开展红十字知识、地氟（砷）病防治知识等宣传教育的契机，在本地普定县坪上乡25个村成立村级红十字工作小组，并举行授牌仪式。同时，各市（州）红十字会也迅速展开调研工作。 (6) 8月4日在黔西南州兴仁县雨樟镇“红十字健康援助进农家”医疗救助金暨慰问物资发放仪式活动，入户慰问30名地砷病患者。 (7) 8月10日，中共中央总书记、国家主席、中国红十字会名誉会长胡锦涛同志在贵州省红十字会反映这方面情况的有关材料上做了重要批示，明确要求中国红十字会要积极主动参与此项工作。此后，国务院原副总理吴仪同志也做出相关批示。 (8) 8月16日在黔东南州黎平县新寨村开展“关爱生命　共建和谐——红十字援助进农家”志愿者服务活动。 (9) 9月1日，中国红十字基金会“健康新村”项目的第一所“国寿博爱卫生站”在贵州紫云县“最后一个穴居部落”奠基。

（续表）

时　间	项目实施概况
	(10) 9月3日，中国红十字基金会向我省“氟砷麻”地区捐赠24套“红十字书库”。 (11) 9月20日—22日，江亦曼常务副会长一行在我省毕节调研地方病治疗情况。其间，在毕节市朱昌镇举行“中国红十字会总会支援贵州省红十字会‘氟砷麻’综合救助项目毕节地区启动仪式”，正式拉开中国红十字会总会支援贵州开展“氟砷麻”宣传与防治工作。 (12) 9月23日—29日，全国人大常务委员会原副委员长、中国红十字会会长、全国妇联名誉主席彭珮云一行赴黔就我省红十字会工作进行调研。 (13) 9月25日—26日，中国红十字会党组书记、常务副会长江亦曼赴黔西南州专题调研“氟砷麻”项目工作。 (14) 10月31日下午，云南玉溪维和制药有限公司向贵州省红十字会捐赠了150箱价值210万元的药品，用于“氟砷麻”地区开展疾病预防工作。 (15) 12月26日，贵州省红十字会以“消除麻风病歧视、共建和谐社会”为主题，在黔西南州册亨县举行“2008贵州省红十字‘博爱送万家’活动启动仪式”，共筹集近150余万元的慰问物资。
2008	(1) 2月1日，贵州省红十字会结合我省凝冻灾情和“氟砷麻”工作实际，在贵阳市启动“抗凝冻　献真情——红十字博爱送万家”活动，现场慰问“氟砷麻”群众100名。 (2) 2月3日，中国红十字会秘书长王海京赴贵州慰问“氟砷麻”地区受灾群众。 (3) 2月26日—3月22日，贵州省红十字会结合凝冻灾情和“氟砷麻”工作实际，在黔南、黔东南、铜仁、毕节、六盘水、贵阳、遵义7个市（州、地）的长顺、独山、丹寨、麻江、贵定、湄潭县、沿河县、清镇市、六枝、平坝等14个重灾县开展“情系灾区——红十字博爱送万家”系列巡回慰问活动。 (4) 5月28日—30日，贵州省红十字会结合洪涝灾情和“氟砷麻”工作实际，在遵义、安顺、黔南、黔西南、毕节、六盘水等6个市（州）的望谟、紫云、长顺、织金县、盘县、六枝、绥阳、贞丰、黔西、西秀、毕节、镇宁、兴义等13个县（市、区）开展“抗洪涝　献真情——红十字在行动”慰问活动。

（续表）

时　间	项目实施概况
	(5) 9 月 17 日，贵州省红十字会结合“氟砷麻”工作实际，在省体育馆组织了“天高海阔　根在故乡——明星回家祝福贵州大型公益晚会”，拉开“绿色家园行动”序幕。 (6) 11 月 17 日，贵州省红十字会在毕节黔西地氟病流行区举行“中波红十字健康新村”项目竣工仪式，并入户慰问了氟中毒群众。 (7) 11 月 8 日—9 日，中国红十字会总会李立东处长、澳门特别行政区曹国希理事长一行，到“氟砷麻”地区黔西南州贞丰县、安顺市镇宁县、平坝县对“红十字健康新村”和“红十字博爱卫生院”项目建设进行检查督导。 (8) 12 月 22 日，贵州省红十字会在六盘水启动“氟砷麻”健康教育宣传员暨志愿者培训工作。 (9) 12 月 26 日，省红十字会结合“氟砷麻”工作实际，组织机关及直属单位党员干部、入党积极分子 20 余人赴黔南州长顺县开展“察民情、送温暖、促和谐”主题实践活动，并募集资金在长寨镇苗冲村、种获乡沙子关村、广顺镇天台组村落实“绿色家园新村”援建项目 3 个。
2009	(1) 2008 年 12 月 26 日—2009 年元月 19 日，贵州省红十字会结合“氟砷麻”工作实际，分别在我省 9 个市（州）长顺、龙里、平塘、思南、德江、麻江、花溪等 30 个县乡（镇）举行 2009 年“科学发展　情系民生——红十字博爱送万家”慰问物资发放仪式，慰问“氟砷麻”地区贫困群众。 (2) 3 月 24 日，省红十字会结合“氟砷麻”工作实际，积极呼吁，向威宁地震灾区运送首批慰问物资。 (3) 4 月 10 日，省红十字会结合“氟砷麻”工作实际，募集百万元帮助黔南、黔东南、安顺等市（州）冰雹和洪涝灾区开展重建家园工作。 (4) 5 月 9 日，贵州省红十字会结合“氟砷麻”工作实际，在贵阳正式启动“绿色家园行动博爱助学项目”，现场救助了 50 名学生。 (5) 5 月 10 日，贵州省红十字会“氟砷麻”综合防治救助项目——“红十字健康新村”竣工仪式在普定县坪上乡哈呼村举行，现场向当地群众发放价值 10 余元的慰问物资。与此同时，安顺、毕节、六盘水等地区新落成新村项目 8 个。

（续表）

时　间	项目实施概况
	(6) 5月26日，贵州省红十字会针对“氟砷麻”患者实际，积极呼吁，在贵阳启动“绿色家园行动——助弱解困致残性骨病帮扶救助”项目。启动仪式上，社会爱心人士赵迎燕向项目捐赠了1000万元，设立“贵州省红十字会绿色家园行动助弱解困致残性骨病专项救助金”，专门用于救助广大贫困骨伤骨病患者。 (7) 7月10日，贵州省红十字会在长顺县种获乡沙子关绿色家园健康新村落成之际，为长顺灾区群众送去了价值40万元的救灾物资。 (8) 9月18日，悦洋亚洲有限公司向贵州省红十字会捐赠了价值530万元人民币的30台爱克发CR系统医疗设备，在贵州“氟砷麻”地区30个贫困地区医疗机构面对贫困患者开展义诊。 (9) 11月19日—22日，澳门红十字会援助贵州省第二批“绿色家园行动‘红十字健康新村’”项目在“氟砷麻”地区的麻江、水城、石阡、钟山、思南、长顺等6个县顺利启动。 (10) 11月26日，省红十字会“绿色家园行动”走进惠水好花红之乡——红十字青年志愿者走访慰问100户贫困户。 (11) 2月12日—13日，贵州省红十字会组织志愿者在“氟砷麻”地区的罗甸县董王乡中心学校和打改小学开展“送温暖下乡”活动。
2010	(1) 1月23日，贵州省红十字会2010年迎新春“红十字博爱送万家”慰问活动在省政府广场正式启动。活动现场，27辆军车组成物资运输车队向全省9个市、州红十字会运送了募集的600万元慰问物资。 (2) 1月26日，贵州省红十字会在思南县胡家湾乡灯塔村启动“红十字爱心互助金”。 (3) 1月30日，中国红十字会、贵州省红十字会2010年“红十字博爱送万家”慰问活动在“氟砷麻”地区黔东南州雷山县举行。现场共向雷山县贫困群众和贫困大学生捐赠了价值42万元的慰问物资和3万元的大学生助学金，中国红十字会向贵州省红十字会捐赠50万元慰问物资。 (4) 3月25日，贵州省红十字会，结合灾情和“氟砷麻”工作实际，在平塘县卡蒲毛南族灾区开展“送水送粮送温暖”抗旱救灾行动。

（续表）

<table>
<tr><th>时　间</th><th>项目实施概况</th></tr>
<tr><td></td><td>(5) 5月8日，贵州省红十字会以“凝聚人道力量，共建绿色家园”为主题，由“闪光的红十字”“红十字在行动”“人道力量，博爱奉献”“参与世博，服务社区”四部分内容组成。博爱周期间，将以“红十字博爱进万家”“红十字关爱进社区”“红十字援助进农家”“红十字助学进校园”等活动为载体，积极在“氟砷麻”地区开展各项救助活动。
(6) 7月10日，农工党中央、中国红十字会总会援助的助医工程项目，在贵州省毕节市大方县、毕节市、赫章县、金沙县、威宁县、纳雍县6个县（市）启动。
(7) 8月17日，中国红十字会援助“氟砷麻”地区的舒肤佳健康长城项目在贵州省全面启动。
(8) 10月15日，在第三届“全球洗手日”来临之际，贵州省红十字会在组织实施中国红十字会/舒肤佳健康长城工程项目的长顺、龙里、水城三个县开展“全球洗手日”主题活动。
(9) 10月27日，贵州新华都投资有限公司向贵州省红十字会“绿色家园行动”捐赠30万元善款。
(10) 11月29日，全国人大常委会副委员长、中国红十字会会长华建敏在北京专题听取了贵州省红十字会和长顺县开展“绿色家园行动”的情况汇报。
(11) 12月2日—4日，“绿色家园行动”试点工作现场推进会在黔南州长顺县召开。
(12) 12月27日，贵州省红十字会2011年“红十字博爱送万家”活动在贵阳市朱昌镇青龙村举行启动仪式，正式启动以“送欢乐、下基层”为主题的2011年贵州省“红十字博爱送万家”活动，活动总共募集款物价值500余万元，直接深入“氟砷麻”地区、贫困地区向广大贫困患者和贫困群众发放。</td></tr>
<tr><td>2011</td><td>(1) 1月9日，澳门红十字会、贵州省红十字会共同在我省“氟砷麻”地区援建的红十字博爱小学奠基仪式在凯里市大风洞乡冠英隆重举行。
(2) 1月26日，河北以岭药业向我省“氟砷麻”地区捐赠价值53万元人民币的药品捐赠仪式在省红十字会妇女儿童医院举行。
(3) 3月17日，贵州省红十字会、香港善施慈善基金会、长顺县红十字会联合开展的“绿色家园行动·爱心育苗行动”试点工作在长顺县敦操乡举行。</td></tr>
</table>

（续表）

时　间	项目实施概况
	(4) 5月9日，贵州省红十字会绿色家园行动志愿服务总队在贵阳成立，省红十字会党组书记、常务副会长罗治雄同志为志愿服务总队授旗。 (5) 5月10日，贵州省红十字会组织志愿者，深入“氟砷麻”地区长顺县中坝乡茅山村，为当地的留守儿童、空巢老人和残疾人提供志愿服务，并带去了学习用品、大米和食用油等慰问物品。 (6) 5月11日，贵州省红十字会援建的“红十字健康新村”在我省威宁县迤那镇五星村奠基。同时，9个市（州）13个项目点启动贵州省红十字会2011年“红十字健康新村”项目工作。 (7) 7月14日—15日，贵州省红十字会在贵阳举行“绿色家园行动——红十字健康新村”试点推广项目培训会。 (8) 8月19日—28日，贵州省红十字会先后派出三个救灾工作组，把募集的大米、食用油、抽水机、耕地机等价值300多万元的救灾物资，送到了麻江、台江、普安、石仟、黔西、黄平、务川、长顺、惠水等18个受灾严重的“氟砷麻”少数民族地区，帮助3万多名布依、侗、苗、畲等少数民族同胞解决生产生活中缺水缺粮问题，共同渡过难关。 (9) 2011年9月6日，省红十字会被授予“贵州省消除燃煤污染型氟中毒危害先进集体”荣誉称号，“氟砷麻”项目办王勇同志荣获先进个人荣誉称号。

资料来源：媒体新闻报道、省红十字会年度工作计划及总结、“氟砷麻”项目工作情况报告、工作简报等。

二、“氟砷麻”人道救助

贵州省红十字会在组织开展“氟砷麻”项目工作中，明确工作职责，详细制订了服务项目、募集款物、志愿者招募与培训等方面的工作计划，及时完善了有关项目推介与管理、新闻发布和红十字志愿者招募及服务等工作制度，按照“募集专款、关爱病区，引进项目、资助病区，深入村寨、服务病区，整合力量、帮扶病区”的工作思路，全面开展针对“氟砷麻”病区、病人的关爱行动。

（一）建立项目组织体系和工作机制

“氟砷麻”项目确立后，贵州省红十字会成立以党组书记、常务副会长罗治雄同志为组长，各市（州）红十字会主要负责人为成员的“贵州省红十字会‘氟砷麻’项目工作领导小组”，同时抽调6名业务骨干组成项目工作办公室，明确划分工作职责，完善项目推介及管理、新闻发布、红十字志愿者招募与服务等各项制度；并协调全省各级红十字会，建立起省、市、县红十字会“氟砷麻”项目工作三级联动机制，形成了全省红十字会系统既统一领导，又明确分工的“氟砷麻”项目工作合力。科层化的层级结构使省红十字会在全省各“氟砷麻”病区建立起项目实施网络，将全省红十字会资源整合起来，有利于项目功能的实现和救治帮扶效率的提高。

（二）制定项目实施政策

贵州省红十字会依据实际和自身的力量，制定了“氟砷麻”项目实施的“三个优先”政策。所谓三个优先政策是指，将帮扶、救助款物和志愿服务三个红十字人道救助资源，优先向“氟砷麻”病区配置，进而统筹规划乃至执行相关人道救助的工作。一是优先在病区实施定向帮扶。在“氟砷麻”高流行村镇，全省各级红十字会分别确定人道救助帮扶点，积极建立健全村级红十字会组织，设立乡村红十字服务站点，培训村级红十字卫生员，发展农村红十字会员和志愿者，做好重症患者的建档立卡工作，广泛开展定向义诊、人道关爱、健康咨询、卫生保健等各类帮扶活动，全面启动针对“氟砷麻”病区重症患者及困难群众家庭的定向帮扶工作。二是优先为病区发送救助款物。为推进“氟砷麻”项目工作，结合经常性的业务工作，利用“红十字博爱送万家”“红十字援助进农家”“红十字关爱进社区”等形式和载体，组织专门的工作队和慰问组，深入“氟砷麻”流行村镇，走访慰问重症病患者及特困群众，为贫困群众发送相关药品与医疗设备、大米、衣物和大病救助金、新农合“参合费”及部分重症病患者家庭贫困大学生救助金等救助款物，使病区困难群众切身感受到党和政府的关心及社会各方面的温暖。三是优先向病区开展志愿服务。按照“氟砷麻”项目要求，通过网络、报刊等媒体发布公告，面向社会广泛招募红十字医疗志愿服务工作者，并依托省红十字会医院、省红十字会妇女儿童医院、省人民医院等红十字医疗机构及团体会员单位，组建成红十字医疗志愿服务队伍，有针对性地举办专项业务培训活动。在这些骨干人员的积极努力下，先后深入“氟砷麻”项目地所在的村寨和学校，广泛开展“关注地方病·构建和谐——红十字健康援助进农家”系列志愿服务活动，进行定向义诊、防治宣传和帮助群众改变卫生观念等服务工作。

（三）开展各项活动募集专款

贵州省红十字会为探索适合贵州省情的救助帮扶“氟砷麻”病区、

病人的关爱行动新路径，借助与省委宣传部、贵州日报报业集团等单位联合举办“天高海阔·根在故乡——明星回家祝福贵州”大型公益晚会之机，于2008年9月策划推出以“营造爱心世界、共建绿色家园”为主题的“绿色家园行动”。这项行动以“弘扬人道精神、传播人道价值”为核心理念，以项目推广的方式，通过搭建平台、整合资源、打造品牌，动员和吸引社会各界关注，并参与以“灾后重建、生态文明、励业帮扶、扶弱助困”等为重点的家园建设，全面启动针对“氟砷麻”特困家庭大型公益募捐活动。

表7-2　2007—2011年项目款物募集及使用情况

年　份	募集款物总额（万元）	款物支出总额（万元）	款物使用率（%）
2007	860	860	100%
2008	1152	1021.6	89%
2009	1620	1650	102%
2010	252	352	140%
2011	652	621.6	95%
合　计	4536	4505.2	99%

数据来源：单位年度财务报表、贵州省年鉴、相关新闻报道等（收支余额为物资损耗和个别项目尾款）。

（四）向病区引进救治帮扶项目

贵州省红十字会为全面推动“氟砷麻”项目工作，坚持以项目为支撑，主动加强与外界的联系，通过制作“氟砷麻”综合防治与救助相关项目推介书，利用电视、报纸和网络等新闻媒体面向社会发布公告，有针对性地开展有关项目推介工作，有效推进了部分氟（砷）病重病区的改炉改灶、健康教育和宣传培训等工作。截至2011年，我省红十字会争取到中国红十字会、台湾红十字组织和香港、澳门、上海、宁波等地红十字会前来病区进行相关考察的机会，并得到大量援助，一批新引进的“红十字健康新村”“红十字博爱卫生院（站）”“红十字书库”等项目已经成为“氟砷麻”项目工作的有力补充，起到必要的支撑与促进作用。2007年9月19日—29日，中国红十字会会长彭珮云、常务副会长江亦曼同志亲自率工作组，到贵州专题开展了“氟砷麻”综合防治救助工作调研活动，并在安顺普定县举行“中国红十字会总会支援贵州省红十字会‘氟砷麻’综合防治救助项目启动仪式”，送来首批1166万元的款物。

项目实施以来，通过中国红十字会总会，争取到中央财政连续两年向我省红十字会划拨专项经费273.9万元，直接用于实施“氟砷麻”综合防治专项宣传培训项目。由澳门红十字会援资530万元，启动的“绿色家园行动——红十字健康新村”项目，包括“建1个红十字服务站、建1所博爱卫生站、改（扩）建1所博爱小学、配1个红十字书库、建1个红十字健身文化广场，以及资助贫困群众进行改炉改灶改水改厕”等6个子项目。2008年，在安顺、六盘水、黔西南、毕节等四个市（州）的普定、平坝、六枝、水城、贞丰、毕节、黔西和织金县等8个县（市、区）所属的8个行政村实施的“红十字健康新村”项目已完工，并投入使用；2010年，在黔南、黔东南、铜仁、六盘水等四个市（州）的长顺、麻江、思南、石阡、钟山、水城等6个县（市、区）所属的6个行政村实施的“红丨字健康新村”项目已完工，并投入使用；2011年，在贵阳、遵义、安顺、六盘水、黔南、黔东南、黔西南、铜仁、毕节等9个市（州）的白云、湄潭、紫云、镇宁、水城、长顺、凯里、贞丰、思南、织金等10个县下属的13个行政村实施的“绿色家园行动——红十字会健康新村”项目竣工并投入使用。相关病区的中小学校捐建“红十字书库”50个，专门配备相关卫生科普书刊，其他一些后续援助项目正在进一步落实。

表7-3　全省“氟砷麻”病区引进项目概况表（2007—2011年）

地　区	引进项目概况
贵　阳	（1）在白云区引进1个“红十字健康新村”项目，共计30万元； （2）在白云区引进1个“红十字爱心互助金”项目，共计10万元。
遵　义	（1）在湄潭县引进1个“红十字健康新村”项目，共计30万元； （2）在湄潭县引进1个“红十字爱心互助金”项目，共计10万元。
安　顺	（1）在平坝、普定、紫云、镇宁引进4个“红十字健康新村”项目，共计120万元； （2）在普定引进博爱卫生站项目1个，投入5万元； （3）在平坝、普定引进“氟砷麻”健康教育宣传项目，约50万元； （4）在紫云、镇宁引进2个“红十字爱心互助金”项目，共计20万元。

（续表）

地　区	引进项目概况
六盘水	（1）在六枝、水城、钟山引进5个“红十字健康新村”项目，共计150万元； （2）在水城实施1个“红十字爱心互助金”项目，投入本金10万元； （3）在六枝、水城、钟山引进的“氟砷麻”健康教育宣传项目，约80万元； （4）在水城引进舒肤佳康健长城工程项目，约10万元。
黔　南	（1）在长顺引进4个“红十字健康新村”项目，共计120万元； （2）在长顺引进10个“红十字爱心互助金”项目，共计100元； （3）在长顺引进的“氟砷麻”健康教育宣传项目，约30万元； （4）在长顺、龙里引进舒肤佳康健长城工程项目，约20万元。
黔东南	（1）在凯里、麻江引进2个“红十字健康新村”项目，共计60万元； （2）在凯里引进1个“红十字爱心互助金”项目，共计10万元； （3）在麻江引进的“氟砷麻”健康教育宣传项目，约30万元。
黔西南	（1）在贞丰引进2个“红十字健康新村”项目，共计60万元； （2）在贞丰引进1个“红十字爱心互助金”项目，共计10万元； （3）在贞丰引进的“氟砷麻”健康教育宣传项目，约30万元。
铜　仁	（1）在思南、石阡引进3个“红十字健康新村”项目，约60万元； （2）在思南引进2个“红十字爱心互助金”项目，共计20万元； （3）在思南、石阡引进的“氟砷麻”健康教育宣传项目，约50万元。
毕　节	（1）在毕节、黔西、织金、威宁引进5个“红十字健康新村”项目，约160万元； （2）在毕节、黔西、织金引进“氟砷麻”健康教育宣传项目，约80万元； （3）在织金、威宁引进2个“红十字爱心互助金”项目，共计20万元。

数据来源：“氟砷麻”项目文件资料、项目竣工报告、项目申报书、可行性报告等。

（五）医疗志愿服务深入病区

全省各级红十字会按照“氟砷麻”项目要求，通过网络、报刊等媒体发布公告，面向社会广泛招募红十字医疗志愿服务工作者，深入病区开展“关注地方病·构建和谐——红十字健康援助进农家”系列活动，进行定向义诊、防治宣传和帮助群众改变卫生观念等工作。其中，在项目地举办专项培训6期，培养“氟砷麻”宣传员和志愿者400人次。这些骨干人员努力工作，相关宣传教育活动已延伸到了项目地的村寨和学校；省红十字会机关联合省红十字会医院、省红十字会妇女儿童医院、省人民医院等省级红十字医疗机构和团体会员单位，培训医护志愿者300多名，组成红十字医疗志愿服务队13个，先后深入全省8个市（州、地）的24个村寨，开展有关宣传及医疗卫生服务活动，引导村民养成良好的卫生习惯和健康的保健意识，并向当地群众传授“预防重于治疗”的卫生防病理念；向病区群众免费发送相关宣传单、纪事册、教育图片和台历等宣传教育资料，收到较好的宣传教育效果。

近几年来，全省共派出红十字医疗志愿服务队（组）137个1200多人次，向病区群众赠送《燃煤污染型氟中毒的防治》《地方性氟中毒防治手册》等有关宣传单（册）59万余份，为群众义诊服务15000多人次，组织“氟砷麻”有关改炉改灶、健康教育等宣讲活动260余场次，完成重症患者的建档立卡174户，其中黔西县20户、修文县20户、兴仁县30户、黎平县94户、普定县5户和六枝特区5户。

（六）整合救助资源帮扶病区

贵州省红十字会在“氟砷麻”项目工作中，结合日常性的业务工作，利用“红十字博爱送万家”、“红十字援助进农家”和“红十字关爱进社区”等形式和活动载体，组织全省各级红十字会分别在“氟砷麻”病区确定了人道救助帮扶点，启动了针对“氟砷麻”病区重症患者及困难群众家庭的定向帮扶。通过建立健全村级红十字会组织，培训村级红十字卫生员，发展农村红十字会员和志愿者，广泛开展了定向义诊、人道关爱、健康咨询和卫生保健等各类帮扶活动。目前，我省红十字会共派出有关慰问组90余个，深入“氟砷麻”病区村镇370多个，走访慰问重症病患者及特困群众3000多户，为贫困群众发送款物1295万元，其中药品264箱、大米372吨、衣物4150件（套）和大病救助金9.7万元、新农合“参合费”5.6万元及相关医疗设备和部分重症病患者家庭及贫困大学生救助金。

（七）开展“氟砷麻”健康宣传教育

根据“氟砷麻”健康宣传教育项目计划，项目于2008年开始，2010年12月底结束。项目主要在我省毕节、黔西南、六盘水、安顺、铜仁、黔南和黔东南等7个市（州）所属的黔西、织金、毕节、贞丰、水城、钟山、普定、平坝、思南、长顺、麻江和石阡等12个县（市、区）14个项目村执行。项目的实施得到全省各级红十字会积极响应和各级政府的大力支持。全省各地将“氟砷麻”健康宣传教育项目列入议事日程，并指派专人负责，确保了项目的顺利实施。

根据“氟砷麻”健康宣传教育项目计划，贵州省红十字会和项目地红十字会共举办培训班6期，培养“氟砷麻”宣传员和志愿者400人次，通过这些骨干人员努力工作，相关宣传教育活动已延伸到了项目地的村寨和学校。同时，争取省内疾控、卫生等相关专家支持，共印制专业性很强、老百姓喜闻乐见的《预防控制地氟病成人读本》《预防控制地氟病青少年读本》《预防控制地砷病成人读本》《预防控制地砷病青少年读本》以及相关宣传单、纪事册、教育图片和台历等宣传教育资料42万余册，并面向病区群众公开发送。通过“氟砷麻”健康宣传教育项目的实施，目标人群“氟砷麻”知识知晓程度有了较大提高。实施项目之初，各级红十字会组织到项目乡村开展“氟砷麻”知识问卷调查，“氟砷麻”知识的知晓率为80%～85%，通过第一阶段的项目实施，再次对项目乡村的家庭主妇、中小学生进行问卷测试。其中，问卷调查家庭主妇300人、学生400人，知识知晓率达95%～100%。“不烧敞口灶、烟囱要出屋、食物不用煤火炕、苞谷辣椒要淘洗”等基本防病常识逐渐被病区群众所接受。

三、打造服务品牌，推动项目实施

贵州省红十字会为顺利推进“氟砷麻”项目工作，借鉴其他社会团体实施品牌战略的成功经验，于2008年7月策划打造了——“绿色家园行动”公益服务品牌。“绿色家园行动”以“营造爱心世界、共建绿色家园”为主题，以“弘扬人道精神、传播人道价值”为核心，以事件化、活动化和项目化的方式，通过整合资源、搭建平台和打造品牌，动员和吸引社会各界关注并参与以“灾后重建、生态文明、励业帮扶、助弱济困”为主题的绿色家园建设，从而推动全省“氟砷麻”项目工作和救灾救助工作上台阶，实现人道、慈善、公益事业的社会化、规模化、持久化。

（一）募集善款，支持项目推进

“绿色家园行动”的实施，经历了“核心理念”的酝酿，“行动方案”的策划，“工作氛围”的营造，“试点探索”的实施等阶段，得到了社会各界的广泛赞誉和积极参与。截至2011年，我省红十字会以“绿色家园行动”为载体，先后争取到中国红十字会总会、中国红十字基金会，以及澳门、广东、江苏和厦门、宁波等地红十字会的大量援助，共为“氟砷麻”病区和患者筹措医疗救助金和宣传教育相关经费4536万余元，其中专门设立“绿色家园行动助弱解困致残性骨病专项救助金”1000万元，指定医院直接救助病区贫困骨伤骨病患者，这些善款为“氟砷麻”病区在灾后重建、生态文明、励业帮扶和助弱济困四个方面给予了有力支持；启动“绿色家园行动·红十字助医项目”，援助病区一些医疗机构价值1530万元的爱克发CR系统医疗设备30台，援助“氟砷麻”病区80多个医疗机构用于帮助贫困患者开展诊疗；并在病区实施“绿色家园行动——爱心动力助残培训计划”，对300名残疾人进行技能培训，解决就业问题。“绿色家园行动”的成功实施，直接为“氟砷麻”项目工作搭建起重要筹资平台，既有力促进“氟砷麻”项目工作的持续发展，又有效保证了针对“氟砷麻”病区和病人的人道关爱行动的具体落实。

（二）援建“红十字健康新村”，改善病区的基本生产生活条件

贵州省红十字会在策划绿色家园建设过程中，重点推出了“红十字健康新村”项目，即以“一站一室一校一库一广场”为基本模式的“五个一工程”：援建1个红十字服务站、1个红十字健康文化广场、1个红十字书库、1所博爱卫生院（站）、1所博爱学校、1条通村（寨）公路，以及1批博爱新居或改炉改灶、改水改厕项目（其中前三项是必须实施的，后几项因地制宜选择其中两项实施），有效改善了病区基本生产生活条件。主要采取样板试点、以点带面的办法直接向“氟砷麻”地区示范推广。先后在病区18个县（市、区）建立了27个“红十字健康新村”示范点，建红十字服务站25个、红十字文化广场27个、红十字书库250个、博爱学校3所、博爱卫生院10个、博爱卫生站79个、博爱新居410户、改水改厕改炉改灶200户、通村（寨）路40多公里。同时，带动整合新村建设各方资金近1000万元。全省各地新援建的“红十字健康新村”已经成为“氟砷麻”项目工作的有力补充，起到了应有的支撑与促进作用。

（三）创建“红十字励业帮扶示范基地”

“绿色家园行动”围绕提高“氟砷麻”涉及地区贫困群众的基本素质，创立并实施了“绿色家园行动——红十字励业帮扶示范基地”项目。这个项目主要针对困难群众广泛开展励业帮扶服务活动，在组织懂

技术的红十字志愿者定期开展有关实用技术培训活动的同时，积极为广大困难群众提供全方位、全时段的脱贫致富信息服务，并激发起贫困群众“自力更生、自我发展”的致富信心，使受到帮扶的每一位困难群众都能学到1—2项实用技术，帮助提高贫困群众发家致富的基本素质和能力。新创立的24个“红十字励业帮扶示范点”，在全省起到较好的示范作用。

（四）启动“红十字爱心互助金”

我省红十字会在“氟砷麻”流行地区，结合拓展农村红十字工作，专门制定出台《贵州省红十字会“绿色家园行动——红十字爱心互助金”管理办法（暂行）》，通过省、市（州）、县三级红十字会层层试点，启动农村“红十字爱心互助金”项目。该互助金按照“人道志愿、捐款互助、公平救助”的原则，面向社会募集启动资金，依托村级红十字会和红十字服务站（点），组织村民开展互助式捐款，公开救助“氟砷麻”大病患者、贫困学生及贫困户，并为部分“氟砷麻”村民提供无息创业资金保障，着力帮助我省农村地区改变“造血式”救助能力弱的现状，着手创建适应新形势需要的农村公益筹资和人道救助的新模式。目前，全省共建立21个村级“红十字爱心互助金”，注入启动资金210万元，累计帮助1000多户家庭发展核桃种植、种草养羊、精品水果种植等帮扶项目。

四、完善“氟砷麻”项目后续工作

虽然“氟砷麻”项目已实施完毕，但对“氟砷麻”病区的救助工作不能停止。因为，开展“氟砷麻”病区救助工作，是一场与境外组织争夺民心，持续改善病区群众生存和生活状况，维护我省社会稳定的一项非常重要的工作。为确保对“氟砷麻”病区的人道关爱行动持续、有效、深入地开展下去，应继续按照“募捐专款、关爱病区，引进项目、资助病区，深入村寨、服务病区，整合力量、帮扶病区”的工作思路，积极拓展工作空间，强化工作职能，扩大工作覆盖面。

（一）加强基层组织建设，构建病区红十字服务工作新体系

目前，贵州省9个市（州）及88个县（市、区）红十字会全部理顺管理体制。在此基础上，优化干部队伍结构，提高干部队伍的素质和能力，打造一支爱岗敬业、乐于奉献、善于做群众工作的干部队伍，并依托基层红十字会组织，强化对红十字业务骨干的专项业务培训。基层红十字会要在“氟砷麻”病区中，发展红十字会员和志愿者，组建一支

富有爱心、人员充实的红十字会员和志愿者队伍。

全省各级红十字会应继续在“氟砷麻”病区保持存在，在“氟砷麻”病区建立乡（镇）红十字会和村级红十字会组织及红十字服务站，积极帮扶病区困难群众，经常开展以定服务对象、定服务内容、定服务时间以及包户服务为形式的红十字志愿服务活动，构建起完善的“氟砷麻”病区红十字服务工作体系。

（二）搭建“三个平台”，建立病区红十字救助长效机制

在实施“氟砷麻”项目工作时，各级红十字会的工作主要局限在节日慰问、活动救助和灾后关怀等一些特殊的时段，尚未建立对病区、患病家庭和重症病人的人道关爱与社会救助机制。建立“氟砷麻”病区红十字救助长效机制，必须搭建“三个平台”：一是坚持以“绿色家园行动”为平台，继续开展“氟砷麻”项目推介工作，积极寻求海内外红十字组织、慈善机构和社会各界的关注与支持，进一步推动针对“氟砷麻”病区的人道关爱、健康教育、卫生防病、重病救治等各项工作。引进并落实“绿色家园行动”中红十字助医、助学、助困等项目；要大力推进公益募捐活动，倡导社会各界帮扶“氟砷麻”特困家庭，为“氟砷麻”病区和患者筹措医疗救助金和宣传教育专项经费；进一步提高红十字专项救助能力，确保“氟砷麻”病区群众“小病不出村、大病可以上医院”。二是坚持以“红十字爱心互助金”为平台，按照“人道志愿、捐款互助、公平救助”的原则，面向社会募集启动资金。组织村民开展自助式捐款，每年公开救助一批“氟砷麻”大病患者、贫困学生及贫困户，并为部分“氟砷麻”村民提供无息创业资金保障，帮助我省“氟砷麻”病区改变“造血式”救助能力弱的现状，探索适应新形势需要的农村公益筹资和人道救助的新模式。着力帮助“氟砷麻”地区改变农村“造血式”救助能力弱的现状。三是坚持以“红十字健康新村”为平台，继续帮助“氟砷麻”病区群众提高防病治病意识，养成良好的生产生活习惯，改善病区办学条件，让病区贫困家庭的孩子们与城市的孩子一样，追求知识，接受教育，憧憬美好未来，生活在同一片蓝天下，为“氟砷麻”病区救助工作提供可靠保证和有力支撑。

（三）开展“三项活动”，关爱病区的病人

全省各级红十字会要在人力、物力和财力上，优先帮扶“氟砷麻”病区困难群众，为此需要开展“三项活动”：一是开展好以“红十字博爱送万家”为主要载体的“人道关怀活动”。借助红十字会工作实践中形成的“红十字博爱送万家”、“红十字关爱进社区”以及“博爱助医、

助学、助困”等行之有效的活动载体，积极引进服务项目、搭建服务平台，切实把各级红十字会常态下的人道救助活动引向深入。二是以专项健康教育与宣传培训为主要内容的“专项宣传教育活动”。充分发挥红十字会在政府人道救助工作领域的重要助手作用，通过引进专门的宣传教育项目，借助报纸、电视、网络、电台等大众传媒，广泛开展健康咨询、卫生保健、疾病预防、心理健康等宣传教育活动。三是以定服务对象、定服务内容、定服务时间以及包户服务为形式的“红十字志愿服务活动”。进一步加强病区红十字服务站点的建设，广泛招募红十字志愿者，积极推进专业化的红十字医疗志愿服务队伍建设，完善组织服务机制，动员红十字志愿者深入农村、探访病区、走乡入户，切实将防病宣传、定向义诊、人道关爱等志愿服务活动引向深入。通过“三项活动”的开展，贵州确保对“氟砷麻”病区病人的人道关爱行动持续、有效、深入地开展下去。

（四）争取中国红十字总会加大支持力度

贵州“欠发达、欠开发”，经济社会发展水平滞后，农村人口与少数民族人口比例高，是全国贫困面最大、贫困程度最深、人均经济水平最低的省份，且历来自然灾害频繁发生，每年因灾造成的经济损失达几十亿元，高的甚至超过百亿元。为此，要进一步加强请示汇报和沟通协调，争取中国红十字会总会加大支持力度，密切关注我省“氟砷麻”病区困难群众的生活状况，帮助协调东部沿海发达地区人道力量加大帮扶“氟砷麻”病区困难群众的力度，并在划拨人道救援款物等方面对贵州“氟砷麻”病区群众给予适度的倾斜和照顾，切实帮助“氟砷麻”病区困难群众不断改善生活。

第八章　红十字青少年工作

青少年是祖国的未来，是民族的前途和希望。做好青少年工作是新形势下全面贯彻党和国家的教育方针、推进素质教育的重要举措。因此贵州省各级政府与相关部门十分重视学校红十字青少年工作。首先，各级人大、政协关注学校红十字青少年工作。每年省、地、县三级人大、政协的代表与委员们都要检查和视察学校红十字青少年工作。2005 年 10 月、2006 年 10 月，省政协副主席李嘉琥、省人大常委会副主任司徒桂美曾先后带领视察组与执法检查组，利用检查各级人民政府贯彻执行《中华人民共和国红十字会法》《贵州省红十字会条例》之机，对全省贵阳、遵义、毕节、安顺和铜仁、黔东南、黔南等 7 个市、州的学校红十字青少年工作进行了视察和检查，对学校红十字会工作给予了高度评价。其次，政府重视学校红十字会工作。目前，全省已成立的地级学校红十字工作委员会中，有安顺市、黔东南州、黔西南州、铜仁等 4 个市、州的政府副市长和副州长担任了本级学校红十字工作委员会的主任职务。其中，黔东南、黔西南两州还以州政府办公室的名义发出关于成立学校红十字工作委员会的通知。其次，多部门密切协作，共同推进学校红十字青少年工作。根据中国红十字会总会、教育部、卫生部、共青团中央联合下发的《关于加强学校红十字会工作的指导意见》，2006 年初，由省红十字会牵头，及时组织了由教育、卫生、共青团等相关部门负责人参加的研讨会，并对贵阳医学院、贵阳市第十八中学等学校红十字青少年工作的开展情况进行了调查了解，结合全省学校工作实际，联合省教育厅、省卫生厅、共青团贵州省委共同制定了《关于进一步加强学校红十字会工作的实施意见》，为全省各级各类学校红十字青少年工作的实施提供了指导性意见。

第一节　红十字青少年组织建设

一、学校红十字工作委员会的机构建设

为加强对全省学校红十字会工作的指导，2007 年上半年成立了以省教育厅副厅长为主任委员，省红十字会常务副会长、省卫生厅副厅长和团省委副书记为副主任委员，其他相关部门负责人为委员的“贵州省学校红十字工作委员会”，并制定了学校工作委员会职责。全省 9 个市、州和近 30% 的县（市、区）建立了由红会、教育、卫生、共青团等联合成立的学校红十字工作委员会。

二、学校红十字基层组织建设

全省各级学校红十字工作委员会十分注重学校红十字基层组织的发展工作。省红十字会在《贵州省红十字事业 2005—2009 年发展规划》中对红十字青少年工作也进行了周密部署。规划要求，力争到 2009 年，全省学校红十字会建会率达学校总数的 50%，青少年会员总数达 50 万人以上。在推进学校红十字会组织建设上，从市、县两级红十字会理顺管理体制的现状出发，按照高校、示范性高中、中心城市学校率先建立红十字会组织的发展思路，以理顺了红十字会管理体制的市、县各级各类学校作为率先建立红十字会基层组织的重点，逐步推进学校红十字会基层组织建设工作。如铜仁市在德江县狠抓学校红十字会基层组织建设的试点工作，目前，该县 20 个乡镇的中、小学校均成立了红十字会，学校建会率达 100%，在校学生入会率最高的达 99%，最低的达 52%，全县在校生入会率达 85%。近年来，由于全省各级学校工作委员会的相继成立，不断加大了对学校红十字工作的指导，全省学校红十字基层组织的建会和会员入会的年增长率均在 10% 以上。

三、加强红十字青少年规范化管理

为了更好地规范学校红十字工作，全省各级各类学校红十字会根据工作实际，制定了相应的管理制度。如贵州省安顺市民族中学红十字会制定了组织、宣传、入会登记、活动、会议、理事会、社会服务、学习培训、红十字救护定期培训、会费管理、红十字爱心教育基金、优秀会

员评选、档案管理等13项制度，使学校红十字会管理工作进一步规范化和制度化。

第二节　开展红十字青少年活动

在青少年中开展红十字活动，树立起“人道、博爱、奉献”的精神，是红十字会工作的一个重要方面。贵州省各地红十字会结合青少年特点，因地制宜地开展了丰富多彩的红十字青少年活动，取得较好效果。

一、开展红十字运动基本知识的传播

红十字知识进课堂、红十字精神进校园活动已逐步在我省各级各类学校红十字会中展开。学校红十字会充分利用黑板报、校园广播、校园红十字报、绘画征文、知识竞赛、读书演讲等形式广泛开展红十字运动基本知识与红十字相关的法律法规的宣传活动。贵阳、安顺等地学校把宣传“人道、博爱、奉献”的红十字精神纳入了未成年人思想道德建设内容，黔东南等地的学校工作委员会还组织了主题为“我心中的红十字”的读书演讲比赛，宣传活动丰富多彩，使广大青少年更深刻地了解到红十字精神的实质。

二、开展自救互救知识宣传与培训

贵州省红十字会积极开展自救互救宣传与培训，提高广大青少年自我防范意识与救助他人的技能。各级各类学校红十字会结合学校工作实际，把救护知识普及和救护员培训与增强红十字青少年自救互救技能、提高学生健康水平紧密地结合起来，广泛开展救护知识宣传与救护技能的培训活动。安顺、贵阳、铜仁、黔东南等地的学校红十字工作委员会还组织了中、小学生救护知识与技能的竞赛活动，提高了广大学生学习救护知识的积极性和自救、互救能力。据统计，全省成立的各级各类学校红十字救护队（组）有800余个，普及救护知识人数达20余万人。

三、开展爱心救助活动

贵州省红十字会历来非常重视在青少年群体中开展爱心救助活动，培育广大青少年的爱心意识与慈善意识。为了培养广大青年学生从小有一颗慈善的心，有一种关心他人的爱心意识，贵州省学校红十字会每年

都要组织为贫、病学生和受灾学生献爱心活动。如有的学校开展“少进一次网吧，多献一份爱心”，为白血病等重（大）病少儿患者募集善款等活动。德江县教育红十字会积极开展爱心救助活动，建会12年来，利用会员会费、发动师生募捐等筹资方式，募集资金1701590元，先后为18138名因家庭贫困、患重（大）病和意外伤害的青少年会员提供了人道救助。

2008年“抗凝冻、保民生”和“5·12”抗震救灾期间，全省各级各类学校红十字会积极组织广大青少年会员向灾区捐款捐物。特别是抗震救灾期间，贵州省红十字青少年会员人人都参与了捐款活动，募集款物价值达500余万元。同时，省红十字会启动了“绿色家园行动”项目，把博爱助学纳入该项目中。省红十字会为在2008年初14个遭受雪凝灾害的重灾县的140名贫困大学生一次性资助了28万元的助学金。据统计，近年来，全省各级各类学校红十字会先后自行组织各类募捐活动800余次，募集款物达900余万元，救助贫、病学生近20万人次。此外，全省各级红十字会利用自身力量，先后为贫困大学生、重（大）病少儿患者提供了价值达3000余万元的救助款物，救助学生人数达3万余人。

四、开展志愿服务活动

全省各级学校红十字会根据学生特点，组织不同内容、不同形式的红十字志愿服务活动。贵州大学、贵阳医学院、遵义医学院等学校红十字会组织大学生会员参与共青团组织的“三下乡”活动，毕节市、六盘水市、安顺市、黔西南州等地氟（砷）病区的学校红十字会，组织学生向病区群众开展预防地氟（砷）病的宣传服务活动。据统计，全省现已建立各级各类学校红十字志愿服务队（组）760余个，志愿者人数达15000余人，开展各类志愿服务活动7000余次，服务群众达100余万人次。目前，贵州省各级各类学校红十字会每年都要组织学生红十字志愿者赴农村、社区广泛开展敬老助残等志愿服务活动，更好地增强了青年学生的奉献意识，树立了红十字青少年会员的良好形象。

五、开展无偿献血与捐献造血干细胞宣传活动

全省各级学校红十字会根据学生不同年龄的特点，在中、小学校重点开展无偿献血和捐献造血干细胞科普知识的宣传活动，充分发挥中、小学生宣传员的作用，以此发动其父母与成年亲属积极参与无偿献血与

捐献造血干细胞活动。高校则将科普知识宣传与发动自愿捐献相结合，使广大青年学生增进了对无偿献血与捐献造血干细胞知识的认知度。据统计，目前已建红十字会组织的学校，学生对两项知识的了解率均达到90%以上，其中，大学生参加无偿献血率达40%以上。

六、开展关爱生命、关注健康活动

全省各级各类学校红十字会十分注重青少年的健康问题。初中以上各级学校以各种形式开展了预防艾滋病，远离烟草、远离毒品等健康教育活动。在高校中举办“艾滋病青年同伴教育主持人”培训班，培训“防艾”宣传志愿者。在2008年12月1日第21个世界艾滋病日期间，贵阳医学院红十字会举办了“预防艾滋、从我做起”主题手绘T恤大赛，贵州大学南校区也举办了“因艾而战、为爱而歌”主题晚会。近年来，贵州大学、贵阳医学院、贵阳中医学院等高校红十字会在每年的戒毒日和艾滋病宣传日期间，组织“防艾”志愿者深入戒毒所等特殊场所和艾滋病感染者之中，为上千名戒毒人员进行了防艾知识的宣传教育，产生了良好的社会影响。

七、开展夏（冬）令营活动

为丰富青少年学生的暑期生活，拓宽青少年的知识面，弘扬人道主义精神，让青少年远离网络游戏的危害和不良环境，培养他们的团队意识，贵州省各级红十字会与各级各类学校红十字会积极开展以红十字青少年素质培训为主题的多种形式的夏（冬）令营活动。2007年7月，海峡两岸夏令营活动在贵州省成功举办。这项活动的开展，既加强了省际与地区间红十字青少年的友好交流和合作，又增进红十字青少年的友谊。此外，安顺、遵义、黔东南等地举办了以“重走长征路”为主题的夏令营活动。2008年，贵阳市红十字会还举办了红十字青少年革命传统教育夏令营活动，使青年学生既接受了爱国主义和人道主义教育，同时又了解了红十字运动的基本知识，提高了青少年的综合素质。近年来，贵州省各级红十字会与各级各类学校红十字会联合举办各种形式的夏（冬）令营活动达1100余次，参加人员达10万余人次。

八、开展争先创优活动

为更好地将学校红十字青少年工作在我省各级各类学校中推进，2006年1月，贵州省红十字会即时转发了总会《关于印发〈红十字模范校表彰管理办法〉的通知》。结合省学校红十字工作实际，制定并下发了《贵州省学校红十字示范校表彰管理办法》以及高校与中、小学校示范校评审标准。同时，创建模范校、示范校与达标校活动在贵州省建立了红十字基层组织的学校中全面展开。2008 年，贵州省贵阳市第十八中学、安顺市民族中学、安顺市第二高级中学被中国红十字会总会、教育部评为“全国红十字模范校”。通过开展创建模范校、示范校与达标校等活动，贵州省学校红十字工作有了良好的发展空间和环境，红十字青少年工作向规范化方向发展。

第三节 培育青少年红十字精神

贵州省红十字会党组书记、常务副会长罗治雄同志对如何培育红十字精神，提高青少年道德素质有颇深的研究。2010 年 12 月，他在《观察研究》上发表《培育红十字精神，提高青少年道德素质》一文，对如何培育青少年红十字精神进行了深入详细的阐述。

“人道、博爱、奉献”是国际红十字运动的基本精神理念，她与中华民族的“仁爱”思想和救死扶伤、扶危济困、敬老助残、尊师爱幼、助人为乐等传统美德一脉相承，与着力培养我国社会主义现代化建设的“四有新人”目标一致，与中共中央、国务院《关于进一步加强和改进未成年人思想道德建设的若干意见》和《关于进一步加强和改进大学生思想政治教育的意见》要求一致。青少年是十分宝贵的人才资源，是民族的希望和祖国的未来，是红十字运动的生力军，是红十字事业的后备力量。

在青少年中大力传播、普及、培育、弘扬“人道、博爱、奉献”红十字精神，是拓展中国青少年国际视野，博大其关爱人类之心胸，携手构建和谐世界的新思路；是加强和改进青少年思想道德建设，使之倍加珍视生命、积极关爱人的生命健康、倡导文明生活方式、提高社会公德意识和思想素质的新举措；是增强青少年人道博爱、奉献社会的自觉性，帮助其树立正确的世界观、人生观、价值观，激发其争做有志青年和社会有用人才斗志的新路径；是增强青少年社会责任感，使其学会尊重人、理解人、关心人，特别是帮助有困难的人，自觉地参与各种公益活动，共建和谐社会的新尝试。这对于中国红十字事业的发展和实现全面建设小康社会的宏伟目标都具有重大而深远的战略意义。

要抓好红十字青少年工作，就必须从历史传承与科学发展、全球教育资源共享与宣传思想工作创新相结合的高度，充分认识和利用“人道、博爱、奉献”红十字精神的教育价值和普适价值，以青少年为主要对象，以宣传、普及、培育、弘扬“人道、博爱、奉献”红十字精神为核心，以“一种文化、两个网络、三门课程、四项活动”为主要载体，坚持加强领导、统一部署、创新机制、规范运作，全面提高青少年素质教育和道德教育水平。

一、抓好“一种文化”传播，着力提升青少年红十字精神的培育能力

红十字精神作为人类精神文化的重要内容之一，是通过红十字运动长期的实践和经验总结所形成的。红十字运动是一项造福人类的崇高而神圣的事业：一种对所有生命高度尊重的襟怀；一种具有普适价值的人道价值观；一个站在公平、公正、中立、独立立场上的独特身份；一支无私救助、奉献人类的世界最大的人道主义队伍。在红十字运动所倡导的“人道、博爱、奉献”神圣的人道精神引导下蕴生的红十字文化与中国传统文化中的“和合”文化水乳交融，形成一种先进文化，是人类社会发展的灵魂和先导。因此，红十字精神作为一种先进文化，弘扬和传播尤为重要，特别是在青少年中弘扬和传播更为重要。各级红十字会要从实现中华民族伟大复兴的战略高度，在全面推进素质教育的过程中，通过打造红十字会软实力，建设“人道为本、博爱为怀、奉献为荣”的红十字文化，广泛、深入、持久地开展有特色的红十字文化活动，引导和教育青少年做一个具有红十字文化底蕴的“红十字人”，让红十字文化成为青少年的潜意识，让红十字运动成为青少年的自觉行动，让红十字精神在每一个青少年身上闪光，真正使青少年成为弘扬“红十字精神”和提升“红十字文化”的生力军。

二、抓好“两个网络”建设，不断完善青少年红十字精神的培育机制

加强青少年红十字精神培育需要搭建一个立体的培育网络，让现实网络与互联网融会贯通，全方位、多角度完善青少年红十字精神的培育机制。

（一）建立健全学校红十字会工作服务网

这是一个政府主导、多部门合作、各学校参与，以推进红十字青少年工作为目标的红十字工作服务网。一是完善由红十字会和教育、卫生、共青团组织共同参与的学校红十字工作委员会，统一部署和组织学校红十字会工作；二是加强组织发展工作，有步骤地在各级各类学校中

建立健全红十字会，并着力培养一批有能力、有活力、有奉献精神的红十字志愿辅导员；三是积极鼓励和吸收优秀青少年学生成为红十字青少年会员，努力培养一支德、智、体、美全面发展的红十字青少年队伍和一支富有生机与活力的红十字青少年骨干队伍；四是发挥红十字组织在社会教育和实践育人中的优势，会同相关部门逐步完善红十字青少年工作服务机制，经常开展检查评比活动，大力表彰“红十字达标校”“红十字示范校”“优秀红十字青少年会员”。

2006 年 2 月，贵州省在全省评选“全国红十字模范校”和“优秀红十字青少年会员”，并通过多种形式的活动探索培育青少年红十字精神的路径，目前已建立学校红十字会 1070 个，拥有青少年会员 38.2 万人，通过引进社会捐资为全省近千名贫困大、中、小学生提供无偿资助百万余元，援建和重建“博爱小学”7 所，捐建“红十字书库”175 个。先后制定出台了《贵州省红十字示范校表彰管理办法》《关于进一步加强学校红十字会工作的实施意见》等法规文件，3 所学校被评为“全国红十字模范校”。2010 年全省学校红十字会建会率将达学校总数的 50% 以上，青少年会员总数达 50 万人以上。这些数据和成绩与我国红十字事业发展和青少年思想道德素质教育需求尚有差距。因此，建立一个以学校为基础、政府为主导、全社会齐抓共建的青少年红十字精神培育网络迫在眉睫、刻不容缓。

（二）建设红十字青少年“绿色”信息网

针对互联网对青少年增长知识、兴趣培养和学习成长的巨大影响，对青少年思想道德建设带来的巨大冲击，各级红十字会要坚持以“疏”代“堵”，集中有限的教育资源，应用网络技术争取主动权。利用文字、图形、音频、视频等方式整合红十字文化，建设一个符合青少年特点、有利于青少年身心健康成长的新型网站，将与红十字运动相关的知识性、趣味性、科普性和互动性、实用性、服务性内容融为一体，既具备传授知识、开发智力、查阅信息、交友沟通和心理咨询等多项用途，又拥有文化娱乐、文艺创新、信息交流等多种功能，充分利用互联网先进科学技术拓展青少年红十字精神培育手段，提升青少年红十字精神培育能力。

三、抓好“三门课程”开设，切实规范青少年红十字精神的培育内容

红十字运动是一项具有百年历史、精神内涵极其丰富、精神实质极其神圣的全人类的精神财富。如何结合我国国情，宣传、普及、培育、

弘扬红十字精神，切实规范青少年红十字精神培育内容尤为重要。认真开展好“传播课”“培训课”“教育课”，可以使青少年领悟红十字精神实质，掌握红十字救护技能，健全“人道、博爱、奉献”心智，真正利人、利己、利社会。

（一）开设红十字运动基本知识传播课，帮助青少年树立正确的世界观、人生观、价值观

一方面，由专人备课，运用讲故事、播放动画片、参观学习等多种形式，直接向青少年讲授红十字运动的起源与历史、国际人道法，传播红十字救死扶伤、扶危济困、敬老助残、尊师爱幼、助人为乐的人道主义精神理念；另一方面，利用学校板报、广播等宣传阵地，开设红十字知识园地、红十字专栏、专题广播，宣传、普及红十字运动基本知识。

（二）开设救护知识普及与初级救护员培训课，不断提高青少年的自救互救意识和能力

根据青少年不同年龄阶段的教育特点。以现场的、初级的、易掌握的救护知识和技能为内容，制作合理的教学课件，统一编印教材、统一培训计划、统一教学程序，利用青少年入学、军训、实践活动等时机，直接向青少年传授初级救护知识和技能。

（三）开设健康常识教育课，努力改善青少年的身心健康状况

以保护人的生命与健康为宗旨，着眼于培养青少年良好的道德品质和文明行为，配合学校的素质教育和道德教育，积极开展红十字知识宣传教育、青春期健康教育、卫生保健教育、心理健康教育等，并根据青少年的年龄增长需要，不断补充教育内容，帮助青少年解除在学习、生活、交友等方面的心理压力，引导他们健康成长。

四、抓好“四项活动”开展，努力营造青少年红十字精神的培育氛围

红十字运动生存于人类与大自然的抗争之中，光大于社会发展的历史进程之中，其扶危济困、奉献人类的精神植根于社会实践活动，在青少年中开展丰富多彩的“实践活动”“文化活动”“服务活动”“交流活动”，既符合青少年身心成长特点，活跃了青少年红十字精神的培育氛围，又与红十字运动的宗旨一致。

（一）开展关爱生命和健康的主题实践活动

要从保护青少年身心健康入手，利用重大节日和纪念日，深入开展预防艾滋病、远离毒品、拒绝烟草、无偿献血、捐献造血干细胞等宣传活动，并配合抓好预防艾滋病青年同伴教育主持人、红十字急救员、红

十字运动信息传播员等培训活动，丰富学校第二课堂，培育青少年良好的道德品质和文明行为。

（二）开展符合青少年特点与需求的红十字文化活动

要积极开展红十字青少年夏（冬）令营活动和具有红十字特色的演讲比赛、征文比赛、知识竞赛及歌咏、书法、绘画等活动，培养青少年良好的兴趣爱好，增长知识才干，陶冶道德情操，培育青少年之间相互关爱、相互帮助、和谐友善的人际关系。

（三）开展红十字青少年志愿服务活动

要按照就近就地志愿参与的原则，以元旦、春节和助残日、敬老日、学习雷锋日等节日为契机，采取“一对一”结对、“手拉手”互助或组建学校红十字志愿救护队、大学生红十字志愿援助团、红十字青少年救护站等方式，组织广大青少年经常开展博爱助老、助残、助困等志愿服务活动，使青少年增强社会责任感，树立乐于奉献的思想道德观。

（四）开展红十字青少年友好交流活动

要坚持“走出去”与“请进来”相结合，积极创造条件，在学校之间、城乡之间、地区之间和海内外之间组织青少年学生进行友好交流，开展参观交流访问、娱乐联欢、实践体验、社会调查等活动，不断拓宽红十字青少年的视野。

红十字精神是全人类的巨大精神财富，在青少年中加强培育“人道、博爱、奉献”的红十字精神，是红十字运动的重要组成部分；是各级红十字会的重要工作内容；是红十字工作者责无旁贷的职责。以“一种文化、两个网络、三门课程、四项活动”为载体，不断完善机制，对培育青少年红十字精神和全面提升青少年道德素质是一种有益的实践和探索。

第九章 “绿色家园行动”

贵州省红十字会作为红十字运动的重要组成部分，是党和政府在人道工作领域的重要助手。贵州省红十字会自2003年独立开展工作以来，积极为党和政府分忧解难，广泛动员社会力量解决社会问题，尤其是结合贵州省情实际，在人道领域做了大量卓有成效的工作，“氟砷麻”（氟中毒、砷中毒、麻风病简称）项目、应急救护培训工作始终走在全国红十字会前列。尤其是2008年7月启动的“绿色家园行动”，既为红十字会积极参与新农村建设、扶贫开发、改善民生、城乡统筹协调发展探索了一条新路子，又为有效解决和化解农村各类问题做了大量的探索和实践。“绿色家园行动”作为贵州省红十字会倾力打造的一项新的公益品牌工程，为社会团体在贫困地区如何有效参与农村和谐发展和社会管理进行了有益探索，具有重要的实践贡献和经验价值。

第一节 “绿色家园行动”的动因与背景

2008年以来，贵州省红十字会连续遭遇了2008年初百年未遇的低温雨雪冰冻灾害、“5·12汶川特大地震”、“5·26贵州洪涝灾害”等，救灾救助工作经受了前所未有的历练。在应对突如其来的各种灾情后，如何针对贵州“欠开发、欠发达”及自然灾害频发、地方病凸显的省情实际，如何充分发挥红十字会作用，为党和政府分忧解难；如何广泛动员人道力量参与新农村建设和改善民生，有效开展人道救助工作，大力弘扬和传播红十字精神；如何让红十字事业因地制宜，实现科学发展，是新的历史条件下让贵州省红十字会十分困扰且必须认真研究思考的问题。

在具体工作中，贵州红十字运动主要遇到六个方面的问题：

一是红十字会作为一个重要的社会救助团体，其救灾救助工作仅仅依靠被动接受捐助是远远不够的，如何搭建一个长期的、有影响力的救灾救助平台，探索一种常态、高效、迅速的救灾救助方式，才能从容应对突如其来的各种灾情，做好人道救助工作，做到有所为。特别是贵州经济欠发达、财力欠充裕和“无灾不成年”的省情以及喀斯特地貌等自然条件，决定了贵州是人道主义需求最大、最强烈的地区，是群众需要得到支持和帮助最多的地区，但本地区人道资源和社会资源的吸引和整合却是最少的，因此，如何解决好这一对矛盾也面临严峻的挑战。

二是贵州生产力发展水平低，经济总量小，农村贫困面大、贫困程度深，需要政府和社会救助的弱势群体众多是十分突出的社会问题。在生态脆弱、人口资源环境压力加大的情况下，全省城乡、区域、经济社会发展很不平衡，社会事业发展相对滞后，社会问题多发凸显。面对这些问题，红十字会作为政府人道领域的重要助手，怎样去积极发挥作用，动员社会力量解决问题是值得思考的内容。

三是怎样解决此前日常救灾救助工作只是简单送大米、送衣服、送棉被的问题。以前往往是“发点大米吃完了就完了；发点救助金，钱发完了穷依旧”，“年年扶贫年年贫”，反而让受助群众形成了等、要、靠的思想，要帮助他们找到自力更生、发展致富的路子，从而实现人道救助由“输血式”向“造血式”、由“经常扶”向“扶长远”的转变。

四是贵州是农业大省，最需要得到人道救助的群体在农村，但农村红十字事业发展最薄弱，怎样加快基层红十字会组织发展，解决人道救助工作内容和方式单一等问题，建立和实现基层红十字会组织良性运转机制，从客观上加强党和政府在基层组织上的巩固，促进红十字事业在农村的发展。

五是怎样解决在开展人道救助工作中争取党和政府、各种团体、社会机构及全社会的支持和认可，解决部门、团体之间的社会排他性，通过价值认同、理念导入和品牌力量，增加工作的包容性、兼容性，争取整合更多的人道力量和社会资源。

六是怎样解决红十字会在履行“弱势群体救助者”职责的同时，履行好“人道精神传播者”的职责，动员企业和引导富裕群体积极投身社会捐助事业、培育和增强社会公众的公德意识，营造全社会关心弱势群体的良好氛围，最终实现人道及社会捐助事业成为全社会的共同事业。

为此，针对以上问题，在认真梳理总结今年来的救灾救助工作的基础上，贵州省红十字会于2008年策划推出——“绿色家园行动”。该行动以“弘扬人道精神、传播人道价值”为核心理念，以事件化、活动化、项目化推广为方式，通过搭建平台、整合资源、打造品牌，动员和吸收社会各界关注并参与以“灾后重建、生态文明、励业帮扶、助弱济困”等为重点的绿色家园建设，推动全省救灾救助工作上层次、上台阶，实现人道、慈善、公益事业的社会化、规模化、持久化，为改善民生、构建和谐社会贡献力量。

第二节　“绿色家园行动”的探索与实践

贵州全省 80 多个县中有 50 个是国家扶贫开发重点县，贫困发生率 16.5%，远远高于全国 4.6% 的平均水平，且“无灾不成年”，是全国扶贫攻坚的主战场。“脱贫致富成了最大的民生问题。”因此，贵州省红十字会在充分调研的基础上，提出了“一个组织的生命力要找到扎根的地方”的工作思路，即“把党的中心工作与红十字自身特点结合起来，把红十字工作与扶贫开发、新农村建设结合起来”，并决定把“绿色家园行动”试点工作放在这个主战场，为探索一种常态、高效、迅速的救灾救助方式，解决好本地区群众人道需求大与吸引、整合人道资源力量小的工作矛盾；建立一种基层红十字会开展工作的良性运行转变机制，实现人道救助由“输血式”向“造血式”，由“经常扶”向“扶长远”转变；传播一种人类共同认同的价值和理念，营造全社会都关心弱势群体的良好氛围，做了大量探索和实践工作。

一、长顺县试点内容与成效

作为国家扶贫开发重点县，长顺县的发展条件和现状，可以说是贵州“欠开发、欠发达”省情的真实写照之一。全县总面积 1565 平方公里，自然条件恶劣，喀斯特面积占 93.9%，石漠化面积占 77.9%，土地贫瘠，耕地破碎，交通区位差，不沿交通主干线。矿产资源较为匮乏，基础设施滞后，产业结构单一，属典型的传统农业县，贫困程度较深。全县 17 个乡镇有 13 个是扶贫开发重点乡镇，全县 25.83 万人，贫困人口有 5.62 万人，且大多生活在深山区、石山区和石漠化等集中连片地区。

2008 年初，时任中共中央总书记胡锦涛从新华社《国内动态清样》了解到长顺县长寨镇竹子村的贫困状况后，作了重要批示：“要探索因地制宜，开发扶贫的新路子。”贵州省红十字会把“绿色家园行动”试点工作放在总书记重点关注的长顺县，扛起了长顺县扶贫工作和新农村建设的大旗。

（一）援建“健康新村”

以行政村、自然村或社区为单位，着眼于改善贫困群众的基本生产生活条件，按照“选择一个点、建设一条线、示范一大片”的工作思路，结合新农村建设，坚持整合资源、整体规划、整村帮建，组织各级红十字会在贫困农村地区建立人道救助帮扶点，实施“健康新村”项目。“健康新村”建设内容包括：红十字服务站、红十字健康文化广场、红十字书库、红十字宣传栏、博爱卫生院（站）、博爱学校、通村（寨）公路、博爱新居、博爱超市、改炉改灶、改水改厕、以家庭为主的小水利工程等项目。至2010年，已通过“绿色家园行动”募集资金330万元在长顺县援建“健康新村”11个，规划建设了涉及6个乡镇的“绿色家园行动——健康新村”示范带，改善了2万多名群众的生产生活条件，取得了较好的示范效果。

种获乡沙子关作为“绿色家园行动”在全省实施的第一个“健康新村”，两年来发生翻天覆地的变化：原来村民住地多是木房子，遇到雨季，经常漏雨。村子里的道路是泥巴路，雨天一身泥，晴天一身灰。2008年遭遇历史上罕见的凝冻天气侵袭，当地村民遭受重创。为了帮助沙子关受灾群众开展灾后重建，“绿色家园行动”先后募集资金15万元修建博爱新居，10万元修建串户路，5万元建博爱卫生站，5万元建成红十字健康文化广场，15万元进行励业帮扶，发展“果—猪—沼”立体生态农业，解决了群众居住难、出行难、看病难、发展难等问题。如今，走进种获乡沙子关“健康新村”，使人眼前豁然一亮：蓝瓦、白墙、木窗，漂亮整洁，错落有致；串户路、卫生室、文化活动室、文化广场、养殖场，令人目不暇接。“‘绿色家园行动’好啊！给我们带来了大实惠。”村民周心良坐在自家门口，与人聊起他家的变迁，“以前，我们一家挤在木瓦房里，现在住进了宽敞明亮的小平房。看病有博爱卫生室，休闲有文化广场。”一年前，他只花了1万多元就住进了这幢5万多元的新居。

（二）援建“生态新村”

针对自然灾害频发的地区，贵州省红十字会以自然村寨为单位，结合贵州乡村旅游和生态环境保护，实施改善生态环境、村庄整治、环境保护项目和社区备灾减灾项目，不断改善生存和生态环境，增加当地的备灾、减灾和自救能力。“绿色家园行动”在长顺县广顺镇石板村投入60万元，对当地具有4000多年的古银杏树群进行了保护，让常受灾害的26户农户搬迁进新居，并进行村庄整治，该村已成为当地旅游开发的重点村，也成为人与自然和谐共存的样板村。

（三）创建“励业帮扶示范基地”

贵州省红十字会着眼于帮助恢复灾后重建和生产，开展励业帮扶项目和培养专业人才，开展再就业技能培训，扶持再就业工作。结合当地实际，围绕提高贫困群众的基本素质，积极创建“励业帮扶示范基地”，针对困难群众广泛开展励业帮扶服务活动，既弘扬“大爱互助”的文化理念，又激发贫困群众“自力更生、自我发展”致富信心；既为困难群众提供全方位、全时段的脱贫致富信息服务，又组织懂技术的红十字志愿者，定期开展有关实用技术培训活动，使受到帮扶的每一位困难群众都能学到1~2项实用技术，帮助提高困难群众发家致富的基本素质和能力。

长顺“绿色家园行动”励业帮扶试点重点放在了典型的石漠化重灾区——长顺县长寨镇竹子托村至中坝乡茅山村、翁拉村一带，其贫困状况，用原长顺县委书记杨永英的话说就是“一方水土养不活一方人”；用当地村民的话说则是“庄稼种了几面坡，收成还不够一锅”。针对这一带地处深山区、石山区，石漠化严重，土地高投入低产出的现状，“绿色家园行动”以创建励业帮扶示范基地为载体，着力推动“两个逐步转变”，即把对贫困群众长期的单纯的生活救济方式逐步向扶持发展产业转变、推动贫困山区传统的低效的农业生产模式逐步向立体的高效的现代农业转变。把“绿色家园行动”励业帮扶、灾后重建、助弱济困项目与石漠化治理及扶贫开发项目有机结合起来，积极发展草地生态畜牧业，共投入励业帮扶资金近150万元，购买核桃苗及种羊、种鹅等，对励业帮扶户采取“借种还种、滚动扶持”的方式，积极探索“以短养长，长短结合”的模式。短期扶持农户发展种草养鹅、林下养绿壳蛋鸡，确保当年见效；中期扶持农户发展种草养羊产业，确保3年大见成效；长期以草地套种优质核桃为主，确保5年大见成效。通过长短结合，群众能够在3~5年后有较为稳定的收入，基本走上稳定脱贫致富的道路。

长寨镇竹子托村农户杨佐清，在未受到励业帮扶前，经济来源仅以种植玉米、打临工为主，一家年均纯收入不足3000元。2008年“绿色家园行动”励业帮扶项目在竹子托村实施以来，杨佐清通过“借种还种”的方式，在镇红十字会借了8只母羊和2只公羊，同时领取了60株核桃苗，种在自己的责任田中，并在种植核桃苗的土地空隙里，种上黑麦草和百三叶，供山羊食用，然后通过“以短养长、长短结合”的方式脱贫致富。杨佐清算了一笔账，每只母羊一次可产2只羊羔，一年产仔2次，8只母羊一年可产羊羔32只，一年内就可以把借的10只羊全部还清，还剩22只羊，每只成年羊可售600元，第一年仅22只羊就可带来收入13200元。2009年得到“绿色家园行动”励业帮扶项目的中坝乡翁拉村村民徐小红感慨道：“过去是烧一坡、种一坡，收成不到一背篓，现在养只羊就胜过开荒半匹坡。家里的地全种上了草、核桃和扶手瓜，帮扶给的28只羊已有5只受孕，要不了多久将有10多只羊崽降生，将来的好日子就靠它们了。”全国人大常委会副委员长、中国红十字会会长华建敏同志在长顺调研后总结说：“长顺县通过‘绿色家园行动’发展三棵植物（核桃、苹果、烤烟）和三种动物（羊、鹅、绿壳蛋鸡）的立体种植方式，是促进农民增收的有效途径。”

试点两年后，依旧是在这片土地上，人们看到的却是不一样的景象。在该县“绿色家园行动”励业帮扶产业示范带，到处可见“山地织绿毯，岩石变林园；满坡牛羊壮，遍地鸡鹅肥”的景象。通过“绿色家园行动”励业帮扶项目的帮助，竹子托村、翁拉、茅山等产业带群众人均纯收入从1320元增加到2060元，在安居的同时，实现了乐业。同时，还在该地区残疾人群体中实施“绿色家园行动——残疾人培训项目”，开办了残疾人培训班，通过联系香港爱心基金会，为他们提供制作书包、毛衣的就业机会，由香港慈善机构收购后再将书包、毛衣捐赠给贫困学生或群众，在形成可持续发展的循环救助机制的同时，也让当地残疾人掌握了一技之长。残疾人吴大友感慨：“红十字会让我们残疾人感到，我们能自己生存了，有尊严了！”

贵州省红十字会通过打造这个“绿色家园行动”励业帮扶示范带，已创建励业帮扶实践培训基地5个，残疾人就业培训基地1个，培训人数8000余人次，带动连片种植牧草1600公顷、核桃1133公顷，养鹅3.1万只，羊存栏8.8万只，绿壳蛋鸡20余万羽。

（四）设立“爱心互助金”

贵州省红十字会在实施“健康新村”项目上积极拓宽贫困群众的基本增收路子，设立“爱心互助金”。即以帮扶的行政村或自然村寨为单元，利用“绿色家园行动”平台募集启动资金，并动员村民发展成为红十字会会员，使受益者自愿捐赠，依托乡村红十字会和工作服务站（点），按照“放得出去、能够发展、收得回来、诚实守信”的基本原则，引导村民自愿参与、自主管理、自我服务，既为部分村民提供无息创业资金，也向部分特困户提供无偿救助，努力创建贵州省农村红十字救助帮扶的新路子。种获乡种获村设立“爱心互助金”后，互助基金募集到10.5万元，发展了红十字会会员211名，资金来源于省红十字会捐款10万元、会员会费、村民捐助、乡政府扶助等，资金由村红十字会互助金执行委员会进行管理，重点是解决群众性生产、生活中遇到的困难和问题，截止到2010年，共发放互助金7.5万元。村民张刘军、朱文华、周小平、蒋良学等25名群众先后得到了帮助。村支书刘帮权动情地说：“现在村里有了红十字‘爱心互助金’，群众解困救急又多了条救助渠道。”

长寨镇竹子托村部分村民得到“爱心互助金”的帮助后，解了种草养羊、种核桃、扶手瓜等产业在生产管理中临时缺资金的燃眉之急，村民们在道德精神和功德意识上都发生了彻底的改变：原来扶贫队拉着扶贫物资给村民，村民们自己抬回家还要向扶贫队要下车费。现在材民们知道“爱心互助金”借还后虽然不收利息，但必须凭良心感受“爱心互助金”给自己帮助的大小来捐赠爱心款，让“爱心互助金”不断壮大，以帮助更多需要得到帮助的人。同时，更让人兴奋的是2010年甘肃舟曲发生特大泥石流灾害后，村红十字会向村民募捐，共募得735.4元善款。这有力说明了两个问题：一是村民的生产生活发生了变化，原来吃不饱饭需要救济更不要说捐款了，现在村民的口袋里有积蓄了；二是村民的意识发生了变化，以前等、要、靠思想没有了，一种自力更生、互助互爱、学会感恩、乐善好施、和谐共处的良好氛围正在形成。

两年来，贵州省红十字会通过“绿色家园行动”先后向印尼、香港、澳门等慈善机构、中国红十字会总会及各省区红会，募集了近900万元的项目资金投入长顺开展试点探索工作，惠及了长顺县10多万名群众。其中650万元援建了11个健康村，涉及改造博爱新居159户，建博爱卫生院1个、博爱卫生室5个、博爱小学2所、红十字服务站11个、健康文化广场11个、红十字书库27个、通村（组）串户路30公里、饮水工程44个，创建“励业帮扶”实践培训基地5个、残疾人就业培训基地1个，设立村级“爱心互助金”5个，形成了涉及6个乡镇的“励业帮扶产业示范带”1个、涉及5个乡镇“健康新村示范带”1个；为群众送去价值225万元的耕地机、抽水机、拖拉机、大米、食用油等生产生活物质及22万元的学生助学款。

二、长顺县试点做法与经验

（一）注重价值理念导入

“绿色家园行动”中“绿色”象征和平、希望、生命，“家园”则表示从物质家园到精神、心灵家园的建设是人类永恒的主题。“人道、博爱、奉献”的红十字精神等价值理念，首先被长顺党委、政府高度认同，即通过红十字会把“绿色家园行动”的价值理念同扶贫开发、新农村建设、城乡统筹发展、解决“三农”问题、生态文明建设、基层组织建设等重大部署结合起来，并以“绿色家园行动”价值理念为核心，制定了全县的长远发展规划和近期实施目标。“一石激起千层浪”，全县上下都对“绿色家园行动”价值理念有了认同感，各方项目资金资源都愿意纳入“绿色家园行动”项目建设中来，形成了以“绿色家园行动”推进农村大发展的实践行动。“绿色家园行动”使当地党委、政府找到了解决社会问题的途径和发展经济的主导方向，各部门有了合作的渠道和平台，新闻媒体找到了宣传的兴奋点，创造了社会各界爱心公众参与的新“共振带”，党和政府的中心工作同广大干部群众产生了共鸣。用“绿色家园行动”的设计师——贵州省红十字会党组书记、常务副会长罗治雄的话来说：“不是谁的钱多就让谁主导，而是要把价值理念引入，才能获得多方认同形成合力，这也才是解决问题的根本所在。”

（二）发挥项目引子作用

“绿色家园行动”原则上对1个“健康新村”捐助40万元，其中30万元改善当地生产生活条件，10万元设立“爱心互助金”或创建“励业帮扶示范基地”，但这些资金只是“药引子”，主要是以此为基础整合其他的建设资金，共同打造绿色家园。据长顺县委常委、宣传部长、县红十字会会长郭兴文介绍，“绿色家园行动”在长顺的救助以“最困难、最需要”为准则，但这些救助对象往往是极贫困户，由于救助的资金有限，无法从根本上解决问题，容易形成1+0=0的局面，造成资金注入后“落水不响”“钱花光穷依旧”的现象。为避免这种“撒胡椒面”的现象，长顺县注重发挥“绿色家园行动”项目的“药引子”作用，充分整合其他项目资金，“同炒一盘菜”，发挥资金的聚合效应。

健康新村项目整合了危房改造、雪凝灾害、深圳对口帮扶、一事一议、新农村建设等方面的项目资金；红十字文化广场整合了农民文化家园、农村健身场所建设等项目；博爱卫生院建设整合了农村卫生室建设等方面的资金；博爱小学建设整合了其他社会团体援助的项目；励业帮扶加入了扶贫、种草养畜、石漠化治理等项目资金。“绿色家园行动”搭建的平台，整合资源、打造品牌，动员和吸引社会各界关注并参与绿色家园建设，实现了“救济式”扶持与“造血式”扶持的结合，有效实现了“绿色家园行动”捐助项目的效益最大化。

原长顺县委书记杨永英认为，“绿色家园行动”项目资金能在长顺发挥“药引子”的作用，关键在于“绿色家园行动”这项工作与当地党委政府的中心工作相一致，政府各部门才可“同炒一盘菜”，实现了真正的社会化合作。“绿色家园行动的资金是‘药引子’，需要整合方方面面的资源。危房改造、新农村建设、地质灾害是几个县领导分管，需要他们共同配合，有的投资支持买羊、有的支持种草种树，不分你我，一个点、一条线、一个面的建设，才能有根本的改观，才可最终脱贫致富。”

（三）培育社会公德意识

“绿色家园行动”作为参与扶贫开发、新农村建设、统筹城乡发展和构建和谐社会的重要工作载体和举措，是一个社会系统工程，除了动员社会各方面力量的参与和支持外，更要注重提高帮扶、服务对象的精神境界、道德意识和智力素质，增强发展的主动性、热心社会公益事业的自觉性，培育乐于助人、互助互爱的良好习惯。在长顺试点中，一是扶“志”，在提供人道救援的同时，积极培养群众“自尊、自信、自立”的精神和品质，摒弃自甘落后的思想和“等、靠、要”的观念。同时，积极传播助人为乐的传统美德，弘扬“大爱互动”的文化理念。二是扶“智”，通过博爱学校的援建，为贫困山区的儿童创造良好的教育环境。同时，通过励业帮扶项目的实施，抓好实用技术培训，提高贫困群众自我发展的能力。“绿色家园行动”的开展提高了全社会特别是富裕群体把捐助贫弱作为自己应尽的一份社会责任的认识，引导了富裕群体积极投身社会捐助事业；赢得了广大社会公众尤其是弱势群体的尊重和理解，化解了贫困群体的怨愤情绪和不平衡心理，减少不稳定因素；动员了企业家主动承担社会责任，使其由单纯追求经济利益到热心社会捐助事业，把对人的关爱和弱势群体的帮扶与追求企业利润放在同等重要的地位；最终让受捐助的贫弱对象脱贫致富，实现共同富裕并积极参与到捐助事业中来。

（四）激发基层创新精神

“绿色家园行动”在试点中，做到了总结实践经验和完善运行机制的有机结合，建立起红十字会发起、相关各部门配合参与的工作机制，形成了社会发动、媒体推动、爱心互动、社会各界共同参与的运行机制。

一是积极探索项目监管机制。先后出台了《“绿色家园行动——健康新村”项目管理办法》《“绿色家园行动——爱心互助金”实施管理办法》及各试点的实施管理细则，从项目论证、申报、审批、实施、验收、审计到后期管护，都制定了规范的程序，重点加强对项目资金的管理，确保资金专款专用，发挥效益。

二是积极探索长期救助机制。设立“爱心互助金”，以村红十字基层组织为依托，以制定村规民约为主要手段，规范和约束村民的行为，实现村规民定、村事民议、村务民管，让基金长期有效解决当地群众在生产生活中遇到的困难和问题。

三是积极探索工作运行机制。开展“绿色家园行动”，争取各级党委政府关注和支持红十字会的组织建设，配备必要的人员，给予必要的经费支持，逐步实现省、市、县、乡、村红十字会项目工作五级联动；该项目的实施搭建了基层红十字会组织的工作活动阵地、红十字文化传播平台，发展、吸纳了“绿色家园行动”志愿者，成立了多种类型的红十字志愿服务组织，开展了相应的志愿服务活动，不断发展壮大了农村红十字会员和志愿者队伍。

四是积极探索动员激励机制。积极倡导城乡对口帮扶、社会单位赞助、企业认捐、设立专项基金、广大群众动手，实行整体联动，通过召开会议、组织参观学习、印制挂历等宣传画、组建慰问文艺队、利用新闻媒体进行专题报道、设置多媒体募捐箱、发放倡议书、建网站、编发简报等形式在全省范围内、全国各兄弟省区红十字会进行宣传；聘请奥运冠军、国际影视明星、著名演员歌手等为“形象大使”，利用他们积极参与并广泛宣传推广“绿色家园行动”；抓好“绿色家园行动”专项基金的筹措，先后接受捐款2000多万元，设立了“绿色家园行动——助弱解困致残性骨病专项救助金”和“助医项目”；建立项目信息库，以推介“项目”求援助，以实施项目求拓展，以完成“项目”求实效；同时，建立了信息宣传、表彰奖励等激励机制，把开展“绿色家园行动”作为解决突出问题的重要手段，纳入红十字会参与省直目标考核内容和对市（州、地）红十字会工作考核内容之一。

第三节　“绿色家园行动”的启示与价值

“绿色家园行动”在长顺县试点成功，得到了国家领导人及社会各界的充分肯定。由此，“绿色家园行动”作为贵州省红十字系统的重点工作在全省范围内推广试点，成为全国红十字系统农村与社区的工作亮点，并向全国推广，极大地激发了贵州省红十字会深入开展“绿色家园行动”的信心和决心。“绿色家园行动”对推动社团团体参与新农村建设、动员社会力量解决社会问题、参与社会管理，具有重要的启示和借鉴意义。

红十字会作为人道领域的社会救助团体，通过推广组织自身的核心价值，践行宗旨理念，结合本地实际，把符合自身的特色工作同党和政府的中心工作、社会关注的问题有效结合起来，为党和政府排忧解难，直接参与解决社会问题，特别是将老百姓最盼望的事作为工作的落脚点和出发点，以倡导人人平等和保护人的生命和健康为宗旨使命，在实践工作中取得成功。实践证明，从“三农”问题到巩固党和政府在基层执政地位的需要，从发扬红十字精神到推进农村经济社会的全面发展来看，社会需要红十字会，红十字会是构建社会主义和谐社会的一支重要力量，在参与社会管理上是可以有所作为的。

“绿色家园行动”在长顺试点成功后，贵州省红十字会就于2010年12月召开了全省试点工作现场推进会，决定用两年时间在全省9个市（州、地）20个以上县（市、区）开展“绿色家园行动”试点推广工作，为全省全面实施“绿色家园行动”提供经验。

红十字会作为参与社会管理的一个重要社会团体，要有效动员和整合社会资源来解决社会问题，必须要通过价值理念的导入，增强工作的包容性和兼容性，尊重各方面的利益，最终实现多方社会化合作和共赢。

目前，从“绿色家园行动”价值理念和决策目标来看，“绿色”象征和平、希望、生命，“家园”则表示从物质家园到精神、心灵家园的建设是人类永恒的主题；“人道、博爱、奉献”的红十字精神等价值理念，已经在长顺试点工作中，在社会目标、经济目标、环境目标找到了一种平衡和协调。从工作实践和决策行为来看，它为当地党和政府、职能部门、新闻媒体、爱心团体及爱心人士、帮扶的贫弱群众等各个利益群体之间找到了契合点。随着时间的推移，贵州省红十字会倡导推行的“绿色家园行动”的价值理念一定会被更多的人认同、接受和推动，并积极参与到行动中来。

“绿色家园行动”作为一项新的公益事业，要实现理性、健康、可持续发展，必须着眼于工作的长远发展，完善和健全长效运行机制。机制建设是一个带有根本性、全局性、长期性的问题，是推进“绿色家园行动”的一个“内生变量”。在试点工作中，注重总结实践经验和完善运行机制的有机结合，充分尊重基层的大胆实践和群众的首创精神，探索、积累一些“能够学、用得上、推得开”的经验和做法，推动工作在创新中不断向前发展。同时，更是着眼于实施“绿色家园行动”服务新农村建设的长期性和艰巨性，进一步挖掘“绿色家园行动”的时代内涵，认真总结前期工作中的成功做法和有益经验，把那些好的做法、好的经验用制度的方式固定下来，坚持下去，转化为经常性的工作举措，在组织领导、资源整合、协调服务、管理监督、评价激励等方面建立健全工作机制，推动工作持续健康发展。

截止到2014年底，根据“绿色家园行动”总体筹划，积极落实灾后重建、生态文明、励业帮扶、助弱济困等4项服务内容，共投入资金2850万元，在全省9个市（州）的72个村落实施以建设一站一室一校一库一广场为基本模式的“红十字健康新村”项目各72个，带动整合相关项目资金8000多万元，另为长顺县10个村“绿色家园行动——爱心互助金”增资100万元。争取香港善施基金会、六盘水商业银行支持，获得68万元捐款和3台救护车，设计制作多媒体募捐箱5台。在项目实施过程中，各级红会积极成立了专门机构，推进市、县、乡、村四级联动协作机制，遵义市红会还支持了2万元项目经费，安顺、贵阳、黔东南等地红会常务副会长亲自抓落实，多次深入试点检查指导工作。全省“绿色家园行动”72个试点项目全部落实，逐渐成为红十字会系统农村与社区工作的一个品牌和亮点。“绿色家园行动”受到全国人大常委会副委员长、中国红十字会会长华建敏同志的充分肯定和高度关注，在亲自考察调研后，又在北京专门听取了相关情况汇报，并在总会2011年农村社区红十字服务工作研讨会上作了相关经验介绍，其经验被提炼总结为“博爱家园”项目在全国推广，贵州省红十字会“绿色家园行动”推动办公室在中国红十字会第十次全国会员代表大会上被人力资源社会保障部和中国红十字会总会联合表彰为“全国红十字会系统先进集体”。

第十章　红十字文化传播

播散仁慈美德，传递友善关怀。为切实提高红十字会的影响力，贵州省红十字会运用各类传媒、网络、手机媒介等，积极传播红十字运动知识，在社会广泛弘扬“人道、博爱、奉献”的红十字精神，不断扩大红十字会影响力。开展公益广告、平面宣传、知识竞赛、咨询讲座以及“5·8红十字博爱周”“红十字援助进农家”“红十字在行动”等主题活动，整合资源，融合文化，营造全方位、有特色、多层次、立体化的“大宣传”氛围，使红十字的社会知晓度和公信力空前提高，感染力和号召力不断增强，促进了筹资劝募工作的有效开展，吸引了更多的慈善人士慷慨解囊，奉献爱心。

第一节　开展节日纪念活动

贵州省红十字会始终围绕红十字大宣传格局，积极营造良好舆论氛围，红十字精神的感召力和影响力不断增强。2005年，贵州各级红十字会先后开展各种宣传活动1460多次，发放各种宣传资料87万多份，借助省内外大众新闻媒体发布有关红十字会的各类信息4890余条，红十字会的宗旨、性质、作用、地位正在为人所知，红十字精神正在逐步深入人心。

2006年，按照中国红十字会全方位、多层次、多种类、立体化的大宣传格局，深入贯彻落实《中国红十字会关于加强和改进宣传工作的意见》，重要节日、纪念日宣传工作影响力明显增强。“5·8红十字博爱周”期间，各级红十字会以“健康援助进农家——红十字在行动”为主题，组织和动员广大会员与志愿工作者，采取摆摊设点、车载宣传、讲座咨询、知识竞赛等形式，精心组织了一系列宣传活动。全省共设置有关宣传服务站点171个，制发各类宣传资料51万多份，张挂宣传标语、横幅、展板4500多条，出动专用宣传车辆60余台次，为群众义诊28800多人次，接受群众咨询12万人次，并在贵州电视台《百姓关注》

栏目黄金时段连续10天播放红十字公益广告50余次，通过事件化、活动化、规模化的推广，引起社会公众对红十字事业的广泛关注。

通过加强联系与协调，省委宣传部对红十字会公益广告予以优先审定、优惠定价、优先播报的指示。省红十字会专门制发《贵州省红十字会信息宣传工作奖励暂行办法》，要求红十字会每一位干部职工带头成为红十字信息宣传员，明确奖励措施，进一步激发红十字宣传的内在动力。4月份，在全省各主流新闻媒体的配合下，全省首届红十字宣传工作座谈会召开。各级红十字会利用媒体资源，全年播报红十字相关信息1700多条。省红十字会被中国红十字会评选为2005—2006年度总会报刊宣传组织工作三等奖。

贵州省红十字会联合省卫生厅、省食品药品监督管理局，共同编印出版大型公益读物——《贵州红页》，免费向社区、学校、医院、宾馆等社会服务机构赠阅。自筹资金15万元，对省红十字网站进行升级改版，并举办网络技术培训班，为宣传红十字会工作开辟了新的窗口。全省各级红十字会广泛传播国际人道法、宣传红十字精神理念，先后到社区、学校和企事业单位举办红十字运动基本知识讲座240期共9700多人参加。在红十字救护员培训活动中，也明确将红十字运动基本知识的传播作为培训的首要学习内容，共印发红十字运动传播宣传资料24万多份，红十字“人道、博爱、奉献”精神进一步深入人心。2006年，省红十字会获得红十字国际委员会、红十字与红新月会国际联合会授予的传播工作三等奖，成为全国6个受表彰的单位之一。

2007年，贵州省红十字会紧紧围绕传播人道主义精神的基本职能，按照全方位、多层次、立体化的红十字大宣传格局，各级红十字会积极动员广大会员与志愿工作者，精心组织了“5·8”“6·14”“世界急救日”等重大节日纪念宣传活动，通过印发手册、设置展板、张挂条幅、举办讲座等形式，广泛传播国际红十字运动基本知识、国际人道法及红十字精神理念，有针对性地开展纠正滥用红十字标志活动，并借助电视、报纸、网络、简报等载体，召开新闻发布会、培训红十字信息员，举办媒体互动联谊活动，强化了新闻宣传工作。年底，在中国红十字会2005—2007年传播工作评估会议上，省红十字会荣获“2005—2007年国际红十字与红新月运动基本知识传播组织奖”。

连续两年“5·8红十字博爱周”期间，各级红十字会按照全国统一部署，以“关爱农民、共建和谐——红十字援助进农家”“携手人道、服务奥运”为主题，精心组织“红十字博爱周”系列纪念与宣传活动。

2007 年 5 月 12 日，省红十字会联合省体育局等单位，围绕“迎接奥运、传播人道、共建和谐”的宗旨，在贵阳举办“我与奥运同行——‘5·8 红十字博爱周’爱心行走”大型群众活动，红十字会员、志愿工作者、社会爱心人士共 6000 多人参加活动，拉开了我省大型群众性参与奥运活动的序幕。2008 年 5 月 8 日，大型公益读物《贵州红页》（2008 版）首期免费赠送 1 万册，受到社会公众的普遍关注和好评。一年多来，在事件化、活动化、规模化的推广下，红十字“人道、博爱、奉献”精神进一步深入人心，各级红十字会的社会影响力有所增强，省内外新闻媒体播报红十字相关新闻信息和公益广告 2320 多条（次），发送有关宣传资料 27 万多份，各门户和知名网站转载相关消息 460 余次。

2009 年，贵州省红十字会始终坚持上下联动、内外互动，抓宣传、造氛围，积极传播红十字人道精神。各级红十字会采取印发手册、设置展板、张挂条幅、举办讲座、发送资料等形式，面向公众广泛传播国际红十字运动基本知识、国际人道法及红十字精神理念，全年举办红十字运动基本知识传播培训、讲座及竞赛 32.3 万人次，印发相关宣传资料 100 万余份，组织红十字相关法律法规知识考核 500 余人次，开展纠正滥用、误用红十字标志行为 11 起。结合学校德育与素质教育，在广大青少年中大力培育红十字“人道、博爱、奉献”精神，有效推进了学校红十字会工作的开展，全省共新建各级各类学校红十字会 160 个，新增红十字青少年会员 10 万余名，联合评审表彰省级红十字示范校 31 所（其中贵阳 10 所、安顺 6 所、黔东南 5 所、黔西南 5 所、铜仁 4 所、省属高校 1 所），“红十字紧急救助系统暨救护培训知识进校园”项目受到贵阳部分高校的高度好评。“5·8 世界红十字日”期间，围绕“凝聚人道力量、重建美好家园”的活动主题，坚持统一时间、集中力量，上下联动、内外互动，精心策划开展了一系列纪念与宣传活动。一年来，省内外主流媒体跟踪报道 1044 条（次），其中省电视台《新闻联播》栏目播报 23 条，中央电视台《央视国际——先锋中国》还对我会“绿色家园行动”与“氟砷麻”地方病综合防治工作进行专题报道。

2010 年，贵州省红十字会在“5·8 红十字博爱周”期间，围绕“携手人道力量、共建绿色家园”的主题，开展了一系列宣传活动，使“人道、博爱、奉献”的红十字精神进一步深入人心。一年来，贵州省各级红十字会的相关工作情况，在中央电视台、央视国际、新华社、《贵州日报》、贵州电视台等省内外主流新闻媒体播报 620 条次，其中央视《新闻联播》2 条、贵州《新闻联播》30 条、《中国红十字报》采编 4 个专版。

遵义市红十字会全年报送相关信息37份，并受到媒体的特别关注。

2011年，贵州省各级红十字会以红十字专职干部、学校工作骨干、志愿者以及广大红十字青少年为主要对象，积极举办红十字运动基本知识讲座及传播骨干培训活动，广泛传播国际人道法和红十字运动基本知识；借助报纸、电视、网络、电台等大众传媒，加大宣传工作力度，积极营造红十字大宣传氛围，中央电视台、央视国际、新华社、《贵州日报》、贵州电视台等省内外相关新闻媒体播报相关信息640多条次。铜仁市红会从策划大型宣传活动入手，精心组织了“博爱在铜仁”大型募捐行动，得到社会各界积极响应，两年筹集资金达170多万元，探索出了基层宣传筹资新路子。黔东南州红会成立了“红十字侗族大歌爱心合唱团”，开创了红十字文化传播新路径。安顺市红会举办了首届“公益有我”慈善捐资助学义演活动，活动筹集助学捐款25.7万元。“5·8红十字博爱周”期间，全省各级红十字会上下联动、内外互动，围绕“携手人道力量、共建绿色家园”的主题，采取全方位、多层次、立体化的方式，开展了一系列宣传活动，“人道、博爱、奉献”的红十字精神正在深入人心，红十字会的知晓度和影响力正在不断扩大。2011年，贵州省红十字会荣获了2011年度中国红十字会总会报刊宣传先进集体二等奖。

第二节　开展普法宣传教育

一、出台《法制宣传教育规划》

贵州省红十字会始终坚持依法建会、依法治会、依法兴会，于2003年适时出台了《贵州省红十字会系统法制宣传教育规划》（以下简称《法制教育规划》）。该《法制教育规划》指导思想和目标为：（1）指导思想。以邓小平理论和党的十六大精神为指导，按照江泽民同志“三个代表”重要思想的要求，紧紧围绕党和国家的中心工作，坚持依法治国与以德治国相结合，坚持学法用法相结合，努力提高红十字会系统领导干部和红十字会机关干部队伍的法律素质和依法决策、依法行政、依法管理能力，保障和促进红十字会各项工作健康发展。（2）目标。根据我国宪法和新时期社会主义民主法制建设的发展进程，深入开展法制宣传教育工作，红十字会干部要牢固树立法律权威的意识和依法履行职责的观念，掌握与本职工作相关的法律知识并具备一定的法律理论水平，红十字会系统的法制宣传工作要以宪法和基本法为主要内容，以《中华人民共和国红十字会法》为重点，通过实施法制宣传教育规划，不断提高红十字会各级干部依法决策、依法行政、依法管理能力，逐步实现各级红十字会干部由增强法律意识向提高法律素质转变；由注重依靠行政手段管理向注重运用法律手段管理转变，推进我省红十字会系统学法用法的规范化、制度化建设，使红十字会系统学法用法工作更加深入健康地发展，促进我省红十字会事业逐步走上法制化管理轨道。

红十字会系统普法学习教育的对象，包括各级红十字会的全体工作人员。重点对象是：县及县以上各级红十字会的领导干部，各级红十字会机关的部门领导干部。

学习内容以中国红十字会编辑的《红十字会普法文件汇编》为学习的基本教材，以专业法律知识为学习内容，主要学习宣传宪法及国家基本法律；学习宣传与红十字会工作直接相关的法律、法规，如《红十字会法》《红十字标志使用办法》《国际人道主义法和红十字会运动基本知识》《献血法》《人民防空法》《商标法》《公益事业捐赠法》《保密法》《档案法》，以及《审计法》《经济合同法》等；学习国家有关部门的规章和地方性法规。

在红十字会开展普法教育工作，有利于提高各级红十字会领导干部依法办事的水平和能力，有利于提高红十字会工作人员依法开展红十字会工作、履行职责和维护合法权益的自觉性。《法制教育规划》对开展普法教育提出了具体要求，即各级红十字会机关要以与时俱进、开拓进取的精神，努力探索新形势下做好红十字会法宣传教育的新形式、新方法，根据不同对象，采取不同的方式，讲求宣传教育效果。要高度重视普法教育工作。各级红十字会要把普法教育提上重要议事日程，与各项工作统一研究、统一部署，真正把普法教育工作落到实处。各级红十字会的专职领导干部在普法宣传教育活动中要起表率作用，做到普法工作有部署、有检查；各级红十字会要把学习宣传《中华人民共和国红十字会法》作为普法工作的重点，积极主动地配合当地普法办公室和司法部门，利用红十字会开展的各项活动，如“5·8世界红十字日”“红十字会法纪念日”“全国普法宣传日”等，采取多种形式向社会宣传普及红十字会法，扩大红十字会的社会影响，动员更多的人关心、支持红十字会工作。同时要积极争取并配合地方人大、政协进行红十字会法执行情况的检查和视察，以促进红十字会法的贯彻执行；各级红十字会要坚持法制教育与法制实践相结合，坚持集中学习与个人学习相结合，如举办法制学习讲座会、报告会、法制知识竞赛活动等，扎扎实实地做好普法规划确定的各项任务；加强指导和监督，务求实效。市、州红十字会要对所辖县、市（区）红十字会的普法情况加强指导和监督，及时发现和解决问题，总结和推广经验。要紧密结合实际，在红十字会系统形成学法、知法、用法、守法、护法的良好氛围。

二、《2006—2010 年法制宣传教育规划》

为贯彻落实《中央宣传部、司法部关于在公民中开展法制宣传教育的第五个五年规划》和全国人大常委会《关于加强法制宣传教育的决议》，根据“中国红十字会‘五五’普法动员电视电话会议”精神，并参照《中国红十字会 2006—2010 年法制宣传教育规划》，结合贵州省实际，贵州省红十字会制定了《贵州红十字会 2006—2010 年法制宣传教育规划》。

（一）指导思想

以邓小平理论和“三个代表”重要思想为指导，深入贯彻党的十六大和十六届三中、四中、五中与六中全会及省委九届七次、八次全会精神，全面落实科学发展观，认真贯彻《中华人民共和国红十字会法》、《中华人民共和国红十字标志使用办法》和《贵州省红十字会条例》，紧紧围绕构建社会主义和谐社会和全面建设小康社会的目标任务，广泛开展法制宣传教育，坚持把法制教育与红十字会实际相结合，为促进红十字事业健康发展营造良好的法治环境。

（二）主要目标

要通过深入扎实的法制宣传教育，进一步提高红十字会全体工作人员的法律意识和法律素质；进一步增强各级红十字会领导干部的法治观念，提高依法管理、依法办事的能力和水平；进一步提高广大红十字会员、志愿者和红十字青少年的法制观念和维权意识；进一步规范红十字名称与红十字标志的使用，使红十字会的声誉得到更加有效的保护；进一步扩大红十字会相关法律法规的社会影响力，增强国家公务员、党政干部，特别是负责联系红十字会工作的相关领导对红十字会相关法律法规的了解，促进红十字事业健康、快速发展。

（三）主要任务

（1）深入学习以宪法为核心的、与国家经济社会发展密切相关的法律法规，着力提高依法保障和促进经济社会发展的能力和水平。紧紧围绕经济社会发展的目标任务，实现好、维护好、发展好人民群众的根本利益，学习宣传与群众生产、生活密切相关的法律法规，学习宣传整顿和规范市场经济秩序的法律法规，学习宣传维护社会和谐稳定、促进社会公平正义的相关法律法规。

（2）深入学习以《中华人民共和国红十字会法》、《中华人民共和国红十字标志使用办法》和《贵州省红十字会条例》为主要内容的、与红十字事业发展密切相关的法律法规及政策。要深入开展《中华人民共和国红十字会法》、《中华人民共和国红十字标志使用办法》和《贵州省红十字会条例》的宣传教育活动，重点学习与红十字会工作相关的社会保障、社会捐赠、社会救助等方面的法律法规及政策，为落实《贵州省红十字事业 2005—2009 年发展规划》，全面推进红十字事业健康持续发展创造良好的法治环境。

（3）坚持法制宣传教育与红十字会实际相结合。全省各级红十字会干部要自觉学法用法，运用法律法规开展各项业务工作，有条件的县级以上红十字会要聘请法律顾问。各级红十字会要密切关注国家及地方各级立法机关颁布的与红十字会工作相关的最新法律法规，并组织宣传学习。要通过法制宣传教育使各级红十字会达到依法建会、依法兴会、依法治会的效果，进一步提高红十字会干部依法维护红十字会合法权益的意识，提高红十字会会员、志愿工作者依法履行职责的能力，保障红十字事业的健康发展。

（4）大力开展《中华人民共和国红十字会法》、《中华人民共和国红十字标志使用办法》和《贵州省红十字会条例》等与红十字事业相关的法律法规宣传教育进机关、进学校、进社区、进乡村、进企（事）业单位活动。开展对政府部门以及与红十字事业相关部门和单位的送法上门活动，主动为这些部门提供红十字会的相关法律法规资料。积极邀请当地党政领导、有影响力的社会知名人士参加红十字会组织的大型普法宣传活动。充分利用重大节日与重大活动，在全省各行各业中广泛开展学习红十字相关法律法规活动。充分发挥广大基层组织与会员的作用，积极向全社会传播与红十字相关的法律法规知识，增强广大公民对红十字相关法律法规知识及有关政策的了解。

（四）主要对象

全省红十字会系统“五五”普法面向全社会，主要对象包括广大红十字工作者、红十字会会员、红十字志愿工作者及各级红十字会理事。重点对象包括各级红十字会专职工作人员、红十字会的各级干部，尤其是领导干部、地方政府有关部门、联系红十字会工作的相关领导、学校的红十字青少年等群体。

（五）具体要求

（1）提高认识，加强领导。各级红十字会要高度重视法制宣传教育工作，切实把法制宣传教育的各项任务、措施落到实处，健全领导机构和办事机构，成立由领导挂帅，各相关部门负责人共同组成的普法依法治理工作领导小组，明确领导职责，建立和完善议事、工作汇报和工作监督等制度，并切实做好组织、协调、检查、指导工作。普法过程中，要重点加强对未理顺管理体制红十字会的帮扶与指导，帮助搞好同当地卫生部门与普法部门的工作协调，争取这些部门对普法工作的支持。

（2）突出重点，统筹兼顾。要结合本地区、本单位的具体情况，确定重点内容，抓住重点对象，紧扣重要环节，特别是抓好与红十字会密切相关的法律法规宣传教育，以重点带一般，统筹兼顾，采取切实措施，防止形式主义，保证法制宣传教育落到实处。

（3）坚持学法用法相结合，法制教育与法治实践相结合。各级红十字会要结合本地区的具体情况，与各项业务工作紧密联系，以活动促宣传，有针对性地开展法制宣传教育。继续向社会公众和有关部门宣传与红十字会法相关的法律法规，加大对机关以及村镇、社区、企业、学校等基层单位的法制宣传力度，把法制宣传教育融入每一个工作环节之中，促进社会各界了解和掌握有关红十字会法的法律法规，并自觉维护红十字会的合法权益。

（4）不断完善普法宣传教育工作机制，保障“五五”普法工作的顺利开展。建立健全评估考核机制，完善评估考核指标体系和评估手段体系与监督、激励机制，开展规划实施的年度和阶段性考核、评比工作，对普法宣传教育工作中的先进单位和个人进行表彰奖励。主动争取当地政府将红十字会的法制宣传教育和依法治理工作所需经费列入红十字会财政预算，专款专用，保证工作正常有效地开展。各级红十字会每年还应安排相应的普法宣传教育专项经费，保证普法工作的正常开展。全省各级红十字会在开展普法宣传教育活动中，要及时与当地普法依法治理工作机构联系，形成合力，齐抓共管，务求实效。

（5）加强普法宣传阵地建设，不断拓宽工作领域。充分发挥红十字会系统《中国红十字报》《博爱》等报刊及网站的作用，利用电视、广播、报刊、互联网平台等大众传媒资源，在每年的“全国法制宣传日”、“世界红十字日”、《红十字会法》和《红十字标志使用办法》颁布日等纪念日集中组织开展大规模的公众宣传活动。要根据时代发展的要求，适应人民群众接受心理和特点的变化，不断创新红十字会法制宣传教育理念，拓宽工作领域，丰富宣传内容，改进工作手段，完善制度体系，加强阵地建设，形成长效机制，努力增强各级红十字会法制宣传教育的吸引力、感染力和实效性。

三、多样化的普法宣传活动

2005—2006年，贵州省红十字会始终坚持从法规宣传入手，使红十字精神逐步深入人心。贵州省红十字会按照国家“四五”与“五五”普法规划和《中国红十字会2001—2005法制宣传教育规划》的要求，借助大众传媒、社区红十字宣传栏、简报等多种形式和载体，积极开展丰富多彩的《红十字会法》《红十字标志使用办法》《献血法》等法律法规的宣传活动。5月8日，省红十字会还顺利开通了贵州省红十字会网站，为传播红十字法律法规知识开辟新的渠道；7月1日，又利用《贵州商报》专版发布竞赛题，在全省范围内举办了“纪念《贵州省红十字会条例》颁布一周年红十字运动基本知识竞赛”，在红十字系统内掀起“学法、知法、用法”的新高潮。

2012年7月11日，《国务院关于促进红十字事业发展的意见》（国发〔2012〕25号）出台后，贵州省红十字会在认真组织学习并多次向省政府领导请示汇报，中国红十字会总会党组书记、中国红十字会常务副会长赵白鸽到贵州考察调研时与贵州省委书记赵克志面谈交换意见。同时，专门组织召开贯彻落实国务院关于促进红十字事业发展的意见报告会，由赵会长亲自做专题报告，省政府和全省9个市（州）联系红十字工作的政府领导，各市（州）和88个县（市、区）的红十字会常务副会长、秘书长、省红十字会全体职工及部分红十字志愿者共240余人参加此次报告会。

在报告会上，赵会长从回顾红十字运动历史到阐述红十字会核心责任和国际影响，从解析红十字精神内涵到论述新形势下推进事业改革创新，从支持红十字会依法履行职责到加强组织和队伍建设，从优化事业发展环境到加强工作领导等方面，对《意见》6个部分21条内容进行了全面深入的解读。通过赵会长的亲临宣讲，全省广大红十字会干部更加深刻领会文件的精神内涵，并在实际工作中自觉充当“宣讲员”，迅速掀起了学习和宣传国发〔2012〕25号文件精神的浓厚氛围。对《意见》的深入学习和宣传，不仅为贵州红十字事业发展带来了重大机遇、提供了强大动力，而且也引起各地党政领导和社会各界的广泛关注和高度重视，全社会关心支持红十字事业的工作机制正在逐步形成。

第三节 贵州红十字文化传播的特色

步入信息化时代，一则新闻能涵盖天下变化，一条消息能改变人间世事。宣传工作作为一个群团组织沟通群众、引导群众、动员群众、服务群众的必要手段和重要措施，一直受到贵州省红十字会领导的高度重视。该会针对贵州的实际和特点，结合工作需要，以培训宣传骨干、建立宣传队伍、办好特色活动、扩大宣传覆盖面为重点，不断加大宣传工作力度，既积极保障了以“三救三献一行动”（应急救援、应急救护、人道救助，无偿献血、捐献造血干细胞、遗体和人体器官捐献以及“绿色家园行动”）为核心的业务工作开展，又为促进全省红十字事业的可持续发展营造了良好氛围。

一、与红十字应急救援相结合

针对贵州省“无灾不成年”，各种自然灾害频发的特点，贵州省各级红十字会积极开展相关宣传动员工作，及时公布灾情灾况、发布相关募捐呼吁。如2012年汛期洪涝灾害和“9·7云贵交界——贵州毕节威宁5.7级地震灾害”发生后，贵州省红十字会第一时间向社会发出募捐倡议、公布赈灾账号，动员和号召社会人道力量共同抗震救灾，得到社会各方面的积极响应，总共筹集救援款物价值758.2万余元。2013年“4·20芦山地震”发生后，根据国务院和中国红十字会总会相关要求，贵州省各级红十字会迅速发布募捐呼吁，开展专项宣传筹资活动，总共筹集款物价值2757.51万元，其中现款1837.85万元，彰显出并不富裕的贵州人民的一份沉甸甸的爱心。

二、与红十字应急救护相结合

在应急救护培训活动中，贵州省红十字会按照学习初级救护知识与技能、传播红十字运动基本知识、发展红十字会员与志愿者“三位一体”的工作模式，明确将学习红十字运动基本知识作为“红十字救护员”资格培训的重要内容，规定每一期培训都必须进行1~2个课时的学习和培训，并印发相关知识宣传手册。2003年以来，贵州省红十字会先后在公安、交通、建筑、教育等行业中开展相关培训活动，发送专门宣传资料170多万份，全省共有1744951人学习和了解红十字运动的基本知识，认识和接触了红十字会组织及相关工作，有的还自愿加入了红十字会的会员和志愿者队伍，为贵州红十字事业的发展起到了良好推动作用。

三、与红十字人道救助活动相结合

抓好“红十字博爱送万家”“绿色家园行动”“博爱家园项目”“少数民族地区大学生成才计划”等大型救助项目和活动，突出宣传推介、活动启动、项目竣工等时间节点，策划举办相关大型宣传活动，并争取新闻媒体的集中宣传报道；围绕“三献”工作需要，坚持一手抓宣传一手抓服务，广泛开展无偿献血和造血干细胞捐献及遗体器官捐献相关宣传培训、知识讲座、问答咨询等宣传服务活动，受到社会普遍关注；利用“5·8 红十字博爱周”“5·12 国家防灾减灾日”“6·14 世界献血者日”及“9·8 世界急救日”“12·1 世界艾滋病日”“12·5 国际志愿者日”等重要节日，通过上下联动、内外互动，统一主题、统一时间、统一行动，以印发资料、设置展板、张挂条幅、举办讲座等形式，精心组织开展系列主题宣传活动，营造宣传声势。如 2012—2013 年，全省印发各种宣传资料 120 多万份、设立宣传展板 280 块、张贴标语 700 余条，举办各种知识竞赛、咨询讲座 22 万多人次。尤其是 2012 年，贵州省红十字会荣获了“全国红十字防灾减灾知识竞赛最佳组织奖”。

四、与红十字人道精神传播相结合

以中国红十字会编写的《国际红十字运动基本知识》为教材，通过组织红十字传播骨干备课、授课，充分运用多媒体等电教设备和手段，图文并茂地讲授了国际人道法及红十字运动基本知识，先后举办传播骨干培训班 42 期 1140 人、红十字运动基本知识讲座 45000 多人次。尤其是紧紧围绕学校红十字会工作，坚持以青少年为主要对象，以培育红十字“人道、博爱、奉献”精神为核心，广泛开展内涵丰富的知识竞赛、特色演讲、征文比赛、有奖问答和健康知识普及等宣传培训活动，既有力地促进了红十字青少年工作的开展，又有效地扩大了红十字会宣传工作的覆盖面。2013 年，在总会举办的“纪念汶川地震 5 周年——红十字青少年自救互救知识竞赛”中，贵州省红十字会荣获“最佳组织奖”，所属 29 个基层单位同时分获相应表彰。

第四节　贵州红十字文化传播样态

贵州省红十字会以拓展宣传途径为着力点，抓载体、增活力，注重红十字文化传播工作的时效性，展示了贵州红十字会推动红十字文化传播的实力与能力。

一、借助媒体推宣传

根据红十字文化传播的需要，贵州省红十字会借助电视、报纸、网络等省内主流媒体，及时召开新闻发布会、新闻通气会，与媒体单位开展互动联谊活动，不断强化主流媒体的新闻宣传工作。如2012—2013年，省内外新闻媒体播报红十字相关新闻信息1760多条（次），其中贵州电视台《新闻联播》36条，通过省红十字会网站发布宣传及工作服务信息477条次。在主流媒体的宣传引导下，红十字“人道、博爱、奉献”精神进一步深入人心，各级红十字会的社会影响力有所增强。

二、开展活动促宣传

为增强宣传工作效果，贵州省红十字会及时更新形式和手段，不断激发社会各界人士学习和了解红十字会相关知识的兴趣，突出宣传工作的吸引力。如2013年5月以来，贵州省红十字会在《贵州都市报》开设《急救知识小课堂》栏目，每周一期，共分15期，将红十字应急救护知识按照意外伤害、常见急症、环境伤害、动物伤害、自然灾害等5大伤害类型，分别从溺水、交通事故、暴力事件、高空坠落、气道异物梗阻、中毒、休克、急性冠脉综合征、脑血管意外、中暑、冻伤、高原反应、动物咬伤、火灾、地震等15类事故所造成的损伤，以科普讲座的形式面向公众进行普及宣传，受到社会广泛关注。

三、搭建平台助宣传

在信息技术高速发展的今天，互联网在信息宣传方面便捷、高速、广泛的优势被越来越多的人所接受，这也是红十字宣传工作的重要途径。近年来，贵州省红十字会积极加强省红十字会网站建设，并利用网站以图片、文字、论坛等形式，以最有效、最直接的方式传播红十字运动基本知识，宣传红十字会工作和理念，使更多的人能够运用现代传媒手段了解红十字会工作、认识红十字运动的基本理念，并积极参与红十字会的各项服务活动。截至2014年底，已有218471余人次直接点击访问我会网站，查询红十字会的有关知识和信息，并有1340人通过网上报名，顺利成为贵州省红十字会的会员和志愿者。

第十一章　交往与合作

慈善无国界，爱心达五洲。在红十字独立、统一理念下，贵州省红十字会不断加强对外交流合作，实现优势互补、资源共享、合作共赢。积极与国际红十字组织、总会、兄弟省（区、市）红十字会保持密切联系和友好往来；在总会统一安排下，组员前往瑞士、美国、英国、德国、意大利、日本、澳大利亚、比利时等30多个国家进行参观访问；并与香港、澳门红十字会和台湾红十字会组织以及国际健康资源、世界无国界医生等慈善组织进行友好交流，发挥了独特作用。精心承办的“2007海峡两岸红十字青少年会员夏令营”活动和“贵州省红十字会理事会赴台参观团”交流，成为两岸真情交往的美谈。在交流中，资助渠道进一步拓展，为贵州省争取了更多的外部资助。

第一节　国际交往与合作

1999年，美国亚洲医疗服务中心医疗队狄波娜·罗等一行5人应邀到贵州省平塘县进行为期5天的义诊，共诊治病人120名，赠送价值6万元的药品。其间还对黔南州部分县、乡医疗单位有关人员进行培训，受到患者和有关方面的好评。

2000年，经美国驻成都领事馆牵线搭桥，美国“心连心组织”资助贵州省毕节、遵义、黔东南、黔南4家医院部分医疗器械、药品和一些医用卫生材料，折合人民币500余万元。

2003年8月，贵州省红十字会积极举荐，使省人民医院原护士长、省护理学会理事长苏雅香同志荣获了第39届南丁格尔奖，受到胡锦涛总书记的亲切接见，成为贵州省有史以来获此殊荣的第一人。

2004年，国际联合会、欧盟人道主义办公室、香港红十字会、国际奥比斯的代表以及上海、黑龙江、云南、宁夏、珠海等兄弟省（市、区）红十字会的代表分别到贵州省红十字会考察工作。贵州省红十字会以此为契机，争取到香港、北京、上海、浙江、广东等地红十字会为贵州省灾区提供大量救助物资的机会，并与世界著名的人道主义组织国际奥比斯建立项目合作关系，获得首期无偿提供238万元人民币在贵州省黔东南自治州建立防盲治盲机构，这是贵州省红十字会独立对外建立的第一个合作项目。

2006年3月17日，香港无偿献血宣传及推动项目第二年度项目总结会在贵州举行。中国红十字会总会、项目捐资方香港红十字会代表、项目执行方贵州省、黑龙江省红十字会代表参加会议。会议总结了2005年度项目执行情况，安排部署了2006年度的项目计划。3月21日，省红十字会秘书长肖莉陪同美国世界中华民族基金会（OCEF）创始人邱维先生赴关岭自治县开展慰问活动，现场发放扶贫款近4万元，并洽谈下一步的捐助博爱学校的意向。

2007年5月24日，贵州省红十字会党组成员、秘书长肖莉代表贵州省红十字会与美国国际健康资源组织（HIR）签署了社区展望计划（CTT）项目协议书。11月28日，波兰驻华大使克日什托夫·舒姆斯基先生代表波兰政府，以灾后重建的名义，向贵州省红十字会无偿援助4万美元，并亲自参加黔西县太来乡方田村“红十字健康新村”的奠基仪式。贵州省红十字会党组书记、常务副会长罗治雄出席仪式并讲话。12月3日—13日，贵州省红十字会常组书记、常务副会长罗治雄随中国红十字会总会组团，前往瑞士、比利时就加强省级红十字会能力建设进行短期学习访问。

2013年1月10日—13日，总会赈济救护部项目办项目协调员王景仁、芬兰红会亚太地区代表马可·科霍宁先生一行在省、州、县红十字会以及项目乡（镇）、村相关领导等陪同下，对长顺县实施的“欧盟社区减灾”项目前期开展情况和新一轮项目点选择情况进行了考察评估。9月14日是“世界急救日”。由中国红十字会总会主办、贵州省红十字会承办、遵义市红十字会和交警支队协办的“2013年世界急救日主题宣传活动暨应急救护演练”在遵义举行。红十字会与红新月会国际联合会东亚地区代表处卫生经理陈红、中国红十字会总会赈济救护部部长王平和贵州省红十字会常务副会长罗治雄、遵义市市长助理宋聚国等领导出席演练活动，活动由遵义市红十字会常务副会长杨蓓同志主持。

第二节　省级交往与合作

2002年6月，台湾红十字会李鸣皋先生在贵州省黔南州了解到都匀市阳和乡光荣村小学有部分学生因家庭贫困面临失学后，促成台湾全球人寿公司出资30万元对该校123名学生给予每人每年170元的学费资助，并对其中45名特困生另给每人每月85元的生活补助，直至小学毕业。2002—2003年，香港红十字会每年都无偿援助贵州省100万元以上。

2007年4月17日，浙江贵州两省红十字会调研组一行8人就我会备灾救灾、救护培训工作进行考察学习，贵州省红十字会党组成员、秘书长肖莉陪同。7月17日—23日，“2007海峡两岸红十字青少年会员夏令营”在贵阳开营，并前往安顺、遵义等地活动，活动历时7天，内容包括交流学习、参观考察、素质拓展等。此次活动是经国务院台湾事务办公室批准，中国红十字会总会委托贵州省红十字会承办的。中国红十字会总会联络部部长王小华、福建省红十字会常务副会长黄毅敏、台湾红十字组织常务理事王清峰女士等参加活动，贵州省人民政府副省长、红十字会会长刘鸿庥，省台办副主任孙辉出席相关仪式，贵州省红十字会党组书记、常务副会长罗治雄，秘书长肖莉陪同活动。海峡两岸红十字青少年会员、领队共80余人参与活动，其中台湾36人（高中生营员30人，领队6人）、祖国大陆48人（高中生营员30人，分别来自北京、辽宁、山东、宁夏、云南、新疆和贵州，领队和工作人员18人）。9月3日，中国红基会捐赠贵州省24套“红十字书库”的发放仪式在贵州省黔西县水西中学举行。中国红基会、贵州省红十字会领导，捐方代表上海水星家用纺织品有限公司及受赠学校师生参加仪式。9月11日—12日，贵州省红十字会党组书记、常务副会长罗治雄陪同林均浩先生到纳雍县参加香港救灾大米的发放仪式，并对已发放大米的乡镇进行检查。9月12日，辽宁省红十字会一行20余人就贵州省红十字会卫生救护培训工作进行考察学习。贵州省红十字会党组书记、常务副会长罗治雄，党组成员、秘书长肖莉及有关负责人参加座谈。9月13日，四川省红十字会考察团一行7人就我会救护培训工作进行考察学习。考察团听取贵州省红十字会党组书记、常务副会长罗治雄对贵州开展救护培训工作的情况介绍。贵州省红十字会党组成员、秘书长肖莉及有关负责人参加座谈。11月23日—12月1日，贵州省红十字会党组成员、秘书长肖莉参加中国红十字会总会组织的赴香港、台湾工作访问。

2008 年 2 月 19 日—22 日，香港特别行政区红十字会国际及赈灾服务部主任张惠萍女士在省红十字会副秘书长朱正群同志的陪同下，到贵州省黔东南州、铜仁地区部分灾区考察了当地的受灾情况及灾后重建工作。3 月 6 日，法国无国界医生在省红十字会秘书长肖莉的陪同下赴黔东南州麻江县开展雪凝灾后重建项目。5 月 14 日晚，由省红十字会副秘书长朱正群带队的我省红十字会首批救灾款物抵达成都，并顺利移交四川省红十字会，救灾物资运往都江堰市灾区。9 月 22 日，中国红十字会总会、香港特别行政区红十字会 2004—2008 年无偿献血宣传项目总结会在贵阳举行，来自中国红十字会总会赈济救护部张淑爱部长、香港特别行政区红十字会的连智杰总监和北京市、黑龙江省、贵州省及相关市（州）红十字会的领导和项目官员 28 人出席了会议。10 月 20 日上午，贵州省红十字会援建四川地震灾区“红十字爱心福利院”灾后重建项目签字仪式在四川省红十字会举行。贵州省红十字会党组书记、常务副会长罗治雄，副秘书长朱正群，四川省红十字会组宣部部长丁地禄，赈济部副部长周百年等出席签字仪式。11 月 8 日—9 日，中国红十字会总会李立东处长、澳门特别行政区曹国希理事长一行，在省红十字会党组成员副秘书长朱正群的陪同下，赴黔西南州贞丰县、安顺市镇宁县、平坝县对“红十字健康新村”和“红十字博爱卫生院”项目建设进行视察和调研。

2009 年 8 月 18 日—21 日，台湾血液基金会董事长林国信一行 9 人，先后到贵州省红十字会、省血液中心、安顺市少数民族地区血站参观考察我省血液事业，并开展交流互访活动。贵州省红十字会党组书记、常务副会长罗治雄及省血液中心负责人参加交流互访活动。9 月 18 日，贵州省红十字会“绿色家园行动 · 红十字助医项目”捐赠仪式在贵阳举行，悦洋亚洲有限公司向项目捐赠了价值 1530 万元人民币的 30 台爱克发 CR 系统医疗设备，援助贵州 30 个贫困地区医疗机构用于帮助贫困患者开展诊疗，贵州省红十字会党组书记、常务副会长罗治雄出席捐赠仪式并与捐赠方签订了协议。12 月 1 日是第 22 个“世界艾滋病日”，贵州省红十字会与成都铁路局贵阳站联合组织在火车站和旅客列车上开展“世界艾滋病日”宣传活动，倡导全社会积极行动起来，履行责任，预防艾滋病，减少社会歧视。贵州省红十字会党组书记、常务副会长罗治雄到场为过往旅客和群众发放了宣传资料。

2010 年 4 月 28 日，北京卡巴斯基科技有限公司联合北京百汇数字星空科技有限公司向贵州省红十字会捐赠价值60万元的150吨大米，用于支援我省黔西南、黔南、毕节、六盘水等地旱区。贵州省红十字会党组成员、秘书长肖莉同志出席捐赠仪式并向捐赠方颁发了荣誉证书。5月12日，汶川地震2周年之际，贵州省红十字会党组书记、常务副会长罗治雄同志亲自带工作组到四川省什邡市、苍溪县、绵竹市等灾区开展慰问走访活动，为当地特殊教育学校和敬老院的孤老、孤残、孤儿送去了40万元人道救助金。5月24日—27日，国际红十字与红新月运动知识传播骨干培训班在贵阳举行，来自海南、云南、贵州等省近50名传播骨干参加了本次培训。贵州省红十字会秘书长肖莉同志出席开班仪式并讲话。6月4日，贵州省红十字会与浙江贝因美集团贵阳分公司在贵阳市南明区云关乡摆郎村奇蕾幼儿园举行“幸福天使，爱心成长”捐赠活动，贝因美集团向贵州省红十字会捐赠价值100万元的物资。贵州省红十字会党组书记、常务副会长罗治雄出席捐赠活动。7月10日，农工党中央、中国红十字会总会联合开展的“毕节贫困山区助医工程”项目之一“乡村医生卫生服务能力培训班”在大方县开班。8月31日—9月1日，首届全国红十字应急救护大赛在贵阳举行，全国32支队伍参加比赛，贵州省代表队获特别组织奖。全国人大常委会副委员长、中国红十字会会长华建敏，中国红十字会常务副会长王伟，中国红十字会副会长郝林娜、王海京，秘书长王汝鹏，贵州省人大常委会副主任、省红十字会名誉副会长顾久，省人民政府副省长、省红十字会会长刘晓凯，省政协副主席、省红十字会名誉副会长左定超，省红十字会党组书记、常务副会长罗治雄等领导出席大赛，并为获奖代表队颁奖。9月1日—2日，中国红十字会应急救护工作研讨会在贵阳召开，省红十字会党组书记、常务副会长罗治雄同志在会上作了题为《寻求新突破、谋划新发展，不断开创救护培训新局面》的交流发言。9月25日，江苏省无锡市红十字会再次向贵州省红十字会捐赠40万元救灾款，省红十字会党组成员、秘书长肖莉同志出席了捐赠仪式。9月27日，贵州省红十字会向新疆建设兵团十三师淖毛湖农场捐赠仪式在兵团机关举行。党组书记、常务副会长罗治雄代表贵州省红十字会将首批20万元捐款捐赠给兵团红十字会用于当地卫生建设。10月22日，中国红十字会/舒肤佳健康长城工程项目乡村医生暨志愿者培训班在贵州省黔南州龙里县开班。此次培训时间为8天，参加培训学员100人，均为乡村医生。12月22日，香港“孟氏基金”助学金发放仪式在贵阳中医学院举行，省红十字会党组书记、常务副会长罗治雄，贵阳中医学院党委副书记董湘玉等领导和香港

“孟氏基金”代表沈冯君先生出席了发放仪式。

2011 年 3 月 24 日—26 日，由中华骨髓库主办、贵州省红十字会承办的中华骨髓库 2011 年工作会议在贵阳召开。中国红十字会党组书记、常务副会长王伟，副会长郝林娜等领导出席会议并讲话。来自中国红十字会总会和全国各省（市、区）红十字会代表共 172 人参加了会议。3 月 23 日—25 日，贵州省红十字会抗震救灾小组一行 3 人赴云南盈江地震灾区开展救灾工作，为地震灾区送去了价值 16.3 万元的 500 床棉被、20 吨大米、50 顶帐篷等救灾物资。5 月 12 日，贵州省红十字会党组书记、常务副会长罗治雄率考察组，深入汶川地震灾区，先后考察了贵州省红十字会援建的 14 所爱心福利院，出席了德阳市中江县继光镇“红十字爱心福利院”的竣工仪式，并为德阳市 4 所红十字爱心福利院捐赠了价值 20 万元的生活设施及用品。5 月 16 日—20 日，中国红十字基金会社会监督巡视组一行 2 人，在党组成员、秘书长肖莉等相关人员的陪同下，深入关岭、紫云、瓮安、龙里 4 县，督导巡视中国红十字基金会援建的旱灾“央企援助基金”项目。此项目覆盖我省 8 市 36 县 765 乡(镇)，受益人口达 25 万。7 月 1 日—5 日，由澳门红十字会组织的“2011 年暑期澳门红十字博爱小学探访体验团”一行 23 人，先后到我省贵阳、黔西南等地考察工作。党组书记、常务副会长罗治雄和秘书长肖莉同志会见了探访体验团一行。7 月 20 日—22 日，中国红十字会欧盟社区减灾项目计划会暨培训班在贵阳举办。芬兰红十字会、中国红十字会总会及贵州、云南、海南 3 省红十字会项目管理人员 20 余人参加会议。党组书记、常务副会长罗治雄出席会议并讲话。9 月 7 日—9 月 10 日，受贵州省红十字会的邀请，香港特别行政区红十字会国际及赈灾服务部主任蔡穗昇等先后对我省龙里、开阳、长顺和台江、三穗、剑河、玉屏、贞丰等干旱严重的县进行了考察。11 月 4 日—6 日，中国红十字会全球基金疟疾项目一期第二年项目协调会在贵阳召开，来自总会疟疾项目办及海南、云南、贵州三省的项目官员 60 人参加会议。总会赈济救护部副部长杨绪生，省红十字会党组书记、常务副会长罗治雄等领导出席会议。11 月 23 日，中国红十字基金会常务理事长王志一行赴遵义考察。省红十字会党组书记、常务副会长罗治雄陪同考察，并出席由中国红十字会基金会捐建的遵义市汇川区板桥镇娄山关村“革命老区行”卫生站项目奠基仪式。12 月 2 日，香港“孟氏基金”博爱助学金发放仪式在贵阳中医学院举行。该学院 25 名贫困学生每人获得一次性助学金 6000 元。省红十字会党组成员、秘书长肖莉出席仪式。

2012年5月31日，冯秋和澳门红十字会冠英博爱小学在黔东南州凯里市大风洞乡落成。中国红十字会总会台港澳处处长张虎，贵州省红十字会党组书记、常务副会长罗治雄，黔东南州政府副秘书长、州红十字会常务理事雷镇琼，州红十字会顾问金鸣昌，凯里市副市长叶昌元等领导出席落成典礼。8月8日，江苏省丹阳市巨贸康健器材有限公司向贵州省红十字会捐赠价值31.715万元的轮椅，捐赠仪式在省政府5号楼三楼会议室举行。省卫生厅副厅长张光奇，省残联副理事长揭晓东，省红十字会党组书记、常务副会长罗治雄出席捐赠仪式。11月8日，香港善施慈善基金会向贵州省红十字会"绿色家园行动"助学项目捐赠贫困大学生救助金发放仪式在贵阳举行，15名贵州籍贫困大学生获得2012年救助金44300元。11月20日，省红十字会在贵阳中医学院举办香港"孟氏基金"博爱助学金发放仪式，中医学院25名贫困学生每人现场领取助学金6000元。香港"孟氏基金"代表沈冯君先生出席了发放仪式并与受助学生座谈。

2013年1月28日—31日，中国红十字会总会赈济救护部项目官员舒婷，香港红十字会国际及赈灾服务部主任林钧浩、姚雅仪一行3人，对我省黔西南州、铜仁市、贞丰县、玉屏县的项目开展评估工作。5月20日，内蒙古自治区红十字会党组书记、常务副会长刘菊茹到我省红十字会交流工作，在贵阳召开了工作座谈会。9月7日—15日，中国红十字会（贵州）供水暨大众卫生救援队培训及应急演练在贵阳举办。学员来自云南、湖北、广州、广西、四川、重庆、贵州等地的救援专业人员、志愿者，共50人。12月9日—12日，广东省红十字会常务副会长梁健、广州市红十字会副会长莫益勇、深圳市红十字会专职副会长赵丽珍等一行11人赴我省毕节市、黔南市开展帮扶调研，落实对口帮扶工作。两省红十字会共同签署了《2013—2020年对口帮扶合作框架协议》。4个对口帮扶城市红十字会也分别签署了《2013—2020年对口帮扶合作框架协议》。

第十二章 领导关怀

第一节 总会领导关怀

一、彭珮云会长视察贵州红十字会

2007年9月19日—29日，九届全国人大常委会副委员长、中国红十字会会长彭珮云，常务副会长江亦曼一行12人，为贯彻落实党中央、国务院领导对贵州省氟中毒、砷中毒、麻风病等地方病（简称“氟砷麻”）防治工作的重要批示精神，到我省开展专题调研活动。调研组先后深入贵阳、安顺、毕节、黔西南等4个市（州、地）8个县（市、区）的农村、社区和医院，召开座谈会6次，走访慰问“氟砷麻”病区的贫困家庭120户。9月24日，彭珮云一行在安顺普定县举行“中国红十字会支持贵州省红十字会‘氟砷麻’综合防治救助项目启动仪式”，援助首批款物1166万元。其间，省委书记、省人大常委会主任石宗源，省委副书记、省长林树森同志到驻地看望彭珮云一行，省人大常委会副主任司徒桂美，副省长、贵州省红十字会会长刘鸿庥，贵州省红十字会党组书记、常务副会长罗治雄等陪同参加活动。9月27日，调研组听取省政府、贵州省红十字会的工作情况汇报，并对红十字会参与贵州省“氟砷麻”综合防治救助和贵州省红十字会工作提出明确的意见和希望，同时，充分肯定了贵州省红十字会历年来的工作，指出贵州省红十字会自2003年理顺管理体制以来，在条件十分困难的情况下，工作有很大的进展，一些工作非常突出，走在全国的前列；按照红十字会与红新月会国际联合会的标准，贵州省红十字会确实是一个运转良好的地方分会。

二、顾秀莲副委员长视察贵州红十字会

2013年1月5日—7日，十届全国人大常委会副委员长、中国关心

下一代工作委员会主任顾秀莲同志与中国红十字会党组副书记、副会长郭长江等组成慰问组，深入贵州黔东南苗族侗族自治州雷山县，出席“中国红十字会2013年‘红十字博爱送万家’慰问活动”，看望慰问我省少数民族地区的困难群众。

在黔期间，省委副书记、代省长陈敏尔在贵阳拜会顾秀莲及中国红十字会慰问组一行，省人大常委会副主任龙超云、唐世礼参加拜会。顾秀莲一行听取贵州省红十字会有关工作情况汇报。

1月6日，顾秀莲一行在省人大常委会副主任唐世礼和省人大常委会办公厅、省红十字会负责人的陪同下，冒着严寒，到黔东南州雷山县出席“中国红十字会2013年‘红十字博爱送万家’慰问活动”启动仪式。仪式上，顾秀莲亲自为贵州颁授“慰问物资捐赠牌”，向贫困群众发放大米、棉衣、棉被、糖果等慰问物资，并与雷山县干部群众一同观看慰问演出节目。随后，顾秀莲还亲自登门看望雷山县丹江镇小固鲁村贫困户李成开和李茂林，送去节日慰问与祝福。

1月7日，顾秀莲一行考察了抗日战争时期中国红十字会总会救护总队队部旧址。她强调，贵阳图云关是中国红十字会四大重要历史活动地之一，要通过修建纪念园区，广泛宣传国际友人帮助中国抗战的国际主义精神和红十字战地救护的感人故事，将其打造成为国际主义教育基地和国际红十字文化活动基地。

三、华建敏会长视察贵州红十字会

2010年9月2日，十届全国人大常委会副委员长、中国红十字会会长华建敏，中国红十字会党组书记、常务副会长王伟等一行深入贵州省黔南州长顺县的3个乡镇，考察调研农村红十字会工作和“绿色家园”项目。

3日上午，华建敏一行还出席了贵州省红十字会工作汇报会和贵州省红十字会备灾救助服务中心暨仓库项目奠基仪式，考察了中国红十字会救护总队（国际援华医疗队）队部旧址和省红十字会救护培训指导中心。下午，华建敏会长与时任贵州省委书记栗战书进行了座谈，并作了重要讲话：

这次到贵州来非常高兴。这是我第三次来贵州。第一次是西部大开发政策刚刚推出，到贵州来主要是看贵州这个地方，中央该给一点什么政策，以及退耕还林、生态保护工作怎么落到实处。第二次是2008年1月份，主要是调研乡镇机构改革，到了贵州很多地方，主要是看怎么为贵州人民多做点事。这一次来的任务，主要是围绕红十字会的活动展开的。来了以后，感觉贵州的变化很大，山更绿了，城市更漂亮了，高楼竖起来了，老百姓的心情更开朗了。这充分说明改革开放30年来，贵州的经济社会取得了长足的发展进步，值得肯定。

说到贵州，就会想到遵义会议；想到遵义会议，就想起小平同志讲毛主席的时候说："如果没有毛主席，中国人民还要在黑暗中多摸索几十年。"毛主席的地位就是在遵义会议上确立的。贵州人民为中国的革命、建设做出了不可磨灭的重大贡献。跟全国人民一样，我们一行对贵州有着深厚的感情，十分期盼贵州的经济社会发展跟全国各地一样蒸蒸日上，飞速前进。

我是2009年10月28日担任会长的，到红会工作还不到1年。人生的旅程到了最后一站，能来红会工作，真的很好。近一年来，我先后到北京、天津、上海、四川、内蒙古红十字会考察调研，了解基层红会工作情况。到其他地方开展别的工作去时，也要问一问红十字会工作开展情况，尽力去调查研究，尽力去学习。来红会工作的这段时间里，我有几点体会：

（一）红十字事业是中国特色社会主义事业不可缺少、极其重要的组成部分

红十字会在整个中国特色社会主义事业里面起着特别重要的作用。在中国红十字会第九次全国会员代表大会上，回良玉同志代表党中央、国务院致辞，对红十字会作了清晰的职能定位。

第一，红十字会是党和政府在人道领域的重要助手。人道领域的事，谁来干？就是红十字会的人去干。就像刚才贵州省各地的红十字会领导发言所说的，红十字会已经是应急救援的重要力量，也是治病救人的重要力量，红十字会在开展救灾、救助、救护工作中，都发挥了重要的作用，当好了党和政府的重要助手。

第二，红十字会是和谐社会建设的重要力量。贵州红会跟全国红会一样，有灾救灾，无灾送温暖，开展了扶危济难、扶贫济困、扶弱助残等各项救助行动，切实增强全社会防灾减灾知识技能，提高群众的自救互救能力等，包括刚刚举办的首届全国应急救护技能大赛。我们昨天去慰问两户贫困户，送了20斤米、10斤油、1000元慰问金，老百姓很感动、很感激。我们红十字会长期开展的"博爱送万家"等活动，帮老百姓解决实际困难、送温暖到家中，老百姓都很期盼。红十字会所做的工作，在群众当中产生了重要的影响，在和谐社会建设中发挥着重要的

作用。

第三，红十字会是社会主义精神文明建设的有生力量。道德水平的培养，家长和老师的言传身教固然重要，但最主要的还是要靠道德实践。让一个小孩子做一件好事，其道德水平就能提高一小步；做十件好事，其道德水平就能提高一大步；如果连续20年、30年乃至一辈子做好事；就是我们提倡的一个高尚的人、一个有道德的人。古人把做好事叫作行善积德，只有行善才能积德。不做善事积不了德。哪有行暗、行恶能积得了德的呢？红十字会所倡导的、所做的事，都是为了行善，都是为了积德。当今社会，拜金主义、享乐主义盛行，更需要我们扎实推进社会主义精神文明建设，更需要用红十字的“人道、博爱、奉献”精神感召广大青少年，更需要红十字会以实际行动展现大作为。

第四，红十字会是民间外交的重要渠道。官方外交代表国家意志和利益，作为官方外交的重要补充，民间外交发挥着不可替代的作用，充满活力。民间外交更能在所在国、对象国民间树立良好形象。比如海地大地震，尽管两国没有建交，但中国的救援队是第一个到达的，比近在咫尺的美国救灾人员早到2小时，印度洋海啸全国人民捐了10多亿，通过红十字会这个民间渠道，充分展示了中国的形象。通过红十字会，在汶川地震、玉树地震、舟曲泥石流等特大自然灾害中，我们也得到了来自世界各国的友好援助。中国有两件事没得说，一是中国自改革开放以来经济发展的速度；再就是中国应对突发事件、开展应急救援的速度。而中国红十字会的应急救援能力是值得肯定的。

（二）红十字会在开展工作中有着无可比拟的三大优势

比较而言，我国的红十字事业是受到十分重视的。在中国开展红十字会工作，有着其他国家无可比拟的优势。

一是政治优势。我们的名誉会长，由党的总书记、国家主席、军委主席胡锦涛同志担任，说明党中央、国务院对红十字会工作是高度重视的。名誉副会长由全国人大常委会副委员长韩启德、桑国卫，全国政协副主席黄孟复、张榕明、李金华担任，会长让鄙人来做，也是逐步地重视。地方也是，名誉会长都是书记或省长来做，有的是书记和省长都做。会长一般都是副省长担任，级别和规格很高，这是中国做红十字会工作最大的政治优势。

二是法制优势。1993年，全国人大颁布了《中华人民共和国红十字会法》，会法明确了红十字会的职责、权利及义务，给红十字会依法开展各项活动提供了充分的法制保障。而专门性针对一个社会团体立法，除《中华人民共和国红十字会法》外，就只有《中华人民共和国工会法》，仅此两家，其他没有。这也体现了我们国家对红十字会的高度重视。

三是平台优势。红十字会得到了全国社会各界的广泛认同，同时，经过努力工作，红十字会已经成为社会主义建设的重要力量，是个大品牌、大平台。运用红十字会这个平台，有效地调动社会各界资源、调动千千万万的人道力量为社会建设服务。昨天看了黔南长顺县竹子托村，在新农村建设中，不仅有贵州省红会的捐助资金，也有来自深圳、宁波等各地援建资金，还有贵州大学在那里开展喀斯特地貌特色农业持续发展的课题研究。可以说，贵州省红十字会的工作，搭建了一个好的平台，调动了各方面的力量。贵州省红十字会的“绿色家园行动”，就是新农村建设的一个非常好的平台。红十字会还是培养人才、用好人才、发挥人才作用的良好平台，有很多志愿者，他们的精神可歌可泣。有位福建的企业家陈光标，先后给红十字会捐了 18 亿，在汶川地震中他带了 60 辆工程车昼夜奋战在救灾一线。

（三）红十字会在构建和谐社会进程中担负着重要的历史使命

当前，我国面临最大的挑战是经济社会发展不平衡、不协调，并由此带来了很多社会矛盾和问题。年初，胡锦涛总书记在省部级专题研讨班上，集中深入地讲了加快转变发展方式的问题。我们要深入贯彻落实。

一是红十字会要主动参与社会管理和社会服务中去。当前我们正加快全面建设小康社会，社会建设一定要有改革的意识，经济发展与社会发展必须同步推进。如何改进发展方式，就是“5+1”，即政治建设、经济建设、文化建设、社会建设、生态建设五个方面全面发展，并依靠党的建设来保证各项建设顺利推行。反思“非典”教训，就是经济社会不相适应，经济发展飞速发展，社会发展严重滞后。所以党中央提出了一系列措施，做出了构建社会主义和谐社会的重大战略部署，红十字会要主动参与到社会管理和社会服务中去。

二是红十字会要善于调动社会各方面资源，善于运用全社会的力量推动社会发展。完全依靠党和政府、完全依靠政府的财力，做不了太多的事。要善于运用全社会的力量来搞好各项工作，要调动全社会的力量来搞社会建设。红十字会具有较好的政治优势、法制优势、品牌优势和平台优势，我们要做到长袖善舞，充分调动社会各方面的资源，运用全社会的力量，推动社会建设的长足发展。

三是红十字会在构建社会主义和谐社会进程中大有作为。有两个数据，一是企业和社会个人向公益事业捐赠的世界平均水平是2.6%，而中国的企业和社会个人向公益事业捐赠平均水平不足1%；二是面向社会公共服务的社会工作者人数，发达国家最高的达到18%，而中国只有1.8%。前些天我问了一些企业家居然连捐赠额度在年利润12%以内可以全额抵扣企业所得税的规定都不知道。宣传不到位、捐赠渠道不顺畅、针对遗产税立法的滞后，导致了捐赠的数量远远不够，从事社会公共服务的人数也远远不够。但正因为如此，我们有充分的信心，中央已经提出要把转变发展方式、促进经济社会协调发展放在更加重要的位置。越是如此，我们红十字会的工作越是有着更大的发展空间，越是可以展现更大的作为。

红会工作怎么搞，来贵州以前，我是带着问题来的。贵州是经济欠发达、财力欠充裕的省，贫困县数量相对较多。同时，贵州省一定是人道主义的需求最强的省，又是我们能动用的人道资源相对比较少的省。这是一个矛盾，在这种人道需求大、可用资源少、财政投入少的情况下，红十字会应该怎么发挥作用？工作如何开展？来了以后很高兴地看到，贵州红十字会各项工作有序推进，贵州红十字人精神饱满，干劲很足，千方百计想干事，有创造性，工作有点子，有招数。而且事实证明了这些点子、招数很管用，很见成效，不是瞎来。特别是今天这个汇报会，战书、克志、永安、顾久、晓凯都来了，这么多领导同志参加这个会，都来关心红十字事业的发展，贵州红十字工作肯定是大有希望的。

最后，我谈几点，贵州红会工作给我印象深刻的、对全国有特别借鉴意义的，有这么几件事。

第一件事，昨天我们去长顺县，从州委书记到县委书记到地方干部，精神状态都非常好，拼命要多干事，带领群众脱贫致富的愿望很浓厚。看了一张照片，像攀岩运动式的，岩石上有几个小地方，每个地方有几株玉米，叫作“种了一山坡，收获不满一锅”。那么困难的条件怎么致富呢？我们看到，种了三个植物：核桃、苹果、烤烟；养了三个动物：鹅、土鸡、黄羊。核桃很快就要结成果实了；苹果我尝了，味道很好，跟陕西的苹果不相上下，要大力推荐给汪洋同志、王荣同志。还有烤烟，又肥又壮。喀斯特地貌没法种庄稼，就靠植物和动物。王伟同志当场表态捐赠100万。这充分说明了我们贵州人和贵州红十字人有着很强的责任心和事业心。

第二件事，贵州省红十字会开展了红十字会“绿色家园行动”，设立了红十字会“绿色家园”互助金。省红会没有资源，从哪里来的钱我没有问，反正有政府的钱，有捐赠的钱，有总会的钱，有自救互救培训的钱，调动了香港的、澳门的、深圳的，很多方面汇集在一起。红十字会的红加上“绿色家园行动”，我们红十字会的红开辟了新的一片绿，红十字会的工作开辟了新的天地，直接参与到胡锦涛同志提出的因地制宜、开发式扶贫的新路子。这个新路子的基本特点在哪里呢？我认为，第一，抓了安居，不断改善贫困群众的基本生产生活条件；第二，抓了乐业，帮助群众找准脱贫增收的长远路子；第三，抓了育人，努力提高贫困群众的基本素质，通过开展职业技能教育，让他们有一技之长。昨天座谈会上来了个残疾人，挺严重的，红十字会帮助他采购了缝纫机，教他加工生产书包，然后香港慈善组织采购他的产品，再捐给红会发到需要的孩子手中。这是一种很好的参与式扶贫开发新思路。那小伙跟我说，希望能掌握更高级一点的技能，赚到更多的钱，只有收入得到了保证，才能有尊严地生活。红十字会的“绿色家园行动”，帮大家进步，让大家充满了对前途的信心、对生活的热爱，这点是很重要的。

第三件事，这次由贵州省承办首届全国应急救护技能大赛，组织得很好，无可挑剔。我没有预想到，还安排了场景，还有大屏幕。比赛很激烈、很精彩、很有看头，比较引人入胜。我们也要建议电视台安排播放一下，不要老是在黄金时段播放歌舞节目，要多播放一些高尚的、公益的、与百姓生活息息相关、对健康帮助很大的节目。这次大赛将防灾减灾知识与自救互救技能结合起来，生动活泼，具有很好的教育意义和示范作用。

第四件事，我听了你们的汇报，第一是提升“三个力”，即提升能力、提升实力、提升影响力。贵州红会的能力、实力、影响力在全国红会都是排在前列的。第二是抓好“三个基”，抓基础、抓基层、抓基地。基础就是培养红会人。基层就是从村级红会抓起，会长是村长，村一级的红会都搞起来了。还有一招，要拿到互助金的借款，还得是红会会员，这样老百姓都参与到红会中来了。第三是着力于机制创新，可操作性、可持久性提高，力求创新。感觉贵州红会抓工作有思路、有特色，抓住了重点、关键点、着力点。

贵州是全国红会的四大重要历史活动基地之一。今天上午，我们参观了国际援华医疗队遗址，恰好今天是抗战胜利65周年纪念日，很有意义。我们衷心地希望贵州省红会能够继续分享更多的经验，取得更好的业绩，在省委省政府的正确领导下，始终走在全国红会的前列。①

2011 年 1 月 19 日，在中国红十字会九届二次理事会上，华建敏会长和王伟常务副会长分别在讲话和工作报告中多次突出肯定了贵州省红十字会相关工作。

2012 年，国务院先后出台了《关于进一步促进贵州经济社会又好又快发展的若干意见》（简称“国发 2 号文件”）和《国务院关于促进红十字事业发展的意见》（简称“国发 25 号文件”）。结合两个文件的贯彻落实工作，在认真学习和深刻领会文件精神的基础上，贵州省红十字会党组书记、常务副会长罗治雄同志亲自率队先后两次前往北京，分别向全国人大常委会副委员长（时任）、中国红十字会会长华建敏同志和中国红十字会领导班子作专题汇报，向总会提出了 14 项共 22 条具体争取支持的事项。华建敏同志在听取汇报后，向总会相关领导明确要求：中国红十字会要根据贵州人道需求大的实际，把贵州作为支持西部地区优先考虑对象。

四、赵白鸽常务副会长视察贵州红十字会

2012 年 10 月 12 日—15 日，中国红十字会党组书记、常务副会长赵白鸽同志到贵州调研，省委书记赵克志、省长陈敏尔分别会见了赵白鸽一行，并就贯彻落实国发 2 号文件、国发 25 号文件精神交换了意见。在深入调研的基础上，总会提出了一系列对口支持贵州的相关举措，并专门下发了《中国红十字会总会关于支持贵州省红十字事业发展的意见》（中红办字〔2012〕182 号）和《关于开展对口帮扶贵州红十字会工作的通知》（中红字〔2013〕50 号），提出了总会加大对贵州支持力度的 6 条意见，明确了相关省市红十字会对口帮扶的工作目标、重点及相关要求。

10 月 12 日，赵白鸽常务副会长就学习贯彻《国家关于促进红十字事业发展的意见》（国发〔2012〕25 号，以下简称《意见》）精神在贵阳国际会议中心作专题报告。全省 9 个市（州）联系红十字工作的政府领导，9 个市（州）和 88 个县（市、区）的红十字会常务副会长、秘书长、省红十字会全体职工及部分红十字志愿者共 240 余人参加了报告会。

赵白鸽常务副会长首先回顾了红十字运动的历史，阐述了其核心责

① 以上华建敏同志的讲话材料是根据录音材料整理的，未经其本人核对，特此说明。

任和国际影响，并深刻解析了红十字精神的内涵，然后紧紧围绕新形势下中国红十字事业改革与发展的重要意义、着力推进红十字事业改革创新、积极支持红十字会依法履行法定职责、加强红十字会组织和队伍建设、优化红十字事业发展的社会环境、切实加强对红十字事业领导等方面，对《意见》6个部分21条内容进行了全面深入的解读。她指出，中国红十字会自成立以来，充分发挥其在人道领域的政府助手作用，成为社会主义和谐社会建设的重要力量、精神文明建设的生力军和民间外交的重要渠道，《意见》对于红十字会的改革与发展具有里程碑式的意义。她要求各级红十字会秉承"人道、博爱、奉献"精神，完成5大核心任务：建立健全红十字应急救援体系，建立红十字应急救护培训长效机制，提高红十字会人道救助能力，加强无偿献血、造血干细胞捐献、遗体和人体器官捐献工作，积极开展国际人道救助和港澳台交流合作。

结合《国务院关于进一步促进贵州经济社会又好又快发展的若干意见》（国发〔2012〕2号文件）精神，赵白鸽说，贵州发展红十字事业尤为重要，因为贵州是后发地区，经济实力弱，贫困人口占全国贫困人口总数比重很大，而且是灾害多发地区，人道需求非常大。她表示，今后一段时期内，中国红十字会总会将从资金、项目、技术等方面加大对贵州的支持力度，特别将从国际援助、国内救援和红十字事业发展等3个基金投向给予贵州倾斜和支持。她要求，贵州红会面对新形势和新任务，要科学做好贵州常发灾害、人道救助需求调查工作，摸清全省人道需求底数，积极协调与各级政府和动员全社会的力量共同探索由政府购买红十字服务的方式做好人道救助工作，总会将大力支持并愿意拿出资金匹配相关项目。

10月13日，赵白鸽一行来到黔南布依族苗族自治州长顺县长寨镇竹子托村，考察"绿色家园行动——健康新村"博爱卫生站、红十字服务站、绿色家园励业帮扶产业示范带等项目及农村红十字会组织建设。

在贵州省红十字会"绿色家园行动——健康新村"项目援建的竹子托村博爱卫生站，赵白鸽向村红十字会副会长、卫生站医生杨佐清详细了解了站内诊断室、治疗室等设施。当了解到杨佐清是经过中国红十字基金会乡村医生培训为当地群众服务的，她颇有兴致地问了很多问题："卫生站每天为多少群众看病，为当地群众提供哪些服务？"

杨佐清说："在2009年卫生站没建好之前，自己还只算是个赤脚医生，只能在家里简单给群众看病，条件很差，更多是出诊，所以每天最多能帮3个人看病。2009年卫生站建好后，自己也参加了红十字乡村医生培训，取得了合格证，群众也都能集中到这儿来看病了，现在每天都有10多人。”

“现在为群众提供服务的内容可多了，主要为当地群众提供妇幼保健、儿童预防、产妇产前产后服务、健康教育，为35岁以上的群众提供定期检查和慢性病监护，常见病治疗和疟疾病预防，宣传红十字精神……”

“还有最好的是，现在我们村里的群众不用再跑到镇上去报合医了，来我这里看病的，都全部报了，由我们每个月汇总后再去报，让老百姓少跑好多路，少花好多钱……”

当赵白鸽问到杨佐清还有什么需要红十字会给予帮助时，他激动地说：“红十字会项目让我在2009年到云南参加乡村医生培训，我可以说那是我这辈子学到东西最多的一次，如果这个培训提前20年让我参加，将是我这辈子最幸福的事。我希望有机会还能参加这样的培训，希望红十字会多派我们这种落后地方的人去培训，这样才能让我们更多的老百姓减少痛苦……”

在竹子托村文化广场，遇到了前来围观的群众，赵白鸽上前亲切询问和了解了他们的生产生活情况。在60岁村民杨殿光的主动邀请下，赵白鸽立即向当地红十字会建议，改变调研行程，冒着雨、踏着淤泥走进了村民家里做客。

在杨殿光家中，赵白鸽亲切地同当地群众聊起了家常。赵白鸽重点了解了杨殿光近几年来的生产生活情况和村里发生的变化。

杨殿光介绍，5年前，村里很穷，他家里也很穷，一家8口人每年只能种点玉米来解决生活问题，身上要想拿出几百块钱都很困难。2008年以来，得到了党和政府的关心，红十字会带来了项目，给予了帮扶，从一开始送粮油、送棉被衣物，到后来种养殖业的帮扶。他改种了花椒、核桃和扶手瓜，2001年光老两口的收入就达到了16000元，现在随时拿出2000~3000元都不是问题了。2011年，家里把原来的土墙房改建成混凝土砖房。

当地村民告诉赵白鸽，竹子托村地处深石山区，山高坡陡，土地贫瘠，石漠化严重，水资源极度匮乏，是贵州一类贫困村。2008年，该村因贫困受到国家领导人的关心，胡锦涛总书记做出重要批示：“要探索因地制宜，开发扶贫的新路子”。贵州省红十字会第一时间深入调研，启动了40万元的“绿色家园行动——健康新村”项目，从励业帮扶、助弱济困方面给予了帮扶，整合了很多资金援建了博爱卫生站、博爱小学、文化广场、红十字书库、红十字服务站、通村公路和一批沼气池、博爱新居。

特别是通过产业励业帮扶和“爱心互助金”，整合各类扶贫资金，帮助该村群众发展多品产业，200户群众种植了核桃810亩、草1450亩、扶手瓜100亩，养羊2460头、鹅4750只。全村农民人均纯收入从2007年的1320元增加到2011年的2716元。

在竹子托村红十字服务站和“绿色家园行动——爱心互助金”管委会办公室，赵白鸽查阅了相关资料，看到该村红十字会积极发挥作用，通过“爱心互助金”帮助了群众发展产业，发展了红十字会会员，带动了当地贫困群众发展产业，建立起一个良好的运行机制，让群众树立起发展的信心，对感恩教育力行传播红十字精神的做法给予了肯定。

14日，赵白鸽一行考察了贵州省红十字会备灾救助服务中心及仓库项目建设情况，在看到1.2万平方米的备灾仓库即将建好投入使用时，她表示，总会将在备灾仓库的管理、信息化、人才队伍及救援队建设等方面给予支持。在参观中国红十字会救护总队队部（国际援华医疗队）抗日战争期间旧址——贵阳图云关时，赵白鸽表示，贵阳图云关是全国红十字会四大重要历史活动地之一，总会将协调各方资源修缮原址，广泛宣传国际友人援华及红十字救护的感人故事，将其打造成为国际红十字文化活动基地。

15日，赵白鸽听取了贵州省和9个市（州）红十字会工作汇报，并作重要讲话。

赵白鸽说，中国红十字事业是中国特色社会主义事业的重要组成部分。中国红十字会是政府在人道工作领域的助手，是构建社会主义和谐社会的重要力量，推进精神文明建设的生力军和我国民间外交的重要渠道。当前我国既处于发展的重要战略机遇期，又处于社会矛盾凸显期。做好新时期的红十字会工作，意义重大，任务艰巨。中国红十字会只有更加积极地参与国际红十字运动，才能更加准确地把握当前红十字会工作的形势和要求，更加有力地推进中国红十字事业在新时期的改革与发展。

她指出，在“人道需求大但可动员资源少”的省情下，贵州省红十字会积极进取、敢于创新，人道救助工作开展得非常好，“绿色家园行动”、应急救护培训和组织发展等各项工作走在全国前列。总会将派出工作组深入贵州调研，认真总结经验，在全国加以宣传和推广。

赵白鸽希望，贵州省红十字会要继续做好最脆弱人群的代言人，充分表达他们的意愿，以贯彻落实《国务院关于促进红十字事业发展的意见》为契机，以综合改革为动力，加快推进体制机制创新，不断加强核心能力建设，全面提升红十字会工作水平，取得更多业绩，创造更多经验，始终成为全国红十字会的先锋。

第二节　总会政策支持

一、支持贵州红十字事业发展

中国红十字会总会高度重视《国务院关于进一步促进贵州经济社会又好又快发展的若干意见》（国发〔2012〕2号）和《国务院关于促进红十字事业发展的意见》（国发〔2012〕25号）的贯彻落实，为促进贵州省红十字事业又好又快发展，提高贵州省红十字会核心能力，切实加大对贵州贫困地区的人道救助力度，中国红十字会总会于2012年12月出台了《关于支持贵州红十字事业发展的意见》，提出了6条对口支持的意见。

（一）加快推进贵州省红十字事业改革创新

积极支持贵州开展全国红十字系统综合改革试点工作，进一步加强工作指导和政策引导，不断完善红十字会内部治理结构。积极推进人事制度改革，推行用人“双轨制”，加强人才队伍建设。创新管理模式，帮助建立“高效、透明、规范”的管理体制和运行机制，提高贵州红十字会的执行力和公信力。

（二）加强贵州省红十字会信息化建设

按照总会信息化建设总体部署，支持贵州开展总会信息化建设试点工作，加大指导和支持力度，重点支持赠捐平台、财务管理、备灾救灾应急管理、捐献造血干细胞管理等信息化系统建设，积极协调红十字会信息化建设纳入当地信息化建设总体规划，不断提升科学管理和信息化公开水平。

（三）加大对贵州人道救助支持力度

针对贵州贫困面积最大、贫困程度最深、扶贫开发程度最重和贫困易灾的鲜明省情，结合贵州群众人道需求大而可动员资源少的现实矛盾，将贵州作为中国红十字会人道救助的重点区域，积极协调社会人道资源，支持贵州人道救助活动。总会在相关项目上给予优先安排；在全国红十字系统应急救援体系建设、国家级专业应急救援队伍建设、备灾救灾仓储管理体系及设施建设等方面给予积极支持，并将贵州省红十字会备灾救灾服务中心作为全国区域性备灾救灾中心和培训基地。

（四）大力提升红十字会核心能力

依托现有资源，支持贵州省红十字会加大人才培训力度，加快实施红十字会人才培训基地建设，为推动贵州省红十字事业发展提供智力和人才支持。借助总会组织建设试点项目，支持贵州贫困地区、少数民族地区红十字基层组织创新发展。支持贵州省红十字会参加国际研讨会活动，不断扩大对外合作与交流。结合贵州省红十字会近年来形成的“三位一体”应急救护培训、“绿色家园行动”等特色工作，积极总结推广，扩大规模，打造品牌，充分发挥示范作用。

（五）建立对口帮扶工作机制

加强统筹协调，鼓励对口帮扶贵州的上海市和大连市、苏州市、杭州市、宁波市、青岛市、广州市、深圳市红十字系统，加大对贵州红十字事业的支持力度，定期研究帮扶工作，探索建立帮扶工作机制。鼓励经济发达地区红十字会对贵州红十字会进行人才培训，并给予人道救助项目和资金支持。

（六）协调支持图云关红十字运动基地建设

加大抗日战争时期中国红十字会救护总队在贵阳图云关的重要活动地的保护开发力度，积极协调启动“贵阳图云关红十字运动基地”建设项目，力争打造国际红十字运动重要历史活动纪念地和红十字文化宣传基地，探索创新红十字文化建设模式，不断扩大红十字会的影响力。

二、开展对口帮扶贵州红十字会工作

2013 年 8 月，中国红十字会总会为进一步贯彻落实《关于支持贵州红十字事业发展的意见》（中红办字〔2012〕182 号）有关要求，专门出台了《关于开展对口支持帮扶贵州红十字会工作的通知》（中红字〔2013〕50 号），对帮扶工作目标、重点及要求进行了明确。

（一）明确对口帮扶贵州红十字会工作的目标

贵州是全国贫困面积最大、贫困人口最多、贫困问题最突出的欠发达省份，人道需求大但可动员的社会资源很少是贵州红十字事业的主要矛盾。国务院明确要求对口帮扶贵州工作期限为 2013—2020 年，主要目标是确保贵州与全国同步实现全面小康社会；确定上海市和辽宁、江苏、浙江、山东、广东 5 个省的 7 个城市分别对口帮扶贵州的 8 个市（州）：上海市对口帮扶遵义市，大连市对口帮扶六盘水市，苏州市对口帮扶铜仁市，杭州市对口帮扶黔东南州，宁波市对口帮扶黔西南州，青岛市对口帮扶安顺市，广州市对口帮扶黔南州，深圳市对口帮扶毕节市。《通知》要求，要充分发挥红十字组织优势，建立广泛动员社会资源和对口帮扶长效机制，调动对口帮扶双方积极性，促进贵州红十字事业又好又快发展。红十字系统对口帮扶的主要目标是：通过对口帮扶及贵州各级红十字会自身努力，不断扩大贵州人道救助领域和对象，增强红十字会人道救助实力，有效提升红十字会社会影响力和核心能力，促进红十字会成为贵州全面建成小康社会的生力军，红十字事业成为贵州经济社会发展的重要组成部分。

（二）把握对口帮扶贵州红十字会工作的重点

一是扩大人道救助领域和服务对象。针对贵州自然灾害多发及贫困落后的省情，动员更多社会资源，以改善受灾或贫困地区基本生产生活条件，帮助灾民或贫困群众解决生存发展、脱贫致富等根本性问题为重点，通过紧急阶段救灾、灾后重建项目援建、日常救助和“博爱家园”“红十字博爱送万家”等渠道给予支持；通过帮助建立专项基金等方式，加大对农村、社区贫困儿童、老人及大病患者的救助力度。二是增强红十字人道救助实力。支持贵州红十字备灾救灾应急体系建设和信息化建设，不断提升当地红十字应急救灾能力、服务水平和自身实力。支持贵州红十字会“绿色家园行动”“生命接力工程”等品牌工作，不断增强筹资能力，扩大社会影响力。三是广泛开展业务和干部交流活动。促进对口帮扶双方在红十字改革创新、核心工作、人道精神传播、志愿服务、红十字青少年、红十字文化研究等方面的交流与合作；积极争取对口帮扶双方党委政府的支持，开展红十字系统干部双向挂职交流，加大红十字系统基层干部培养力度。鼓励市级间、县级间红十字系统建立“一对一”结对帮扶关系，全方位开展帮扶、交流与合作。

第三节　省内领导关怀

一、栗战书对省红十字会的关怀

2010 年 9 月 3 日，时任贵州省委书记栗战书同志在贵阳会见了全国人大常委会副委员长、中国红十字会总会会长华建敏，并在省红十字会汇报会上作了重要讲话[①]。

① 讲话稿的文字材料根据录音整理而成。

华建敏副委员长是第三次来到贵州，每次来贵州，都给予了贵州很多支持和帮助。华建敏副委员长也是我和克志同志来贵州后接待的首位国家领导人。他担任国务委员、国务院秘书长多年，对贵州人民一直非常关心、非常重视，包括贵州的西部大开发政策，他都亲自积极协调。这次来是考察贵州红十字会工作，对贵州红十字会是很大的鼓舞。听了华副委员长的讲话，很受感动、很受教育。借此机会，我们有三点想法给华副委员长汇报。

第一，我们将大力弘扬长征精神，加快推进贵州经济社会又好又快、更好更快地发展。贵州这些年经济社会发展的总体水平落后，贫困人口较多，党中央、国务院对贵州高度的关注，全国人民也关注。我和克志来的时候，感觉压力非常大，肩上担子非常重。来前胡锦涛总书记有一番谈话我们正在学习、贯彻、落实。按照总书记的要求，贵州要实现又好又快、更好更快地发展，全省上下必须高举发展的旗帜、团结的旗帜、奋斗的旗帜。把思想统一到发展上，把心思集中到发展上，把力量凝聚到发展上。发扬长征精神，这是我们最强大的精神动力。我们俩都是第一次到贵州，昨天我和克志去遵义，参观了遵义会议会址。总书记把长征历程概括为五个方面：坚定的信念、顽强的意志；紧密的团结；从实际出发，艰苦奋斗；不怕牺牲，不畏困难，勇往直前；紧密依靠人民群众。遵义会议的精神，就是追求真理，修正错误。贵州要发展，就是要继续弘扬传统，弘扬长征精神。小学的时候，我们就学习了突破乌江天险、飞夺泸定桥、强渡大渡河、攻克娄山关、翻越大雪山等。“突破、飞夺、强渡、攻克、翻越”这就是我们理解的长征精神，我们有决心、有信心、有这种奋斗的精神。

第二，呼吁中央及有关部门对西部大开发政策体现针对性、区别化。政策的个性化、区别化很重要，我省西北地区一片荒凉，主要是恢复植被，贵州的地质灾害非常突出，石漠化突出。生态保护有特殊性。我们要发展特色产业，工作基础较差，贵州人才、教育比不上成都、重庆，更多需要国家战略性的支持。特别在能源矿产方面，贵州也很有潜力，在节能降耗的政策方面应有所体现。特殊的产业扶持政策应有所体现。扶贫政策有所体现，如“氟砷麻”等地方病比例如此大，国家的投资比例应有所侧重。基础设施建设方面，比如修高速公路，比陕西成本高多了，贵州8000万，陕西就3000万，资本比例一样，所以我非常赞成华副委员长刚才讲的，呼吁西部大开发政策区域化。

第三，贵州省委、省政府将一如既往地支持贵州红会工作。华副委员长对红会工作讲得很深刻，思考得也非常深，给了我们很多鼓励，对我们的做法也充分肯定，对下一步的红会工作也做出了重要指示。我们省委、省政府一如既往地支持红会的工作，有关部门也将给予支持。省红会要不断地创新，要有机制的创新，体制的创新，不断地深入实践，抓好首长讲话精神的贯彻落实。华副委员长作为首长级人物，在会前还特别交代怎样支持红会工作，包括解决一些具体问题，下来我们抓紧研究解决。再次感谢华副委员长一行，希望华副委员长多来贵州。

二、赵克志对省红十字会的关怀

2012 年 10 月 15 日，贵州省委书记赵克志在贵阳会见了到贵州举办学习贯彻《国务院关于促进红十字事业发展的意见》报告会并进行专题调研的中国红十字会常务副会长赵白鸽一行，双方就贯彻落实《国务院关于进一步促进贵州经济社会又好又快发展的若干意见》（国发〔2012〕2 号文件）和《国务院关于促进红十字事业发展的意见》（国发〔2012〕25 号文件）精神交换了意见。赵克志代表贵州省委、省政府对赵白鸽一行表示热烈欢迎，对中国红十字会长期以来给予贵州的关心支持表示衷心感谢。他说，中国红十字会始终秉承和发扬“人道、博爱、奉献”的精神，长期致力于人道救助、灾害救援、人道精神传播等工作，取得了显著成绩。在贵州遭受凝冻、干旱等灾害期间，中国红十字会都给予了极大的支持和帮助，特别是今年 9 月 7 日云贵两省交界处发生地震后，第一时间向贵州提供了救灾援助。自 2007 年至今，中国红十字会协调援助贵州款物逾 1 亿元。贵州将一如既往地重视、支持红十字事业发展，认真抓好《国务院关于促进红十字事业发展的意见》的贯彻落实，全力推动“绿色家园行动”、“博爱家园”和“贵阳图云关红十字运动基地”等项目的实施，促进贵州红十字事业更好更快发展。赵克志说，当前，贵州全省上下正在深入贯彻落实“国发 2 号文件”和省第十一次党代会的战略部署，坚持科学发展、奋力后发赶超，确保到 2020 年与全国同步建成全面小康社会。希望中国红十字会一如既往地关心支持贵州，多提宝贵意见，帮助贵州加快实现经济社会发展的历史性跨越。

三、其他领导同志对省红十字会的关怀

2006 年 1 月 10 日，省红十字会第三届三次理事会在贵阳召开。会议传达学习中国红十字会第八届理事会第二次会议暨宣传工作会议精神，回顾总结 2005 年全省红十字会工作，并就下一步工作进行安排部

署。会议还审议并通过了《关于增补（更换）贵州省红十字会第三届理事会理事的决议案》，并向省红十字会14个团体会员单位授牌，向全省红十字会系统2005年目标管理考核和“纪念《贵州省红十字会条例》颁布实施一周年红十字运动基本知识竞赛”的获奖单位颁了奖。副省长、省红十字会会长刘鸿庥及省红十字会三届理事会的61位理事出席会议。2006年1月23日，贵州省红十字会开展“‘红十字关爱进社区’——送衣送粮送真情”活动，向贵阳市两城区6个社区的500户困难群众赠送价值10万元的棉衣、棉被、大米、糖果等慰问物资。副省长、省红十字会会长刘鸿庥出席发放仪式，并走访慰问3个社区的3户困难群众，亲自为他们送去慰问物资。2006年2月27日，《贵州红页(2006版)》（贵州红十字医疗保健生活指南）首发仪式在筑举行。省人民政府副省长、省红十字会会长刘鸿庥，省政协副主席、省红十字会名誉副会长李嘉琥出席并讲话。10月23日—30日，省人大常委会副主任、省红十字会名誉副会长司徒桂美率科教文卫委员会3名主任委员（正副）组成执法检查组，在省红十字会党组书记、常务副会长罗治雄同志的陪同下，对铜仁、黔东南、黔南等3个州（地）及江口、台江、三都等县贯彻落实《中华人民共和国红十字会法》和《贵州省红十字会条例》的情况进行专门检查。

2007年3月28日，贵州省红十字会第三届常务理事会第四次会议在贵阳召开。会议审查了向贵州省红十字会第三届四次理事会提出更换、增补理事和增选常务理事的议案，审议了贵州省红十字会2006年的工作报告和2007年的工作要点。会议由副省长、贵州省红十字会会长刘鸿庥同志主持，副会长周忠良、季可、杨春兴、霍健康、杨克勤等同志和其他13位常务理事出席会议，常务副会长罗治雄同志做工作报告。5月12日，贵州省红十字会联合贵州省体育局、《贵州都市报》、贵阳市红十字会、贵阳市体育局等单位，在省政府大院、黔灵公园内举行“我与奥运同行——‘5·8红十字博爱周’爱心行走”大型群众活动，省人大常委会副主任、贵州省红十字会名誉副会长司徒桂美，省政协副主席、贵州省红十字会名誉副会长李嘉琥参加活动，省政府副省长、贵州省红十字会会长刘鸿庥出席活动并讲话。

2008年4月7日，贵州省副省长刘晓凯在省政府第四会议室专门听取了省红十字会工作汇报，并与省红十字会领导成员和机关处（室）及直属事业单位负责人进行座谈。5月26日，贵州省红十字会援助四川灾区的第六批价值271.3万元的物资在省政府大院启运，副省长禄智明出席出发式并讲话，省红十字会党组书记、常务副会长参加出发式。

2008年5月26日，省委书记石宗源同志在省红十字会报送的《关于“5·12”赈灾工作进展情况的报告》上做出“感谢省红十字会在这次赈灾工作中的贡献和积极作为”，“发扬中华民族的优良传统，彰显人道主义精神”的专门批示，充分肯定了省红十字会为抗震救灾所做出的积极努力。

2008年，中共贵州省委做出决定，省委常委、省委宣传部部长谌贻琴同志联系贵州省红十字会工作。6月3日，省委常委、省委宣传部部长谌贻琴在省委办公厅、省委宣传部等有关部门负责人的陪同下到省红十字会，就省红十字会工作进行调研。

调研中，谌贻琴分别来到省红十字会机关各个工作处室，仔细询问了解省红十字会的工作环境、办公条件以及工作设施等方面的情况，并看望了省红十字会机关全体工作人员。

在听取了省红十字会党组书记、常务副会长罗治雄同志的工作汇报及抗击雪凝灾害、“5·12抗震救灾”和“5·26抗洪救灾”有关工作情况专题汇报后，谌贻琴对省红十字会的工作给予了充分的肯定。她指出，近几年来，省红十字会充分发挥主动性和创造性，广泛传播“人道、博爱、奉献”精神，积极实施以“救灾、救护、救助”为重点的各项业务工作，充分体现了责任意识、大局意识和政治意识，红十字会工作引起了社会各界广泛的关注，得到了普遍认同和高度的赞扬，红十字会各项工作实效性明显，富有成效，某些工作走在了全国的前列。

她要求，红十字会的工作使命神圣，职责光荣，各级红十字会组织要不辱使命，进一步增强社会责任感，不断树立贵州新形象。要与时俱进，开拓创新，不断取得新进步；要团结协作，搭建平台，动员社会各界力量积极奉献，传递爱心；要挖掘潜力，拓展空间，努力宣传贵州，推介贵州，延伸救助渠道，助推贵州经济的发展；要管理创新，建立和完善跟踪问效机制。要进一步注重宣传，扩大红十字会工作的影响力，积极营造良好的舆论氛围。创新思路，努力工作，为全省经济社会的发展做出更大的贡献。

针对目前红十字会工作存在的困难，她表示：“省委明确我联系红十字会的工作，我给大家搞好服务。一是理顺管理体制工作力度不够，我会督促各地抓落实；二是备灾救助服务中心无仓储的问题，我与分管副省长沟通商量解决；三是加大宣传力度的问题，各家媒体要支持红十字会的工作，活动开展媒体派记者参加，重大活动开展要制定方案，媒体跟踪报道。”

2008年12月11日，贵州省红十字会召开第三届理事会第五次会议暨全省红十字会表彰大会，副省长刘晓凯同志及三届理事会理事和各地红十字会会长、常务副会长、秘书长以及受到表彰的抗震救灾先进集体和先进个人代表近200人出席会议。副省长刘晓凯同志作重要讲话。

2010年1月30日，中国红十字会副会长郝林娜，副省长、省红十字会会长刘晓凯，省红十字会常务副会长罗治雄等一行慰问雷山县困难群众，带去了价值42万元的慰问物资和3万元的大学生助学金。4月9日，中国建设银行贵州省分行向贵州省红十字会捐赠150万元，专项用于抗旱救灾黔中枢纽工程建设。贵州省人民政府副省长、省红十字会会长刘晓凯，省红十字会党组书记、常务副会长罗治雄等领导出席捐赠仪式。7月13日，贵州省红十字会首届“初级应急救护技能电视大赛”在贵阳举办，全省红十字会系统9支代表队参赛。省政协副主席、省红十字会名誉副会长左定超，省红十字会党组书记、常务副会长罗治雄，省应急办副主任李荣等领导出席大赛并颁奖。8月31日—9月1日，首届全国红十字应急救护大赛在贵阳举行，全国32支队伍参加比赛，我省代表队获特别组织奖。全国人大常委会副委员长、中国红十字会会长华建敏，中国红十字会常务副会长王伟，中国红十字会副会长郝林娜、王海京，秘书长王汝鹏，贵州省人大常委会副主任、省红十字会名誉副会长顾久，省人民政府副省长、省红十字会会长刘晓凯，省政协副主席、省红十字会名誉副会长左定超，省红十字会党组书记、常务副会长罗治雄等领导出席大赛，并为获奖代表队颁奖。

2011年1月8日，贵州省红十字会“2011年红十字博爱送万家”活动启动仪式在省政府广场举行。省人民政府副省长、红十字会会长刘晓凯，省红十字会党组书记、常务副会长罗治雄等领导出席活动仪式。本次活动向全省9市（州、地）发放救灾慰问物资600余万元。5月8日，贵州省红十字会“2011年红十字博爱周”活动启动仪式在贵阳市人民广场举行。省政协副主席、省红十字会名誉副会长左定超，省委宣传部常务副部长、省红十字会副会长李建国，省民政厅副厅长、省红十字会副会长杨春兴，省红十字会党组书记、常务副会长罗治雄等领导出席活动仪式。

2012年10月15日下午，贵州省委书记赵克志在贵阳会见中国红十字会常务副会长赵白鸽一行，双方就贯彻落实《国务院关于进一步促进贵州经济社会又好又快发展的若干意见》（国发〔2012〕2号文件）和

《国务院关于促进红十字事业发展的意见》（国发〔2012〕25 号文件）精神交换了意见。贵州省委常委、副省长秦如培，贵州省红十字会党组书记、常务副会长罗治雄参加会见。

2013 年 11 月 1 日，贵州省人民政府副省长何力率相关人员检查调研省红十字会工作，听取了党组书记、常务副会长罗治雄同志的工作汇报，并与机关和直属单位中层以上干部职工进行座谈交流，就如何凝聚红十字事业发展的强大正能量提出明确要求。

附　录

附录一

贵州省红十字会历次代表大会一览表

届　次	日　期	代表人数	理事人数	常务理事人数	名誉会长	会　长	常务副会长
第一届	1986.6.11	30	16	7	王振江 袁家玑	张玉芹	赵　松
第二届	1994.7.13	100	41	7	陈士能 吴亦侠 钱运录	张玉芹 龚贤永 马文骏	赵　松
第三届	2003.12.29	195	75	21	钱运录 石秀诗 石宗源 林树森	刘鸿庥 刘晓凯	罗治雄

附录二

大事记

1916 年

6 月，中国红十字会贵阳分会召开成立会议，举行正副会长、总经理暨干事等受职礼。

1921 年

4 月，赤水分会组织救护贵州孙易两旅交战受伤官兵及难民。

1923 年

12 月，贵阳分会派遣救护队救护川黔军阀混战受伤官兵及难民。

1923 年，贵阳时疫流行，为有效预防和治疗流行疾病，贵州红十字会贵阳分会同人捐资发起医疗所，附设贵阳大南门观音寺内分会办事处，在是年阴历初七开办，“到所就诊者络绎不绝”，然后在全市推广创办医疗院所，积极收容时疫患者。

1924 年

5 月 30 日止，共有贵阳、赤水、安顺等三个分会。

1936 年

1936 年，贵州有贵阳分会和赤水分会两个分会。

1937 年

1937 年，贵州仅存贵阳分会一处。

1937 年，淞沪会战失利后，中国红十字会为继续执行战地救护任务，奉卫生署长刘瑞恒关于首都办事处须转移汉口的命令，于 11 月 17 日，将首都办事处撤离南京。21 日，首都办事处到达汉口，总会随即批准其改称驻汉办事处。

12 月 6 日，卫生署召集红十字会总会副会长杜月笙、常务监事钱新之、首都办事处主任庞京周以及中央救护事业总管理处副主任金宝善、在汉口举行会议，主要商定由卫生署所提出的《红十字会总会救护事业办法》。

12 月，总会为集中及实现救护工作，根据卫生署、中国红十字会总会及中央救护事业总管理处合议的《调整中国红十字会救护事业办法》，在汉口成立了临时救护委员会，以林可胜为临时救护委员会代理总干事兼救护总队部总队长。

1938 年

春，救护委员会根据抗日战争战区不断扩展的形势，为了集中救护、医疗、医防事业，以便组织和协调各战区救护和医疗工作，更便于集中领导与管理，经救护委员会第一次委员会会议决定，由总会令总干事林可胜将原救护委员会改称为救护总队部。

5 月间，救护总队迁至长沙，11 月又迁至祁阳，不久救护总队由祁阳再迁往广西桂林。

1939 年

2 月，救护总队迁至贵阳东南郊的图云关。

1940 年

5 月 1 日起，救护总队综合医疗、医护、医防、急救各队的性能，一律改称为医务队，尽量推进野战区，协助军师卫生机关从事手术、绷带、急救工作，并指导办理灭虱、治疥、抗疟、改进环境卫生及兵食营养等军阵卫生工作。

1942 年

秋，救护总队人事变更，林可胜被迫辞职，由总会秘书长潘小萼兼任总队长。

1943 年

2 月，国民政府为加强军事措施，由国防委员会拟定《中华民国红十字会战时组织大纲》，再经立法院通过后改称《中华民国红十字会战时组织条例》，4 月 1 日由国民政府明令公布。

1944 年

1944 年，救护总队除在野战区派驻 76 个医疗队外，还开办 12 个医疗队民众诊所，5 个医疗队组织战区医院，6 个医疗队协助卫生教育，2 个队处理环境卫生，2 个队从事医疗救济，共 103 个医疗队。其中有与卫生署合作的手术队 6 队，有补助津贴的公谊救护队 4 队，及新运医疗队 4 队，均受救护总队指挥参与远征军救护工作。同年 9—10 月，救护总队还派遣医疗队致力于湘黔桂难胞紧急救济。

1945 年

抗战胜利后，救护总队与行政院善后救济总署合作，办理难民医疗工作。年底，救护总队撤离贵阳图云关，在重庆与总会合并办公，后又迁回南京。

1946 年

5 月，救护总队奉总会命令正式解散，完成其历史使命。

1956 年

10 月 9 日，贵州省人民委员会通知贵阳市人民委员会，同意建立贵阳市红十字会，编制 4 人，与贵阳市卫生局合署办公。

12 月 29 日，贵阳市红十字会成立，选举贺培真、张宝元、秦克夫等 37 人为常务委员，余捷为秘书长。“文化大革命”期间，红十字会停止工作。

1984 年

7 月，经贵州省编制委员会批准，贵州省红十字会建立，与贵州省卫生厅合署办公。

1986 年

6 月 11 日，贵州省红十字会第一次全省会员代表大会在贵阳市召开，出席会议的代表 30 人，选举理事 16 人，常务理事 7 人，王振江、袁家玑担任名誉会长，贵州省人民政府副省长张玉芹任会长，赵松任常务副会长。

1994 年

7 月 12 日—13 日，贵州省红十字会第二次全省会员代表大会召开，出席会议代表 100 人、理事 41 人、常务理事 7 人，刘方仁、陈士能、吴亦侠、钱运录任名誉会长，张玉芹继任会长。

1996 年

下半年以后，因工作变动，龚贤永、马文骏先后当选为会长，赵松任常务副会长。

2000 年

12 月 29 日，贵州省编制委员会下发了《关于理顺贵州省红十字会管理体制的通知》，明确贵州省红十字会由省政府领导联系，机关党的工作由省直工委领导，干部按省委组织部有关规定管理，列入参照试行国家公务员制度，经费单列。

2002 年

6 月，重组后的省红十字会机关正式开始独立运作。

2003 年

12 月 29 日，贵州省红十字会第三次全省会员代表大会在贵阳市召开。罗治雄受省红十字会第二届理事会的委托，向大会作《立足新起点、开创新局面，为加快发展我省红十字事业作贡献》的报告。报告对省红十字会“二大”以来的工作进行了总体评价。自省红十字会“二大”以来，我国改革开放不断深入，国民经济快速发展，各项社会事业全面进步。在省委、省政府的领导下，在中国红十字会总会的指导下，我省各级红十字会以邓小平理论和党的基本路线为指导，深入宣传贯彻《中华人民共和国红十字会法》（以下简称《红十字会法》）和中国红十字会第六次、第七次全国会员代表大会精神，坚持依法建会、依法治会、依法兴会，认真履行《红十字会法》赋予的各项职责，较好地完成了各项任务，为贵州省两个文明的建设做出了积极贡献。会议聘请中共贵州省委书记钱运录，省委副书记、省长石秀诗为名誉会长，贵州省人大常委会副主任司徒桂美、省政协副主席李嘉琥为名誉副会长，贵州省副省长刘鸿庥当选为会长，罗治雄当选为常务副会长。

2004 年

5 月 28 日，贵州省第十届人民代表大会常务委员会第八次会议通过了《贵州省红十字会条例》，该条例自 2004 年 7 月 1 日起施行。《贵州省红十字会条例》的出台，是贵州红十字运动史上的一件大事，标志着贵州红十字运动在依法治会的轨道上迈向蓬勃发展的良性循环时期。

10 月 29 日，中共贵州省委批准成立中共贵州省红十字会党组。罗治雄任党组书记。

2005 年

5 月 25 日，原贵州省副省长、省红十字会会长刘鸿庥同志亲自宣告成立“中国造血干细胞捐献者资料库管理中心和贵州分库”。

2006 年

1 月 10 日，贵州省红十字会第三届三次理事会在贵阳召开。会议传达学习中国红十字会第八届理事会第二次会议暨宣传工作会议精神，回顾总结 2005 年全省红十字会工作，并就下一步工作进行安排部署。会议还审议并通过了《关于增补（更换）贵州省红十字会第三届理事会理事的决议案》，并向省红十字会 14 个团体会员单位授牌，向全省红十字会系统 2005 年目标管理考核和“纪念《贵州省红十字会条例》颁布实施一周年红十字运动基本知识竞赛”的获奖单位颁了奖。副省长、省红十字会会长刘鸿庥及省红十字会三届理事会的 61 位理事出席会议。

1 月 16 日，贵州省红十字会“红十字博爱送万家”活动启动仪式在黔东南州雷山县举行。此次活动贵州省红十字会筹集价值 20 万元的慰问物资对紫云、雷山、台江、贞丰、松桃等 5 个县的 1000 户少数民族地区的贫困家庭进行慰问。

1月23日，贵州省红十字会开展"'红十字关爱进社区'——送衣送粮送真情"活动，向贵阳市两城区6个社区的500户困难群众赠送价值10万元的棉衣、棉被、大米、糖果等慰问物资。副省长、省红十字会会长刘鸿庥出席发放仪式，并走访慰问3个社区的3户困难群众，亲自为他们送去慰问物资。

1月26日，贵州省红十字会举行"迎新春、谋发展、爱红会、思进取"茶话会。会机关和直属单位的全体干部职工参加。

2月15日，贵州省红十字会以黔红发〔2006〕4号文件转发《中国红十字会总会关于加强和改进宣传工作的意见》。

2月16日，贵州省红十字会以黔红发〔2006〕6号文件转发中国红十字会总会《红十字模范校表彰管理办法》。

2006年2月15日，贵州省红十字会以黔红发〔2006〕7号文件转发中国红十字会总会《中国红十字青少年工作2005—2009年发展规划》。

2月27日，《贵州红页（2006版）》（贵州红十字医疗保健生活指南）首发仪式在筑举行。省人民政府副省长、省红十字会会长刘鸿庥，省政协副主席、省红十字会名誉副会长李嘉琥出席仪式并讲话。

2月27日，贵州省红十字会联合省教育厅、省卫生厅、团省委下发《关于进一步加强学校红十字会工作的实施意见》（黔红发〔2006〕9号）。

2月27日—3月3日，中国红十字会总会副会长郭长江率调研组赴我省进行卫生救护工作专题调研，听取了贵州省红十字会的卫生救护工作汇报，并赴安顺、遵义、凯里进行了现场调研。

3月8日，贵州省红十字会工会组织会机关及直属单位干部职工举行纪念"国际劳动妇女节"活动。

3月10日，贵州省红十字会党组下发《关于组建贵州省红十字会机关青年工作委员会的通知》（黔红党发〔2006〕1号），组建省红十字会机关青年工作委员会。主任委员蔡咏梅，副主任委员匡传益，秘书长文可可。

3月14日—16日，在江西召开的中国红十字会"2005年传播工作评估表彰会暨传播骨干培训班"上，贵州省红十字会荣获中国红十字会与红十字国际委员会联合授予的2005年度传播工作三等奖。

3月17日，香港无偿献血宣传及推动项目第二年度项目总结会在贵州举行。中国红十字会总会、项目捐资方香港红十字会代表，项目执行方贵州、黑龙江红十字会代表参加会议。会议总结了2005年度项目执行情况，安排部署了2006年度的项目计划。

3月21日，贵州省红十字会秘书长肖莉陪同美国世界中华民族基金会（OCEF）创始人邱维先生赴关岭自治县开展慰问活动，现场发放扶贫款近4万元，并洽谈下一步的捐助博爱学校的意向。

3月21日，由贵州省红十字会募资援建的遵义市务川区濯水镇“五一天狮博爱小学”顺利完工，副秘书长朱正群出席竣工典礼。

3月28日，贵州省红十字会党组书记、常务副会长罗治雄出席贵阳市南明区红十字会第四次会员代表大会，并做重要讲话。

3月30日，贵州红十字会救护培训中心召开2006年工作会议，省红十字会党组书记、常务副会长罗治雄出席会议并讲话。

4月1日，贵州省造血干细胞捐献第一人白学友喜获“联通杯”2005年贵州省都市年度人物奖，省红十字会党组书记、常务副会长罗治雄应组委会邀请为白学友同学颁发荣誉证书。

4月6日，贵州省红十字会转发《中国红十字会总会关于开展2006年“红十字博爱周”活动的通知》和我省活动方案。

5月8日，贵州省红十字会利用“5·8世界红十字日”的时机，以“健康援助进农家——红十字在行动”为主题，开展“红十字博爱周”系列宣传活动。

5月11日，贵州省红十字会救护总队机场支队成立仪式和模拟应急救援演练在贵阳龙洞堡国际机场隆重举行，省红十字会党组书记、常务副会长罗治雄出席并讲话。

5月12日，贵州省红十字会机关和下属单位在六广门社区举行“红十字关爱进社区——一帮一博爱助学活动”。

5月15日—19日，中国造血干细胞捐献者资料库贵州分库在贵州大学蔡家关校区开展“关注血液病患者，关爱生命——普及造血干细胞知识进校园”活动。

6月5日，贵州省红十字会副秘书长朱正群赴澳门参加总会援建内地博爱小学工作会议。

6月14日，第三个“世界献血者日”，贵州省红十字会联合省血液中心等相关单位在贵阳市繁华地段及部分高校开展了无偿献血的宣传活动，省红十字会常务副会长、党组书记罗治雄及秘书长肖莉带头献血。

6月15日—17日，贵州省红十字会朱正群副秘书长率救灾工作组，赶赴贵州省遭受特大洪涝灾害的望谟灾区，发放价值7万余元的救灾物资。

6月28日，上海市红十字会援助我省受灾地区价值60.31万元救灾物资。

7月1日，贵州省红十字会机关党支部开展重温入党誓词、优秀党员发言、知识竞赛等形式的纪念活动，庆祝中国共产党建党85周年。

7月12日—14日，贵州省红十字会朱正群副秘书长率救灾工作组，赶赴贵州省遭受冰雹和龙卷风侵袭的岑巩灾区，发放救灾物资。

8月1日，贵州省红十字会机关工会以“继承人民军队好传统，开创公益事业新局面”为主题，组织召开转业军人八一联谊会，会机关全体干部职工参加联谊会，省红十字会党组书记、常务副会长罗治雄同志出席会议并讲话。

8月4日，贵州省红十字会在贵州省商业高等专科学校电教室举办网络技术培训班，会机关及直属单位全体干部职工、贵州红十字会救护培训中心及市（州、地）工作站网络录入人员参加培训。

8月17日，贵州省红十字会机关工会组织干部职工参加省直工委第二届职工运动会拔河比赛。

8月18日，贵州省造血干细胞成功捐献第二例，同时全国铁路系统成功捐献造血干细胞的首例捐献者伏怀耀返筑（贵阳），省红十字会党组书记、常务副会长罗治雄在欢迎仪式上为他颁发“贵州省红十字会荣誉会员证书”。

8月20日—24日，贵州省红十字会艾滋病青年同伴教育主持人培训班在省人大培训中心举行。

9月8日，贵州省红十字会党组书记、常务副会长罗治雄出席在北京举行的“全国红十字卫生救护工作会议”，并做大会交流发言。

9月9日，是“世界急救日”。贵州省红十字会开展以“拯救生命、一视同仁、自救互救，共创和谐”为主题的系列宣传活动。

9月12日，贵州省红十字会朱正群副秘书长率救灾工作组，赶赴贵州省遭受严重旱灾的桐梓县燎原镇灾区，发放救灾物资。

9月19日，贵州省红十字会党组以“全面落实科学发展观，推动全省红十字事业跨越式发展”为主题，组织召开了党组第二次民主生活会，省委组织部有关领导到会指导。

9月25日—28日，贵州省红十字会党组书记、常务副会长罗治雄出席在北京举行的“《中国红十字报》创刊20周年纪念表彰大会暨中国首届政府、媒体、企业与发展公益事业论坛”。

9月30日，贵州省、贵阳市红十字会、市工会、市妇联联合省红十字会妇女儿童医院举行“关爱弱势人群、弘扬博爱精神”健康普查活动暨贵州省红十字会药品捐赠仪式，省红十字会党组书记、常务副会长罗治雄和副秘书长朱正群出席。

10月16日—17日，由中国红十字会总会王海京秘书长带队的全国社区红十字服务示范市、区考察评审小组，在贵州省红十字会党组书记、常务副会长罗治雄和副秘书长朱正群的陪同下，对我省贵阳市的普陀路、安云路和六广门三个申报社区进行考察。

10月18日—20日，全国红十字系统统计工作培训班在贵阳泰洋酒店举行，中国红十字会总会王海京秘书长出席开班仪式并讲话，贵州省红十字会党组书记、常务副会长罗治雄致辞。

10月23日—30日，贵州省人大常委会副主任、省红十字会名誉副会长司徒桂美率科教文卫委员会3名主任委员（正副）组成执法检查组，在省红十字会党组书记、常务副会长罗治雄同志的陪同下，对铜仁、黔东南、黔南等3个州（地）及江口、台江、三都等县贯彻落实《中华人民共和国红十字会法》和《贵州省红十字会条例》的情况进行专门检查。

10月27日，贵州省红十字会在省政府五号楼第四会议室设立分会场，收听收看中国红十字会“五五”普法动员电视电话会议。

10月27日，贵州省红十字会党组成员、副秘书长朱正群出席全省“两基”攻坚工作总结表彰大会。

2007年

1月8日，中国红十字会总会第八届理事会三次会议在上海召开，贵州省人民政府副省长、贵州省红十字会会长刘鸿庥，贵州省红十字会党组书记、常务副会长罗治雄，贵阳市副市长、市红十字会会长杨哲慧出席会议。在此次会议上，云岩区荣获了总会、民政部授予的“全国社区红十字会服务示范区”的称号。

1月11日，贵州省红十字会与中国红十字会扶贫开发中心合作在贵阳举行大型心电诊断设备有偿扶贫培训班，贵州省红十字会党组成员、副秘书长朱正群出席开班仪式并讲话。

1月15日—19日，贵州省红十字会系统开展地、州、市红十字会目标考核检查，各市（州）、地红十字会有关负责人组成4个考核组，采取交叉轮流的方式对全省8个地、州、市红十字会目标工作进行检查考核。贵州省红十字会秘书长肖莉，副秘书长朱正群参与考核。

1月16日，贵州省红十字会“博爱送万家”活动书画义卖委托仪式在贵阳市美术馆举行。此次义卖活动由贵州好景文化传媒有限公司主动向贵州省红十字会捐赠贵州名家书画7幅，由贵州千里拍卖有限公司无偿义卖。贵州省红十字会党组书记、常务副会长罗治雄出席仪式并讲话。

1月17日，贵州省红十字会党组书记、常务副会长罗治雄率“红十字博爱送万家”活动慰问组赴晴隆县沙子镇慰问贫困少数民族群众。

1月27日，贵州省红十字会党组书记、常务副会长罗治雄率“红十字博爱送万家”活动慰问组赴花溪区高坡乡开展慰问活动。

1月31日，贵州省红十字会党组成员、秘书长肖莉参加中共贵州纪律检查委员会第七次全体会议第二次大会。

2月1日，贵州省红十字会党组成员、秘书长肖莉参加2007年全省卫生工作会议。

2月8日，贵州省红十字会党组成员、秘书长肖莉率慰问组赴贵阳市第二社会福利院送温暖。

2月14日，贵州省红十字会工会组织机关和直属单位全体干部职工在贵阳举行新年团拜会。

2月15日，贵州省红十字会党组书记、常务副会长罗治雄出席在省委大礼堂举行的省委、省政府新春团拜会。

3月2日，贵州省红十字会党组书记、常务副会长罗治雄在省红会2007年目标审核会议上强调，要根据中国红十字会总会要求，结合我们的五年规划以及我会2007年工作要点来制定我们的目标任务，要具有合理性、进取性、科学性。

3月7日，贵州省红十字会党组书记、常务副会长罗治雄参加中国红十字会全国防艾工作评估委员会规则制定的会议。

3月16日，贵州省红十字会党组成员、秘书长肖莉参加中共贵州省直机关工作委员会召开的省直机关第十二次党的工作会议。

3月18日，贵州省红十字会党组成员、秘书长肖莉参加贵阳护理职业学院成立挂牌仪式。

3月19日—25日，贵州省红十字会党组书记、常务副会长罗治雄赴京参加中国红十字会总会举办的2007年领导干部培训班。

3月19日，贵州省红十字会联合省安全生产监督管理局、贵州煤矿安全监察局以黔红发〔2007〕7号文件转发《中国红十字会总会、国家安全生产监管局、国家煤矿安全监察局关于深入开展救护培训工作的通知》。

3月23日，贵州省红十字会党组成员、副秘书长朱正群参加贵阳市红十字会2007年工作会议。

3月23日，贵州省红十字会党组成员、秘书长肖莉带领贵州省红十字会一行9人赴紫云自治县参加省政协组织的送文化、卫生、科技“三下乡”活动。此次活动我会筹集了价值43432万元的大米、棉被、药品、桅灯等慰问物资，并从基层救护培训教学站抽调5名精干师资，在现场举行健康知识的宣传普及和初级卫生救护、防灾避险知识培训。

3月25日，甘肃省红十字会调研组一行3人就我会备灾救灾、救护培训、干细胞库工作进行考察学习，贵州省红十字会党组成员、秘书长肖莉陪同。

3月28日，贵州省红十字会第三届常务理事会第四次会议在贵阳召开。会议审查了向贵州省红十字会第三届四次理事会提出的更换、增补理事和增选常务理事的议案，审议了贵州省红十字会2006年的工作报告和2007年的工作要点。会议由副省长、贵州省红十字会会长刘鸿庥同志主持，副会长周忠良、季可、杨春兴、霍健康、杨克勤等同志和其他13位常务理事出席会议，常务副会长罗治雄同志做工作报告。

3月28日，贵州省红十字会召开2007年工作会议。会议主要传达三届四次常务理事会的会议精神，回顾贵州省红十字会2006年的工作情况，安排部署2007年的工作，并与各市（州、地）红十字会签订2007年的目标管理责任书。会议由贵州省红十字会党组书记、常务副会长罗治雄主持，贵州省红十字会机关全体干部职工、直属单位及部门的负责同志、各市（州、地）红十字会的常务副会长和秘书长参加会议。

3月30日，贵州省红十字会党组成员、秘书长肖莉参加中共贵州省直机关工委召开的党代会，选举出席中共贵州省第十届党代会的代表。贵州省红十字会党组书记、常务副会长罗治雄光荣当选为“党代表”。

4月12日，贵州省红十字会党组书记、常务副会长罗治雄率贵州省红十字会相关处室的同志组成调研组对贵阳市花溪区红十字会社区和学校工作进行调研和考察。

4月15日，贵州省红十字会党组书记、常务副会长罗治雄受邀参加由贵州电视台、贵阳电视台和立白集团在金阳新区共同举办的“温暖行动——关注农民工走进贵阳”大型演出活动。

4月18日—22日，贵州省红十字会联合美国国际健康资源组织（HIR），在我省铜仁地区玉屏县田坪镇、亚鱼乡（瓮袍村、郭家湾村）

及玉屏县城开展了为期5天的疾病预防咨询、义诊服务。

4月17日，浙江省红十字会调研组一行8人就我会备灾救灾、救护培训工作进行考察学习，贵州省红十字会党组成员、秘书长肖莉陪同。

4月20日，贵州省红十字会党组成员、副秘书长朱正群出席黔西县林泉镇韦寨村红十字博爱卫生站奠基仪式。

4月30日，贵州省红十字会通过新闻媒体向社会发布了救济贵州省部分贫困群众因患白内障眼疾病失明人员的信息。

5月8日，贵州省红十字会利用“5·8世界红十字日”的时机，在大十字开展以“关爱农民献爱心，弘扬人道筑和谐”为主题的“红十字博爱周”系列宣传活动。省人民政府副省长、贵州省红十字会会长刘鸿庥，贵州省红十字会党组书记、常务副会长罗治雄参加本次活动。

5月9日，贵州省红十字会在贵州省人民大会堂建筑工地开展以“真情关爱农民工——红十字救护知识到工地”为主题的活动，贵州省红十字会党组书记、常务副会长罗治雄，省建设厅副厅长姬保山到现场为农民工发放慰问物品并讲话。活动现场，贵州省红十字会救护培训指导中心的教员为建筑工人进行了初级救护、防灾避险知识培训，贵州省红十字会妇女儿童医院为建筑农民工进行现场看病、治病，并为200名农民工发放价值10万的爱心医疗救助卡。

5月10日，贵州省红十字会党组书记、常务副会长罗治雄，党组成员、秘书长肖莉出席黔西县太来乡乍房村红十字博爱卫生站奠基仪式，并向该乡部分贫困村民捐助大病医疗救助金、新农村合作医疗的“参合费”，参加在该乡沙寨村举行的送医送药和义诊活动。

5月11日，贵州省红十字会联合省血液中心在都拉乡集贸市场共同举行“关爱生命、真情奉献——造血干细胞捐献知识到农村”公益活动。这次活动主要针对农村乡镇的群众开展造血干细胞捐献、无偿献血和红十字基本知识传播宣传活动。活动现场贵州省红十字会妇女儿童医院的医务人员还为都拉乡的群众提供义诊咨询服务，免费发放部分常用药品。

5月12日，贵州省红十字会联合贵州省体育局、《贵州都市报》、贵阳市红十字会、贵阳市体育局等单位，在省政府大院、黔灵公园内举行“我与奥运同行——‘5·8红十字博爱周’爱心行走”大型群众活动，省人大常委会副主任、贵州省红十字会名誉副会长司徒桂美，省政协副主席、贵州省红十字会名誉副会长李嘉琥参加活动，省政府副省长、贵州省红十字会会长刘鸿庥出席活动并讲话。

5月13日，贵州省红十字会“关爱农民工子女——红十字博爱助学进社区”公益活动在贵阳市云岩区和平社区举行。这次活动是今年“5·8红十字博爱周”系列活动的内容之一。今年也是贵州省红十字会开展“一帮一”助学活动的第3年。贵州省红十字会机关及直属单位干部职工每人捐出自己的部分工资，为贵阳市六广门社区、和平社区、蟠桃宫社区、次南门社区和四方河社区5个社区的60名贫困学生（含农民工子女）提供助学资助，现场捐助学费共计19200元，同时还向受助学生发送价值4000余元的学习词典及课外读物60套。

5月15日，贵州省红十字会党组书记、常务副会长罗治雄率慰问组到息烽县养龙司中学，参加团省委组织的“春晖报故土、博爱促和谐”捐赠仪式并作重要讲话。贵州省红十字会为同学们捐赠了近万元的学习资料和棉被等慰问品。

5月18日，贵州省红十字会党组成员、秘书长肖莉参加省委、省政府召开的全省民政工作会议。

5月14日—18日，中国红十字基金会宣传部刘选国部长及飞利浦公司代表在我会有关人员陪同下，赴从江县参加该县归林村飞利浦博爱卫生站竣工仪式，并为归林村及大塘乡贫困村民送医送药，提供义诊服务。

5月21日，贵州省红十字会联合成都铁路局贵阳铁路办事处以黔红发〔2007〕23号文件转发《中国红十字会总会、铁道部关于深入开展救护培训工作的通知》。

5月24日，贵州省红十字会党组成员、秘书长肖莉代表贵州省红十字会与美国国际健康资源组织（HIR）签署了社区展望计划（CTT）项目协议书。

5月29日，贵州省红十字会、贵州省红十字会妇女儿童医院联合开展“慈善红十字”活动，为贵阳市南明区前进小学750名农民工孩子送去“6·1”儿童节礼物，并为该校医务室捐赠价值5万余元的药品。

5月30日—31日，云南省红十字会一行5人就我会卫生救护培训工作进行考察学习，贵州省红十字会党组成员、秘书长肖莉陪同。

6月1日，贵州省红十字会党组书记、常务副会长罗治雄到贵州省红十字会救护培训指导中心贵阳站对救护培训工作进行调研。

6月1日，贵州省红十字会、省红十字妇女儿童医院在全省联合开展儿童健康基线调查，免费为0~15岁儿童进行体检。

6月12日，贵州省红十字会志愿者王志鑫在浙江为一少年成功捐献造血干细胞，这是我省造血干细胞管理中心成立以来，实现的第三例捐献。6月13日王志鑫返回贵阳，贵州省红十字会党组书记、常务副会长罗治雄同志向他颁发“贵州省红十字会荣誉会员证书”，中国平安保险公司为他赠送价值35万元的保险，同时毕节地区团委号召毕节地区广大青年学习王志鑫同志这种关爱他人、无私奉献的精神。

6月13日，在第四个“世界献血者日”到来之际，贵州省红十字会在贵州大学北校区组织开展红十字运动基本知识和无偿献血、干细胞、初级救护知识竞赛。活动现场，贵州省红十字会党组书记、常务副会长罗治雄带头进行无偿献血。

6月19日，贵州省红十字会党组书记、常务副会长罗治雄到贵州省红十字会救护培训指导中心遵义站对救护培训工作进行调研。

6月20日，贵州省红十字会党组成员、秘书长肖莉参加省委召开的以旅游产业为龙头，发展贵州经济的宣讲会。

6月26日—29日，总会对外联络部李立东处长在我会有关人员陪同下，考察“2007年海峡两岸红十字青少年会员夏令营”活动路线及工作安排。

6月29日，贵州省红十字会党组成员、副秘书长朱正群赴贵州省红十字会对口支援“两基”工作地——盘县进行慰问，在盘县特殊学校及5个乡镇发放棉被600床和现金10000元。

6月29日—30日，贵州省红十字会党组书记、常务副会长罗治雄陪同总会李立东处长、澳门特别行政区红十字会理事长曹国希一行4人前往黔东南州三穗县洪灾区考察灾情。

7月6日，贵州省红十字会党组成员、副秘书长朱正群与省政协文卫体委员会副主任、贵阳市红十字会会长杨哲慧、贵阳市红十字会常务副会长房宁一行20余人赴修文县六桶乡麻风病村开展慰问活动。这次活动为麻风病人和麻风病村的医疗工作人员送去价值近万元的大米、食油、棉被等慰问物资和物品。

7月8日—9日，贵州省红十字会党组成员、副秘书长朱正群带领30余名由省、市、县三级红十字会志愿工作者组成的贵州省红十字志愿服务队，赴安顺市普定县、六盘水市六枝特区，开展“关注地方病　共建和谐社会——红十字健康援助进农家”系列活动，活动拉开我会参与贵州省地方病防治工作的序幕，活动现场共发放价值35686元的慰问物资。

7月17日—23日，“2007海峡两岸红十字青少年会员夏令营”在贵阳开营并前往安顺、遵义等地活动，活动历时7天，内容包括交流学习、参观考察、素质拓展等。此次活动是经国务院台湾事务办公室批准，中国红十字会总会委托贵州省红十字会承办的。中国红十字会总会联络部部长王小华、福建省红十字会常务副会长黄毅敏、台湾红十字组织常务理事王清峰女士等参加活动，贵州省人民政府副省长、红十字会会长刘鸿庥，省台办副主任孙辉出席相关仪式，贵州省红十字会党组书记、常务副会长罗治雄，秘书长肖莉陪同活动。海峡两岸红十字青少年会员、领队共80余人参与活动，其中台湾36人（高中生营员30人，领队6人）、祖国大陆48人（高中生营员30人，分别来自北京、辽宁、山东、宁夏、云南、新疆和贵州，领队和工作人员18人）。省内主要新闻媒体作跟踪报道。

7月25日，贵州省红十字会救护培训指导中心半年工作会议在贵阳召开，贵州省红十字会党组书记、常务副会长罗治雄出席并讲话。

8月4日，贵州省红十字会在黔西南州雨樟镇举行“红十字健康援助进农家”医疗救助金暨慰问物资发放仪式。贵州省红十字会党组书记、常务副会长罗治雄，黔西州人民政府副州长童其芳及州、县红十字会领导出席仪式并为群众发放慰问物质。活动现场向该地30名患地砷病群众各送去医疗救助金200元和部分棉被、衣服、鞋子、大米、食用油、书包、文具和药品等慰问物资，总价值5万余元，并组织红十字志愿者为群众进行送医、送药和红十字知识宣传活动，发送宣传资料5000余份。

8月8日，贵州省红十字会和省党建扶贫队为黔南州独山县本寨水族乡特困户韦香、白朝富等少数民族同胞送去10吨大米、260多床（件）棉被衣物及大量药品，帮助他们渡过难关。

8月9日，贵州省红十字会向遭受“7·26特大洪灾”的三都水族自治县的受灾群众发送了救灾物资。至此，我会已向平塘、独山和剑河等27个县（市）89个乡（镇）的3500多户受灾户发放大米、衣物及药品等救灾款物价值799万元。

8月16日，贵州省红十字党组成员、秘书长肖莉带领由省、地、县三级红十字会20余名志愿者组成的红十字志愿服务队，来到黎平县新寨村开展“关爱生命　共建和谐——红十字援助进农家”志愿者服务活动。活动现场共为100名患麻风病群众发放慰问物资、药品及部分宣传资料价值近万元。

9月1日，“健康新村工程”援建的第一所“国寿博爱卫生站”在贵州省紫云县宗地乡打饶村奠基，中国红基会、国寿慈善基金会、贵州红十字会、中国人寿保险股份公司贵州分公司及安顺市、紫云县领导出席了奠基仪式，这是中央电视台“春暖2007”剧组联合中国红基会等公益机构为中国“最后的穴居部落”所开展的援助行动之一。

9月3日，中国红基会捐赠贵州省24套“红十字书库”的发放仪式在贵州省黔西县水西中学举行。中国红基会、贵州省红十字会领导，捐方代表上海水星家用纺织品有限公司及受赠学校师生参加仪式。至此，我省农村学校“红十字书库”累计达51套，价值近30万元。

9月6日—10日，贵州省红十字会党组成员、秘书长肖莉陪同香港特别行政区红十字会林均浩先生到黔东南州榕江县、毕节地区黔西县进行今年香港红会援助贵州80万元救灾大米发放的后续工作检查。

9月11日—12日，贵州省红十字会党组书记、常务副会长罗治雄陪同林均浩先生到纳雍县参加香港救灾大米的发放仪式，并对已发放大米的乡镇进行检查。

9月12日，辽宁省红十字会一行20余人就我会卫生救护培训工作进行考察学习。贵州省红十字会党组书记、常务副会长罗治雄，党组成员、秘书长肖莉及有关负责人参加座谈。

9月13日，四川省红十字会考察团一行7人就我会救护培训工作进行考察学习。考察团听取贵州省红十字会党组书记、常务副会长罗治雄对贵州开展救护培训工作的情况介绍。贵州省红十字会党组成员、秘书长肖莉及有关负责人参加座谈。

9月19日—29日，中国红十字会会长彭珮云、常务副会长江亦曼一行12人，为贯彻落实党中央、国务院领导对贵州省氟中毒、砷中毒、麻风病等地方病（简称“氟砷麻”）防治工作的重要批示精神，到我省开展专题调研活动。调研组先后深入贵阳、安顺、毕节、黔西南等4个市（州、地）8个县（市、区）的农村、社区和医院，召开座谈会6次，走访慰问“氟砷麻”病区的贫困家庭120户。9月24日，彭珮云一行在安顺普定县举行“中国红十字会支持贵州省红十字会‘氟砷麻’综合防治救助项目启动仪式”，援助首批款物1166万元。其间，省委书记、省人大常委会主任石宗源，省委副书记、省长林树森同志到驻地看望彭珮云一行，省人大常委会副主任司徒桂美，副省长、贵州省红十字会会长刘鸿庥，贵州省红十字会党组书记、常务副会长罗治雄等陪同参加活动。9月27日，调研组听取省政府、贵州省红十字会的工作情况汇报，并对红十字会参与我省“氟砷麻”综合防治救助和我省红十字会工作提出明确的意见和希望。

9月19日，由中央文明办、全国总工会、共青团中央、全国妇联联合举办的“全国道德模范”奖表彰活动在人民大会堂北大厅隆重举行。会上，我会分库第三例造血干细胞捐献者王志鑫获“全国道德模范提名”奖，受到国家主席胡锦涛的亲切接见。

10月10日，贵州省红十字会举行中国红十字会协同办公软件操作使用培训，会机关和直属单位全体干部职工参加培训。

10月13日—14日，贵州省红十字会在贵阳举办艾滋病同伴教育强化班，来自贵阳医学院、贵阳中医学院、贵州大学的20名大学生参加培训。参训人员大部分是2006年艾滋病青年同伴教育培训班的学员。

10月15日，贵州省红十字会在息烽县永靖镇举行博爱卫生院揭牌仪式，贵州省红十字会党组成员、秘书长肖莉出席仪式。该卫生院由上汽通用五菱公司捐资兴建，其规模为目前该公司在全国同类捐建之最。至此，我会已在贵州经济发展较为落后的农村、乡镇启动或建成23个红十字博爱卫生站（院）。

10月18日，贵州省红十字会联合贵州省旅游局以黔红发〔2007〕56号文件转发中国红十字总会、国家旅游局《关于开展导游人员救护培训工作的通知》。

10月30日—31日，贵州省社区红十字服务工作培训暨现场会在贵阳市召开，各市、州、地红十字会，部分县级红十字会的代表40余人参加会议。

10月31日，贵州省红十字会党组成员、秘书长肖莉接受云南玉溪维和制药有限公司捐赠，共计150箱，价值210万元。

11月10日，贵州省红十字会联合省公安厅监管总队，在贵阳市南明区戒毒所开展“拒绝毒品·关爱生命·艾滋病知识宣传教育活动”，并发送防寒服100件。

11月23日，贵阳市红十字会第四次会员代表大会在贵阳召开，贵州省红十字会党组书记、常务副会长罗治雄出席并讲话。

11月23日—12月1日，贵州省红十字会党组成员、秘书长肖莉参加中国红十字会总会组织的赴香港、台湾工作访问。

11月26日，贵州省红十字会志愿者张梅在武汉协和医院顺利捐献造血干细胞，实现贵州第四例捐献。这是全国苗族同胞的首例捐献，在中华骨髓库的捐献者中是第818例。

11月28日，波兰驻华大使克日什托夫·舒姆斯基先生代表波兰政府，以灾后重建的名义，向贵州省红十字会无偿援助4万美元，并亲自参加黔西县太来乡方田村“红十字健康新村”的奠基仪式。贵州省红十字会党组书记、常务副会长罗治雄出席仪式并讲话。

11月29日，在第20个“世界艾滋病日”来临之际，贵州省红十字会组织贵阳医学院红十字会及贵州大学红十字会的部分会员，在贵阳医学院、贵州大学北校区、蔡家关校区、南校区开展艾滋病预防宣传系列活动。此次活动通过义卖募集到现金1656.9元，并于翌日转交到艾滋病感染者或病人的手中。

12月1日，贵州省红十字会联合省公安厅监管总队组织工作组到贵阳市公安局戒毒中心，对正在接受强制性戒毒的300余名学员进行艾滋病防治知识的宣传。

12月1日—2日，贵州省红十字会联合省房屋置换中心等单位，在大十字广场举办“爱我林城·感恩家乡·我不是塑料袋”大型公益环保活动。

12月3日—13日，贵州省红十字会常组书记、常务副会长罗治雄随中国红十字会总会组团，前往瑞士、比利时就加强省级红十字会能力建设进行短期学习访问。

12月4日，贵州省红十字会组织工作人员进行红十字标志使用清查工作，对贵阳市云岩、南明两城区中违规乱用、滥用红十字标志的小诊所和医疗单位进行清理和劝拆。同时，贵州省红十字会联合省司法厅等单位在贵阳市人民广场开展法制宣传活动。

12月10日—15日，贵州省红十字会救护培训指导中心在贵阳举办“贵阳市交通警察支队救护知识培训班”，贵阳市公安局交通警察支队所属的500名45岁以下交警参加培训。

12月16日，贵州省红十字会党组书记、常务副会长罗治雄，贵州省红十字会党组成员、秘书长肖莉和有关同志参加中国红十字会总会在湖南长沙召开的全国红十字应急工作会议。会上，贵州省红十字会被表彰为全国红十字系统救灾工作先进集体。

12月17日，中国红十字会总会在云南召开2005—2007年传播工作评估会议。贵州省红十字会荣获2005—2007年国际红十字与红新月运动基本知识传播组织奖。

12月17日，贵州省红十字会党组成员、秘书长肖莉参加省直工委召开的学习型机关推进会。

12月18日，贵州省红十字会党组成员、秘书长肖莉参加省政府召开的2007年度新型农村合作医疗工作总结会。

12月19日，贵州省红十字会党组成员、秘书长肖莉参加省委、省政府召开的关于表彰全省勤政廉政先进集体和先进个人会议。

12月21日，贵州省红十字会党组书记、常务副会长罗治雄参加省委、省政府召开的全省经济工作会议。

12月26日，由贵州省红十字会发起、贵州省红十字会妇女儿童医院承办的“健康援助——红十字在行动”全省妇女健康医疗援助活动启动。本次活动在全省展开，为期3个月。

12月26日，贵州省红十字会在黔西南州册亨县举行“2008贵州省‘红十字博爱送万家’活动启动仪式”，现场向贫困群众发送大米、棉被、棉衣等慰问物资价值近10万元。省政协副主席、贵州省红十字会名誉副会长李嘉琥，贵州省红十字会党组书记、常务副会长罗治雄及州、县的领导出席仪式。

12月26日，贵州省红十字会党组成员、秘书长肖莉受邀参加贵阳市委宣传部在民族文化宫举行的《经霜的红叶——国际援华医疗队在贵阳的故事》的首发式。

2008年

1月2日，“红十字博爱送万家”活动启动仪式在黔西南州册亨县举行，省政协副主席、省红十字会名誉副会长李嘉琥出席，省红十字会常务副会长罗治雄主持仪式。

2月1日，贵州省红十字会在贵阳市启动“抗凝冻　献真情——红十字博爱送万家”活动，贵州省副省长、省红十字会会长刘鸿庥出席并发表讲话，并与省红十字会党组书记、常务副会长罗治雄一同入户慰问贫困群众。省红十字会秘书长肖莉代表省红十字会接受了来自四个省市的捐款。

2月3日—2月4日，中国红十字会秘书长王海京一行专程来到贵州，慰问抗灾前线的省红十字会干部职工和志愿工作者，并在省红十字会党组书记、常务副会长罗治雄的陪同下赴麻江县出席了“抗凝冻、献真情——红十字博爱送万家”物资发放仪式。

2月15日，贵州省红十字会在贵阳召开“全省红十字系统救灾工作会议”。

2月19日—22日，香港特别行政区红十字会国际及赈灾服务部主任张惠萍女士在省红十字会副秘书长朱正群同志的陪同下，到我省黔东南州、铜仁地区的部分灾区考察了当地的受灾情况及灾后重建工作。

2月26日起，贵州省红十字会与省文联联合开展“情系灾区——红十字博爱送万家”系列巡回慰问活动，整个活动历时26天，先后慰问了独山、丹寨、麻江、贵定等17个重灾县、市、区。

3月6日，法国无国界医生在省红十字会秘书长肖莉的陪同下赴黔东南州麻江县开展雪凝灾后重建项目。

4月7日，贵州省副省长刘晓凯在省政府第四会议室专门听取了省红十字会工作汇报，并与省红十字会领导成员和机关处（室）及直属事业单位负责人进行座谈。

4月8日，贵州省机构编制委员会办公室下发了《关于理顺市县两级红十字会管理体制的意见》（省编办〔2008〕35号文件）。

4月30日，在贵州省“抗凝冻、保民生”工作总结表彰大会上，贵州省委、贵州省人民政府授予贵州省红十字会“集体一等功”。

4月7日，贵州省副省长刘晓凯在省政府第四会议室专门听取了省红十字会工作汇报，并与省红十字会领导成员和机关处（室）及直属事业单位负责人进行座谈。

4月8日，贵州省机构编制委员会办公室下发了《关于理顺市县两级红十字会管理体制的意见》（省编办〔2008〕35号文件）。

4月30日，在贵州省“抗凝冻、保民生”工作总结表彰大会上，贵州省委、贵州省人民政府授予贵州省红十字会“集体一等功”。

5月8日，世界红十字日起，围绕着“携手人道、服务奥运”的活动主题，全省各级红十字会开展为期一周的“5·8红十字博爱周”纪念活动。上午，在贵阳市人民广场，工作人员通过向过往群众发放宣传资料、解说宣传展板、开展初级救护培训演示等活动，向省、市红十字会的团体会员单位和100多名志愿者传播红十字会基本知识和相关法律法规；并举行2008版《贵州红页》首发仪式，现场将首批印制的15000册免费赠送给贵阳市省府社区、蟠桃宫社区等10多家社区服务站以及车站、宾馆、医院等窗口单位。下午，省红十字会与安踏体育用品贵州分公司举行了“5·8红十字博爱周”爱心义卖活动，将义卖所得款物捐赠给贵州省红十字会，用于帮助社区困难群众和贫困大学生。

5月10日，贵州省红十字会“携手人道　服务奥运——红十字博爱助学进社区”公益活动在贵阳市云岩区和平社区举行。

5月10日，在贵阳市第十八中学，贵州省红十字会举行“红十字青少年与奥运同行自救互救知识竞赛”的启动仪式。省红十字会秘书长肖莉出席启动仪式并讲话。

5 月 13 日，贵州省红十字会举行“携手人道 抗震救灾——贵州省红十字会 5·12 地震援助启动仪式”，省红十字会党组书记、常务副会长罗治雄同志在仪式上讲话，我省红十字会首批救灾款物运往四川灾区。

5 月 14 日，由贵州省红十字会副秘书长朱正群带队的我省红十字会首批救灾款物抵达成都，并顺利移交四川省红十字会，救灾物资运往都江堰市灾区。

5 月 15 日—19 日，贵州省红十字会与贵州电视台在贵阳市人民广场举行“关注四川大地震——爱心献灾区”大型募捐直播活动。省红十字会党组成员先后向爱心企业和个人颁发荣誉证书。

5 月 16 日，贵州省红十字会向四川灾区空运第二批救灾物资。

5 月 17 日，贵州省红十字会援助四川灾区的第三批物资在省政府大院启运。

5 月 19 日，贵州省红十字会向四川灾区空运第四批价值 120.8 万元的救灾物资。

5 月 21 日，贵州省红十字会援助四川灾区的第五批价值 540 万元的救灾物资在省政府启运。

5 月 22 日，贵州省红十字会、贵阳市红十字会、贵阳电视台、贵阳人民广播电台、贵阳市文联联合在贵阳市人民广场举办“伸援手 献爱心——募捐 500 万为灾区援建 10 所爱心福利院”大型募捐活动。

5 月 26 日，贵州省红十字会援助四川灾区的第六批价值 271.3 万元的物资在省政府大院启运，副省长禄智明出席出发式并讲话，省红十字会党组书记、常务副会长罗治雄参加出发式。

5 月 26 日，贵州省红十字会、省文联及《贵阳日报》《贵阳晚报》《贵州都市报》和贵阳电视台联合举办的“大爱无疆——汶川地震扶孤助学专项人道救助金募捐活动”在喜来登贵航大酒店举行。

5 月 26 日，贵州省委书记石宗源同志在省红十字会报送的《关于“5·12”赈灾工作进展情况的报告》上做出“感谢省红十字会在这次赈灾工作中的贡献和积极作为”，“发扬中华民族的优良传统，彰显人道主义精神”的专门批示，充分肯定了省红十字会为抗震救灾所做出的积极努力。

5 月 27 日，贵州省红十字会党组书记、常务副会长罗治雄出席了省政府发起的关于汶川地震相关情况的新闻发布会。

5 月 30 日，贵州省“抗洪涝 献真情——红十字在行动”慰问物资发放活动在全省紫云、望谟、长顺等13个受灾县开展。省红十字会副秘书长朱正群率慰问组前往紫云县猴场镇开展灾情考察和慰问工作。

6月3日，中共贵州省委常委、省委宣传部部长谌贻琴在省委办公厅、省委宣传部等有关部门负责人的陪同下到省红十字会调研，并与省红十字会领导及干部职工亲切会谈。

6月6日，贵州省红十字会党组书记、常务副会长罗治雄出席了省政府关于汶川地震相关情况的第二次新闻发布会。

6月30日—7月2日，省红十字会机关党支部组织机关及直属单位全体党员与入党积极分子等一行25人，赴“双万帮扶”活动地——思南县胡家湾乡灯塔村开展系列帮扶活动。

7月21日，贵州省第一期青年同伴教育主持人培训班举行开班仪式，贵州省红十字会2008年艾滋病预防宣传项目正式启动，省红十字会秘书长肖莉出席仪式并讲话。

7月29日，中国红十字会总会在全国政协礼堂隆重举行抗震救灾先进表彰大会。贵州省3家集体、10名个人受中国红十字会抗震救灾先进表彰，省红十字会党组书记、常务副会长罗治雄出席大会并代表省红十字会接受表彰。

7月31日，贵州省红十字会机关工会为本单位转业军人举行了一次别开生面的座谈会。省红十字会副秘书长、会机关工会主席朱正群同志发表讲话。

9月22日，中国红十字会总会、香港特别行政区红十字会2004—2008年无偿献血宣传项目总结会在贵阳举行，来自中国红十字会总会赈济救护部张淑爱部长、香港特别行政区红十字会的连智杰总监和北京市、黑龙江省、贵州省及相关市（州）红十字会的领导和项目官员28人出席了会议，贵州省红十字会党组书记、常务副会长罗治雄在会上讲话。

9月17日，“天高海阔　根在故乡——明星回家祝福贵州大型公益晚会”在省体育馆精彩上演。由贵州省红十字会发起的“绿色家园行动”借势拉开序幕。贵州省红十字会党组书记、常务副会长罗治雄在晚会上发放“绿色家园行动”首笔救助款，并聘请奥运冠军邹市明担任“贵州省红十字会公益形象大使”，聘请我省著名歌手阿幼朵和知名演员黄明担任“贵州省红十字会绿色家园行动爱心使者”。

10月15日，贵州省红十字会在省政府五号楼三楼会议室召开深入学习实践科学发展观活动动员大会。党组书记、常务副会长罗治雄同志作动员讲话，党组成员、副秘书长朱正群同志宣读有关实施方案，会机关及直属单位全体党员和干部职工45人参加会议。省委学习实践科学发展观活动领导小组一行在组长喻培萱同志的带领下，亲临会议指导并作重要指示。

10月20日，贵州省红十字会援建四川地震灾区“红十字爱心福利院”灾后重建项目签字仪式在四川省红十字会举行。我会党组书记、常务副会长罗治雄，副秘书长朱正群，四川省红十字会组宣部部长丁地禄，赈济部副部长周百年等出席签字仪式。

10月23日—24日，贵州省红十字会机关及直属单位全体人员集体赴省青少年活动营地进行全封闭式深入学习科学发展观活动。省委党校谭正繁教授进行专题讲授。

11月3日，贵州省红十字会党组书记、常务副会长罗治雄和党组成员、副秘书长朱正群以“加快推进贵州省红十字会备灾救灾能力建设研究”和“构建适应‘和谐贵州’建设的红十字会组织体系研究”为课题，分别对全省8个市（州、地）及12个县（市、区）红十字会进行了为期一周的调查研究。

11月8日—9日，中国红十字会总会李立东处长、澳门特别行政区曹国希理事长一行，在贵州省红十字会党组成员副秘书长朱正群的陪同下，赴黔西南州贞丰县、安顺市镇宁县、平坝县对“红十字健康新村”和“红十字博爱卫生院”项目建设进行视察和调研。

11月14日，贵州省红十字会组织机关及直属单位全体干部职工在省政府大院五号楼三楼会议室开展“更加解放思想、推动跨越发展”的主题大讨论活动。活动由省红十字会党组成员、副秘书长朱正群同志主持，省委学习实践科学发展观活动检查指导六组张培刚、刘翔两位同志亲临指导。

11月18日，贵州省红十字会在省救护培训指导中心多媒体教室举行“三学三改三提高　科学发展在身边”演讲比赛，来自机关各处室和直属单位的5名选手参加比赛，党组成员、副秘书长朱正群同志参加活动并发表讲话。

12月4日，全国第六个法制宣传日，贵州省红十字会联合省、市人大教科文卫委员会、贵阳市工商局等职能部门开展红十字标志执法检查，省红十字会肖莉秘书长参加检查。

12月11日，贵州省红十字会召开第三届理事会第五次会议暨全省红十字会表彰大会，副省长刘晓凯同志及三届理事会理事和各地红十字会会长、常务副会长、秘书长以及受到表彰的抗震救灾先进集体和先进个人代表近200人出席会议。副省长刘晓凯同志作重要讲话。

12月26日，为深入学习实践科学发展观，切实解决群众关心的实际问题，贵州省红十字会组织机关及直属单位党员干部、入党积极分子20余人赴长顺县开展“察民情、送温暖、促和谐”主题实践活动。省红十字会党组书记、常务副会长罗治雄发表讲话并实地考察。

2009年

2008年12月26日—2009年1月12日，贵州省红十字会筹集价值约300万元的过冬物资，包括棉被5000床、大米300吨、鞋子1500双、家庭包1500箱，分别在黔南州长顺县、龙里县龙谷乡、平塘县大塘镇，铜仁地区思南县胡家湾乡、灯塔村、德江县复兴乡，黔东南州麻江县贤昌乡等举行了“科学发展　情系民生——2009年贵州省红十字博爱送万家”慰问物资发放仪式。贵州省红十字会党组书记、常务副会长罗治雄，党组成员、副秘书长朱正群等红十字会工作人员参加了慰问活动。

1月18日，贵州省红十字会2008年目标考评暨2009年工作会议在贵阳召开。贵州省红十字会党组书记、常务副会长罗治雄，贵州省红十字会党组成员、秘书长肖莉，贵州省红十字会党组成员、副秘书长朱正群，9个市（州、地）红十字会主要负责人及秘书长，省红十字会机关和直属单位负责人及全体干部职工等50多人参加了会议。

1月19日，贵州省红十字会联合贵阳市红十字会、花溪区红十字会在花溪区举行“科学发展　情系民生——红十字博爱送万家”活动，现场向花溪区贫困群众发放价值20多万元的大米、棉被、棉衣、鞋、家庭包、食用油、药品等慰问物资。省红十字会党组书记、常务副会长罗治雄及贵阳市红十字会常务副会长房宁、花溪区领导等出席了该活动，并入户慰问贫困户。

3月3日，贵州省红十字会召开学习实践科学发展观活动总结大会并组织群众满意度测评，省红十字会党组书记、常务副会长、深入学习实践科学发展观活动领导小组组长罗治雄同志作总结报告，省委指导检查组六组组长喻培萱、成员张培刚同志到会指导，机关及直属单位全体干部职工、部分基层代表参加会议。

3月24日，贵州省红十字会首批救灾物资70顶帐篷送抵贵州省毕节地区威宁县地震灾区。

3月25日，贵州省红十字会向四川省成都市红十字会送去第二批援建资金668.5万元，并签订了援建项目协议。

4月30日，贵州省红十字会机关召开全体党员大会，正式成立机关党委，并差额选举产生中共贵州省红十字会第一届机关5人委员会。此次会议由党组书记、常务副会长罗治雄同志主持并讲话，省直工委组织部副部长陈伟同志应邀出席会议并作相关指示，机关党支部书记肖莉同志作机关党支部工作报告，认真总结回顾了近5年来的工作情况。

5月5日，贵州省红十字会常务副会长罗治雄，团省委副书记、省青联主席滕红等一行20余人向因暴雨造成农作物等经济损失严重的黔东南施秉县双井镇龙塘发放价值16万余元的救灾物资。

5月8日，贵州省“2009红十字博爱周”活动正式启动，首场专项活动“红十字志愿服务队授旗仪式”在省政府大院内举行，贵州省红十字会常务副会长罗治雄出席并讲话。仪式结束后，在贵阳云岩广场开展了红十字精神传播、健康检查、自救互救知识宣传、心理咨询、技能演示、发放宣传资料等志愿服务活动。

5月9日，贵州省“2009红十字博爱周”系列活动之“红十字关爱进社区暨绿色家园行动博爱助学项目”在贵阳市和平社区正式启动。省红十字会机关及直属单位全体干部为项目捐赠首批爱心款2万余元，救助了50名贫困小学生，并组织了近百名红十字志愿者走访慰问困难家庭，为孤寡老人开展义诊、生活帮助等服务，并对5个社区开展初级救护知识培训。贵州省红十字会常务副会长罗治雄、秘书长肖莉、副秘书长朱正群参加本次活动。

5月9日，贵州省红十字会党组书记、常务副会长罗治雄出席了由贵州省红十字会、贵州电视台、贵阳电视台等单位，共同举办的纪念汶川大地震一周年特别节目暨纪录片《爱的记忆》开播仪式。

5月10日，贵州省红十字会党组书记、常务副会长罗治雄赴普定县坪上乡哈呼村出席省红十字会“氟砷麻”综合防治救助项目——“绿色家园健康新村”竣工仪式，同时，省红十字会还开展了“红十字援助进农家”活动，给当地贫困农民捐赠了棉被、药品、衣物等总价值近10万元的家庭包。当天，同样的新村落成在安顺、毕节、六盘水等地区有8个。

5月12日，贵州省红十字会在贵阳市人民广场开展了纪念汶川“5·12大地震”一周年暨国家首个“防灾减灾日”的纪念宣传活动，现场举行了“红十字避险自救演练比赛暨紧急救援队授旗仪式”并组织这6支救援队开展了地震、交通事故、火灾事故、垮塌事故、水灾洪灾、公共场所踩踏事故等现场避险自救互救演练比赛，为广大市民群众现场开展自救互救观摩培训。省政府副省长辛维光、省政协副主席刘鸿庥在省红十字会党组书记、常务副会长罗治雄的陪同下参加本次活动。

5月12日，贵州省“2009红十字博爱周”——“红十字助学进校园”活动在贵州大学举行，贵州省红十字会向该校的110名四川灾区的贫困大学生发放了22万元的人道助学金和8万元的生活学习用品。省红十字会党组书记、常务副会长罗治雄出席活动并讲话。

5月13日，贵州省“2009红十字博爱周”——“红十字服务进医院”活动在贵州省人民医院举行，活动现场中国红十字基金会向贵州肿瘤患者捐赠了价值10万元的健康食品。贵州省红十字会党组书记、常务副会长罗治雄，中国红十字基金会“温暖中国行动”项目办负责人及20多名红十字志愿者走进病房慰问了8名肿瘤患者。

5月26日，贵州省红十字会在贵阳启动“绿色家园行动——助弱解困致残性骨病帮扶救助”项目。启动仪式上，贵州省红十字会党组书记、常务副会长罗治雄接受了社会爱心人士赵迎燕向项目捐赠的1000万元，设立“贵州省红十字会‘绿色家园行动’助弱解困致残性骨病专项救助金”，专门用于救助广大贫困骨伤骨病患者。

6月16日，贵州省红十字会机关工会召开第二次全体会员大会。大会对上一届机关工会作了全面总结，对今后5年工作作了安排部署，选举产生了新一届机关工会委员会。党组书记、常务副会长罗治雄，秘书长肖莉，机关党委书记朱正群出席了会议。

6月27日，贵州省红十字会造血干细胞管理中心志愿者培训班在贵阳开班，开班仪式上为获得“全国百优秀志愿者”称号和在中华骨髓库广告语征集活动中获得一等奖、组织奖的志愿者和单位颁发了奖状，省红十字会党组书记、常务副会长罗治雄出席仪式并发表了重要讲话。

6月30日，贵州省红十字会将远在铜仁地区思南县胡家湾乡的“双万结对帮扶”点——灯塔村16名党员接到贵阳，开展了一次以“走出大山谋发展”为主题的学习参观活动。贵州省红十字会党组书记、常务副会长罗治雄参加活动并讲话。

7月7日—8日，贵州省红十字会党组书记、常务副会长罗治雄带队将贵州省红十字会募集的200万元救灾物资送抵水城、普安、思南、黄平、威宁等洪涝重灾区，救助了2万多名灾民。

7月10日，贵州省红十字会在长顺县种获乡沙子关“绿色家园健康新村”落成之际，为长顺灾区群众送去了价值40万元的救灾物资，党组书记、常务副会长罗治雄出席物资发放仪式并为“绿色家园健康新村”落成揭牌。

7月29日，贵州省第一所“体彩红十字博爱小学”落户长顺。贵州省红十字会党组成员、副秘书长、机关党委书记朱正群、省体彩中心副主任巴连利，黔南州政协副主席等有关领导，与营盘乡中心小学的学生代表一起，挥动手中的铁铲，为贵州省第一所“体彩红十字博爱小学”奠基，再次树起一座爱的丰碑。

8月18日—21日，台湾血液基金会董事长林国信一行9人，先后到贵州省红十字会、省血液中心、安顺市少数民族地区血站参观考察我省血液事业，并开展交流互访活动。贵州省红十字会党组书记、常务副会长罗治雄及省血液中心负责人参加交流互访活动。

9月3日，贵州省红十字会“红十字博爱送万家”来到贵州铜仁地区江口县坝盘乡坝盘村，为200名困难群众送去了价值4万多元的生活家庭包。党组书记、常务副会长罗治雄出席活动。

9月12日，是“世界急救日”。贵州省红十字会联合贵阳市红十字会及两城区红十字会，组织贵州省人民医院、贵州省红十字会医院等7支红十字志愿服务队伍，在贵阳市中心广场开展急救知识普及宣传活动。贵州省红十字会党组书记、常务副会长罗治雄出席活动并发表讲话。

9月18日，贵州省红十字会“绿色家园行动·红十字助医项目”捐赠仪式在贵阳举行，悦洋亚洲有限公司向项目捐赠了价值1530万元人民币的30台爱克发CR系统医疗设备，援助贵州30个贫困地区医疗机构，用于帮助贫困患者开展诊疗。贵州省红十字会党组书记、常务副会长罗治雄出席捐赠仪式并与捐赠方签订了协议。

9月24日，贵州省红十字会党组书记、常务副会长罗治雄带领工作人员一行来到安顺市开展“红十字博爱送万家”活动，200名贫困老人得到“红十字博爱送万家”活动送去的棉被、大米、糖果等生活用品。

10月26日，贵州省参加中国红十字会第九次全国会员代表大会的19名会员代表在龙洞堡机场举行欢送座谈会，贵州省红十字会党组书记、常务副会长罗治雄与各位会员代表纷纷发表讲话。

12月1日，第22个“世界艾滋病日”，贵州省红十字会与成都铁路局贵阳站联合组织开展我省城市火车站和旅客列车“世界艾滋病日”宣传活动，倡导全社会积极行动起来，履行责任，预防艾滋病，减少社会歧视。贵州省红十字会党组书记、常务副会长罗治雄到场为过往旅客和群众发放宣传资料。

2010 年

1 月 23 日，贵州省红十字会 2010 年迎新春“红十字博爱送万家”慰问活动在省政府广场正式启动。本次活动将向全省 21 个县（市、区）发放 630 万元的慰问物资。省人民政府副省长、红十字会会长刘晓凯，省红十字会党组书记、常务副会长罗治雄等出席活动启动仪式。

1 月 26 日，贵州省红十字会机关党员干部到思南县胡家湾乡开展慰问活动，为该村贫困群众送去了价值 12 万元的棉被、大米、衣服、食用油、粮果等生活必需品，并启动“红十字绿色家园爱心互助金”，省红十字会党组书记、常务副会长罗治雄同志出席活动。

1 月 30 日，中国红十字会副会长郝林娜，副省长、省红十字会会长刘晓凯，省红十字会常务副会长罗治雄等一行慰问雷山县困难群众，带去了价值 42 万元的慰问物资和 3 万元的大学生助学金。

3 月 9 日，贵州省“少数民族地区大学生成才计划”启动仪式在贵阳隆重举行。中国建设银行贵州省分行向贵州省红十字会“绿色家园行动”博爱助学项目捐赠 750 万元，设立“少数民族地区大学生成才计划”专项奖（助）学金，在未来 5 年内向 2500 人次的贵州省内少数民族贫困大学生提供资助。省人民政府副省长、省红十字会会长刘晓凯，省红十字会党组书记、常务副会长罗治雄出席启动仪式。

3 月 22 日，贵州省红十字会党组书记、常务副会长罗治雄率抗旱救灾小组到长顺县开展救灾慰问活动，向 3000 多名受灾群众发放了价值 8 万元的 10 吨大米、1600 桶矿泉水、23 台抽水机。

3 月 23 日，贵州省红十字会成立应对旱灾应急救助指挥小组，党组书记、常务副会长任组长，下设办公室负责协调处理旱灾救助日常工作，并组建赈济救助组、筹资募捐组、宣传报道组分别负责开展相关工作。

3 月 23 日—24 日，造血干细胞贵州分库第一期业务干部培训班在贵阳正式开班，来自全省各地（州、市）、各区（县）的 59 名红十字会专兼职干部参加了培训。省红十字会党组书记、常务副会长罗治雄出席了开班仪式。

3 月 25 日，贵州省红十字会“送水送粮送温暖”抗旱救灾行动走进平塘县，为卡蒲毛南族乡送去了价值 13 万元的物资。省红十字会党组书记、常务副会长罗治雄，省消防总队副政委谢国华，黔南州委常委、常务副州长夏庆丰等领导参加此次抗旱救灾行动。

3 月 26 日，贵州省红十字会“送水送粮送温暖”抗旱救灾行动走进贵定县幸福村，为该村送去了价值9万元的救灾物资，省红十字会党组书记、常务副会长罗治雄，黔南州委常委、宣传部部长王雯洁，黔南州州长助理张芳等领导参加此次抗旱救灾行动。

3月27日，贵州省红十字会“送水送粮送温暖”抗旱救灾行动走进贞丰县沙坪乡，为该乡送去了价值10.8万元的救灾物资，省红十字会党组书记、常务副会长罗治雄参加此次抗旱救灾行动。

4月6日—9日，由党组书记、常务副会长罗治雄和其他党组成员、部门负责人组成的5个抗旱救灾小组，分赴安顺市的紫云，六盘水的六枝、水城，黔南州的独山、荔波，黔东南州的三穗、岑巩，毕节地区的纳雍、织金，黔西南州的望谟、册亨，铜仁地区的玉屏、铜仁市等7个市（州、地）13个县（市、区）26个乡镇，紧急发送出第三批价值近210万元的救灾物资。

4月9日，中国建设银行贵州省分行向贵州省红十字会捐赠150万元，专项用于抗旱救灾黔中枢纽工程建设。贵州省人民政府副省长、省红十字会会长刘晓凯，省红十字会党组书记、常务副会长罗治雄等领导出席捐赠仪式。

4月10日，由贵州省红十字会、省医学会、贵医附院共同举办的数字化医学影像技术应用及诊断培训班在贵阳开课，来自省内21家县乡级医院从事影像技术的医生参加了为期4天的培训，省红十字会党组成员、秘书长肖莉同志出席并讲话。

4月11日，贵州省红十字会抗旱救灾“送水送粮送温暖”行动走进三都水族自治县，为当地10000余名水族群众送去价值50万元的救灾物资。省红十字会党组书记、常务副会长罗治雄，省物价局局长陈仁贵，省消防总队副政委谢国华，黔南州政府州长李月成等领导出席活动。

4月13日，贵州省红十字会系统抗旱救灾工作专题汇报会在贵阳召开，中国红十字会总会党组书记、常务副会长王伟同志出席会议并讲话。

4月14日，中国红十字会总会党组书记、常务副会长王伟同志率总会赈灾救济部部长王平、赈济救护中部灾害管理处处长李庆华等一行到贵州省安顺市关岭自治县板贵乡、黔西南州兴仁县雨樟镇实地考察灾情，并对当地红会工作进行调研。

4月20日，美籍华人歌唱家尤雁子、著名农民歌手马广福在兴义与贵州省红十字会签约，分别被聘为贵州省红十字会“爱心大使”和“绿色家园行动”形象大使，省红十字会党组书记、常务副会长罗治雄同志出席签约仪式。

4月21日，贵州省红十字会组织签约明星到兴义市则戎乡冷洞村开展慰问活动，为灾区送去60万元抗旱救灾物资。省红十字会党组书记、常务副会长罗治雄同志出席活动。

4月27日，贵州省红十字会党组书记、常务副会长罗治雄率机关党员干部到思南县胡家湾乡灯塔村开展“双万帮扶结对”活动，为困难群众和贫困党员送去了价值10万元的慰问物资。

4月28日，北京卡巴斯基科技有限公司联合北京百汇数字星空科技有限公司向贵州省红十字会捐赠价值60万元的150吨大米，用于支援我省黔西南、黔南、毕节、六盘水等地旱区。省红十字会党组成员、秘书长肖莉同志出席捐赠仪式并向捐方颁发了荣誉证书。

5月8日，第63个“世界红十字日”，贵州省红十字会在贵阳启动了“红十字博爱周”系列活动。省红十字会党组书记、常务副会长罗治雄，党组成员、秘书长肖莉等领导参加活动启动仪式。

5月9日，贵州“红十字关爱进社区‘一帮一’助学活动”在贵阳市云岩区和平社区广场举行。此次活动向受助的学生发放了慰问金15400元和价值3000余元的学习用品，贵州省红十字会党组书记、常务副会长罗治雄同志及全体干部职工参加活动。

5月11日，贵州省红十字会造血干细胞志愿捐献者血样采集定点医院挂牌仪式在贵州省红十字会妇女儿童医院正式挂牌，贵州省红十字会党组成员、机关党委书记朱正群同志出席挂牌仪式并讲话。

5月12日，在全国第二个“防灾减灾日”，贵州省红十字会在人民广场举行防灾减灾知识宣传活动，并为全省9个市（州、地）的“红十字紧急救援队”授旗。省红十字会党组成员、秘书长肖莉同志出席活动并讲话。

5月12日，汶川地震2周年之际，贵州省红十字会党组书记、常务副会长罗治雄同志亲自带工作组到四川省什邡市、苍溪县、绵竹市等灾区开展慰问走访活动，为当地特殊教育学校和敬老院的孤老、孤残、孤儿送去了40万元人道救助金。

5月13日—15日，第三批“央企援助基金”项目暨“春雨礼包”发放仪式分别在毕节地区毕节市、黔西南州普安县顺利启动。贵州省红十字会党组成员、秘书长肖莉同志出席仪式。

5月23日，纪念中国造血干细胞捐献者资料库贵州省管理中心成立5周年暨首例干细胞捐献5周年座谈会在贵阳召开。贵州省红十字会党组书记、常务副会长罗治雄等会领导参加了纪念大会。

5月24日—27日，国际红十字与红新月运动知识传播骨干培训班在贵阳举行，来自海南、云南、贵州等省近50名传播骨干参加了本次培训。省红十字会秘书长肖莉同志出席开班仪式并讲话。

6月2日，贵州省第一所“体彩红十字博爱小学”在长顺县营盘乡竣工落成。省红十字会党组成员、秘书长肖莉出席了落成剪彩仪式。

6月4日，贵州省红十字会与浙江贝因美集团贵阳分公司在贵阳市南明区云关乡摆郎村奇蕾幼儿园举行“幸福天使，爱心成长”捐赠活动，贝因美集团向省红十字会捐赠价值100万元的物资。省红十字会党组书记、常务副会长罗治雄出席捐赠活动。

6月14日，贵州省红十字会联合贵州省血液中心在人民广场开展了“6·14世界献血日”宣传活动。省红十字会党组书记、常务副会长罗治雄同志参加活动并现场献血。

6月24日，贵州省红十字会党组书记、常务副会长罗治雄率灾情考察组到黔南州三都水族自治县考察洪涝灾害情况，并为当地受灾群众送去价值26万元的救灾物资和生活急需品。

6月27日，贵州省红十字会在遵义市湄潭县福星镇开展抗洪救灾送温暖活动，为受灾群众送去了价值24万元的生活急需物资。省红十字会党组成员、机关党委书记朱正群参加活动。

6月28日，贵州省关岭县岗乌镇大寨村因连续强降雨引发山体滑坡，省红十字会当天启动自然灾害救助Ⅰ级响应，组织志愿者赶赴灾区开展救援工作，并向灾区送去价值20多万元的生活急需品和物资。

7月10日，农工党中央、中国红十字会总会联合开展的“毕节贫困山区助医工程”项目之一“乡村医生卫生服务能力培训班”在大方县开班。

7月13日，贵州省红十字会首届“初级应急救护技能电视大赛”在贵阳举办，全省红十字会系统9支代表队参赛。省政协副主席、省红十字会名誉副会长左定超，省红十字会党组书记、常务副会长罗治雄，省应急办副主任李荣等领导出席大赛并颁奖。

8月6日，中国银行向贵州省红十字会捐赠150万元救灾善款捐赠仪式在省政府举行，贵州省政府副省长、省红十字会会长刘晓凯，省红十字会党组书记、常务副会长罗治雄，中国银行贵州省分行副行长田晓等领导出席捐赠仪式。

8月31日—9月1日，首届全国红十字应急救护大赛在贵阳举行，全国32队伍参加比赛，贵州省代表队获特别组织奖。全国人大常委会副委员长、中国红十字会会长华建敏，中国红十字会常务副会长王伟，中国红十字会副会长郝林娜、王海京，秘书长王汝鹏，贵州省人大常委会副主任、省红十字会名誉副会长顾久，省人民政府副省长、省红十字会会长刘晓凯，省政协副主席、省红十字会名誉副会长左定超，省红十字会党组书记、常务副会长罗治雄等领导出席大赛，并为获奖代表队颁奖。

9月1日—2日，中国红十字会应急救护工作研讨会在贵阳召开，贵州省红十字会党组书记、常务副会长罗治雄同志在会上作了题为《寻求新突破、谋划新发展，不断开创救护培训新局面》的交流发言。

9月2日，全国人大常委会副委员长、中国红十字会会长华建敏，中国红十字会常务副会长王伟等一行深入我省黔南州长顺县的3个乡镇，考察调研农村红十字会工作和“绿色家园”项目。3日上午，华建敏一行还出席了贵州省红十字会工作汇报会和贵州省红十字会备灾救助服务中心暨仓库项目奠基仪式，考察了中国红十字会救护总队队部（国际援华医疗队）旧址和省红十字会救护培训指导中心。

9月25日，江苏省无锡市红十字会再次向贵州省红十字会捐赠40万元救灾款，省红十字会党组成员、秘书长肖莉同志出席了捐赠仪式。

9月27日，贵州省红十字会向新疆建设兵团十三师淖毛湖农场捐赠仪式在兵团机关举行。党组书记、常务副会长罗治雄代表贵州省红十字会将首批20万元捐款捐赠给兵团红十字会用于当地卫生建设。

10月22日，杭州市红十字会向贵州省黔南州荔波、长顺两县捐赠100万元，用于旱灾重建项目。贵州省红十字会党组成员、秘书长肖莉出席捐赠仪式。

10月22日，中国红十字会/舒肤佳健康长城工程项目乡村医生暨志愿者培训班在我省黔南州龙里县开班。此次培训时间为8天，参加培训学员100人，均为乡村医生。

10月27日，贵州新华都投资有限公司在贵州新华都购物广场向贵州省红十字会“绿色家园行动”捐赠30万元善款，省红十字会党组书记、常务副会长罗治雄出席捐赠仪式。

11月4日，为贯彻落实省委十届十次全会精神，贵州省红十字会向六盘水市陇脚乡送去了价值22万元的生活物资，现场捐赠28万元资金修建人畜饮水工程。省红十字会党组书记、常务副会长罗治雄出席捐赠仪式。

11 月 23 日，“中国建设银行少数民族大学生成才计划”奖（助）学金发放仪式在贵州大学举行，贵州省红十字会党组书记、常务副会长罗治雄，省教育厅副厅长李小建，建行贵州省分行纪委书记尹慧玲，建行贵州省分行企业文化部总经理曹殿铭，贵州大学常务副校长封孝伦，贵州大学党委副书记冯晓宪等领导出席发放仪式，并向优秀少数民族大学生颁发奖学金。

11 月 29 日，全国人大常委会副委员长、中国红十字会会长华建敏在北京专题听取了贵州省红十字会和长顺县开展“绿色家园行动”的情况汇报。中国红十字会党组书记、常务副会长王伟，副会长王海京参加汇报会并发言。省红十字会党组书记、常务副会长罗治雄在会上就“绿色家园行动”工作作了专题汇报。

12 月 2 日—4 日，贵州省红十字会“绿色家园行动”试点工作现场推进会在黔南州长顺县召开。全省 9 个市（州、地）红十字会常务副会长、业务部门负责人、36 个试点县（市、区）红十字会常务副会长及长顺县 17 个乡（镇）党政领导、试点乡（镇）、村红十字会代表共 120 余人参加现场会。省红十字会党组书记、常务副会长罗治雄等领导出席会议并讲话。

12 月 5 日，贵州省红十字会和贵阳市红十字会在贵阳共同举行纪念第 25 个“国际志愿者日”活动，并于当日开展系列志愿服务活动。省红十字会党组成员、机关党委书记朱正群同志参加活动。

12 月 21 日，贵州省红十字会机关党委召开机关、直属单位全体党员参加的民主评议党员工作动员大会。党组书记、常务副会长罗治雄同志作了动员讲话。

12 月 22 日，香港“孟氏基金”助学金发放仪式在贵阳中医学院举行，贵州省红十字会党组书记、常务副会长罗治雄，贵阳中医学院党委副书记董湘玉等领导和香港“孟氏基金”代表沈冯君先生出席了发放仪式。

2011 年

1 月 8 日，贵州省红十字会“2011 年红十字博爱送万家”活动启动仪式在省政府广场举行。省人民政府副省长、红十字会会长刘晓凯，省红十字会党组书记、常务副会长罗治雄等领导出席活动仪式。本次活动向全省 9 个市（州、地）发放救灾慰问物资 600 余万元。当日下午，罗治雄率领党组成员和机关及直属单位 12 名中层干部，深入长顺县一类贫困村竹子托开展“四帮四促”活动调研和“红十字博爱送万家”关爱活动，为长顺县群众送去价值50万元生活慰问物资。

1月9日，贵州省以“送温暖送欢乐·心连心手拉手”为主题的2011年红十字博爱送万家活动走进黔东南州台江县。此次慰问活动为台江县3000多名受灾贫困群众送去了价值30万元的大米、食用油和棉被等生活急需物资。省红十字会党组书记、常务副会长罗治雄出席慰问活动仪式，并于当日还出席了由澳门红十字会、贵州省红十字会共同援建的凯里市大风洞乡冠英红十字博爱小学奠基仪式。

1月10日，贵州省红十字会党组书记、常务副会长罗治雄率慰问组一行深入铜仁地区玉屏县开展“红十字博爱送万家”活动，为当地受灾群众送去了价值30万元的15吨大米、1000桶食用油、100个家庭包、300床棉被等生活急需物资。

1月26日，河北以岭药业药品捐赠仪式在贵州省红十字会妇女儿童医院举行。贵州省红十字会党组成员、秘书长肖莉出席捐赠仪式。此次捐赠药品价值为53万元。

2月22日，在全国2008—2009年度无偿献血视频表彰大会贵州分会场，对贵州省造血干细胞捐献者进行了表彰。造血干细胞捐献者涂丽君、贺波、贺俊义、张超、周庆媛、闻武、易红等7人获得无偿捐献造血干细胞奉献奖。省红十字会党组书记、常务副会长罗治雄，省卫生厅副厅长朱征明等领导为捐献者颁发了荣誉证书。

2月25日，贵州省红十字会2011年工作会在贵阳召开。会议学习传达了中国红十字会九届二次理事会精神，回顾总结2010年工作，研究部署2011年全省红十字会工作任务。全省9个市（州、地）红十字会常务副会长、秘书长、省红十字会全体干部职工共70多人参加会议。

3月24日—26日，由中华骨髓库主办、贵州省红十字会承办的中华骨髓库2011年工作会议在贵阳召开。中国红十字会党组书记、常务副会长王伟，副会长郝林娜等领导出席会议并讲话。来自中国红十字会总会和全国各省（市、区）红十字会的代表共172人参加了会议。

3月23日—25日，贵州省红十字会抗震救灾小组一行3人赴云南盈江地震灾区开展救灾工作，为地震灾区送了价值16.3万元的500床棉被、20吨大米、50顶帐篷等救灾物资。

4月7日，黔南州红十字会第三次会员代表大会在都匀召开。党组书记、常务副会长罗治雄同志出席会议并讲话。

5月7日，贵州省红十字会“红十字关爱进社区　一帮一助学活动”在贵阳市云岩区和平社区举行。省红十字会机关和直属单位40余名干部职工为贵阳市47名贫困中小学生每人捐助了300元助学金和学习用品。党组书记、常务副会长罗治雄同志参加活动。

5月8日，贵州省红十字会“2011年红十字博爱周”活动启动仪式在贵阳市人民广场举行。省政协副主席、省红十字会名誉副会长左定超，省委宣传部常务副部长、省红十字会副会长李建国，省民政厅副厅长、省红十字会副会长杨春兴，省红十字会党组书记、常务副会长罗治雄等领导出席活动仪式。

5月9日，贵州省红十字会“绿色家园行动”志愿服务总队在贵阳成立，党组书记、常务副会长罗治雄同志为志愿服务总队授旗。当日，贵州省红十字会“绿色家园行动”网站开通。

5月10日，贵州省红十字会机关处以上干部深入党建扶贫点——长顺县中坝乡茅山村、长寨镇竹子托村和种获乡种获村开展“四帮四促”活动，并带去了78万元的项目和3万余元的慰问物资。在茅山村举行了援建绿色家园健康新村项目启动仪式。党组成员、秘书长肖莉，党组成员、机关党委书记朱正群参加活动。

5月11日，贵州省红十字会在毕节地区威宁县迤那镇五星村举行了“红十字健康新村”奠基仪式。会党组书记、常务副会长罗治雄，毕节地区行署副专员宫晓农等领导出席奠基仪式。

5月12日，贵州省红十字会党组书记、常务副会长罗治雄率考察组，深入汶川地震灾区，先后考察了贵州省红十字会援建的14所爱心福利院，出席了德阳市中江县继光镇“红十字爱心福利院”的竣工仪式，并为德阳市4所红十字爱心福利院捐赠20万元的生活设施及用品。

5月16日—20日，中国红十字基金会社会监督巡视组一行2人，在贵州省红十字会党组成员、秘书长肖莉等相关人员的陪同下，深入关岭、紫云、瓮安、龙里4县，督导巡视中国红十字基金会援建的旱灾“央企援助基金”项目。此项目覆盖我省8市36县765乡（镇），受益人口达25万。

5月23日，贵州省首家非血缘造血干细胞采集、移植医院在贵阳医学院附院正式挂牌，贵州省红十字会党组书记、常务副会长罗治雄，贵阳医学院附院副院长程明亮等领导出席挂牌仪式。

6月7日，贵州省红十字会将价值11万元的15吨大米、200桶食用油、200床棉被、20顶帐篷等救灾物资紧急运往望谟特大洪灾区。

6月11日，贵州省红十字会紧急调运的第二批价值25万元的500个家庭包、10吨大米、500桶食用油、500床棉被、75件药品等救灾物资抵达望谟洪灾区，及时发放到2000户灾民手中。

6月14日，贵州省红十字会紧急调运第三批价值60万元的救灾物资运往望谟灾区。

6月14日，是第8个“世界献血者日”。贵州省红十字会联合贵州省血液中心、中华骨髓库贵州分库、贵阳市红十字会在贵阳市人民广场围绕“捐献更多血液，挽救更多生命”的活动主题，开展了系列无偿献血的宣传活动。党组书记、常务副会长罗治雄参加活动并带头献血。

6月21日，贵州省红十字会向湄潭县11个洪涝重灾乡镇紧急调运价值11万元的200个家庭包、10吨大米、100床棉被、20箱雨具等救灾物资。

6月30日，为庆祝中国共产党成立90周年，贵州省红十字会举行了七一表彰大会，2个党支部、7名优秀共产党员、3名党务工作者受表彰。

7月1日至5日，由澳门红十字会组织的“2011年暑期澳门红十字博爱小学探访体验团”一行23人，先后到贵州省贵阳、黔西南等地考察工作。党组书记、常务副会长罗治雄和秘书长肖莉同志会见了探访体验团一行。

7月13日，服务全国第九届少数民族传统体育运动会的红十字志愿者应急救护培训工作启动仪式在贵州大学举行，218名志愿者参加培训。

7月14日，贵州省红十字会2011年半年工作会议在贵阳召开。会议传达学习了中国共产党建党90周年庆祝大会和全国红十字会系统廉政工作会议精神，全面总结了2011年上半年工作，对下半年工作进行了安排部署。全省9个市（州、地）红十字会常务副会长、秘书长，省红十字会全体干部职工60人参加会议。

7月14日—15日，贵州省红十字会在贵阳举行“绿色家园行动——健康新村”试点推广项目培训会。来自全省9个市（州、地）、11个县（市、区）、13个试点乡（镇）、村红十字会负责人、项目负责人共60余人参会。党组书记、常务副会长罗治雄出席会议并讲话。

7月20日—22日，中国红十字会欧盟社区减灾项目计划会暨培训班在贵阳举办。芬兰红十字会、中国红十字会总会及贵州、云南、海南三省红十字会项目管理人员20余人参加会议。贵州省红十字会党组书记、常务副会长罗治雄出席会议并讲话。

7月20日，贵州分库第二期业务干部培训班在贵阳开班，来自全省62名红十字会专兼职干部参加了培训。贵州省红十字会党组书记、常务副会长罗治雄出席开班仪式。

8 月 5 日，为贯彻落实贵州省委办公厅、省政府办公厅《关于进一步加强机关作风建设、认真执行作风行为规范“四要十不准”规定的通知》精神，贵州省红十字会机关召开干部职工大会，进行动员教育。党组书记、常务副会长罗治雄出席会议并讲话。

8 月 19 日，贵州省红十字会党组书记、常务副会长罗治雄同志率抗旱救灾工作小组深入开阳县考察抗旱救灾工作，并为该县城关镇 3000 多户受灾群众送去了价值 30 万元的生活和生产物资。

8 月 20 日，贵州省红十字会党组书记、常务副会长罗治雄率救灾小组赴黔东南州剑河县革东镇苗寨南薅村，看望慰问该村遭受特大火灾群众，并送去帐篷、大米、食用油等价值 8 万余元的救灾物资。

8 月 23 日，贵州省红十字会抗旱救灾小组紧急调配价值 30 万元的大米、食用油、抽水机、耕地机等生活生产物资，送达黔南州瓮安县建中镇、白沙乡及中坪镇，并在中坪镇举行了发放仪式。党组书记、常务副会长罗治雄，州委副书记、瓮安县委书记陈昌旭等领导出席发放仪式。

9 月 4 日—5 日，贵州省红十字会党组书记、常务副会长罗治雄率挂帮联系工作小组，深入修文县开展“四帮四促”活动，并为该县送去价值 30 万元的抗旱救灾物资。

9 月 6 日，贵州省消除燃煤污染型氟中毒总结表彰大会在贵阳召开，贵州省红十字会获“贵州消除燃煤污染型氟中毒先进集体”，王勇同志获“贵州消除燃煤污染型氟中毒先进个人”称号。党组书记、常务副会长罗治雄出席会议并接受颁奖。

9 月 7 日—10 日，受贵州省红十字会的邀请，香港特别行政区红十字会高级国际及赈灾服务部主任蔡穗昇等先后对我省龙里、开阳、长顺、台江、三穗、剑河、玉屏和贞丰等干旱严重的县进行了考察。

10 月 14 日，贵州省红十字会第四次组织机关干部深入修文县扎佐镇开展“四帮四促”挂帮联系工作。在长坡村举行了“抗旱救灾清淤保水项目”启动仪式和贫困党员、困难群众慰问物资捐赠仪式，党组书记、常务副会长罗治雄参加活动。

10 月 31 日，全国红十字会系统“六五”普法电视电话会议在北京召开。贵州省红十字会机关和直属单位全体干部职工及贵阳市所属市县两级红十字会的代表 90 余人参加贵州分会场会议。

11 月 4 日—6 日，中国红十字会全球基金疟疾项目一期第二年项目协调会在贵阳召开，来自总会疟疾项目办及海南、云南、贵州三省的项目官员60人参加会议。总会赈济救护部副部长杨绪生，贵州省红十字会党组书记、常务副会长罗治雄等领导出席会议。

11月18日，“少数民族大学生成才计划”奖（助）学金发放仪式在贵阳医学院举行。贵州大学、贵州师范大学、贵州民族学院等全省18所高校的500名贫困地区大学生获得150万元的助学金。贵州省红十字会党组书记常务副会长罗治雄、中国建设银行贵州省分行副行长蒋晓树、贵阳医学院有关领导出席助学金发放仪式。

11月23日，中国红十字基金会常务理事长王志一行赴遵义考察。省红十字会党组书记、常务副会长罗治雄陪同考察，并出席由中国红十字基金会捐建的遵义市汇川区板桥镇娄山关村“革命老区行”卫生站项目奠基仪式。

12月2日，香港“孟氏基金”博爱助学金发放仪式在贵阳中医学院举行。该学院25名贫困学生每人获得一次性助学金6000元。贵州省红十字会党组成员、秘书长肖莉出席仪式。

12月7日—8日，中国红十字会总会第九届三次理事会在北京召开。省红十字会党组书记、常务副会长罗治雄，党组成员、秘书长肖莉赴京参加会议。

12月13日，贵州省红十字会第一届职工大会在贵阳召开。会议听取了省红十字会党组成员、秘书长肖莉作的《省红十字会机关内部事务后勤管理工作基本情况报告》和工会主席蔡咏梅同志代表机关工会委员会作的《会机关工会委员会工作报告》；会议审议通过了《贵州省红十字会职工大会实施办法》和《会机关工会经费审查报告》。

2012年

1月13日，贵州省红十字会全体中层以上干部在党组书记、常务副会长罗治雄同志的带领下，赴修文县扎佐镇开展“四帮四促”活动，分别为当地4000多贫困群众和20名贫困学生送去价值41万元的大米、棉被、家庭包等生活慰问物资和2.9万元慰问金，总价值44万元。

4月5日—9日，中国红十字会副会长王海京一行赴贵州对贵州省红十字会工作进行专题调研。此次调研是中国红十字会总会对红十字会纳入国家综合改革试点进行的前期调研，贵州省红十字会党组书记、常务副会长罗治雄全程陪同调研。

4月6日，贵州省红十字会组织遵义、黔南、黔东南等5个市（州）7个实施项目的县和1个执行第一年项目的红十字会共计20人在贵阳举行了“贵州省红十字会全球基金疟疾项目一期第二年项目启动暨基线调查培训班”。

4月11日，贵州省红十字会党组书记、常务副会长、修文县挂帮工作组组长罗治雄同志深入修文县扎佐镇，分别对省红会和首钢贵州钢铁集团的挂帮联系工作进行调研和督导，并看望慰问了驻村干部。

5月8日，贵州省红十字会纪念“5·8世界红十字日”暨“红十字博爱周”活动启动仪式在贵阳市筑城广场举行。在仪式现场，省红十字会携手贵阳市红会及相关会员单位、会员和志愿者，组织进行了文艺演出，开展了义诊服务、现场劝募、心理咨询、应急救护技能演示、无偿献血和造血干细胞捐献及遗体器官捐献宣传并现场招募造血干细胞志愿捐献者。贵州省红十字会党组书记、常务副会长罗治雄，党组成员、机关党委书记朱正群出席活动。

5月9日，贵州省红十字会机关和直属单位全体工作人员一行47人赶赴贵阳市修文县扎佐镇，开展“一帮一”助学活动、救护知识进校园、进社区及“和谐贵州三关爱”社区志愿服务活动。

5月31日，冯秋和澳门红十字会冠英博爱小学在黔东南州凯里市大风洞乡落成。中国红十字会总会台港澳处处长张虎，贵州省红十字会党组书记、常务副会长罗治雄，黔东南州政府副秘书长，州红十字会常务理事雷镇琼，州红十字会顾问金鸣昌，凯里市副市长叶昌元等领导出席落成典礼。

6月13日，贵州省红十字会党组书记、常务副会长罗治雄亲自带队赶赴黔东南州凯里市舟溪镇泥石流灾区并举行了救灾物资发放仪式，此次共向灾民发放了价值11万元的大米、食用油、衣物、雨具等急需物资。

6月14日，毕节市红十字会第一次会员代表大会在毕节市七星关区隆重开幕。省红十字会党组书记、常务副会长罗治雄，市委副书记、市长张吉勇，市政协副主席肖远福出席，副市长冉霞等领导出席会议。

7月25日—26日，造血干细胞贵州分库第三期业务干部培训班在遵义举行。贵州省红十字会党组书记、常务副会长罗治雄，遵义市人民政府副市长李莲娜，遵义市红十字会常务副会长杨蓓，贵州分库副主任黄凤云等领导出席开班仪式，全省各级红十字会专兼职业务干部70余人参加了培训。

8月8日，江苏省丹阳市巨贸康健器材有限公司向贵州省红十字会捐赠价值31.715万元的轮椅，捐赠仪式在省政府5号楼三楼会议室举行。省卫生厅副厅长张光奇，省残联副理事长揭晓东，省红十字会党组书记、常务副会长罗治雄出席捐赠仪式。

8月24日，贵州省红十字会机关及直属单位全体党员干部和职工在省政府5号楼3楼会议室召开“七一”系列活动暨创先争优活动总结会。省红十字会党组书记、常务副会长罗治雄，党组成员、机关党委书记出席会议。

9月7日，云贵交界发生5.7级地震灾害后，贵州省红十字会第一时间紧急启动三级应急响应并于当天下午就向灾区调运价值近10万元的5吨大米、200桶食用油、200个家庭包、10顶帐篷等救灾物资。

9月12日，贵州省红十字会党组书记、常务副会长罗治雄一行赴我省地震灾区威宁县慰问群众，并送去了价值190万元的棉被、夹克衫、帐篷、家庭包、大米等救灾物资。

9月23日，凯里市大风洞云峰村“绿色家园红十字健康新村”落成典礼在云峰村红十字文化广场举行。贵州省红十字会党组成员、秘书长肖莉，省红十字会党组成员、机关党委书记朱正群出席典礼。

10月12日，贵州省关于贯彻落实《国务院关于促进红十字事业发展的意见》（国发〔2012〕25号文件）报告会在贵阳国际会议中心举行，中国红十字会常务副会长赵白鸽就学习贯彻《意见》精神作专题报告。贵州省红十字会党组书记、常务副会长罗治雄主持会议，贵州省委常委、副省长秦如培出席并致辞。全省9个市（州）联系红十字工作的政府领导，9个市（州）和88个县（市、区）的红十字会常务副会长、秘书长、省红十字会全体职工及部分红十字志愿者240余人参加了报告会。

10月13日，中国红十字会总会常务副会长赵白鸽一行来到黔南布依族苗族自治州长顺县长寨镇竹子托村，考察“绿色家园行动——健康新村”博爱卫生站、红十字服务站、绿色家园励业帮扶产业示范带等项目及农村红十字会组织建设，贵州省红十字会党组书记、常务副会长陪同调研。

10月15日，贵州省红十字会召开全省的工作汇报会，中国红十字会总会常务副会长赵白鸽听取了汇报，并作重要讲话。贵州省红十字会党组书记、常务副会长罗治雄，党组成员、秘书长肖莉，党组成员、机关党委书记朱正群参加会议。

10月15日，贵州省委书记赵克志在贵阳会见中国红十字会常务副会长赵白鸽一行，双方就贯彻落实《国务院关于进一步促进贵州经济社会又好又快发展的若干意见》（国发〔2012〕2号文件）和《国务院关于促进红十字事业发展的意见》（国发〔2012〕25号文件）精神交换了意见。贵州省委常委、副省长秦如培，贵州省红十字会党组书记、常务副会长罗治雄参加会见。

10月15日—16日，贵州省红十字会核心能力评估研讨会在贵阳召开，研讨会进行联合评估，该会对自身优势和存在问题、发展潜力及发展目标有了更加清醒的认知，为推进红十字事业改革发展提供了重要依据。中国红十字会党组书记、常务副会长赵白鸽同志到会作前期指导，贵州省红十字会党组书记、常务副会长罗治雄，党组成员、机关党委书记朱正群参加会议。

11月7日，贵州省红十字会邀请省卫生厅应急办、贵阳市环境监测站、贵州蓝天救援队、青年应急救援队等专业人士和本系统业务骨干座谈，共同探讨应急救援队建设相关问题。贵州省红十字会党组成员、机关党委书记朱正群参加会议。

11月8日，香港善施慈善基金会向贵州省红十字会"绿色家园行动助学项目"捐赠贫困大学生救助金发放仪式在贵阳举行，15名贵州籍贫困大学生获得2012年救助金44300元。

11月20日，贵州省红十字会在贵阳中医学院举办香港"孟氏基金"博爱助学金发放仪式，中医学院25名贫困学生每人现场领取助学金6000元。香港"孟氏基金"代表沈冯君先生出席了发放仪式并与受助学生座谈。

11月28日，中国建设银行贵州省分行、贵州省红十字会在贵州大学举行"中国建设银行少数民族地区大学生成才计划"2012—2013学年奖（助）学金发放仪式。贵阳片区各有关高校受助学生代表约320人参加会议。十八大代表、贵州大学党委书记姚小泉和省红十字会党组书记、常务副会长罗治雄及建设银行贵州省分行党委员、副行长蒋晓树等领导同志出席会议并讲话。

12月10日，贵州省红十字会召开学习宣传贯彻党的十八大精神报告会。会议由党组书记、常务副会长罗治雄主持，特邀省委党校专家教授、省委讲师团成员唐正繁作专题辅导报告，会机关和直属单位全体党员干部职工参加报告会。

12月20日，贵州省红十字会全体党员集体赴"四帮四促"帮扶点修文县扎佐镇长坡村开展挂帮活动，此次活动启动了共计52.5万元的"绿色家园行动——健康新村"、村集体微型企业、开心农场3个项目。

贵州省红十字会党组书记、常务副会长罗治雄，党组成员、机关党委书记朱正群出席启动仪式。

2013 年

1 月 5 日—7 日，十届全国人大常委会副委员长、中国关心下一代工作委员会主任顾秀莲同志率慰问组，赴黔东南苗族侗族自治州雷山县出席“中国红十字会2013 年‘红十字博爱送万家’慰问活动”，看望慰问我省民族地区的困难群众。中国红十字会党组副书记、副会长郭长江，省红十字会党组书记、常务副会长罗治雄等领导陪同。

1 月7 日，贵州省红十字会召开“十破十立、解放思想”讨论会，机关及下属单位全体职工参加会议，党组书记、常务副会长罗治雄主持会议并讲话。

1 月 10 日—13 日，中国红十字会总会赈济救护部项目办项目协调员王景仁、芬兰红会亚太地区代表马可·科霍宁先生一行在贵州省及州、县红十字会以及项目乡（镇）、村相关领导等陪同下，对长顺县实施的“欧盟社区减灾”项目前期开展情况和新一轮项目点选择情况进行了考察评估。

1 月 28 日—31 日，中国红十字会总会赈济救护部项目官员舒婷、香港红十字会国际及赈灾服务部主任林钧浩、姚雅仪一行 3 人，对贵州省黔西南州、铜仁市、贞丰县、玉屏县的项目开展评估工作。

4 月 20 日，四川省雅安市芦山县发生 7.0 级地震，根据《中华人民共和国红十字会法》的有关规定和中国红十字会总会的统一安排部署，贵州省红十字会及时向社会发出募捐呼吁，开展抗震救灾募捐工作。

4 月 23 日，我会根据总会统一调配要求，由省红十字会备灾救助服务中心组织运输车辆，分两批向“4·20 芦山地震”灾区发送了价值5171521.3 元的救援物资，这批救灾物资已于当晚运抵雅安接收站。

5 月 10 日，贵州省红十字会党组成员、机关党委书记、“同步小康”工作队长朱正群同志率工作组到挂帮点扎佐镇泗溪村开展助医助困活动。

5 月 20 日，内蒙古自治区红十字会党组书记、常务副会长刘菊茹到贵州省红十字会交流工作，在贵阳召开了工作座谈会。

6 月 14 日，第 10 个“世界献血者日”，贵州省红十字会以集体带头献血、表彰无偿献血志愿者、发送宣传资料等形式，策划开展了一系列相关宣传活动。党组书记、常务副会长罗治雄同志带头参加无偿献血。

7 月 19 日，贵州省红十字会党的群众路线教育实践活动工作会议在贵阳召开。省委第10督导组组长宋强作重要讲话，省红十字会党组书记、常务副会长、教育实践活动领导小组组长罗治雄作动员讲话，第10督导组全体成员、会党组成员、教育实践活动领导小组成员和机关全体党员干部、直属单位中层以上党员干部以及退休党员干部、基层单位、服务对象代表共51人参加会议。

7月21日—26日，贵州省红十字会大学生暑期社会实践项目在独山县打羊中学、普定县坪上乡坪上小学落户，贵州大学红十字志愿者14人分赴两学校，开展为期5天的暑期社会实践活动。

7月29日，贵州省红十字会召开党的群众路线教育实践活动工作座谈会，征求基层红十字会对省红十字会党组开展党的群众教育实践活动的意见和建议，开门搞活动。各市（州）红十字会常务副会长和清镇、绥阳、西秀、盘县、德江、威宁、雷山、长顺、兴仁等9个县（市、区）红十字会常务副会长，省红十字会处及以上干部参加座谈会。会议由省红十字会党组书记、常务副会长、党的群众教育实践活动领导小组组长罗治雄同志主持。

8月5日，贵州省红十字会党组书记、常务副会长罗治雄同志率抗旱工作组赴遵义市桐梓县考察灾情，慰问灾民，为受灾群众送出了价值24万余元的20吨大米、1000桶食用油、5箱感冒药、20箱衣物。

7月30日—8月9日，贵州省红十字会围绕党的群众路线教育实践活动，由党组书记、常务副会长罗治雄，党组成员、秘书长肖莉，机关党委书记朱正群分别带队，机关11名党员领导干部分别组成3个调研组，对全省9个市（州）及36个县级红十字会以及部分乡镇、社区、学校等基层组织进行专题调研。

8月6日—7日，香港乐施会中国项目部官员雷光青一行3人赴黔东南州黄平县调查旱灾情况。

9月7日—15日，中国红十字会（贵州）供水暨大众卫生救援队培训及应急演练在贵阳举办。学员来自云南、湖北、广州、广西、四川、重庆、贵州等地的救援专业人员、志愿者，共50人。

9月14日，在“世界急救日”，由中国红十字会总会主办、贵州省红十字会承办、遵义市红十字会和交警支队协办的“2013年世界急救日主题宣传活动暨应急救护演练”在遵义举行。红十字会与红新月会国际联合会东亚地区代表处卫生经理陈红、中国红十字会总会赈济救护部部长王平和贵州省红十字会常务副会长罗治雄、遵义市市长助理宋聚国等领导出席演练活动，活动由遵义市红十字会常务副会长杨蓓同志主持。

9 月 16 日，贵阳市红十字会第五次会员代表大会在贵阳国际生态会议中心综合厅举行，155 名来自全市各界的红十字会会员代表、志愿者代表及市委、市人大、市政府、市政协及有关部门的领导参加大会。省红十字会常务副会长罗治雄和市政府副市长朱桂云、市政协副主席孙袁等相关领导出席会议。

11 月 1 日，贵州省人民政府副省长何力率相关人员检查调研省红十字会工作，听取了党组书记、常务副会长罗治雄同志的工作汇报，并与机关和直属单位中层以上干部职工进行座谈交流，就如何凝聚红十字事业发展的强大正能量提出明确要求。省人民政府副秘书长潘小林和政府办公厅相关人员陪同调研。

11 月 18 日，贵州省红十字会召开整顿机关作风工作部署会，党组书记、常务副会长罗治雄同志作动员讲话。省委党的群众路线教育实践活动领导小组第十督导组组长宋强同志出席会议并讲话。

11 月 25 日—12 月 1 日，中国红十字会总会组织宣传部部长姚立新到遵义、黔东南、安顺等地调研工作。

11 月 29 日—30 日，贵州省红十字会 2013 年“绿色家园行动——红十字健康新村”观摩会分别在黔东南州凯里市、安顺市镇宁县召开。党组书记、常务副会长罗治雄同志到会并讲话。

12 月 9 日—12 日，广东省红十字会常务副会长梁健、广州省红十字会副会长莫益勇、深圳市红十字会专职副会长赵丽珍等一行 11 人赴贵州省毕节、黔南开展帮扶调研，落实对口帮扶城工作。两省红十字会共同签署了《2013—2020 年对口帮扶合作框架协议》。4 个对口帮扶城市的红十字会也分别签署了《2013—2020 年对口帮扶合作框架协议》。

12 月 27 日，为期一天的 2013 年度全省红十字会系统目标绩效管理考评工作结束。贵州全省 9 个市州红十字会常务副会长、目标办负责人参加了集中考评，党组书记、常务副会长罗治雄同志在考评会上，对考评工作提出了具体要求。

参考文献

一、档案

1. 贵州省档案馆藏:《中国红十字会救护总队档案》，全宗号 M116。

2. 贵阳市档案馆藏:《中国红十字会救护总队档案》，全宗号 40。

3. 贵阳市档案馆藏:《卫生局档案》，全宗号 17。

4. 贵阳市档案馆编:《抗战时期的中国红十字会救护总队》(内部资料)，1995 年。

5. 贵阳市档案馆编:《战地红十字——中国红十字会救护总队抗战救护实录》，贵阳：贵州人民出版社 2009 年版。

6. 中国第二历史档案馆藏:《卫生署档案》，全宗号 372。

7. 中国第二历史档案馆藏:《中国红十字会档案》，全宗号 476。

8. 中国第二历史档案馆：《中国红十字会上海国际救济会工作报告》(1937 年 8 月—1938 年 2 月)，《民国档案》1998 年第 1 期。

9.《驻美使臣梁诚陈请成立中国红十字会奏稿》(光绪三十年二月初十)，《御使夏敦复奏请成立中国红十字会片》(光绪三十年二月十二日)，《历史档案》1984 年第 2 期。

10. 中国第二历史档案馆:《南京国际救济委员会史料一组》，《民国档案》1997 年第 4 期。

11. 中央档案馆等编:《日本帝国主义侵华档案资料选编——细菌战与毒气战》，中华书局 1989 年版。

二、民国报刊

1.《人道指南》1913 年 3 月，第 1 期。

2.《中国红十字会杂志》，1913 年，1—2 期。

3.《中国红十字会 20 周年纪念册》1924 年，1 期。

4.《中国红十字会月刊》，1935 年 7 月—1940 年 6 月，第 1—

60 期。

5.《中国红十字会会务通讯》，1941 年 1 月—1945 年 8 月，第 1—34 期。

6.《红十字月刊》，1946 年 1 月—1948 年 12 月，第 1—36 期。

7.《救护通讯》，1943 年 10 月—1945 年 8 月，第 1—44 期。

8.《军医公报》1929 年 9 月第 2 期，1929 年 10 月第 1 期，1929 年 11 月第 2 期，1929 年 12 月第 3 期。

9.《战时医政旬刊》1938 年 9 月 1 日第 19 期，1938 年 9 月 11 日第 20 期。

10.《战时医政》1939 年 11 月第 2 卷第 1 期。

11.《中华民国红十字会总会总办事处工作简报》第 34 期，1940 年 10 月 1 日—10 月 31 日，油印本。

12.《中华民国红十字会总会总办事处工作简报》第 33 期，1940 年 9 月 1 日—30 日，油印本。

13.《中华民国红十字会总会总办事处工作简报》第 32 期，1940 年 8 月 1 日—31 日，油印本。

14.《中华民国红十字会总会总办事处工作简报》第 32 期，1940 年 7 月 1 日—31 日，油印本。

15.《总会救护总队部工作简报》，1939 年 11 月第 2 期。

16.《总会救护总队部工作简报》，1939 年 12 月第 3 期。

17.《总会救护总队部工作简报》，1940 年 1 月第 4 期。

18.《总会救护总队部工作简报》，1940 年 2 月第 5 期

19.《总会救护总队部工作简报》，1940 年 3 月第 6 期。

20.《总会救护总队部工作简报》，1940 年 4 月第 7 期。

21.《总会救护总队部工作简报》，1940 年 5 月第 8 期。

22.《总会救护总队部工作简报》，1940 年 6 月第 9 期。

23.《总会救护总队部工作简报》，1940 年 7 月第 10 期。

24.《总会救护总队部工作简报》，1040 年 8 月第 11 期。

25.《中国红十字会华北救护委员会报告》，（北平）该会印行，1933 年。

26.《赈济与救护》，1940 年 9、10 月合刊，第 1 卷第 2 期。

27.《卫生导报》1943 年第 6 期。

28.《申报》。

29.《中外日报》。

30.《大公报》。

31.《新华日报》。

32.《新闻报》。

33.《解放日报》。

34.《军事杂志》。

三、史料集与文史资料

1. ［美］包华德主编，沈自敏译：《中华民国史资料丛稿》，收入《民国名人传记辞典》，第6、7、8分册（下）。

2. 陈寿撰：《三国志·蜀书》（裴松之注），中华书局1982年版。

3.《大清宣统政纪》，收入沈云龙主编：《近代中国史料丛刊三编》，（台北）文海出版社1986年版。

4. 国史馆：《中华民国人物传记史料汇编》第12辑，（台北）“国史馆”编印，1994年版。

5. 华振中、朱伯康主编：《民国丛书》第三编，《二十九路军抗日血战史料》，上海书店1933年版。

6. 金宝善编：《中华民国医药卫生史料》，北京医科大学公共卫生学院1985年内部印行。

7.《吕海寰往来电函录稿》，收入《近代中国史料丛刊》第3编第58辑，（台北）文海出版社1978年版。

8. 聂荣臻：《聂荣臻回忆录》，解放军出版社1984年版。

9. 彭明主编：《中国现代史资料选辑》第5册（1937—1945年）（上），中国人民大学出版社1989年版。

10. 秦孝仪：《革命文献——抗战建国史料》第五编，《社会建设》，（台北）“中央文物供应社”1984年版。

11.《清季外交史料》，（台北）文海出版社1964年版。

12. 全国政协文史资料委员会编：《文史资料精华丛书》第2卷，安徽人民出版社2000年版。

13. 上海图书馆编：《汪康年师友书札》，上海古籍出版社1986年版。

14. 司马迁著：《史记》（裴骃集注）第三册，文学古籍刊行社1955年版。

15. 盛宣怀：《愚宅存稿》第15卷，（台北）文海出版社1963年版。

16. 《孙中山全集》第 1 卷，中华书局 1981 年版。

17. 佟冬等主编：《九一八事变》，中华书局 1988 年版。

18. 熊秉真访问，郑丽榕记录：《杨文达先生访问记录》，（台北）“中央研究院”近代史研究所 1994 年版。

19. 张朋园访问，罗久荣记录：《周美玉先生访问记录》，（台北）“中央研究院”近代史研究所 1993 年版。

20. 北京市政协文史资料研究会编：《话说老协和》，中国文史出版社 1987 年版。

21. 贵阳市政协文史与学习委员会编：《贵阳文史资料选辑》第 22 集，1987 年 7 月。

22. 昆明市政协文史与学习委员会编：《昆明文史资料选辑》第 13 辑，1989 年。

23. 邵武县政协文史与学习委员会编：《邵武文史资料》第 1 辑，1982 年。

24. 苏州市政协文史与学习委员会编：《苏州文史资料》第 17 辑，1988 年。

25. 岳阳市政协文史与学习委员会编：《岳阳市文史资料》第 6 辑，1987 年。

26. 《中国红十字会战地写真》，（上海）中国红十字会事务所，1911 年。

27. 中国红十字会总会编：《中国红十字会历史资料选编，1904—1949》，南京大学出版社 1993 年版。

28. 周春生：《吴越春秋辑校汇考》，上海古籍出版社 1997 年版。

29. 朱寿朋编：《光绪朝东华录》，中华书局 1958 年版。

四、专著

1. 艾格尼丝·史沫特莱著，江枫译：《中国的战歌》，作家出版社 1986 年版。

2. 蔡勤禹：《国家、社会与弱势群体——民国时期的社会救济（1927—1949）》，天津人民出版社 2003 年版。

3. 蔡勤禹：《民间组织与灾荒救治——民国华洋义赈会研究》，商务印书馆 2005 年版。

4. Caroline Beth Reeves. The Power of Mercy: The Chinese Red Society, 1900—1937. P. H. D. Dissertation in the subject of History and East

Asian Language, Harvard University, 1998.

5. 曹树基、李玉尚：《鼠疫：战争与和平——中国的环境与社会变迁（1230—1960）》，山东画报出版社 2006 年版。

6. 陈宝良：《中国的社与会》，浙江人民出版社 1996 年版。

7. 陈方之：《传染病学》，商务印书馆 1950 年版。

8. 陈先初：《人道的颠覆——日军侵湘暴行研究》，社会科学文献出版社 2004 年版。

9. 池子华：《红十字与近代中国》，安徽人民出版社 2005 年版。

10. 池子华、郝如一主编：《中国红十字（1904—2004）历史编年》，安徽人民出版社 2005 年版。

11. 池子华、杨国堂：《百年红十字会》，安徽人民出版社 2003 年版。

12. 池子华、郝如一等：《近代江苏红十字运动（1904—1949）》，安徽人民出版社 2007 年版。

13. 池子华、郝如一主编：《红十字运动与慈善文化》，广西师范大学出版社 2010 年版。

14. 郝如一、池子华主编：《〈红十字运动研究〉2008 年卷》，安徽人民出版社 2008 年版。

15. 郝如一、池子华主编：《〈红十字运动研究〉2009 年卷》，安徽人民出版社 2009 年版。

16. 郝如一、池子华主编：《苏州红十字会志》，安徽人民出版社 2008 年版。

17. 徐国普：《辉煌十五年》（1950—1965），安徽人民出版社 2009 年版。

18 杨红星：《挫折后的振起》（1966—2004），安徽人民出版社 2009 年版。

19. 孙语圣：《1931 · 救灾社会化》，安徽大学出版社 2008 年版。

20. 邓云特：《中国救荒史》，上海书店 1984 年影印本。

21. ［美］费正清、费维恺编：《剑桥中华民国史》，中国社会科学出版社 1993 年版。

22. ［日］夫马进著：《中国善会善堂史研究》，商务印书馆 2005 年版。

23. 范行准：《中国医学史略》，中医古籍出版社 1986 年版。

24. 贵阳市人民政府新闻办公室编：《经霜的红叶——国际援华医疗

队的故事》，五洲传播出版社 2007 年版。

25. 亨利·杜南著，杨小宏译：《索尔弗利诺回忆录》，山东友谊出版社 1998 年版。

26. 富华德著，张至善译：《起来，中国胜利了》，北京师范大学出版社 1994 年版。

27.《海上名人传》，上海文明书局 1930 年版。

28. 军事科学院外国军事研究部编著：《日本侵略军在中国的暴行》，解放军出版社 1986 年版。

29. 李涛：《医学史纲》，中华医学会编译部 1940 年版。

30. 李文海等主编：《近代中国灾荒纪年》，湖南教育出版社 1990 年版。

31. 李文海等主编：《近代中国灾荒纪年续编》，湖南教育出版社 1993 年版。

32. 李世平主编：《中国现代史》，西南师范大学出版社 1988 年版。

33. 梁其姿：《施善与教化——明清的慈善组织》，河北教育出版社 2001 年版。

34. 辽宁省红十字会编：《百年红十字，百年博爱情——纪念辽宁红十字会建会 100 周年》（内部资料），2004 年。

35. 林可胜：《战时卫生工作规程》第一编《卫生勤务》，出版地、出版单位不详，1941 年。

36. 刘大年：《抗日战争时代》，中央文献出版社 1996 年版。

37. 刘似锦主编：《刘瑞恒博士与中国医药卫生事业》，（台北）商务印书馆。

38. 吕文斌：《周恩来在国统区》，中共中央党校出版社 1996 年版。

39. 茅海建：《戊戌变法史事考》，上海三联书店 2004 年版。

40. 闵杰：《近代中国社会文化变迁录》（二），浙江人民出版社 1998 年版。

41. 庞京周：《抗战与救护工作》，（长沙）商务印书馆，1938 年。

42. 庞京周：《抗战两年中之中国红十字会总会》，出版地不详，作者自印。

43. 戚再五：《上海时人志》，上海展望出版社 1947 年版。

44. 曲折主编：《中国红十字事业》，广东经济出版社 1999 年版。

45. 山东省红十字会：《山东红十字会九十年》，山东友谊出版社 2002 年版。

46. 沈自林：《中国抗战时期的国际援助》，上海人民出版社 2000 年版。

47. 苏友全：《清末邮传部研究》，中华书局 2005 年版。

48. 孙敬敏编纂：《北京市红十字会的 65 年（1928—1993）》，文津出版社 1995 年版。

49. 王立忠主编：《中国红十字会百年》，新华出版社 2003 年版。

50. 王世刚主编：《中国社团史》，安徽人民出版社 1994 年版。

51. 王向东：《战争与疾病》，人民军医出版社 1993 年版。

52. 伍连德：《霍乱概论》，上海海港检疫管理处 1937 年版。

53. 夏明方：《民国时期自然灾害与乡村社会》，中华书局 2000 年版。

54. 忻平：《1937：深重的灾难与历史的转折》，上海人民出版社 1999 年版。

55. 熊秉真：《林可胜传》，《国史拟传》，（台北）“国史馆”，1996 年。

56. 颜惠庆原著，姚崧龄译：《颜惠庆自传》，（台北）传记文学出版社 1973 年版。

57. 颜惠庆著，上海档案馆译：《颜惠庆日记》，中国档案出版社 1996 年版。

58. 杨念群主编：《新史学——多学科对话的图景》（上），中国人民大学出版社 2003 年版。

59. 尤德新编著：《闪光的红十字》，湖北科学技术出版社 1992 年版。

60. 余新忠著：《清代江南的瘟疫与社会——一项医疗社会史的研究》，中国人民大学出版社 2003 年版。

61. 余新忠：《瘟疫下的社会拯救——中国近世重大疫情与社会反应研究》，中国书店 2004 年版。

62. 云南省红十字会：《云南红十字会史》，云南人民出版社 2004 年版。

63. 张宪文主编：《中华民国史纲》，河南人民出版社 1985 年版。

64. 张建俅：《中国红十字会初期发展之研究》，中华书局 2007 年版。

65. 张瑞德：《抗战时期的国军人事》，（台北）“中央研究院”近代史研究所 1993 年版。

66. 张力：《国际合作在中国——国际联盟角色的考察（1919—1946）》，（台北）“中央研究院”近代史研究所 1999 年版。

67. 张玉法主编：《中华民国红十字会百年会史》，（台北）致琦企业有限公司 2004 年印刷。

68. 曾景忠：《中华民国史研究述略》，中国社会科学院，1992 年版。

69. 郑功成：《中国慈善事业》，广东经济出版社 1999 年版。

70. 中国军事科学院：《中国军事史》，解放军出版社 1987 年版。

71. 中国红十字会编译：《国际红十字与红新月运动基本文件汇编》，群众出版社 1997 年版。

72. 中国红十字会总会编：《中国红十字会总会战时动向》，（重庆）中国红十字会总会印行，1940 年。

73. 中国红十字会总会编宣股：《中华民国红十字会战时工作概况》，（重庆）中华民国红十字会总会，1942 年。

74. 中国红十字会总会：《红十字手册》，辽宁科学技术出版社 1988 年版。

75. 中国红十字会总会编：《中国红十字会的九十年》，中国友谊出版公司 1994 年版。

76. 中国抗日战争史学会、中国人民抗日战争纪念馆编：《中国抗战军事史》，北京出版社 1994 年版。

77. 中华民国红十字会总会编：《中国红十字会》，行政院新闻局 1947 年。

78. 中华民国红十字会总会编：《中华民国红十字会战时工作概要》，1946 年内部印行。

79. 中华民国红十字会总会编：《九十纪要》，（台北）致琦企业有限公司 1994 年印行。

80. 朱浒：《地方性流动及其超越——晚清义赈与近代中国的新陈代谢》，中国人民大学出版社 2006 年版。

81. 朱克文等主编：《中国军事医学史》，人民军医出版社 1996 年版。

82. ［日］石岛纪之著，郑玉纯译：《中国抗日战争史》，吉林教育出版社 1990 年版。

83. 库桂生、姜鲁鸣：《中国国防经济史》，军事科学出版社 1991 年版。

84. 卢辉编著：《核化生武器的历史与未来》，军事科学出版社 1991

年版。

85. 步平、荣维木主编：《中华民族抗日战争全史》，中国青年出版社2010年版。

五、论文

1. 曹树基：《鼠疫流行与华北社会的变迁（1580—1644）》，《历史研究》1997年第1期。

2. 曹育：《中国现代生理学奠基人林可胜博士》，《中国科技史料》1998年第1期。

3. 蔡勤禹：《民国慈善团体述论》，《东方论坛》2001年第4期。

4. 陈民：《抗日战争中救死扶伤的华侨生理学家林可胜》，《抗日战争研究》1992年第2期。

5. 陈韬：《近五十年来几位军医先进》，《传记文学》第40卷第2期。

6. 池子华：《中国红十字会救护总队部"林可胜时期"（上）》，《南通工学院学报》（社会科学版）2004年第2期。

7. 池子华：《中国红十字会救护总队部"林可胜时期"（下）》，《南通工学院学报》（社会科学版）2004年第3期。

8. 池子华：《中国红十字会救护总队抗战救护的几个断面》，《苏州大学学报》（哲学社会科学版）2004年第4期。

9. 池子华：《中国红十字会的1912年》，《钟山风雨》2002年第4期。

10. 池子华：《抗战初期中国红十字会的战事救护》，《江海学刊》2003年第4期。

11. 池子华：《1937年中国红十字会淞沪抗战救护简论》，《徐州师范大学学报》（哲学社会科学版）2003年第4期。

12. 池子华：《中国红十字会救助1928至1930年西北华北旱荒述略》，《社会科学战线》2005年第2期。

13. 池子华：《从中国救济善会到上海万国红十字会》，《史林》2005年第2期。

14. 池子华：《评台湾版〈红十字会百年会史，1904—2003〉》，《红十字运动研究研究》（电子期刊）2007年第2期。

15. 池子华：《中国红十字会救济1917年京直水灾述略——以〈申报〉为中心的考察》，《淮阴师范学院学报》2005年第2期。

16. 池子华：《上海万国红十字会救济日俄战灾述论》，《清史研究》2005 年第 2 期。

17. 池子华：《辛亥革命中留日医学生的救护行动》，《徐州师范大学学报》（哲学社会科学版）2004 年第 2 期。

18. 池子华：《中国红十字会辛亥战时救护行动》，《民国档案》2004 年第 1 期。

19. 池子华：《“二次革命”中的中国红十字会人道救援》，《钟山风雨》2003 年第 2 期。

20. 耿成章：《抗战两年来军队防疫工作之检讨》，《战时医政》1940 年 2 卷第 7 期。

21. 龚纯：《中国军事医学研究 60 年》，《中华医史杂志》1996 年第 3 期。

22. 傅宏：《国际援华医疗队新探》，《贵州社会科学》2005 年第 6 期。

23. 何斌：《我国疟疾流行简史（1949 年以前）》，《中华医史杂志》1988 年第 1 期。

24. 胡光麃：《忆刘瑞恒同学》，《传记文学》第 54 卷第 2 期。

25. 黄妙婉、杨红星：《中国近代红会史研究的新突破——评〈红十字与近代中国〉》，《苏州大学学报》（哲学社会科学版）2005 年第 1 期。

26. 靳环宇：《中国民间慈善组织的历史嬗变》，《中州学刊》2006 年第 2 期。

27. 李微：《试析抗战时期中国红十字会的救护活动》，《贵州师范大学学报》（社会科学版）2004 年第 4 期。

28. 李汶阑、王正运、杨庆玲：《红十字会的由来及其在中国的历史》，《中华医史杂志》2005 年第 4 期。

29. 李筑宁：《可敬的“西班牙大夫”——记抗战时期的国际援华医疗队》，《党史纵横》1999 年第 9 期。

30. 李筑宁：《图云关的“红会”支部——抗战时期我党在救护总队的工作》，《党史纵横》1997 年第 9 期。

31. 李筑宁、李丽：《战火飘扬的中国“红十字”——林可胜与救护总队》，《党史纵横》1996 年第 9 期。

32. 李发耀：《国际援华医疗队在贵州》，《贵州文史丛刊》1999 年第 1 期。

33. 李发耀:《图云关救护总队始末》,《贵阳文史》2004 年第 5 期。

34. 李玉尚:《传染病对太平天国战局的影响》,(台北)《“中央研究院”近代史研究所集刊》第 45 期。

35. 李学智:《1923 年中国人对日本震灾的赈救行动》,《近代史研究》1998 年第 3 期。

36. 刘绍唐主编:《民国人物小传》,(台北)《传记文学》第 33 卷第 4 期。

37. 刘超:《略述 19 世纪末 20 世纪初中国红十字会活动》,《淮南师范学院学报》2004 年第 2 期。

38. 刘永懋:《抗战八年追随林可胜先生的回忆》,(台北)《传记文学》第 16 卷第 1 期。

39. 吕运明:《林可胜与中国红十字会救护总队》,《贵阳文史》2001 年第 1 期。

40. 吕运明:《工作六十年的回顾》,《生理科学进展》1991 年第 4 期。

41. 马长林、刘岸冰:《民国时期上海传染病防治的社会环境》,《民国档案》2006 年第 1 期。

42. 孟昭威、吕运明、王志钧:《纪念卓越的生理科学家林可胜教授》,《生理科学进展》1982 年第 4 期。

43. 茅家琦:《〈百年红十字〉简评》,《历史教学》2004 年第 3 期。

44. 庞曾涵、高忆陵、池子华:《慈善人生——庞京周医生的生平事业》,《红十字会运动研究》(电子期刊)2007 年第 7 期。

45. 孙语圣:《民国时期的疫灾与防治述论》,《民国档案》2005 年第 2 期。

46. 孙语圣、王专:《中国社团史研究的力作——评〈红十字与近代中国〉》,《江海学刊》2005 年第 3 期。

47. [日] 松村高夫:《1941 年湖南常德的细菌作战》,《浙江学刊》1997 年第 4 期。

48. 王丰、李中清:《摘掉人口决定论的光环——兼谈历史人口研究的思路与方法》,《历史研究》2002 年第 1 期。

49. 王卫平、王晚英:《为中国慈善界放一异彩——〈百年红十字〉》,《安徽史学》2004 年第 3 期。

50. 巫仁恕:《战争与疾疫:抗战后期的疫情与疫政》,《中华军史学会会刊》第三期(上册),1997 年 12 月。

51. 奚霞：《民国时期的国家防疫机构——中央防疫处》，《民国档案》2003 年第 4 期。

52. 羡明：《民国时期中国红十字会研究（1912—1924）》，天津师范大学硕士学位论文未刊稿。

53. 徐治敏：《“红十字百年”拾遗》，《上海集邮》2004 年第 5 期。

54. 薛庆煜：《记中国红十字会救护总队与战时卫生人员训练所》，《中国科技史料》1999 年第 2 期。

55. 余新忠：《清代江南瘟疫对人口的影响》，《中国人口科学》2001 年第 2 期。

56. 尹银亮：《中央防疫处简史》，《中华医史杂志》1991 年第 1 期。

57. 张力：《抗战前期国联在华防疫事业》，（台北）“国史馆”1996 年《“中华民国”史专题论文集：抗战建国暨台湾光复》。

58. 张建俅：《抗战时期战地救护体系的建构及其运作——以中国红十字会救护总队为中心的探讨》，（台北）《“中央研究院”近代史研究所集刊》第 36 期。

59. 张建俅：《中国红十字会经费问题浅析（1912—1937）》，《近代史研究》2004 年第 3 期。

60. 张建俅：《抗战时期救护总队外籍医护人员名单考证》，（台北）“中央研究院”近代史研究所：《近代中国史研究通讯》，第 32 期。

61. 张建俅：《近代中国政府与社团关系的探讨——以中国红十字会为例（1912—1949）》，（台北）《“中央研究院”近代史研究所集刊》第 47 期。

62. 张锡钧：《回忆中国生理学先驱林可胜教授》，《生理科学进展》1986 年第 2 期。

63. 张海梅：《抗战期间的疫病救治述论》，《历史档案》2006 年第 2 期。

64. 周谷：《胡适为林可胜辩冤白谤》，（台北）《传记文学》第 75 卷第 3 期。

65. 周秋光：《民国时期社会慈善事业研究刍议》，《湖南师范大学社会科学学报》1994 年第 3 期。

66. 周秋光：《民国北京政府时期中国红十字会的国际交往》，《湖南师范大学社会科学学报》2002 年第 4 期。

67. 周秋光：《晚清时期的中国红十字会述论》，《近代史研究》2000 年第 3 期。

68. 周秋光：《民国北京政府时期中国红十字会的会内宣传与经费筹措》，《湖南师范大学社会科学学报》2004 年第 4 期。

69. 周秋光：《民国北京政府时期中国红十字会的慈善救护与赈济活动》，《近代史研究》2000 年第 6 期。

70. 朱浒：《中国红十字会的地方性起源》，《石家庄学院学报》2005 年第 4 期。

71. 朱浒、杨念群：《现代国家理念与地方性实践交互影响下的医疗行为——中国红十字会起源的双重历史渊源》，《浙江社会科学》2004 年第 5 期。

72.《传记文学》资料室：《林可胜先生事略》，（台北）《传记文学》第 16 卷。

73. 徐适：《图云关小学的创办始末》，《贵阳文史》2004 年第 6 期。

74. 贺永田：《近代贵州灾害述论》，《长江论坛》2001 年第 6 期。

75. 余太兴：《抗战时期的贵州慈善事业》，贵州师范大学硕士论文 2008 年。

后 记

贵州地处云贵高原东部，既不沿海，亦不沿边，信息闭塞，经济社会发展较全国而言相对滞后，接触红十字比上海、江苏、安徽、福建等地区晚。随着红十字运动在全国其他地区的兴起，作为偏处西南一隅的贵州，在历史时空的变迁中，逐渐融入红十字运动的大潮中，成为贵州慈善事业领域中不可或缺的重要力量。

全面抗战爆发前，贵州红十字运动发展十分迟缓，其分会相对全国分会而言，力量极其薄弱，仅有贵阳分会与赤水分会，至抗战全面爆发的 1937 年，贵州仅存贵阳分会一处。但随着中国红十字会救护总队落户贵阳图云关后，贵阳这个偏处西南一隅的小城，成为全国抗战救护的指挥中心。救护总队医护人员面对惨绝人寰的战争，冒着枪林弹雨，出入战地，纵使气候地理多么恶劣与困难，环境时机多么颠危与紧急，均能秉其博爱从众之宗旨，舍己救人之精神，在全国各战场上，放出万道仁慈之光芒，谱写一曲曲感人至深的人道主义乐章，亦载入贵州红十字运动的辉煌史册。

就贵州红十字运动而言，具有全局意义的重大变化就是 2000 年底管理体制的理顺，这是贵州红十字会在组织结构和管理机制方面的全方位转变，对其发展具有举足轻重的重要意义，标志着贵州红十字运动进入一个全新的时代。

20 世纪 90 年代以来，经过众多学者的努力，红十字运动研究逐渐成为学界新宠，发展迅猛。近年来，红十字运动的区域研究也逐渐成为热点。除江苏、北京、天津、云南、福建、四川、山东等地红十字会已经出版了相关会史著作外，河南、安徽、江西等省的区域红十字运动研究也在逐渐开展。开展红十字运动的区域研究，将有助于丰富红会整体史的内容，推进整体研究的深入。贵州作为红十字运动的重要省份，在近代历史乃至现代红十字运动史上占有非常重要的地位，取得了突出的丰硕成绩。有鉴于此，我们有必要总结贵州红十字会历史，为社会各界了解认识和研究贵州红十字会提供参考，为贵州红十字理论研究和红十字文化宣传做出贡献。

在研究贵州红十字运动过程中，笔者得到了苏州大学、贵州省红十字会、贵州省档案馆、贵阳市档案馆等单位的襄助，得到了贵州红十字会全体同人的协助，得到了合肥工业大学出版社的鼎力支持，谨以鸣谢！

罗治雄　戴斌武

2015 年 7 月于贵阳

图书在版编目（CIP）数据

贵州红十字运动研究：1916—2013/罗治雄，戴斌武著．—合肥：合肥工业大学出版社，2015.8

ISBN 978-7-5650-2346-0

Ⅰ.①贵… Ⅱ.①罗…②戴… Ⅲ.①红十字会—历史—研究—贵州省—1916—2013 Ⅳ.①D632.1

中国版本图书馆 CIP 数据核字（2015）第 184162 号

贵州红十字运动研究（1916—2013）

罗治雄　戴斌武　著

责任编辑　张　燕　章　建
出版发行　合肥工业大学出版社
地　　址　（230009）合肥市屯溪路 193 号
网　　址　http：//www.hfutpress.com.cn
电　　话　总　编　室：0551-62903038
　　　　　　市场营销部：0551-62903198
开　　本　710 毫米×1010 毫米　1/16
印　　张　24.75　**彩插**　0.5 印张
字　　数　418 千字
版　　次　2015 年 8 月第 1 版
印　　次　2015 年 8 月第 1 次印刷
印　　刷　安徽联众印刷有限公司
书　　号　ISBN 978-7-5650-2346-0
定　　价　58.00 元